Negocios Inclu[...]

I0045796

Iniciativas de Mercado
con los pobres de Iberoamérica

Un proyecto de investigación colectiva de la
SOCIAL ENTERPRISE KNOWLEDGE NETWORK

Banco Interamericano de Desarrollo
David Rockefeller Center for Latin American Studies
Harvard University
Washington, D.C.

Cataloging-in-Publication data provided by the

Inter-American Development Bank
Felipe Herrera Library

Negocios inclusivos : iniciativas de mercado con los pobres de Iberoamérica.
  p. cm.
"Un proyecto de investigación colectiva de la Social Enterprise Knowledge Network".
Includes bibliographical references.

ISBN 978-1-59782-126-1

1. Social entrepreneurship—Latin America.   2. Entrepreneurship—Social Aspects—Latin America. 3. Industries—Social Aspects—Latin America. 4. Social planning—Latin America.

HD60.5.L29 N44 2010

La producción de esta publicación estuvo a cargo de la Oficina de Relaciones Externas del BID.

Composición tipografica y páginación: Zona Ltda. / Amaral Editores.
  Bogotá, Colombia.

Contenido

Prólogo.. ix

Prefacio xiii

1. Una nueva mirada a la relación entre los mercados y los pobres..... 1
   El "negocio" de este libro 4
   Negocios inclusivos y el enfoque de la BOP 7
   ¿A quién deben "incluir" los negocios inclusivos?..................... 12
   Los sectores de bajos ingresos como agentes económicos 15
   Organización del libro 19

2. Iniciativas de mercado de grandes empresas con
   sectores de bajos ingresos 29
   Construcción del modelo de negocio..................................... 32
   Cómo funcionaron realmente la innovación y los ecosistemas 40
   Crecer a gran escala: una promesa incumplida 52
   Síntesis y discusión.. 59

3. Cómo pequeñas empresas y nuevos emprendimientos
   desarrollan negocios inclusivos 69
   Las virtudes de las pequeñas organizaciones.......................... 71
   Características de gestión compartidas................................... 75
   Compañías innovadoras.. 84
   Retornos financieros 85
   Reflexiones sobre pequeñas empresas que hacen negocios con SBI . 87

4. Empresas sociales y negocios inclusivos...............................93
   Empresas sociales y estrategias de mercado........................... 95
   Patrones de las estrategias de negocios inclusivos de las
   empresas sociales... 100
   Conclusiones y lecciones gerenciales 119

5. Ecosistemas organizacionales para fortalecer
   negocios inclusivos 127
   ¿Qué es un ecosistema organizacional?................................. 129

La analogía con los ecosistemas biológicos y
terminologías alternativas 132
¿Por qué comprometerse con el ecosistema organizacional? 134
Trabajar con los sectores de bajos ingresos en estos ecosistemas.... 143
"Amistad de negocio" 153
Conclusión... 156

6. **Servicios públicos: intereses privados y beneficios sociales 173**
Contexto y retos para las empresas de servicios públicos............ 174
Modelos innovadores para la inclusión.............................. 177
Barreras enfrentadas por las iniciativas............................. 191
Argumentos para aumentar la escala de las iniciativas.............. 196
Lecciones para la inclusión 199

7. **Gestión de residuos sólidos: inserción de la
población de bajos ingresos en la cadena de valor 205**
Contexto y retos para la gestión de residuos sólidos 207
Barreras enfrentadas por las iniciativas............................. 210
Modelos innovadores para la inclusión.............................. 211
Organizaciones de recolectores: características y estrategias 216
Sostenibilidad económico-financiera de los emprendimientos...... 224
Inclusión económica de los recolectores 227
Generación de valor social para los recolectores.................... 230
Lecciones para la inclusión 233

8. **Los agronegocios y los sectores de bajos ingresos.................. 241**
Contexto y retos para la cadena de valor agroindustrial 242
Modelos innovadores para la inclusión.............................. 243
Barreras enfrentadas por las iniciativas............................. 251
Lecciones para la inclusión 259

9. **Iniciativas de mercado con sectores de bajos ingresos y
generación de valor económico 265**
Medición de valor económico....................................... 266
Creación de valor económico en iniciativas empresariales
con consumidores de bajos ingresos................................ 269
Creación de valor económico en iniciativas empresariales
con proveedores de bajos ingresos.................................. 272
Factores críticos para el valor económico en las iniciativas
empresariales 275

Creación de valor económico de empresas sociales en
iniciativas de mercado con SBI 284
Factores críticos para el desempeño económico de
empresas sociales 288
Discusión y conclusiones 293

10. Negocios inclusivos y generación de valor social 301
El valor social: una aproximación conceptual y clasificatoria 302
Iniciativas de mercado y valor social: una visión de conjunto 306
Aumento de ingresos: expandir las opciones de vida 308
Acceso a bienes o servicios: mejorar la calidad de vida 314
Construcción de ciudadanía: restituir los derechos de los SBI 319
Desarrollo de capital social: construir redes y alianzas 324
Reflexiones finales 326

**11. Conclusiones: aprendizajes sobre el desarrollo
de negocios inclusivos** 341
Actores 342
Sectores 351
La generación de valor económico y social 356
Factores críticos 363
Hacia una nueva imaginación empresarial 374

Apéndice 379
Argentina 379
Bolivia 382
Brasil 383
Chile 386
Colombia 388
Costa Rica 392
España 393
México 395
Perú 397
Venezuela 399

Bibliografía 403

Sobre los autores 415

Lista de gráficos

Gráfico 1.1   Lucro e impacto social en los negocios inclusivos 11
Gráfico 1.2   Evolución de la pobreza y la pobreza extrema
              en América Latina. 14
Gráfico 1.3   Segmentación del sector de consumidores de
              bajos ingresos (porcentaje) 18
Gráfico 5.1   El ecosistema organizacional y sus
              componentes. 131
Gráfico 5.2   Irupana y su ecosistema organizacional 139
Gráfico 5.3   Ecosistema organizacional de la iniciativa de
              Gas Natural BAN en Cuartel V 157
Gráfico 5.4   Compromiso de la comunidad y carga financiera 159
Gráfico 8.1   Participantes en el ecosistema agroindustrial 257
Gráfico 9.1   Creación de valor económico en iniciativas de
              mercado con consumidores de bajos ingresos 269
Gráfico 9.2   Creación de valor económico en iniciativas de
              mercado con proveedores de bajos ingresos 273
Gráfico 10.1 Relación de los SBI con las iniciativas de
              mercado socialmente inclusivas y tipos de
              valor social producido 308

Lista de cuadros

Cuadro 1.1   Ejemplos de exclusión social en España, en
             nuestra muestra de casos 13
Cuadro 1.2   Los pobres como consumidores en nuestra muestra 16
Cuadro 1.3   Los pobres como productores en nuestra muestra 19
Cuadro 2.1   Iniciativas de grandes empresas con SBI 33
Cuadro 2.2   Principales novedades del diseño original del
             modelo de negocio 35
Cuadro 2.3   Innovaciones en las iniciativas de grandes
             empresas con SBI 42
Cuadro 2.4   Apoyo de la iniciativa en actores tradicionales
             o no tradicionales 45
Cuadro 2.5   Apoyo e inversión en infraestructura social
             comunitaria. 49
Cuadro 2.6   Escala y sostenibilidad económica de las
             iniciativas con SBI 54
Cuadro 3.1   Información sobre las seis empresas analizadas 70
Cuadro 4.1   Impulsores de las iniciativas de mercado estudiadas 101
Cuadro 4.2   Modelos de negocios y sus reformulaciones 107

Cuadro 4.3 Tipos de organizaciones aliadas.......................... 108

Cuadro 7.1. Apropiación de valor en la cadena de reciclaje........... 228

Cuadro 9.1 Definiciones de valor económico desde la perspectiva de la organización 266

Cuadro 9.2 Factores críticos para la generación de valor económico en iniciativas de mercado con SBI........... 277

Cuadro 9.3 Iniciativas de mercado con SBI de las empresas sociales de la muestra, según su propósito 285

Cuadro 10.1 Principales elementos observados en la generación de valor social en las iniciativas de mercado estudiadas 327

Prólogo

Ya ha transcurrido casi una década desde que la investigación precursora de C. K. Prahalad, Stuart Hart y Allen Hammond[1] incorporó al temario de los investigadores y ejecutivos de empresas la posibilidad de crear modelos innovadores de negocios que resultaran rentables y, al mismo tiempo, beneficiosos desde el punto de vista social para los miles de millones de personas de bajos ingresos en el mundo. Como ocurre con todas las ideas revolucionarias, los gerentes comenzaron a buscar cada vez más estas oportunidades potenciales y los investigadores empezaron a estudiar el fenómeno y a probar diversas hipótesis. Gracias a este creciente impulso, ha surgido un importante campo de investigación y práctica. La importancia de este movimiento radica en el atractivo impacto potencial de utilizar la fuerza poderosa de los mecanismos de mercado para lograr mejoras sociales. La visión de una victoria triple para las empresas, los pobres y la sociedad resulta muy tentadora.

A lo largo de los años, los investigadores han avanzado notablemente en la comprensión del fenómeno; sin embargo, es un campo de estudio nuevo, en el que todavía existe una importante falta de conocimientos. Entonces, ¿cuál es el valor agregado de este libro? Se trata de un aporte significativo para proveer esos conocimientos a través de la profundización y ampliación de nuestro abordaje de la cuestión de diversas maneras. Esta contribución emana, en primera instancia, de la destacada capacidad de investigación de la Red de Conocimientos sobre Emprendimientos Sociales (*Social Enterprise Knowledge Network*, SEKN). Al ser una red de investigación integrada por diez escuelas líderes en formación gerencial de América Latina, Estados Unidos y España, SEKN se encuentra en una posición única para realizar estudios comparativos de alcance y escala hemisférica y transatlántica, mediante la utilización de un marco de trabajo común y metodologías estandarizadas. En consecuencia, la investigación de este libro se basa en el estudio de 33 casos de negocios inclusivos implementados en 11 países. El análisis de estos casos nos permite comprender cabalmente las realidades operativas de cada una de las experiencias, lo que hace que la investigación resulte especialmente enriquecedora para obtener conocimientos empresarios y probar empíricamente las hipótesis.

La capacidad de SEKN para producir estudios de investigación de alto valor agregado que mejoran el nivel de conocimiento colectivo de los investigadores y profesionales ha quedado demostrada con sus libros y artículos anteriores, que también ofrecen una base de conocimientos relevantes para el estudio de este libro sobre los negocios inclusivos. El primer libro de SEKN, *Alianzas sociales en América Latina: Enseñanzas extraídas de colaboraciones entre el sector privado y organizaciones de la sociedad civil,* constituyó un estudio pionero al documentar los factores críticos de las colaboraciones intersectoriales en el hemisferio. La creación de este tipo de alianzas encarna uno de los elementos esenciales para los negocios inclusivos exitosos. El segundo libro de SEKN, *Gestión efectiva de emprendimientos sociales: Lecciones extraídas de empresas y organizaciones de la sociedad civil en Iberoamérica,* identificó y comparó los componentes clave del éxito de las empresas y las organizaciones de la sociedad civil que han alcanzado el liderazgo en la producción de valor social y económico. Un importante hallazgo de ese libro consistió en el esclarecimiento de las áreas de convergencia entre las empresas y las organizaciones de la sociedad civil. La convergencia entre las estrategias que producen simultáneamente valor social y económico forma parte del núcleo central de los negocios inclusivos que se estudian en este nuevo libro. Una dimensión de exploración común a los dos primeros libros, que continúa en la presente investigación, se refiere a la identificación de barreras para la efectividad y a las alternativas para superar esos obstáculos. De esta manera, el presente libro analiza los modelos de negocios de iniciativas de inclusión social en términos de los recursos, las capacidades y las estrategias que permiten a los sectores de bajos ingresos integrarse de manera efectiva en el sistema de mercado y en cadenas de valor específicas.

La muestra de esta investigación se estructuró explícitamente de manera que se pudiesen abordar los aspectos menos estudiados en la bibliografía disponible sobre la base de la pirámide. La mayoría de los estudios existentes ha destacado el rol de consumidores de los sectores de bajos ingresos, que representan un segmento de mercado importante y poco atendido. La muestra de este libro también lo hace, pero va más allá en su foco de atención para estudiar su actuación económica como productores, proveedores y distribuidores. Más aún, mientras que los estudios anteriores tendían a contemplar a los sectores de bajos ingresos como entidades dependientes, que se integran a las iniciativas de mercado gracias a los esfuerzos proactivos de las empresas, esta muestra presenta también ejemplos de iniciativas lideradas por emprendedores de bajos ingresos.

Asimismo, la muestra se diseñó para explorar con mayor amplitud distintos tipos de organizaciones. En sus orígenes, la investigación sobre la base de la pirámide enfatizaba particularmente el rol de las compañías multinacionales y su marcado potencial para incorporar a los sectores de bajos ingresos a sus sistemas. Si bien la presente investigación mantiene la atención puesta en ellas y en las grandes compañías locales, también abarca a empresas pequeñas y nuevas. Además, la muestra incluye empresas sociales (cooperativas y organizaciones de la sociedad civil), cuyo protagonismo en la base de la pirámide no se había estudiado de manera adecuada anteriormente.

La otra dimensión que posibilita la obtención de conocimientos nuevos corresponde al tipo de negocios analizados. La muestra contempla emprendimientos del sector agrícola, servicios públicos e iniciativas de reciclaje. Esta diversidad permite analizar cómo varían o no las barreras y los factores de éxito en los distintos tipos de empresas. La muestra excluyó expresamente otras categorías de negocios y productos que se han examinado con mayor frecuencia. Por último, el estudio expande la unidad de análisis del marco organizacional para pasar del análisis individual de las empresas a la investigación de la dinámica de los ecosistemas que frenan o nutren a los negocios inclusivos.

La creación de valor reviste una importancia fundamental para los investigadores y profesionales de este campo. El presente estudio realiza un aporte significativo para comprender la creación de valor social y económico en los negocios inclusivos. En ambas dimensiones, esta investigación enriquece nuestra perspectiva al ofrecer un marco conceptual para la determinación de valor y realizar evaluaciones empíricas. La determinación de valor resulta complicada desde el punto de vista metodológico y escasean los datos concretos, por lo que se avanza en forma gradual, pero cada paso que damos nos acerca a un mayor entendimiento del tema.

En general, los hallazgos que brinda este libro contribuyen a aumentar nuestro conocimiento de cuatro maneras diferentes. Primero, amplían nuestra visión de los negocios inclusivos al presentar dimensiones nuevas que no se habían analizado, o se habían estudiado insuficientemente. Segundo, algunos hallazgos contradicen ciertos conceptos convencionales e hipótesis previas, lo que, notablemente, nos lleva a replantear y volver a analizar el fenómeno en mayor profundidad y con más cuidado. Tercero, suministran datos empíricos nuevos que confirman la información existente y, de esta manera, refuerzan parte del conocimiento actual. Finalmente, incluso en los casos en que los hallazgos resultan insuficientes para extraer conclusiones firmes, el libro elabora hipótesis nuevas de utilidad para investigaciones futuras.

Con prudencia, *Negocios inclusivos* nos ayuda a tener una mirada realista. Si bien es posible que se pueda ganar una fortuna con la base de la pirámide y se produzcan mejoras sociales importantes, estas metas no se logran ni rápida ni fácilmente. Sin embargo, los ejemplos y hallazgos de este estudio son alentadores, ya que revelan alternativas útiles para avanzar dentro de nuestras posibilidades. El imperativo de seguir adelante en este arduo camino para crear un capitalismo de mercado inclusivo resulta cada vez más claro, y este libro nos ayudará a llegar al destino que anhelamos.

James E. Austin
Profesor emérito de Administración de Empresas de la cátedra Eliot I. Snider y flia.
Harvard Business School

Notas

1. Prahalad, C. K. y Allen Hammond, "Serving the World's Poor, Profitably." *Harvard Business Review* (2002); Prahalad, C. K. y Stuart Hart, "The Fortune at the Bottom of the Pyramid." *Strategy + Business* 1, nro. 26 (2002).

Prefacio

Este libro marca la culminación de un viaje largo y fructífero, un proceso de descubrimiento intelectual que emprendimos colectivamente en 2005. Para aquellos lectores no familiarizados con SEKN, puede resultar apropiado explicar brevemente qué es y qué significa esta red. El trabajo de la *Social Enterprise Knowledge Network* está orientado por su misión colectiva: "expandir las fronteras del conocimiento y la práctica de los emprendimientos sociales, a través de la colaboración en investigación, el aprendizaje compartido, la enseñanza basada en el estudio de casos y el fortalecimiento de las capacidades de las instituciones académicas de gestión para servir a sus comunidades". SEKN fue fundada en 2001, bajo la visión y el liderazgo de James Austin (Harvard Business School), y el generoso apoyo financiero de Avina. Para fines de 2009, SEKN estaba compuesta por instituciones de varios países:

- Argentina: Universidad de San Andrés (UdeSA)
- Brasil: Universidade de São Paulo (USP)
- Centroamérica: Instituto Centroamericano de Administración de Empresas (INCAE)
- Chile: Pontificia Universidad Católica de Chile (PUCCH)
- Colombia: Universidad de los Andes (Uniandes)
- España: Escuela Superior de Administración y Dirección de Empresas (ESADE)
- Estados Unidos: Harvard Business School (HBS)
- México: Escuela de Graduados en Administración y Dirección de Empresas (EGADE)
- Perú: Universidad del Pacífico (UP)
- Venezuela: Instituto de Estudios Superiores de Administración (IESA)

En los albores de esta década, las comunidades de práctica y académica comenzaron a explorar la idea de que los mercados podían ser utilizados para mejorar las condiciones de vida de los pobres, una propuesta provocadora, que merecía ser evaluada cuidadosamente. Dada su misión, SEKN no podía mantenerse indiferente. Por su membresía, compuesta por las instituciones educativas líderes en administración de América Latina y España, SEKN contaba con las capacidades necesarias como para hacer avanzar desde lo académico la naciente disciplina de los negocios inclusivos. Con ese objetivo en mente, en 2005 emprendimos un esfuerzo ambicioso de investigación, que se prolongó por tres años y abarcó 33 experiencias de negocios inclusivos en distintas naciones iberoamericanas.

En estos últimos años, el concepto del negocio inclusivo fue centro de un encendido y legítimo debate entre quienes vieron el potencial de acercar el mercado a los pobres, y quienes pensaban que "venderles más a los pobres" era el problema, no la solución. ¿Cómo manejarse con este dilema? ¿Dónde nos posicionaríamos como red para nuestra investigación? Tal como se hizo en los proyectos de investigación previos de SEKN, procuramos no caer en dogmas y construir nuestro conocimiento desde la realidad, con base en el análisis exhaustivo de datos empíricos. Apuntamos a generar conocimiento que fuese relevante a la comunidad empresarial y la sociedad civil de Iberoamérica, contribuyendo al mismo tiempo al debate académico global sobre el potencial y las limitaciones de los negocios inclusivos. El resultado, presentado en los capítulos que siguen, tiene el valor agregado de encapsular las miradas de equipos de investigación de toda la región, provenientes de sus escuelas de negocios más prestigiosas, y que operan en contextos nacionales muy diferentes. Mirar transversalmente docenas de casos en países diversos es un raro privilegio, que permite alcanzar conclusiones que van más allá de las especificidades de un solo país y el pensamiento de unos pocos individuos.

Un proyecto de investigación tan ambicioso habría sido imposible de llevar adelante sin la colaboración activa de muchas instituciones. Entre ellas se destaca Avina, leal compañero de viaje que ha acompañado a esta red desde que fue concebida allá por 2001. También estamos agradecidos al David Rockefeller Center for Latin American Studies de la Universidad de Harvard, que desde 2001 ha sido una plataforma de diseminación de nuestros aportes intelectuales colectivos, mediante una serie de publicaciones especiales concretadas a través de Harvard University Press. También va una palabra de gratitud al Banco Interamericano de Desarrollo, cuyos recursos han sido críticos para proyectar nuestras contribuciones académicas en forma accesible y efectiva en América Latina, y más allá. En este libro, además, damos la bienvenida a Cemex y Femsa como donantes corporativos de SEKN, cuyo apoyo ha demostrado ser inapreciable para sostener el trabajo colectivo de la red. Cualquiera que haya trabajado en alianzas estratégicas sabe que es imposible concretar avances reales sin el apoyo de las autoridades superiores de cada organización participante. Por ello, los investigadores que trabajamos en este proyecto queremos reconocer el apoyo firme que cada uno de nosotros recibió de nuestras instituciones: directores de área y departamentos, decanos, e incluso rectores. Estos reconocimientos no serían completos si no mencionásemos la ayuda brindada por las organizaciones representadas en nuestra muestra (véase una lista completa en el apéndice al final del libro). Al abrirnos sus puertas, estas organizaciones han contribuido a nuestra comprensión colectiva de los negocios inclusivos. Por último, pero no menos importante, también agradecemos a los críticos anónimos de las versiones tempranas de este manuscrito, cuyos comentarios constructivos contribuyeron a robustecer nuestro análisis. Por supuesto, cualquier defecto en el producto final es nuestra responsabilidad exclusiva.

Hemos aprendido colectivamente lecciones importantes sobre este enfoque novedoso. Pero pese al progreso innegable que hemos hecho en comprender el papel de los mercados en la construcción de un mundo más sostenible y socialmente inclusivo, el camino por recorrer es todavía largo; los desafíos que enfrentan Iberoamérica y otros continentes plagados de pobreza son formidables. Con este libro, hemos convergido desde naciones muy diferentes para ofrecer una contribución humilde, aunque sustancial, que profundiza nuestra comprensión de los negocios inclusivos, desafía lugares comunes repetidos en forma acrítica en círculos empresariales y sociales, y sugiere nuevos caminos de investigación futura para colegas investigadores de otras universidades y redes. Pese a su escala continental, nuestra red es diminuta en relación a la magnitud del problema de la pobreza global. Esperamos que este libro llegue a ser una invitación para una discusión intelectual a largo plazo con todos aquellos que compartan nuestra pasión por el progreso social. Al mismo tiempo, y sobre todo, esperamos que este libro se convierta en un llamado a la acción, un catalizador para la experimentación audaz entre empresas y organizaciones de la sociedad civil que se atrevan a aventurarse en este campo.

Patricia Márquez, Ezequiel Reficco y Gabriel Berger
San Diego, Bogotá y Buenos Aires,
diciembre de 2009

1

Una nueva mirada a la relación entre los mercados y los pobres

Patricia Márquez, Ezequiel Reficco y Gabriel Berger

Marcela se ganaba la vida recogiendo frutos silvestres y hongos en la zona chilena del Bío-Bío, la segunda región más pobre de Chile. Se trataba de un trabajo menospreciado, que los hombres dejaban para las mujeres y los niños. Los magros ingresos que Marcela obtenía de la venta de estos productos perecederos a los intermediarios apenas le alcanzaban para subsistir. Su vivienda precaria carecía de agua corriente y electricidad. En 2000, la organización de la sociedad civil (OSC) Taller de Acción Social (TAC) comenzó a capacitar y organizar a los recolectores locales, quienes pasaron a negociar directamente con las compañías de productos frescos. Pronto, el resto de la comunidad empezó a mirar con otros ojos a quienes desempeñan esta tarea. Cuatro años más tarde, 70 familias formaban parte de una organización que reúne a los recolectores de frutos de ocho comunidades locales. Entonces descubrieron que los productos deshidratados se vendían a precios más altos y comenzaron a procesar las frutas y los hongos. En la actualidad, solo los venden deshidratados.

En 1998, José dejó el barrio pobre donde vivía en las afueras de Morelia, la capital del estado mexicano de Michoacán, para reunirse con sus parientes en California. Allí, consiguió trabajo como demoledor de autos y comenzó a ahorrar todo lo que podía con la esperanza de construir una casa nueva para su familia en Morelia. Seis años más tarde, José escuchó hablar de Construmex, un programa lanzado por Cemex para vender cemento y materiales de construcción a los pobres en colaboración con distribuidores locales que ofrecían créditos en varios pueblos mexicanos. Un arquitecto de Construmex diseñó los planos de la casa; dos años después, la familia de José tenía una vivienda de tres dormitorios, dos baños, sala de estar y cocina.

Marcela y José obtuvieron lo que buscaban —mayores ingresos y dignidad, y un hogar adonde regresar, respectivamente— a través de iniciativas de mercado para la generación de negocios que convierten a los pobres en consumidores, productores y socios. La idea de que los mecanismos de mercado pueden impulsar cambios sociales recibe cada vez más atención a nivel mundial. Las empresas, las OSC y los organismos multilaterales de desarrollo están empezando a vislumbrar el potencial que encierra la activación de las capacidades humanas de los miles de millones de personas pobres en el mundo.

Este nuevo interés en los mercados se basa en la convicción de que toda solución efectiva para la pobreza global necesita reunir tres características fundamentales[1]. Primero, debe tener **escala**. La enorme magnitud del problema requiere soluciones en una dimensión acorde, o que puedan reproducirse flexiblemente. Es improbable que las iniciativas bien intencionadas de las entidades filantrópicas pasen esta prueba. Segundo, debe ser **permanente**. Dada la complejidad del problema de la pobreza, todo intento serio por combatirlo tendrá que prolongarse durante varias generaciones. Los gobiernos van y vienen, y los organismos multilaterales cambian de prioridades según los intereses del momento. Tercero, toda solución para el problema de la pobreza debe ser **eficiente y efectiva**. Los recursos son escasos y hay que aprovecharlos al máximo para obtener el mayor beneficio posible. Los gobiernos tienen la escala necesaria, pero la eficiencia y efectividad no son sus cualidades más desarrolladas. Incluso los detractores del sector privado le reconocen su capacidad para generar valor hasta que los beneficios marginales equiparan los costos marginales. Los gerentes cambian y las compañías quiebran, pero es muy probable que fluyan recursos para responder a toda necesidad que pueda ser atendida rentablemente a través de modelos de negocios probados.

Sin embargo, el sector privado no pasará a formar parte de la solución del problema de la pobreza de manera espontánea o de la noche a la mañana. Históricamente, las empresas privadas y públicas no han atendido las necesidades de los pobres en Iberoamérica. Incluso las compañías de servicios públicos, creadas para atender a todos los hogares de ciudades enteras, han dejado de lado a los consumidores de bajos ingresos.

En 1974, Yolanda construyó su casilla junto al camino a El Junquito, a nueve kilómetros de Caracas, Venezuela. Al igual que otros habitantes ilegales de la zona del kilómetro 9, se "colgó" del poste de luz más cercano para obtener electricidad gratis, ya que la política de la compañía de energía requería la presentación de escritura para habilitar una conexión legal. A pesar de la precaria ubicación de la vivienda, con el correr de los años, Yolanda fue agregando cuartos para albergar a sus hijos y nietos. Con el tiempo, el suministro de electricidad llegó a ser tan débil que Yolanda no podía prender la televisión mientras planchaba la ropa. En 2005, la compañía de energía, preocupada por las pérdidas de potencia causadas por las conexiones ilegales, les ofreció a los habitantes de la comunidad del kilómetro 9 la posibilidad de acceder al suministro regular si el jefe de familia presentaba un documento de identidad y accedía a convertirse en un usuario con factura. ¿Por qué tardó la compañía 30 años en hacerlo?

La respuesta a esta pregunta radica en una cantidad de cuestiones geográficas, socioculturales, políticas y económicas que separan a las empresas de la gente que vive en la pobreza quienes, de hecho, se vuelven invisibles para el resto de la sociedad. La vivienda de Yolanda no estaba aislada físicamente: se encontraba al borde de un camino público, a la vista de todos los que pasaban por allí. Su caso tampoco era único: por el contrario, es representativo de los desafíos que enfrenta a diario una gran porción de la población latinoamericana. Hace mucho tiempo que los sectores de bajos ingresos (SBI) participan en el comercio, pero usualmente lo hacen desde un contexto tecnológico y organizacional de oportunidades limitadas y múltiples obstáculos, incluso de explotación. De hecho, con frecuencia los pobres pagan precios más altos que otros sectores por bienes y servicios similares, en lo que se ha dado en llamar la "multa a la pobreza"[2]. Por ejemplo, los supermercados que ofrecen los precios más bajos rara vez se encuentran ubicados cerca de comunidades pobres; en general, los consumidores pobres carecen de los medios necesarios para comprar víveres para más de un día o dos.

Los resultados de los intentos tradicionales para mitigar la pobreza han sido bastante desalentadores, a pesar de la enorme cantidad de recursos invertidos en los últimos 50 años[3], lo cual enfatiza la urgencia de explorar abordajes novedosos o complementarios. En este libro, la *Social Enterprise Knowledge Network* (SEKN) analiza y evalúa el grado de avance alcanzado en iniciativas de mercado con SBI en Iberoamérica. Examinamos cómo distintos tipos de organizaciones han trabajado con comunidades de bajos ingresos en la región en iniciativas de mercado y analizamos los resultados. Un grupo de trabajo formado por nueve equipos de investigadores de diversas escuelas de negocios y universidades estudió en profundidad un total de 33 experiencias, a fin de determinar qué se necesita para armar nuevas cadenas de valor económico que ayuden a la gente a salir de la pobreza.

La primera sección de este capítulo define el propósito del libro y las principales preguntas que guiaron este trabajo colectivo. En la segunda sección, ubicamos esta investigación en el contexto de la bibliografía relevante. Luego, se analizan los segmentos demográficos que se han beneficiado con las iniciativas estudiadas: los pobres y los marginados. La cuarta sección describe la muestra y los roles desempeñados por los SBI en los distintos casos. Por último, se ofrece un panorama general del contenido del libro, con un breve resumen de cada capítulo.

El "negocio" de este libro

Un buen punto de partida para comenzar a recorrer este libro sobre "negocios inclusivos", es explicar el significado exacto de su título. En este trabajo analizamos modelos de negocios que resultaron efectivos para conectar a los sectores de bajos ingresos con los mercados convencionales, con el potencial y la aspiración de mejorar sustancialmente sus condiciones de vida (de allí el uso del término "inclusivo", en oposición a otros enfoques que buscan simplemente "venderles a los pobres"). Estas iniciativas permiten a las comunidades pobres acercarse a los mercados convencionales y a un ejercicio de ciudadanía más efectivo, amplio y pleno.

Nuestra investigación colectiva siguió un protocolo común de preguntas para recolectar información cuantitativa y cualitativa sobre tres áreas temáticas. Primero y principal, estudiamos la organización que lideró la iniciativa, y nos concentramos en su modelo de negocios. ¿Qué tipo de recursos y capacidades hay que tener para conectarse con los SBI? ¿Qué clases de barreras obstaculizaron esa conexión y cómo se las superó? Segundo, analizamos el contexto de la organización y, en particular, el conjunto de colaboraciones que articulan su modelo de negocios. Dada la magnitud de los retos, las soluciones suelen requerir la participación de varias organizaciones que trabajen en conjunto en pos de una meta común. ¿Qué tipos de vínculos intersectoriales se construyen con estas iniciativas? Por último, tratamos de evaluar el valor económico y social creado por la iniciativa.

Los modelos de negocios brindan esquemas de trabajo que pueden ser adaptados y adoptados. El modelo de negocio define la forma en que una solución nueva creará valor para el cliente y cómo la organización captará parte de ese valor como ganancia. El análisis de los modelos de negocios de las organizaciones seleccionadas develó cómo: 1) articulan una propuesta de valor; 2) identifican su segmento de mercado; 3) definen la cadena de valor necesaria para hacer realidad esa propuesta, y los activos complementarios que se requieren para sostener la posición de la organización dentro de esa cadena; 4) especifican los mecanismos de generación de ingresos, la estructura de costos y el potencial de rentabilidad de la iniciativa; 5) ubican a la organización dentro de su entorno (ecosistema) para relacionarla con sus proveedores y clientes y para identificar potenciales agentes complementarios y competidores, y 6) establecen una estrategia competitiva que permita crear y mantener ventajas frente a los rivales[4]. En las iniciativas estudiadas, los modelos de negocios no siempre estuvieron completamente desarrollados o definidos con claridad para los gerentes de las compañías; nuestro análisis intentó explicitarlos.

Si bien los modelos de negocios de estas organizaciones fueron muy diversos, en todos el motor fundamental fue el "arrastre" *(pull)* de la demanda, a diferencia de otros enfoques sobre el alivio de la pobreza, basados en el "empuje" *(push)* de arriba hacia abajo de subvenciones e inversiones sociales impulsadas por programas filantrópicos o de desarrollo[5]. En las iniciativas de negocios inclusivos puede encontrarse algo de "empuje" a cargo de organizaciones sociales o gubernamentales; sin embargo, todas las iniciativas analizadas apuntaron a generarle valor al cliente que se encuentra al final de la cadena de valor. La dimensión comercial constituye el motor que las mantiene en movimiento. En tal sentido, las iniciativas de mercado no descartan la existencia de intervenciones filantrópicas o públicas puntuales. De hecho, estas constituyen una presencia habitual en los casos de la muestra. No obstante, estas fueron intervenciones temporarias o implementadas dentro del marco regulatorio correspondiente y aprovechadas por los emprendedores para externalizar parte de los costos implícitos en el desarrollo de un mercado nuevo. En todos los casos, la fuerza que impulsó el crecimiento de la iniciativa provino de la conexión entre la oferta y la demanda.

Las iniciativas analizadas en este libro encontraron oportunidades de negocios en los sectores de bajos ingresos. Todas ellas forman parte de las actividades principales de las organizaciones, aunque muchos casos en la muestra correspondieron a pruebas piloto y representaron una pequeña fracción de sus ingresos totales. Los casos se seleccionaron en función de un criterio doble: a priori, debían mostrar indicios de creación de valor económico y social. El grado de éxito alcanzado se analiza en todo el libro y, especialmente, en los capítulos 9 y 10.

El término "negocios" utilizado en el título no se refiere simplemente a compañías privadas. La muestra de iniciativas de mercado abarcó 20 compañías y 13 empresas sociales, que incluyen cooperativas y OSC. El tamaño de las compañías fue desde corporaciones multinacionales (CMN) hasta pequeñas y medianas empresas (PyME). De la misma manera, las cooperativas y OSC participantes variaron en tamaño[6]. De hecho, las distintas formas organizacionales constituyeron un criterio importante a la hora de estructurar la muestra. La mayor parte de la investigación de académicos norteamericanos sobre la base de la pirámide (BOP, por sus siglas en inglés) y los negocios inclusivos, se concentró en el potencial de las CMN en la lucha contra la pobreza. Sin embargo, este abordaje resultaría inapropiado para una región donde el 90% del tejido empresarial está formado por microempresas o PyME. Las cooperativas tienen una trayectoria muy rica en la región, y muchos negocios inclusivos aprovecharon esa tradición para concebir modelos de negocios innovadores, que integran a los pobres en cadenas de valor de mucha vitalidad. Por último, la mayoría de las OSC latinoamericanas han dejado de considerar al mercado necesariamente como la causa del problema y han comenzado a recurrir a él como parte de la solución para combatir la pobreza. Sin embargo, deliberadamente se dejó a las empresas públicas fuera de la muestra. Sin duda, mucho se puede aprender de las iniciativas de mercado del sector público, pero, a menudo, estas cuentan con subsidios continuos, lo cual no responde a los criterios utilizados para la selección de casos para la muestra.

El conjunto de casos elegidos no pretende abarcar la totalidad de negocios inclusivos en curso en Iberoamérica. Nuestra selección apuntó a mostrar la variedad de formas organizacionales, tipos de industrias y alcance geográfico. También se intentó lograr un equilibrio en el tipo de participación ejercida por los ciudadanos de bajos ingresos como consumidores, distribuidores o proveedores. Los demás criterios aplicados fueron los siguientes:

- La iniciativa debía buscar activamente oportunidades de negocios con los SBI.
- La iniciativa debía ser importante para la organización, de preferencia dentro de su actividad principal (aunque la iniciativa con SBI representara solo una pequeña parte de ella).
- La iniciativa debía generar valor económico (VE) y valor social (VS). Los recursos generados por la iniciativa debían cubrir integralmente los costos de todos los factores de producción: depreciación, costos administrativos y demás tipos de costos. En el caso de las OSC, el VE debía traducirse en **sostenibilidad financiera**; es decir, la capacidad de la organización de operar en forma indefinida. En el caso de las compañías privadas, el VE implicaba **rentabilidad**: la iniciativa debía tener la capacidad de generar valor luego de cubrir todos los factores de producción, no solo sus costos sino también su costo de oportunidad (la alternativa más valiosa dejada de lado para encarar esta iniciativa). Se adoptó la definición de VS acuñada en el libro anterior de SEKN: "la búsqueda del progreso social, mediante la remoción de barreras que dificultan la inclusión, la ayuda a aquellos temporalmente debilitados o que carecen de

voz propia y la mitigación de efectos secundarios indeseables de la actividad económica"[7].

En principio, los casos de la muestra debían carecer de subsidios, con dos excepciones: a) se aceptaron subsidios a emprendimientos en etapa inicial, ya que se los consideró un recurso provisorio mientras la iniciativa llegara a ser rentable o sostenible, y b) también se consideraron aceptables los subsidios horizontales; es decir, los subsidios otorgados a una industria o un sector en general dentro del marco regulatorio vigente y no los que beneficiaban a una iniciativa en particular y en forma puntual. Se utilizó como unidad básica de análisis a las organizaciones en sí o, incluso, sus subunidades (a cargo de la gestión de las iniciativas dirigidas a los pobres). Al mismo tiempo, se prestó especial atención a las interacciones entre la organización y su entorno, un aspecto especialmente importante, ya que a través de acuerdos de colaboración la gestión de muchas de estas iniciativas no recayó en una sola organización sino en varias. En consecuencia, este es un estudio de múltiples casos: el foco de atención apuntó a las organizaciones que funcionaban como "centro de gravedad" de las iniciativas, determinaban su orientación general y coordinaban las energías participantes, pero, cuando fue necesario, se amplió el análisis para abarcar a otros socios clave.

Negocios inclusivos y el enfoque de la BOP

En los últimos años, el trabajo pionero de C. K. Prahalad, Stuart Hart y Allen Hammond sobre el concepto de "prestación rentable de servicios a los pobres"[8], sumado a la opinión generalizada de que las organizaciones de desarrollo han fracasado en sus intentos por impulsar cambios sociales trascendentales, ha disparado el surgimiento de un campo de investigación académica y práctica conocido con el nombre de "base de la pirámide" (BOP, por sus siglas en inglés)[9]. Este trabajo busca contribuir con esta bibliografía emergente. Las iniciativas analizadas comparten algunos de los principios que, según Ted London, definen el enfoque de la BOP. El resto de esta sección se apoya en su trabajo[10].

Conexión de lo local con lo global. La inserción de los SBI en la economía global —"democratización de la economía", como la denomina Prahalad— podría llevar a la transformación social. Con gran frecuencia, los pobres son cautivos de un intermediario inescrupuloso que paga de menos cuando les compra su fuerza de trabajo, y cobra de más cuando les vende productos y servicios, aprovechando su posición dominante. Los negocios inclusivos apuntan a romper ese aislamiento, y conectan a la oferta (productores) con la demanda (consumidores) y a la dimensión local con la global. De esta manera, se desencadenan procesos virtuosos de creación de riqueza económica y empoderamiento social.

Innovación paciente. La mayoría de los expertos en BOP ha señalado la necesidad de encarar estos negocios con una visión de largo plazo. En lugar de considerar a los pobres como la periferia de los mercados convencionales (el "próximo 20%") a la que se puede atender en "piloto automático" (en modo *business as usual*) se los debería tratar como un territorio desconocido, como un mercado totalmente diferente. Estas diferencias profundas requieren el desarrollo de modelos de negocios ad hoc[11]. Tal como ocurre cuando se desarrolla un producto o mercado nuevo, el potencial productivo de los pobres solo puede liberarse a través de la utilización de "capital paciente": con foco en el largo plazo, dispuesto a aceptar retornos inferiores al principio y combinado con asistencia[12].

El apalancamiento de activos locales. La BOP valoriza el aprovechamiento pragmático de la infraestructura existente. Aunque no sean ideales, los activos que existen en el terreno ofrecen un punto de partida útil para comenzar a construir un nuevo contexto institucional de abajo hacia arriba. Trabajos anteriores sobre la BOP han demostrado que "para acceder a los sectores de bajos ingresos, el apalancamiento de las organizaciones, redes y prácticas sociales existentes resultó muy efectivo"[13]. Como señala Ted London, este enfoque se aleja de los modelos tradicionales de desarrollo, que tratan de construir entornos facilitadores de arriba hacia abajo y a nivel macro[14].

Al mismo tiempo, nuestro abordaje de los negocios inclusivos se aparta un poco de las investigaciones convencionales sobre la BOP de inspiración norteamericana. Las diferencias no son fundamentales, como se muestra a continuación, pero resultan relevantes para comprender el propósito exacto de este trabajo.

Protagonistas de las iniciativas. El movimiento que insta a utilizar al mercado para luchar contra la pobreza nació como un llamado a la acción dirigido a las corporaciones multinacionales[15], como sugiere en su título un artículo influyente, "La llave corporativa: La utilización de las grandes empresas para combatir la pobreza global"[16]. El trabajo seminal de Prahalad se basó en la premisa de que las CMN se encuentran mejor posicionadas para encarar la tarea sobrecogedora de mitigar realmente la pobreza global, ya que cuentan con la solidez financiera, los canales de distribución global y la capacidad intelectual necesarios. Incluso esos trabajos iniciales incluyeron entre sus casos de estudio iniciativas lideradas por PyME u OSC, pero no los reconocieron dentro de sus marcos conceptuales concebidos inductivamente a partir de las experiencias[17]. Las formulaciones posteriores resultaron más amplias[18], pero, aún al momento de escribirse este libro, las publicaciones sobre BOP todavía destacan el rol de las CMN. Si bien se considera importante a las OSC, se las tiende a mirar como "socios no convencionales" y no como protagonistas[19]. La diferencia divide a la comunidad de práctica que opera en este campo. Por ejemplo, algunas organizaciones de apoyo, como la Organización Holandesa de Desarrollo (SNV, por sus siglas en neerlandés) se concentran en las grandes compañías para realizar su trabajo relacionado con la BOP, mientras otras, como Avina, incluyen iniciativas lideradas por OSC en su visión de los mercados inclusivos. En tal sentido, nuestro enfoque se acerca más al predominante en los textos de emprendimientos sociales, en donde el liderazgo puede adoptar diversos formatos organizacionales, que al de la literatura convencional sobre la BOP.

El principio de participación externa. Otra constante en la bibliografía acerca de la BOP es el "principio de participación externa", según el cual las iniciativas deben nacer de "una organización o emprendedor (…) exógenos", un actor "no nativo" que opera fuera de la economía informal donde viven los pobres[20]. El agente externo no solo "asiste" a los pobres en lo financiero o técnico: se encuentra en el centro de la actividad y participa directamente en la generación de riqueza.

También en este aspecto este trabajo adoptó un enfoque más amplio. Como podrá verse en el resto del libro, los actores externos desempeñaron un rol clave en muchas de las iniciativas estudiadas aquí. Al mismo tiempo, sin embargo, muchas de ellas fueron protagonizadas por los propios pobres para fortalecer y expandir sus modelos de negocios a través del aprendizaje y la experimentación, combinados con asesoramiento y apoyo externo. Mientras que el modelo BOP tradicional deposita sus expectativas en actores exógenos que intervienen a través de modelos de negocios radicalmente nuevos[21], en el modelo de emprendimiento social los participantes nativos son protagonistas. Las organizaciones externas, como las CMN, contribuyen al ayudar a eliminar cuellos de botella (por ejemplo, a través del suministro de canales de distribución, tecnología, asistencia financiera o tecnológica) e incrementan la escala de las iniciativas[22]. Por lo tanto, el enfoque utilizado para seleccionar los casos de este estudio se ubica entre los modelos BOP y de emprendimiento social[23].

Co-creación de modelos ad hoc o adaptación gradual. Como corolario del principio de "intervención externa", los autores de la BOP suelen sostener que para tener éxito las soluciones deben ser fruto de la "co-creación" del actor exógeno y los pobres. El modelo propuesto es la combinación del "conocimiento desarrollado en la cima de la pirámide con la sabiduría y la experiencia de la base"[24]. Como explica London, esta característica diferencia las estrategias BOP de las estrategias corporativas tradicionales, que importan modelos de negocios existentes a la base de la pirámide.

En tal sentido, este trabajo también ha seguido una línea algo diferente. Si bien la co-creación de valor resulta deseable, y a menudo se logra, no se la ha considerado una característica definitoria de las iniciativas de mercado incluidas aquí. Como se indicó anteriormente, algunas de las iniciativas analizadas fueron concebidas e implementadas por los pobres, lo que imposibilita el maridaje simbólico entre la base y la cima de la pirámide a nivel estratégico. Cabe señalar que la co-creación no alude a la asistencia técnica o financiera sino al "desarrollo de pruebas piloto, la evaluación y la formalización de la empresa en colaboración y de manera equitativa"[25].

La co-creación aparece en nuestra muestra, pero también hemos incluido casos en los cuales las compañías intervinieron unilateralmente en sectores de bajos ingresos a través de adaptaciones graduales de modelos de negocios existentes, que no se considerarían legítimas iniciativas BOP en los términos descriptos anteriormente. El razonamiento que sustenta esta decisión por parte de los autores es claro: nuestra propuesta apuntó a trabajar con modelos de negocios reconocibles para los lectores potenciales, de modo que puedan inspirarse en ellos para pasar a la acción. Como se ha señalado, el cambio gradual que resulta de combinar los eslabones existentes (en esquemas de colaboración en los que distintas organizaciones aportan sus conocimientos y experiencia) resulta más factible que la creación de modelos de negocios radicalmente nuevos[26].

Crecimiento autofinanciado y creación de valor social sostenible. La primera ola de trabajos sobre el tema presentó a la BOP como una enorme oportunidad de negocios desaprovechada, que podía ser la base de una "fortuna" por captar en la base de la pirámide[27]. Tal vez porque el mensaje apuntaba a la gerencia de las grandes empresas multinacionales —no a la comunidad de funcionarios de responsabilidad social empresaria (RSE), emprendedores sociales o profesionales del campo del desarrollo— se enfatizó notablemente el argumento de negocio del nuevo enfoque. Las formulaciones posteriores del abordaje de la BOP presentaron un panorama más equilibrado, que destacaba la necesidad de implementar "incentivos sociales y económicos de beneficio mutuo"[28]. Para algunos analistas de la BOP, resulta esencial que el crecimiento se logre con ganancias autogeneradas para que la iniciativa pueda aumentar de escala. Desde esta perspectiva, los retornos económicos y sociales van de la mano y se refuerzan mutuamente: "cuanto mayor sea la capacidad de la iniciativa para satisfacer las necesidades de los pobres, mayores serán los retornos para los socios participantes"[29].

Por supuesto, se trata del ideal de los negocios inclusivos: soluciones radicalmente innovadoras, ofrecidas a una fracción del costo de las soluciones antiguas y con un gran beneficio para los clientes o productores ignorados anteriormente. En este trabajo hemos adoptado un enfoque mucho más realista. Intencionalmente, dejamos de lado las iniciativas que generaban retornos económicos altos y cuestionables beneficios sociales —como la venta de productos de consumo masivo altos en sodio y grasas saturadas a los pobres— y, en cambio, incluimos en la muestra iniciativas autofinanciadas con ganancias limitadas, siempre y cuando resultaran económicamente sostenibles y generaran beneficios sociales y ambientales importantes (véase el gráfico 1.1).

Gráfico 1.1
Lucro e impacto social en los negocios inclusivos

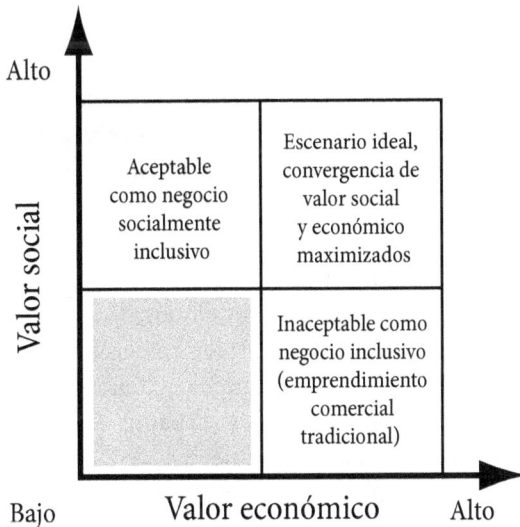

¿A quién deben "incluir" los negocios inclusivos?

Luego de definir los "negocios" en el contexto de este trabajo, vale la pena reflexionar sobre el objetivo de estas iniciativas. ¿A quién nos referimos cuando hablamos de los "pobres" o SBI? Los estudios de marketing que recurren a las clasificaciones socioeconómicas en general ubican a este segmento de la población en las categorías D y E, mientras que los segmentos de altos ingresos se encuentran en las categorías A y B, y el grupo de ingresos medios, en la categoría C. No obstante, resulta difícil delinear con precisión los límites entre estos segmentos a nivel global. En su obra *The Fortune at the Bottom of the Pyramid*, C. K. Prahalad define a la categoría de bajos ingresos por un ingreso anual inferior a US$1.500 en términos de paridad de poder adquisitivo (PPA)[30]. Según Hammond et al., la "base de la pirámide" mundial está formada por 4.000 millones de personas cuyos ingresos no alcanzan los US$3.000 en PPA[31].

En América Latina, la tarea de definir con precisión una línea de pobreza para toda la región también resulta problemática debido a la heterogeneidad del SBI. En 2006, oscilaba entre US$45 y US$161 mensuales en las áreas urbanas, y entre US$32 y US$101 en las zonas rurales, a tasas de cambio vigentes. En el caso de la línea de pobreza extrema, el espectro se extendió de US$21 a US$81 en áreas urbanas, y entre US$18 y US$58 en zonas rurales[32]. Los casos de nuestra muestra involucran a grupos de pobres urbanos y rurales, que registran notables diferencias entre sí. Generalmente, en las zonas urbanas los pobres viven en asentamientos informales —*barrios, favelas* o *villas miseria*— y algunos de ellos en la calle. Sus principales problemas son el hacinamiento, la violencia cotidiana, la falta de servicios básicos y una infraestructura urbana deficiente. Por otro lado, su proximidad física facilita los vínculos sociales, activo aprovechado por muchos negocios inclusivos. Estos habitantes urbanos también conviven con algunas tecnologías nuevas, como la telefonía celular e Internet, que permiten una mayor conexión con los acontecimientos nacionales y globales. Muchos modelos de negocios inclusivos capitalizaron estas características.

Los desafíos que enfrentan los SBI rurales, por otro lado, radican en la falta de acceso a servicios básicos, la infraestructura insuficiente y la escasez de efectivo, que suele verse agravada por la dispersión geográfica y la lejanía de los centros urbanos. Los pobres de las zonas rurales tienden a tener menor educación y acceso a la información, los servicios básicos y los recursos con los que cuentan sus pares urbanos. Poseen menos activos y tienen una baja productividad[33]. Por ejemplo, en Brasil, el 90,2% de la población urbana cuenta con acceso al agua corriente, al que solo accede el 16,6% de los habitantes de las zonas rurales[34]. En Costa Rica, el 44,3% de los residentes de las ciudades tiene acceso a los sistemas de eliminación de residuos, que solo alcanzan a un 5,4% de las poblaciones rurales[35].

A diferencia de América Latina, España no tiene pobreza absoluta en términos de ingresos per capita, a paridad de poder adquisitivo. No obstante, el 14% de la población está en situación de pobreza relativa, según la define la OCDE: ingresos inferiores a la mitad del ingreso mediano[36]. En Cataluña, España, hay alrededor de 1,2 millones de personas en riesgo de caer por debajo de la línea de pobreza[37]. Este grupo incluye a ex convictos, personas con discapacidades físicas o mentales y mujeres que son víctimas de la violencia doméstica. Nuestra muestra incluye tres iniciativas desarrolladas para combatir la pobreza relativa (véase el cuadro 1.1).

Cuadro 1.1
Ejemplos de exclusión social en España, en nuestra muestra de casos

Organización	Grupo objetivo
Andròmines	Gitanos, inmigrantes, jefas de hogar
Fageda	Minusválidos
Futur	Ex presidiarios, inmigrantes, jefas de hogar, indigentes

---

La definición de los beneficiarios de los negocios inclusivos se complica aún más por el hecho de que la falta de ingresos constituye solo un aspecto de la pobreza. Como señaló Amartya Sen, la pobreza es un fenómeno complejo, con múltiples dimensiones y facetas adicionales que abarcan la desigualdad, la informalidad y la exclusión.

América Latina sufre de una enorme desigualdad en la distribución de los ingresos. Si bien la cantidad total de latinoamericanos pobres ha disminuido en los últimos 15 años, la desigualdad socioeconómica sigue siendo extremadamente elevada[38], de acuerdo con el coeficiente de Gini[39], que al momento de escribirse estas páginas oscilaba entre 0,44 en Venezuela y 0,6 en Brasil[40]. Estos indicadores convierten a América Latina en la región con mayor desigualdad del mundo. Es evidente que el bajo crecimiento económico engendra pobreza, pero el verdadero problema radica en que lo opuesto también es cierto: la pobreza y el bajo nivel de crecimiento económico se retroalimentan mutuamente en un círculo vicioso (véase el gráfico 1.2).

Según Latinobarómetro, más del 70% de los latinoamericanos cree que la distribución de ingresos en "injusta" o "muy injusta"[41]. Si no se atienden

Gráfico 1.2
Evolución de la pobreza y la pobreza extrema en América Latina

a. Volumen de población (en millones)   b. Porcentaje de la población

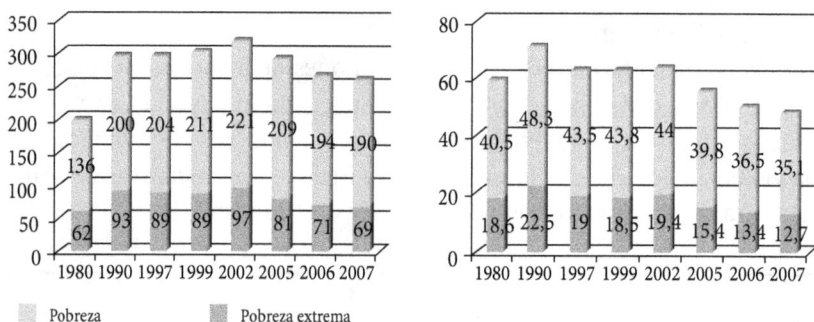

Pobreza   Pobreza extrema

Fuente: "Panorama social de América Latina", CEPAL (2007).

las percepciones de desigualdad y exclusión, podrían convertirse fácilmente en malestar social y mayor criminalidad. Con el tiempo, esta tendencia podría empeorar y conducir a la marginación y, en última instancia, a la polarización política. Cuanto más tiempo persisten estas condiciones, mayores son las probabilidades de conflictos socioeconómicos. En general, el crecimiento económico contribuye a la reducción de la pobreza, pero el crecimiento importante de la región durante la década de 1990 no tuvo un efecto sustancial en este aspecto; de hecho, es posible que haya incrementado la desigualdad de ingresos.

Asimismo, se observan altos niveles de informalidad en América Latina: la mitad de la fuerza laboral se gana la vida en la economía informal y es probable que los SBI constituyan la mayor parte de esa proporción[42]. Estudios sobre unidades de negocios exitosas en la economía informal sugieren que existe una importante oportunidad para vincular a emprendedores incipientes con la economía formal[43], confirmadas por recientes investigaciones sobre actividad emprendedora[44]. Nuestro estudio confirmó este hallazgo: varias de las iniciativas de mercado analizadas interactuaban con la economía informal. Las personas que trabajan en la economía informal, sin embargo, suelen ser más vulnerables a la explotación y al trabajo en condiciones precarias, ya que cuentan con escasa protección de las leyes y las instituciones. En España, la informalidad ofrece un panorama de la pobreza, ya que ambas tienden a ir de la mano. Las políticas de redistribución y los subsidios públicos mantienen a quienes se encuentran "dentro del sistema" alejados de la pobreza absoluta, pero esos beneficios no alcanzan a las personas que permanecen marginadas, como los inmigrantes ilegales.

Los sectores de bajos ingresos también son víctimas de la "exclusión social", concepto acuñado en la década de 1970[45] para describir la crisis del estado benefactor europeo[46]. En el contexto latinoamericano, la exclusión se define como "el proceso por el cual se niega el acceso a las oportunidades a ciertas personas y grupos"[47]. Distintas barreras y restricciones impiden que los ciudadanos pertenecientes al SBI logren convertirse en actores autónomos: desempleo crónico, acceso insuficiente a los servicios básicos de salud o educación, o discriminación racial o de género.

Consideremos el caso de la industria de servicios de salud de Venezuela. Por un lado, el sector privado presta servicios de calidad, pero solo el 15% de la población venezolana puede pagarlos. Por el otro, los hospitales públicos sufren de una carencia crónica de financiamiento, lo que redunda en la falta constante de los insumos más básicos, tales como algodón, yeso o remedios. El seguro social "obligatorio" —financiado en forma conjunta por las empresas y los trabajadores— solo alcanza al 14% de la población, en un país donde la informalidad prácticamente no conoce límites. Resultado: un estudio de mercado reveló que el 88% de las personas encuestadas consideraban que no tenían adónde ir en caso de una emergencia médica. ¿Acaso se puede hablar de un "nicho", o incluso de un "segmento" no atendido, cuando se trata de una necesidad básica e insatisfecha del 85% de los habitantes de un país? Un contexto con semejante potencial explosivo ciertamente moldea la percepción de las oportunidades y los riesgos que enfrenta el sector privado en la región. Esta realidad ocupó un lugar preponderante en nuestra consideración cuando diseñamos y llevamos a cabo este proyecto de investigación y ayuda a entender por qué las empresas recién "descubrieron" a los pobres poco tiempo atrás.

Los sectores de bajos ingresos como agentes económicos

La investigación de C. K. Prahalad sobre la BOP insta a las empresas a considerar a los pobres no como víctimas o como una carga para la sociedad, sino como emprendedores perseverantes y creativos y como consumidores conscientes del valor[48]. Las experiencias registradas en nuestra muestra fundamentan esta perspectiva[49]. En 33 iniciativas de mercado, los grupos de SBI desempeñaron diversos roles en América Latina y España.

Los pobres como consumidores

Prahalad concentró su atención en los SBI como consumidores potenciales, mal atendidos por las grandes compañías, y señaló el efecto revolucionario que tendría la ampliación de opciones para los pobres en términos de crecimiento económico y autoestima personal. Por supuesto, la idea de "venderles a los pobres" no es nueva. El concepto radicalmente nuevo detrás del enfoque de los negocios inclusivos es asignar al sector privado un rol que, hasta ahora, desempeñaban los gobiernos, las entidades benéficas o los organismos multilaterales. Por primera vez, se relacionó la posibilidad de obtener ganancias con el mejoramiento de las condiciones de vida de los pobres. En formulaciones posteriores, se expandió el concepto para abarcar iniciativas de mercado desarrolladas por otro tipo de organizaciones.

¿Por qué habría de tener éxito el mercado donde otros intentos de reducir la pobreza fracasaron? La clave del éxito reside en la capacidad emprendedora y organizacional para diseñar modelos que puedan superar las barreras económicas, geográficas, culturales y sociales que limitan el acceso y el poder adquisitivo de los pobres. En el curso de nuestra investigación, analizamos 15 organizaciones que atienden a los SBI como consumidores con una amplia gama de productos y servicios (véase el cuadro

Cuadro 1.2
Los pobres como consumidores en nuestra muestra

	Organización	Producto/servicio	País
SBI como foco principal	Activo Humano	Colocación laboral	Chile
	Cruzsalud	Servicios de salud	Venezuela
	Fundación Comunanza	Microfinanzas	Venezuela
	Supermercados Palí	Artículos de consumo	Centroamérica
SBI como segmento periférico	Aguaytía	Gas	Perú
	Amanco	Sistemas de irrigación	México
	Cemex (Construmex)	Cemento y materiales de construcción	México
	Codensa	Electricidad y bienes de consumo durables	Colombia
	Colcerámica	Cerámicos	Colombia
	Edenor	Electricidad	Argentina
	Ejército de Salvación (Escudo Rojo)	Ropa y muebles	Argentina
	Empresario Azteca	Crédito	México
	Gas Natural BAN	Gas	Argentina
	Inacap	Educación	Chile

1.2). En cuatro experiencias (Activo Humano, Cruzsalud, Comunanza y Supermercados Palí), el servicio a SBI estaba en el núcleo de la misión de la organización, mientras que, en las 11 iniciativas restantes, los SBI constituían un segmento de mercado adicional que complementaba sus negocios principales. En ambas situaciones, tratamos de descubrir los disparadores que llevaron a la realización de la actividad, tales como la búsqueda de una nueva oportunidad de mercado, la respuesta a amenazas del entorno, o la continuación de iniciativas filantrópicas[50]. En cada uno de los casos, se plantearon las siguientes preguntas: ¿de qué manera las fuerzas que dieron pie a la iniciativa moldearon el modelo de negocio implementado y los resultados obtenidos? ¿Qué factores particulares parecen haber influenciado la capacidad de la iniciativa para generar valor económico y social?

Por último, cabe destacar que la mayoría de las iniciativas incluidas en la muestra no apuntaban a los más pobres entre los pobres de la región, por lo menos no como consumidores potenciales. Las iniciativas estudiadas tendían a concentrarse en los pobres "a mitad de camino", en aquellos en situación de pobreza moderada: las poblaciones atendidas parecían encontrarse en el medio de la curva de distribución de la pirámide de ingresos. El gráfico 1.3 presentado a continuación lo demuestra en tres casos muy diferentes entre sí: el Programa Empresario Azteca (EA), iniciativa para financiar y vender maquinaria a los pobres en México; el Instituto Nacional de Capacitación Profesional (Inacap), organización sin fines de lucro que ofrece programas pagos de educación superior a jóvenes pobres de Chile, y Codensa, una compañía de servicios públicos colombiana que intentó fomentar la lealtad de los clientes a través de la financiación y venta de artículos electrónicos.

Los pobres como productores y proveedores
Aunque la ola inicial de estudios académicos sobre la BOP consideró a los pobres fundamentalmente como un mercado de consumo desaprovechado, formulaciones posteriores señalaron que no se lograría un avance significativo en la lucha contra la pobreza sin incrementar el nivel de ingresos de los pobres, es decir, sin mejorar su "balanza de pagos" respecto del resto de la sociedad, generándoles mayores ingresos y menores egresos[51]. Para ello, es necesario "convertir a los SBI en socios"[52]. En consecuencia, este trabajo analiza no solo cómo "atender" a los pobres, sino también cómo trabajar con ellos, en distintos roles, para armar iniciativas de mercado inclusivas.

En 15 casos analizados, los SBI participaron como productores. Este grupo se divide en dos categorías (que se reflejan en las dos columnas del

Gráfico 1.3
Segmentación del sector de consumidores de bajos ingresos (porcentaje)

a. Programa Empresario Azteca: venta de herramientas a los pobres en México

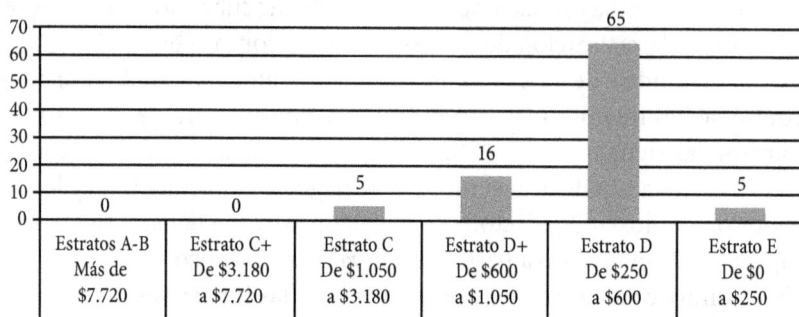

	Estratos A-B Más de $7.720	Estrato C+ De $3.180 a $7.720	Estrato C De $1.050 a $3.180	Estrato D+ De $600 a $1.050	Estrato D De $250 a $600	Estrato E De $0 a $250
	0	0	5	16	65	5

Fuente: Estatus socioeconómico para clientes de EA. Adaptación de los autores a partir de datos de EA y de la Asociación Mexicana de Agencias de Investigación de Mercados y Opinión Pública (AMAI).

b. Inacap: educación técnica de máxima calidad para los pobres de Chile, en forma rentable

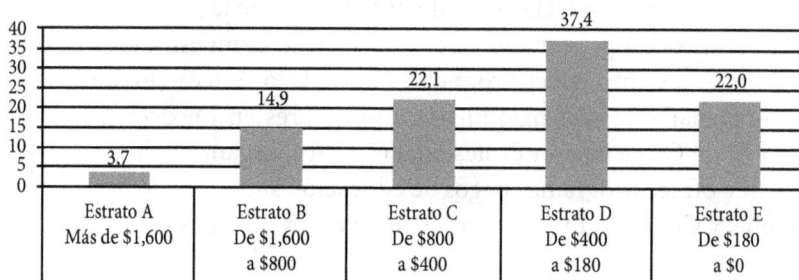

	Estrato A Más de $1,600	Estrato B De $1,600 a $800	Estrato C De $800 a $400	Estrato D De $400 a $180	Estrato E De $180 a $0
	3,7	14,9	22,1	37,4	22,0

Fuente: Situación económica de los estudiantes de Inacap en 2006. Adaptación de los autores a partir de datos del Sistema Nacional de Medición de Resultados de aprendizaje (Since), Ministerio de Educación de Chile.

c. Codensa: democratización del crédito en Colombia a cargo de una empresa de servicios públicos

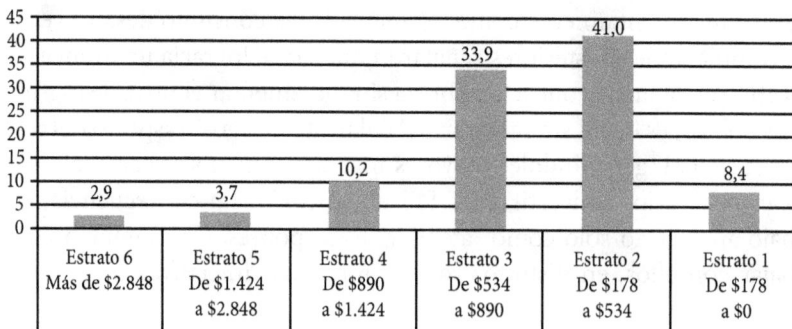

	Estrato 6 Más de $2.848	Estrato 5 De $1.424 a $2.848	Estrato 4 De $890 a $1.424	Estrato 3 De $534 a $890	Estrato 2 De $178 a $534	Estrato 1 De $178 a $0
	2,9	3,7	10,2	33,9	41,0	8,4

Fuente: Situación socioeconómica de los clientes de Codensa en 2006. Adaptado por los autores a partir de datos de la empresa.

Cuadro 1.3
Los pobres como productores en nuestra muestra

Iniciativas lideradas por los pobres	País	Iniciativas que incorporaron a los pobres	País
Apaeb	Brasil	Agropalma	Brasil
Asmare	Brasil	Cativen	Venezuela
Centro Interregional de Artesanos del Perú (CIAP)	Perú	Costa Rica Entomological Supplies (CRES)	Costa Rica
Coopa-Roca	Brasil	Explorandes	Perú
Cooperativa de Recicladores Porvenir	Colombia	Hortifruti-Tierra Fértil	Centroamérica
Recolectores del Bío-Bío	Chile	Irupana	Bolivia
Corporación Oro Verde	Colombia	Palmas del Espino	Perú
El Ceibo	Argentina		

cuadro 1.3): asociaciones organizadas por los pobres para llevar sus productos al mercado o para abastecer a otras organizaciones, y productores que se unieron a una iniciativa de una organización más grande para integrarse a su cadena de valor como proveedores. En la primera categoría encontramos recicladores, recolectores de frutos silvestres, productores sisaleros, costureras y mineros. En todos los casos, se analizaron los retos que enfrentaron los grupos de SBI en sus intentos por emprender iniciativas en mercados locales y globales.

Organización del libro

Este libro se divide en tres módulos. El primero trata sobre los actores: los grupos de bajos ingresos que participan en iniciativas de mercado y las organizaciones con las cuales se relacionan. La segunda parte examina los sectores donde se desarrollaron las iniciativas, mientras que la sección final analiza el nivel de creación de valor logrado.

Los actores

Cuatro capítulos describen a los actores que participan en las iniciativas de mercado con SBI y los esquemas de colaboración que los unen. El capítulo 2 se centra en las experiencias de 13 grandes compañías y evalúa las ventajas comparativas de las grandes empresas privadas para llevar adelante iniciativas de mercado con los SBI como consumidores y proveedores. Uno de los ejes de este capítulo es la centralidad de los SBI dentro del propósito de las organizaciones, característica que parece determinar el nivel de efectividad de los negocios inclusivos.

El capítulo 3 ofrece un análisis profundo de negocios inclusivos liderados por PyME. El texto muestra cómo la centralidad de los SBI para la estrategia de las PyME, sumada a la flexibilidad de sus políticas y prácticas, su capacidad de innovación, el control de costos operativos, y la cercanía a los SBI, puede llevar al éxito de los negocios inclusivos. Estas fortalezas organizacionales contrastan con las múltiples limitaciones que suelen sufrir las PyME y que, a menudo, reducen sus márgenes de rentabilidad, tales como las deseconomías de escala, las limitaciones de alcance geográfico o de cartera de productos y, en las economías emergentes, la dificultad para acceder a fuentes externas de financiamiento.

El capítulo 4 plantea el concepto de "empresa social", categoría no convencional que abarca tanto a las OSC como a las cooperativas. En este capítulo se trata de descubrir las similitudes entre las cooperativas y las organizaciones sin fines de lucro en la operación de iniciativas inclusivas de mercado. El estudio de 13 experiencias devela el potencial de innovación que tienen las iniciativas de negocios lideradas por los propios SBI beneficiados. También se examinan los modelos de negocios utilizados para desarrollar dichas iniciativas, en los que se destaca el rol del liderazgo creativo.

El último capítulo de este módulo repasa los distintos ecosistemas organizacionales en los que se desarrollaron las experiencias de nuestra muestra. Se analizan los esquemas de colaboración que resultaron cruciales para derribar las barreras que hasta entonces impedían los intercambios fructíferos de valor con los pobres. Una de las características específicas de los negocios inclusivos es que a menudo se construyen a partir de comunidades de interés, de distintos grupos que cooperan en pos de un objetivo común. Este capítulo estudia diferentes tipos de actores que desempeñan varios roles. La naturaleza de las relaciones resulta muy variada: van desde vínculos semijerárquicos hasta relaciones horizontales de colaboración, y comprenden desde asociaciones puntuales para contratos específicos hasta iniciativas conjuntas (*joint-ventures*) estructuradas.

Los sectores

El criterio seguido en la conformación de la muestra apuntó a reunir un conjunto heterogéneo de casos en términos de formato organizacional, industria y alcance geográfico. Sin embargo, una vez que se completó la tarea de recolección de datos, quedó en evidencia que en el conjunto se destacaban tres sectores: agricultura, reciclaje y servicios públicos. Esto tenía sentido: en los dos primeros casos, los SBI tradicionalmente han desempeñado un rol protagónico como productores y proveedores. El tercero ilustra el surgimiento de una nueva área de atención para los negocios inclusivos, con el potencial de tener un gran efecto en las condiciones de vida de los pobres. Las iniciativas en ese último grupo reaccionaron de manera creativa a los desafíos contextuales y ampliaron su alcance para incorporar a los SBI en sus respectivas cadenas de valor.

En el capítulo 6 se analizan cinco experiencias en el campo de los servicios públicos: tres referidas al abastecimiento de energía eléctrica y dos al suministro de gas natural. Los servicios eléctricos analizados corresponden a áreas metropolitanas grandes en Argentina, Colombia y Venezuela, mientras que las iniciativas relacionadas con la provisión de gas natural tuvieron lugar en Argentina y Perú. Cada una de estas experiencias ofrece una oportunidad para analizar cómo ciertas empresas tradicionales idearon modelos de negocios innovadores para atender a los SBI. Una de ellas pudo erradicar la difundida práctica de realizar conexiones ilegales a la red de energía para obtener electricidad gratis; otra logró frenar las presiones que llevan a las agencias reguladoras a mantener artificialmente bajos los precios de los servicios públicos para obtener ventajas políticas. Estas compañías aprendieron a desarrollar propuestas de valor atractivas para los consumidores pobres a través de la búsqueda de un equilibrio entre la prestación de mejores servicios para los pobres y la generación de ganancias.

El capítulo 7 trata el rol de los SBI como recicladores. Durante décadas, los pobres de las zonas urbanas de América Latina se ganaron la vida a través del reciclaje de residuos sólidos en áreas metropolitanas. La importancia de esta actividad se ha ido incrementando en los últimos años, cuando la crisis económica global dejó fuera de la economía formal a miles de personas y la preocupación por la sostenibilidad ambiental comenzó a generar la demanda de artículos reciclados. En este capítulo, los autores examinan la experiencia de organizaciones emprendedoras dirigidas por grupos de bajos ingresos y centran su atención en el tipo de liderazgo y en la innovación que permitieron transformar las prácticas de reciclaje en sus respectivas comunidades.

El capítulo 8 repasa los retos que enfrentan las compañías cuando tratan de incorporar comunidades rurales, donde la falta de infraestructura y la pobreza constituyen un denominador común, a las cadenas de valor relacionadas con los mercados de consumo masivo o los consumidores de alto nivel. Este análisis muestra cómo las empresas participantes aprendieron a superar esos desafíos mediante la ponderación de sus intereses de largo plazo frente a las ganancias inmediatas.

La creación de valor

¿Pueden obtenerse ganancias al atender a los pobres? Esta pregunta fundamental sigue siendo objeto de debate: C.K. Prahalad[53] sostiene que se puede hacer una fortuna con la erradicación de la pobreza, mientras que Karnani[54] y otros consideran a ese optimismo un espejismo, ya que la participación de los pobres en los negocios resulta, en el mejor de los casos, costosa y difícil. Es posible que ambas posturas tengan razón: nuestra muestra incluye tanto éxitos rotundos como iniciativas que no lograron alcanzar el supuesto "gran potencial."

La sección final de este libro analiza el valor económico y social generado por la variedad de iniciativas tratadas. Sobre la base del trabajo previo de SEKN, se exploran nuevos caminos para evaluar el impacto de estas iniciativas en la vida de la gente, las comunidades y la sociedad en general. Para medir el valor económico de las iniciativas de mercado con SBI, los autores tuvieron en cuenta los márgenes, las ganancias y la sostenibilidad de las iniciativas. Los resultados obtenidos por las organizaciones en donde la integración de SBI es central para el modelo de negocio se comparan con los resultados de iniciativas limitadas a un proyecto puntual. Asimismo, se evalúan los resultados obtenidos por distintos tipos de organizaciones y las tensiones que surgen en los intentos por crear valor económico y social en las iniciativas de mercado con los SBI.

¿Lograron estas iniciativas generar riqueza material para los participantes? El capítulo 9 intenta responder esta pregunta y analiza el éxito económico de los negocios con SBI. El análisis destaca las diferencias de creación de valor económico entre las iniciativas de negocio de organizaciones privadas o sociales cuya misión está centrada en los SBI y aquellos proyectos realizados, por ejemplo, dentro del ámbito de la responsabilidad social empresaria. Los autores de SEKN repasan un amplio conjunto de condiciones que deben cumplirse para generar ganancias, entre ellas el control de costos, la facilitación de préstamos y condiciones de pago adecuadas para consumidores pobres, y la construcción de indicadores apropiados para medir el éxito en el mercado.

El capítulo 10 trata la otra parte del proceso de creación de valor. ¿Cómo se generó valor social para los SBI que participaron como consumidores, proveedores o socios en cada una de las iniciativas estudiadas? ¿Cuál fue el efecto de esas experiencias para las personas, las comunidades o la sociedad en su conjunto? El capítulo investiga cómo aquellas experiencias derribaron barreras, haciendo posible el acceso de SBI a bienes y servicios, cómo fomentaron los derechos humanos y la dignidad, y cómo aumentaron los ingresos individuales y familiares de los pobres. Los autores investigan si existen diferencias importantes entre las distintas experiencias, según el tipo de organización o sector de que se trate, y plantean cuestiones relacionadas con la capacidad de aumentar la escala y la posibilidad de reproducir las experiencias.

El propósito general de este libro consiste en ampliar el debate en curso sobre los negocios en la base de la pirámide socioeconómica de Iberoamérica. Más allá de generar conocimientos, SEKN busca impactar la realidad mediante la identificación de los desafíos concretos que enfrentan las organizaciones de la muestra y la descripción de las alternativas elegidas para superarlos. Este libro constituye una invitación para imaginar nuevas posibilidades de negocios, que generen prosperidad económica y una transformación social positiva. Con ese objetivo en mente, presentamos ejemplos que demuestran que las iniciativas de mercado con la participación de los pobres pueden servir para construir sociedades más equitativas y justas en la región.

Notas

1. James E. Austin y Michael Chu, "Business And Low-Income Sectors: Finding a New Weapon to Attack Poverty," *Harvard Review of Latin America* (2006), 3.
2. C. K. Prahalad, *The Fortune at the Bottom of the Pyramid: Eradicating Poverty through Profits* (Upper Saddle River, NJ: Wharton School Publishing, 2005), 11; Allen L. Hammond et al., *The Next 4 Billion: Market Size and Business Strategy at the Base of the Pyramid* (Washington, DC: World Resources Institute and International Finance Corporation, 2007).
3. Craig Burnside y David Dollar, "Aid, Policies and Growth," *American Economic Review* 90 (2000); William Russell Easterly, *The Elusive Quest for Growth: Economists' Adventures and Misadventures in the Yropics* (Cambridge, MA: MIT Press, 2001).
4. Henry Chesbrough, "Business Model Innovation: It's not Just About Technology Anymore," *Strategy & Leadership* 35, nro. 6 (2007), 13.
5. Ted London, "The Base-of-the-Pyramid Perspective: A New Approach to Poverty Alleviation" (Documento de trabajo, William Davidson Institute/ Stephen M. Ross School of Business, 2008), 12.
6. Los países latinoamericanos utilizan distintos criterios para determinar si las empresas son grandes, medianas o pequeñas. En este estudio, se utilizó el criterio prevaleciente en el país de origen de la empresa en cuestión. Estos criterios

varían notablemente de un país a otro. Por ejemplo, en Argentina, la clasificación se basa en la facturación anual, pero los criterios varían para las firmas de manufactura, comercio o servicios. En Chile, existen dos criterios: empleo y ventas. En Colombia, la clasificación se basa en cantidad de empleados y activos totales (www.fundes.org).

7. SEKN, ed. *Gestión efectiva de emprendimientos sociales. Lecciones extraídas de empresas y organizaciones de la sociedad civil en Iberoamérica* (Washington, DC: Banco Interamericano de Desarrollo y David Rockefeller Center for Latin American Studies, Universidad de Harvard, 2006), 296.

8. C. K. Prahalad y Stuart Hart, "The Fortune at the Bottom of the Pyramid," *Strategy + Business* 1, nro. 26 (2002); C. K. Prahalad y Allen Hammond, "Serving the World's Poor, Profitably," *Harvard Business Review* (2002).

9. Prahalad y Hart, "The Fortune at the Bottom of the Pyramid"; Prahalad y Hammond, "Serving the World's Poor, Profitably"; Stuart L. Hart y Clayton M. Christensen, "The Great Leap: Driving Innovation from the Base of the Pyramid," *MIT Sloan Management Review* 44, nro. 1 (2002); Prahalad, *The Fortune at the Bottom of the Pyramid: Eradicating Poverty through Profits*.

10. Particularmente en "The Base-of-the-Pyramid Perspective: A New Approach to Poverty Alleviation" (documento de trabajo, William Davidson Institute/Stephen M. Ross School of Business, 2008).

11. James Austin et al., "Building New Business Value Chains with Low Income Sectors in Latin America," en *Business Solutions for the Global Poor: Creating Social and Economic Value*, ed. Kasturi Rangan, et al. (San Francisco, CA: Jossey-Bass, 2007).

12. Ted London, "The Base-of-the-Pyramid Perspective: A New Approach to Poverty Alleviation" (documento de trabajo, William Davidson Institute/Stephen M. Ross School of Business, 2008); Jacqueline Novogratz, "Meeting Urgent Needs with Patient Capital," *Innovations: Technology | Governance | Globalization* 2, nro. 1/2 (2007).

13. James Austin et al., "Building New Business Value Chains with Low Income Sectors in Latin America," en *Business Solutions for the Global Poor: Creating Social and Economic Value*, ed. Kasturi Rangan, et al. (San Francisco, CA: Jossey-Bass, 2007).

14. Ted London, "The Base-of-the-Pyramid Perspective: A New Approach to Poverty Alleviation" (documento de trabajo, William Davidson Institute/Stephen M. Ross School of Business, 2008), 24.

15. C. K. Prahalad y Stuart Hart, "The Fortune at the Bottom of the Pyramid," *Strategy + Business* 1, nro. 26 (2002).

16. George C. Lodge, "The Corporate Key: Using Big Business to Fight Global Poverty," *Foreign Affairs* 81, nro. 4 (2002).

17. Aneel Karnani señala que muchos de los casos utilizados por Prahalad en "Fortune at the Bottom of the Pyramid" no son CMN: Casas Bahía es una empresa brasileña grande; Voxiva es una PyME, y Aravind es una OSC. Aneel G. Karnani, "Fortune at the Bottom of the Pyramid: A Mirage" (documento de trabajo nro. 1035, University of Michigan, Stephen M. Ross School of Business, 2006).

18. "Si bien varios autores han destacado el rol importante que desempeñan las corporaciones multinacionales foráneas en la atención a la base de la pirámide (…) las iniciativas en la BOP no son la jurisdicción exclusiva de las grandes compañías. De hecho, una variedad de distintas organizaciones y personas pueden iniciar negocios para la BOP. Como se analiza en la bibliografía de la BOP, estos negocios también pueden surgir por iniciativa de empresas locales de los países emergentes, así como de organizaciones sin fines de lucro y otras empresas de orientación social." Ted London, "The Base-of-the-Pyramid Perspective: A New Approach to Poverty Alleviation" (documento de trabajo, William Davidson Institute/Stephen M. Ross School of Business, 2008), 14. Véase también David Wheeler et al., "Creating Sustainable Local Enterprise Networks," *MIT Sloan Review* 47, nro. 1 (2005).

19. Allen L. Hammond et al., *The Next 4 Billion: Market Size and Business Strategy at the Base of the Pyramid* (Washington, DC: World Resources Institute and International Finance Corporation, 2007).

20. Ted London, "The Base-of-the-Pyramid Perspective: A New Approach to Poverty Alleviation" (Documento de trabajo, William Davidson Institute/ Stephen M. Ross School of Business, 2008), 14.

21. "Los pobres con aspiraciones presentan una oportunidad prodigiosa para las compañías más ricas del mundo. Sin embargo, requieren un enfoque radicalmente nuevo de las estrategias comerciales." C. K. Prahalad y Stuart Hart, "The Fortune at the Bottom of the Pyramid," *Strategy + Business* 1, nro. 26 (2002). En tal sentido, la innovación radical no debería restringirse a los productos, sino que debería abarcar también los procesos. C. K. Prahalad, *The Fortune at the Bottom of the Pyramid: Eradicating Poverty through Profits* (Upper Saddle River, NJ: Wharton School Publishing, 2005).

22. Christian Seelos y Johanna Mair, "Profitable Business Models and Market Creation in the Context of Deep Poverty: A Strategic View," *The Academy of Management Perspectives* 21, nro. 4 (2007), 60.

23. "Social Entrepreneurship: Creating New Business Models to Serve the Poor," *Business Horizons* 48, nro. 3 (2005).

24. Ted London, "The Base-of-the-Pyramid Perspective: A New Approach to Poverty Alleviation" (documento de trabajo, William Davidson Institute/ Stephen M. Ross School of Business, 2008), 16.

25. Erik Simanis, Stuart Hart, Gordon Enk, Duncan Duke, Michael Gordon y Allyson Lippert, "Strategic Initiatives at the Base of the Pyramid: A Protocol for Mutual Value Creation." Base of the Pyramid Protocol Workshop Group, Wingspread Conference Center, Racine, WI, 2005.

26. Christian Seelos y Johanna Mair, "Profitable Business Models and Market Creation in the Context of Deep Poverty: A Strategic View," *The Academy of Management Perspectives* 21, nro. 4 (2007), 61.

27. C. K. Prahalad y Stuart Hart, "The Fortune at the Bottom of the Pyramid," *Strategy + Business* 1, nro. 26 (2002); C. K. Prahalad, *The Fortune at the Bottom of the Pyramid: Eradicating Poverty through Profits* (Upper Saddle River, NJ: Wharton School Publishing, 2005).

28. Ted London y Stuart L Hart, "Reinventing Strategies for Emerging Markets: Beyond the Transnational Model," *Journal of International Business Studies* 35 (2004), 362.

29. Ted London, "The Base-of-the-Pyramid Perspective: A New Approach to Poverty Alleviation" (documento de trabajo, William Davidson Institute/ Stephen M. Ross School of Business, 2008), 22.

30. C. K. Prahalad, *The Fortune at the Bottom of the Pyramid: Eradicating Poverty through Profits* (Upper Saddle River, NJ: Wharton School Publishing, 2005), 4.

31. Allen L. Hammond, William J. Kramer, Robert S. Katz, Julia T. Tran y Courtland Walker, *The Next 4 Billion: Market Size and Business Strategy at the Base of the Pyramid* (Washington, DC: World Resources Institute and International Finance Corporation, 2007), 3.

32. CEPAL, "Panorama social de América Latina 2007" (Comisión Económica para América Latina y el Caribe, 2007), http://www.eclac.org/publicaciones/ xml/5/30305/PSE2007_Cap1_Pobreza.pdf.

33. Ramón López y Alberto Valdés, *Rural Poverty in Latin America* (New York: St. Martin's Press, 2000).

34. CEPAL, "Anuario estadístico de América Latina y el Caribe". Comisión Económica para América Latina y el Caribe, Naciones Unidas, División de Estadísticas y Proyecciones Económicas. Santiago: 2007.

35. Ibíd.

36. Michael Förster y Marco Mira d'Ercole, "Income Distribution and Poverty in OECD Countries in the Second Half of the 1990s." (OCDE, documentos de trabajo sobre cuestiones sociales, empleo y migración. París: 2005).

37. "La pobresa a Catalunya. Informe 2003", Fundació UN SOL MÓN de l'Obra Social de Caixa Catalunya, http://obrasocial.caixacatalunya.es/osocial/redirect.html? link=http://obrasocial.caixacatalunya.es/CDA/ObraSocial/OS_Plantilla3/0,3417, 1x3y355,00.html. El Parlamento autonómico aprobó la creación de empresas sociales para la inclusión laboral a fin de desarrollar actividades de mercado que apunten a la integración de personas en grave riesgo de exclusión social.

38. "Panorama social 2007 de América Latina," Comisión Económica para América Latina y el Caribe, http://www.eclac.org/publicaciones/xml/5/30305/PSE2007_Sintesis_Lanzamiento.pdf.

39. El coeficiente de Gini es el indicador utilizado para medir la desigualdad de la distribución del ingreso, en una escala en la que el 0 corresponde a la igualdad perfecta de ingreso y el 1 representa la desigualdad perfecta (una persona capta el 100% del ingreso disponible y a todos los demás les corresponde 0%).

40. "Indicadores de concentración del ingreso, total nacional, 1990-2006 (cuadro 14)", Comisión Económica para América Latina y el Caribe, http://www.eclac.org/publicaciones/xml/5/30305/PSE2007_AnexoEstadistico.xls.

41. Foro Económico Mundial, "Latin America@Risk. A Global Risk Network Briefing," www.weforum.org/pdf/grn/LatinAmericaRisk.pdf.

42. Leonardo Gasparini y Leopoldo Tornarolli, "Labor Informality in Latin America and the Caribbean: Patterns and Trends from Household Survey Microdata." Documento de trabajo nro. 46, Centro de Estudios Distributivos, Laborales y Sociales, Universidad Nacional de La Plata. La Plata, Prov. Buenos Aires: 2007.

43. La economía informal abarca el comercio corriente junto con las actividades ilícitas, aunque, en la literatura sobre la economía informal, no se consideran las actividades ilegales. Patricia Márquez y Henry Gómez, *Microempresas: alianzas para el éxito* (Caracas: Ediciones IESA, 2001).

44. La auto financiación por parte de emprendedores y el financiamiento de inversores informales constituyen la savia de una sociedad emprendedora. Aparte de suministrar el 65,8% del capital inicial de sus propias compañías, los emprendedores tienen cuatro veces más probabilidades que los no emprendedores de convertirse en inversores informales de las iniciativas de otros emprendedores. El capital de inversores informales supera los requerimientos de capital externo de los emprendedores. Zoltan J. Acs et al., "Global Entrepreneurship Monitor. 2004 Executive Report" (Babson College y London Business School. Babson Park, MA, y Londres: 2005).

45. René Lenoir, *Les exclus* (París: Seuil, 1974).

46. Gabrielle Quinti, "Exclusión social: el debate teórico y los modelos de medición y evaluación," en *De igual a igual: El desafío del Estado ante los nuevos problemas sociales*, ed. Jorge Carpio e Irene Novacovsky (Buenos Aires: Fondo de Cultura Económica de Argentina y Secretaría de Desarrollo Social de la Nación, 1999), 289–304.

47. Banco Interamericano de Desarrollo, *¿Los de afuera? Patrones cambiantes de exclusión en América Latina y el Caribe*. Informe de progreso económico y social 2008 (Washington, DC y Cambridge, MA: Banco Interamericano de Desarrollo y David Rockefeller Center for Latin American Studies, Universidad de Harvard, 2007).

48. C. K. Prahalad, *The Fortune at the Bottom of the Pyramid: Eradicating Poverty through Profits* (Upper Saddle River, NJ: Wharton School Publishing, 2005), 1.

49. María Eugenia Boza, "El consumidor venezolano: nuevas categorías y herramientas para entenderlo", *Debates IESA* 2004; John Ireland, "Mercadeo en Venezuela hoy: en busca de las mayorías", *Debates IESA* 8, nro. 3 (2003); Márquez y Gómez, *Microempresas: alianzas para el éxito*; Hernando De Soto, *The Other Path: The Invisible Revolution in the Third World*, 1ra ed. (Nueva York: Perennial Library, 1990).

50. James Austin et al., "Building New Business Value Chains with Low Income Sectors in Latin America," en *Business Solutions for the Global Poor: Creating Social and Economic Value*, ed. Kasturi Rangan et al. (San Francisco, CA: Jossey-Bass, 2007).

51. "El aumento de ingresos generados en la comunidad de bajos ingresos requiere intervenciones o cambios que alteren uno o más de estos equilibrios: que aumente el consumo producido localmente, que aumenten las actividades de inversión con materiales locales, que se presten servicios gubernamentales con insumos de la comunidad local, o que expandan las exportaciones." Herman B Leonard, "When Is Doing Business with the Poor Good – for the Poor? A Household and National Income Accounting Approach," en *Business Solutions for the Global Poor: Creating Social and Economic Value*, ed. Kasturi Rangan et al. (San Francisco, CA: Jossey-Bass, 2007).

52. Kapil Marwaha et al., "IBENEX: Business Effectiveness--the Next Level: Being Served by the Poor, as Partners" (trabajo presentado en la Conferencia de Harvard Business School sobre pobreza global, Boston, MA, 1 al 3 de diciembre de 2005).

53. C. K. Prahalad, *The Fortune at the Bottom of the Pyramid: Eradicating Poverty through Profits* (Upper Saddle River, NJ: Wharton School Publishing, 2005).

54. Aneel Karnani, "The Mirage of Marketing at the Bottom of the Pyramid," *California Management Review* 49, nro. 4 (verano de 2007).

2

Iniciativas de mercado de grandes empresas con sectores de bajos ingresos

Josefina Bruni Celli, Rosa Amelia González y Gerardo Lozano

A la pregunta de si es o no posible crear un "capitalismo inclusivo", que contribuya a disminuir la pobreza mundial, C. K. Prahalad[1] señala que la respuesta será positiva en la medida en que se involucren las empresas grandes, tanto nacionales como globales. Según su perspectiva, comparadas con gobiernos, organismos multilaterales y organizaciones no gubernamentales (ONG), las empresas grandes cuentan con mayor potencial para idear soluciones "para quienes, en el mundo entero, se ubican en la base de la pirámide", debido a los grandes recursos que manejan y pueden movilizar, su capacidad de aprender y transferir tecnologías globalmente, su posición nodal en las redes económicas[2,] y el amplio alcance y la amplia escala de sus operaciones.

Hasta la fecha el compromiso de las grandes empresas del sector privado con los problemas del 80% de la humanidad ha sido marginal. Sin embargo, a partir de 1999, Prahalad y otros estudiosos han sostenido que las empresas pueden crear mercados en la BOP y generar beneficios; impulsar la creación de mercados de SBI es además fuente de ventajas competitivas[3]. Según esta bibliografía, la razón por la cual las grandes empresas no han aprovechado dicha oportunidad es que las gerencias operan bajo supuestos falsos sobre los pobres y, por ende, no han invertido en construir las capacidades requeridas ni en realizar innovaciones en productos, cadenas de suministro y sistemas de entrega[4]. Para asegurar la requerida combinación de bajo costo, buena calidad, sostenibilidad y generación de beneficios en la BOP, los autores se proponen estrategias que impliquen "una perspectiva enteramente nueva"[5].

La referida bibliografía se enfoca en dos aspectos: primero, convencer a la gerencia de que es posible desarrollar mercados entre los SBI, y segundo, proporcionar a la gerencia de grandes empresas lineamientos generales sobre cómo lograrlo[6]. Por ejemplo, Prahalad advierte a sus lectores que "el empleo juicioso del capital es un elemento crucial para el éxito de los mercados de SBI (...) las innovaciones deben crear valor desde la perspectiva del consumidor (...) las empresas deben considerar todos los elementos de la estructura de costos (...) y las compañías deben aprender a convivir con variedad de relaciones"[7]. Sin embargo, escasea el análisis sistemático y comparativo sobre cómo han evolucionado los negocios de grandes empresas con SBI en términos de rentabilidad y escala[8]. Este capítulo contribuye a llenar este vacío: proporciona pruebas sistemáticas provenientes de 12 iniciativas con fines de lucro de grandes empresas privadas latinoamericanas que incorporan a SBI mediante mecanismos de mercado. En tal sentido, se plantean tres interrogantes. El primero es cómo los gerentes de estas iniciativas elaboraron un modelo que funcionara con SBI, qué retos se les presentaron y cómo lidiaron con ellos. El segundo interrogante es en qué medida les han funcionado a estas empresas las recomendaciones ofrecidas por la bibliografía sobre la BOP. En esta verificación empírica, se dedica especial énfasis al papel de la innovación y de los ecosistemas en la construcción del modelo de negocio. El último interrogante se dirige a la escala alcanzada por estas iniciativas y sus determinantes.

Todas las iniciativas de la muestra son bastante recientes[9] y vinculan un segmento de bajos ingresos con mercados a los que previamente dicho segmento carecía de acceso. Los casos abarcan tanto productores de bajos ingresos como consumidores de bajos ingresos. Los primeros, no producían previamente los bienes vendidos a la empresa o accedían a los mercados en condiciones de intercambio desventajosas. Los últimos habían tenido acceso limitado a los productos o servicios o lograban obtenerlos pero en inferiores condiciones de calidad. Todas las iniciativas representan intentos de establecer una relación entre las empresas y los SBI con base en transacciones directas de mercado.

La muestra seleccionada tiene dos características que afectan la medida en que los resultados pueden ser generalizados; sin embargo, da cuenta de iniciativas de mercado con SBI en áreas hasta ahora escasamente exploradas. La primera es que, salvo pocas excepciones[10], los clientes de bajos ingresos involucrados en las iniciativas, antes que una población rural en pobreza extrema o absoluta, según definiciones presentadas en el capítulo introductorio de este libro, constituían pobladores no tan necesitados, provenientes de zonas urbanas marginadas o de conjuntos de vivienda de interés social. Estos grupos, que en la introducción del libro se describen como de pobreza moderada, representan la mayoría de los SBI de América

Latina; su distribución de ingresos oscila entre US$500 y US$3.000 al año[11]. La herencia cultural de los SBI en América Latina —comenzando con el idioma español y la religión católica— los acerca más a la cultura occidental que los SBI de Asia o África.

La segunda característica de la muestra es que ninguna de las iniciativas seleccionadas presentaba el tipo de productos de consumo masivo que puede reempacarse en envases pequeños o de ración individual. Optamos por no enfocarnos en estos productos porque, al igual que el ejemplo de empresa más citada por Prahalad (Unilever) muchas de las empresas de consumo masivo, por décadas, han venido ofreciéndoles a SBI latinoamericanos artículos como golosinas, cigarrillos y refrescos. En cambio, elegimos analizar iniciativas que presentaran bienes a los cuales los SBI latinoamericanos han tenido menor acceso, tales como productos duraderos (equipos, artefactos del hogar, viviendas y mejoras de vivienda) y servicios públicos (electricidad, agua y gas), siendo estos últimos bienes meritorios *(merit goods)*, es decir, productos y servicios que por consenso social son considerados como necesidades básicas de los consumidores. Tal como se señala abajo, nuestro enfoque en productos duraderos y servicios públicos trae a colación nuevos asuntos a considerar en el proceso de entablar relaciones comerciales con SBI. Por ejemplo, a diferencia de los productos de consumo masivo, los productos duraderos ni son divisibles ni pueden ser reenvasados en empaques más pequeños o de ración individual. Tan es así que, mientras entre los productos de consumo masivo la creación de nuevos conceptos de producto y canales de distribución efectivos puede condicionar el éxito, en los bienes durables el reto central recae en establecer mecanismos efectivos de facturación y cobro. Este reto es igualmente pertinente a los servicios públicos.

Este capítulo está organizado de la siguiente manera. La primera sección analiza cómo las empresas que integran la muestra construyeron un modelo de negocio para atender a los SBI; le dedica atención especial a los factores que impulsaron la iniciativa, los atributos del modelo ideado y los asuntos clave que surgieron a medida que se ajustaba la implementación del modelo. La segunda sección examina los aspectos innovadores y los ecosistemas en que operaban las iniciativas, a la luz de la bibliografía sobre la BOP. La tercera sección recoge los retos que enfrentaron las empresas al tratar de llevar a mayor escala sus respectivas iniciativas. El capítulo concluye con una síntesis de resultados y una discusión sobre las implicaciones para los gerentes, y presenta recomendaciones para seguir avanzando en el conocimiento del capitalismo inclusivo mediante la creación de mercados con SBI.

Construcción del modelo de negocio

Antes de dar comienzo a una iniciativa, las compañías deben percibir una oportunidad de negocio. Proceden entonces a idear un modelo de negocio y determinan cómo armar las diferentes piezas que han de integrarlo[12]. Por último, implementan y prueban los supuestos que fundamentan su plan inicial e introducen los ajustes requeridos. En esta sección describimos la experiencia de las empresas que integran la muestra en cada una de estas fases. Se analizan los retos distintivos de los mercados de SBI.

Impulsores de la iniciativa

Todas las iniciativas de la muestra apuntaban al lucro (véase el cuadro 2.1). En seis de las nueve iniciativas dirigidas a consumidores, impulsó el negocio la oportunidad percibida de alcanzar un elevado volumen de ventas (véase el capítulo 9 sobre creación de valor económico). En las otras tres —todas ellas auspiciadas por empresas de energía eléctrica— el impulso fue defensivo: obtener la lealtad de los consumidores (Codensa) o evitar "pérdidas no técnicas" (es decir, conexiones ilegales) en zonas urbanas marginadas (Edenor, AES-EDC). En las iniciativas que apuntaron a proveedores de SBI, el impulso medular del negocio fue elevar la eficiencia de la cadena de valor. En particular, la gerencia de las dos empresas de aceite de palma (Palmas del Espino y Agropalma) buscaba desarrollar proveedores pertenecientes a SBI en razón de que la producción en los terrenos circundantes a las plantas de procesamiento de aceite de palma no bastaba para cubrir la capacidad instalada de las mismas. Formar campesinos de la zona era más eficiente que traer palma de otro lugar, lo cual era muy costoso por la ubicación remota de las plantas. De igual manera, Cativen, una gran cadena de supermercados en Venezuela, se abastecía de campesinos a quienes organizó con el propósito de mejorar el control de calidad en la cadena de valor, reducir las pérdidas de productos perecederos y aprovechar los márgenes de intermediación.

Las condiciones que facilitaron algunas de las iniciativas, aunque no todas, fueron las innovaciones tecnológicas preexistentes, la posibilidad de apalancarse en activos de las respectivas empresas o la ausencia de una mejor opción (véase el capítulo 9). La empresa eléctrica Edenor vio en los medidores prepagos (innovación tecnológica) una oportunidad para llevarles la energía eléctrica a los SBI, con bajo riesgo de morosidad, adaptándose al flujo de caja de ese tipo de consumidor, el cual difícilmente puede comprometerse al pago de facturas bimestrales. Con el propósito de vender bienes durables a SBI, tanto Codensa como el Banco Azteca se apalancaron en plataformas propias preexistentes (sistema de facturación y evaluación de cré-

Cuadro 2.1
Iniciativas de grandes empresas con SBI

Compañía	Iniciativa con SBI	Impulsor del negocio	Año de inicio
AES-EDC (energía eléctrica)	Proveer servicio de electricidad a SBI urbanos	Reducir las pérdidas	2003
Agropalma (aceite de palma)	Adquirir palma de pequeños productores	Utilizar capacidad ociosa (mayor eficiencia)	2001
Aguaytía (gas)	Proveer gas líquido en cilindros a la región vecina a la planta (Amazonía peruana)	Penetrar el mercado; ahorros en transporte	2002
Amanco (sistemas de riego)	Proveer sistemas de riego a pequeños productores	Penetrar el mercado	2004
Cativen (venta minorista)	Adquirir hortalizas de pequeños agricultores para vender en supermercados	Captar el margen de intermediación; mejorar la eficiencia de la cadena de valor	2001
Cemex (cemento)	Construmex. Proveer materiales de construcción y hogares a SBI	Penetrar el mercado	2004
Codensa (energía eléctrica)	Proveer artefactos del hogar a SBI urbanos (Codensa Hogar)	Asegurar lealtad de los clientes	2001
Colcerámica (lozas de cerámica)	"Su casa como nueva paso a paso". Proveer productos a SBI urbanos	Penetrar el mercado	2004
Edenor (energía eléctrica)	Proveer servicio de electricidad a SBI urbanos	Reducir las pérdidas	2001
Gas Natural BAN	Proveer gas directo a SBI urbanos	Penetrar el mercado	2003
Grupo Salinas (banca y venta minorista)	Empresario Azteca. Proveer equipos y herramientas a microempresarios	Penetrar el mercado	2004
Palmas del Espino (aceite de palma)	Adquirir palma de pequeños productores	Utilizar capacidad ociosa (mayor eficiencia)	2003

dito, respectivamente) que ya se habían desarrollado con miras a penetrar ese mercado con otros productos. Cativen, empresa filial del gigante multinacional de tiendas minoristas Groupe Casino, usó la tecnología de logística del mismo, creando los mecanismos requeridos para surtirse directamente de productores de bajos ingresos. Por último, Aguaytía, Agropalma y Palma del Espino eligieron crear un mercado de SBI que, por su proximidad a las plantas de las empresas, permitía una mayor ganancia que transportar el producto hacia o fuera del área. En estos tres casos, las empresas contaban con recursos ociosos (gas líquido en el caso de Aguaytía y en los otros dos, capacidad instalada) que no podían ser aprovechados a menos que trabajaran con los SBI de las zonas circundantes.

Diseño de los modelos de negocio

Todas las empresas incluidas en la muestra se tomaron el tiempo de elaborar un modelo de negocio para atender las necesidades insatisfechas de consumidores de bajos ingresos o aprovechar la capacidad de los SBI como proveedores. Sin excepción, los modelos de negocio que utilizaron se diferenciaban sustancialmente de los empleados por las empresas para atender mercados tradicionales. Muchos de los modelos de negocio seguían expresamente los lineamientos recomendados en la bibliografía sobre la BOP.

El cuadro 2.2 señala las principales novedades en cinco categorías identificadas por Osterwalder et al. como las piedras angulares para construir modelos de negocio[13]: proposición de valor, canal de distribución, relación con el cliente, red de aliados y modelo de ingresos.

En todos los casos es innovadora la forma en que la empresa se relaciona con sus clientes o proveedores. Al efectuar transacciones tanto de compra como de venta se entablaron nuevas maneras de atraer clientes o proveedores, de calificarlos y de interactuar con ellos. También hubo cambios sustanciales en el modelo de ingresos, destacándose esquemas sin precedentes en materia de crédito y prepago. Por último, la mayoría de los modelos de negocio también incluyó un nuevo producto o servicio. En aquellos casos en que las empresas no estrenaron nuevos productos o servicios, incorporaron aspectos no tradicionales a la red de aliados, el canal de distribución u otros componentes del modelo de negocios.

Ajustes sucesivos de implementación: sus especificidades en los mercados de SBI

En las iniciativas estudiadas, los tiempos para alcanzar la rentabilidad debieron ser modificados varias veces a causa de múltiples imprevistos. Tales demoras originaron sucesivos cambios al modelo de negocios. El proceso

Cuadro 2.2
Principales novedades del diseño original del modelo de negocio

Compañía	Propuesta de valor	Canal de distribución	Relación con clientes	Red de socios	Modelo de ingresos
AES-EDC (energía eléctrica)	Ninguno: energía eléctrica tradicional	Ninguno: red de distribución tradicional	Nuevo: consumidores ilegalmente conectados se convierten en clientes mediante medidores colectivos	Nuevo: colaboración con líderes vecinales	Nuevo: líderes vecinales cobran pagos de clientes individuales
Aguaytía (gas)	Nuevo producto: cilindros de gas licuado	Nuevo: empresa organiza una flota propia de camiones	Nuevo: empresa coloca gratis motores a gas y cocinas a futuros clientes	Ninguno	Ninguno: venta en efectivo
Amanco (sistemas de riego)	Nuevo producto: sistemas de riego pequeños a la medida	Ninguno: red de distribución tradicional se mantiene	Nuevo: compañía promueve esfuerzo colectivo para construir red de distribución	Nuevo: colaboración con ONG y gobierno nacional	Ninguno: compañía vende a crédito tradicionalmente
Cemex (cemento)	Nuevos productos: materiales de construcción y casas	Nuevo: compañía organiza una red de oficinas de ventas	Nuevo: relación directa sin precedentes con consumidores sustituye relaciones tradicionales empresa a empresa	Nuevo: alianza con empresa internacional de remesas, constructoras y distribuidoras locales de materiales de construcción	Nuevo: venta a crédito a consumidores sustituye venta tradicional a crédito a otras empresas
Codensa (energía eléctrica)	Nuevo producto: artefactos del hogar	Nuevo: compañía se apalanca en el canal de distribución de cadena de venta minorista	Nueva: aplica calificación de crédito a la medida de los SBI	Nuevo socio atiende la distribución: gran cadena de hipermercados	Nuevo: venta a crédito sin precedentes para la compañía
Colcerámica (lozas de cerámica)	Ninguno: cerámica tradicional	Ninguno: entrega tradicional mediante distribuidores locales independientes se mantiene	Nuevo: relación de venta sin precedentes con consumidores mediante promotores locales	Nuevo: colaboración con ONG, organizaciones de la comunidad y distribuidores locales independientes	Nuevo: venta por cuotas anticipadas a SBI, organizaciones de la comunidad cobran pagos de clientes

Cuadro 2.2
Principales novedades del diseño original del modelo de negocio (*continuación*)

Compañía	Propuesta de valor	Canal de distribución	Relación con clientes	Red de socios	Modelo de ingresos
Edenor (energía eléctrica)	Ninguno: energía eléctrica tradicional	Nuevo: distribución de tarjetas de prepago para electricidad mediante máquinas dispensadoras	Nuevo: se relaciona con clientes mediante máquinas dispensadoras y medidores prepagos	Ninguno	Nuevo: sustitución del tradicional postpago por el servicio prepagado de electricidad
Gas Natural BAN (gas directo)	Ninguno: servicio de gas tradicional	Ninguno: red de distribución tradicional	Nuevo: compañía promueve esfuerzo colectivo para construir red de distribución	Nuevo: colaboración con ONG, gobiernos locales y organismos multilaterales	Ninguno: postpago tradicional se mantiene
Grupo Salinas (banca y venta al detalle)	Nuevo producto: equipos y herramientas a microempresarios	Ninguno: cadena tradicional de tiendas al detalle	Nuevo: empresa emplea calificación de crédito a la medida de los SBI	Ninguno: colaboración tradicional entre empresas del Grupo Salinas	Ninguno: cadena al detalle de la compañía tradicionalmente vende a crédito
Agropalma (aceite de palma)	Nuevo: provisión de palma de otra manera no disponible y licencia para operar	Nuevo: compañía compra directamente a cooperativas de agricultores	Nuevo: compañía se involucra en la organización y desarrollo de los pequeños agricultores	Nuevo: colaboración con organismos oficiales que financian siembras	Implementación pendiente
Cativen (venta minorista)	Nuevo: provisión oportuna de hortalizas frescas a precios estables	Nuevo: compañía compra directamente a cooperativas de agricultores	Nuevo: compañía se involucra en la organización y desarrollo de los pequeños agricultores	Nuevo: colaboración con organismos oficiales y universidades durante la organización inicial	Nuevo: compañía paga regularmente a agricultores mediante cuentas bancarias
Palmas del Espino (aceite de palma)	Nuevo: provisión de palma de otra manera no disponible y licencia para operar	Nuevo: compañía compra directamente a cooperativas de agricultores	Nuevo: compañía se involucra en la organización y desarrollo de los pequeños agricultores	Nuevo: colaboración con organismos oficiales que financian siembras	Implementación pendiente

de ajustes era continuo y gradual, parecido a los cambios evolutivos que corrigen supuestos falsos en el diseño inicial de un modelo de negocios. La situación se parecía a lo que usualmente ocurre en la implementación temprana de cualquier modelo de negocio. Con todo, muchos de los ajustes que se observaron en la muestra de casos se relacionaron con particularidades de los mercados de SBI: cómo construir confianza mutua en un contexto de asimetría de información, cómo calibrar correctamente el valor percibido de bienes y servicios por parte de los SBI y cómo manejar la delgada línea que separa la informalidad de la ilegalidad.

Construcción de una relación de confianza mutua

Carlos Espinal, gerente general de mercados masivos de Colcerámica, luego de leer *The Fortune at the Bottom of the Pyramid*, de Prahalad, se propuso desarrollar un modelo de negocio para la BOP con el apoyo de un asociado de Ashoka. El modelo se fundamentaba en dos innovaciones centrales: primero, la ampliación de la oferta de producto original (lozas de cerámica), de tal forma que el paquete incluyera también el servicio de entrega a domicilio y facilidades de pago, y segundo, la estructuración de un ecosistema local (véase el capítulo 5).

Siguiendo de cerca las recomendaciones de Prahalad, la empresa y la ONG con la que se alió realizaron durante tres meses un intensivo estudio de campo en Usme, un sector de bajos ingresos cercano a Bogotá. Luego de tres meses adicionales de indagaciones, idearon lo que pensaban podría servir como un ecosistema viable. Durante este proceso, la empresa decidió que para vender cerámica a los SBI se precisaban cuotas anticipadas como plan de pago. Sin embargo, para construir un modelo de negocio viable, el esquema inicial debió ser reajustado hasta alcanzar una relación de confianza mutua entre la empresa y los clientes.

El modelo de negocio que la empresa presentó a la comunidad contemplaba la creación de un conjunto de cooperativas que servirían de interlocutor formal entre la empresa y los compradores. La reacción de la comunidad, sin embargo, fue que la empresa debía apoyarse más en las organizaciones locales existentes. De allí que la empresa reformulara su modelo de negocio para incluir "redes existentes de la comunidad" que manejaran una fuerza de ventas integrada por mujeres pertenecientes a la misma.

Con el correr de algunos meses, la empresa se enteró de que tanto los clientes de bajos ingresos como la fuerza de ventas de la comunidad sospechaban que las lozas que se vendían eran deficientes, rechazadas por el control de calidad de la planta. Un líder de la comunidad dijo: "¿Cómo es que una organización internacional aparece sin más ni más (…) deben ser rechazos". Para demostrar que no era el caso, se organizaron visitas a la planta.

Seguidamente, la empresa también descubrió que las ventas eran lentas en razón de que los SBI no estaban dispuestos a participar en su plan de cuotas anticipadas. Este esquema había sido introducido para reducir el riesgo de falta de pago por parte de los SBI. Con el objeto de impulsar las ventas, en 2006 la gerencia decidió que era tiempo de confiar en los clientes: una vez que el cliente aportara el 50% de la compra, se haría entrega del pedido. La demanda aumentó y no se dieron casos de morosidad. El capítulo sobre ecosistemas explica la importancia de desarrollar relaciones articuladas y de construir una relación comercial distinguida por la "intimidad" y la "amistad" entre quienes participan en la iniciativa.

Ajuste del concepto de producto a un segmento de clientes exigente
La bibliografía sobre la innovación disruptiva ha puesto énfasis en emplear "presentaciones más modestas" o versiones simplificadas y menos costosas de productos originalmente dirigidos a mercados de mayor poder adquisitivo[14]. Esto bien puede ser cierto para muchos productos de consumo masivo, pero los resultados del presente estudio muestran que, para bienes durables comparativamente costosos, que requieran crédito o pago a plazos, los SBI tienden a ser un segmento de mercado exigente, pues la compra les significa una erogación importante y el sacrificio costoso de ulteriores consumos. De allí que, en varios casos, las empresas debieran ajustar su concepto de producto inicial.

La gerencia del Grupo Salinas identificó una oportunidad de negocio cuando sus analistas de crédito se dieron cuenta de que muchas de las solicitudes de crédito de los SBI al Banco Azteca (del grupo) no eran para adquirir los artefactos del hogar vendidos en las tiendas de la cadena del grupo (Elektra) sino más bien para la compra de equipos (no ofertados en sus tiendas) destinados a actividades productivas. Estos compradores eran comúnmente pequeños emprendedores (trabajadores por cuenta propia). De allí que, en 2004, la gerencia decidió que Elektra ofreciera equipos a este segmento. Al atenderlo, se partió del supuesto de que el grupo podría apalancarse en la infraestructura de su cadena minorista y en la experiencia previa de la fuerza de ventas de Elektra; pero pronto cayó en la cuenta de que ello no bastaría para satisfacer compradores sofisticados, conocedores y exigentes. Los emprendedores que trabajaban por cuenta propia esperaban y exigían un servicio de calidad y la pronta entrega de los equipos a adquirir, por dos razones: primero, desde su punto de vista se trataba de una compra costosa e importante, un evento familiar significativo, y segundo, estaban bien informados sobre las características técnicas del equipo especializado que se proponían adquirir. En cambio, la fuerza de ventas de Elektra había sido entrenada para manejar un conjunto de productos técnicamente más sencillos, tales como artefactos del hogar, ropa y muebles. Es más, en vista de que las tiendas Elektra no estaban preparadas para manejar pequeños inventarios de equipos especializados, los productos no estaban en inventario en el momento de la compra y aunque los clientes requerían el equipo para uso inmediato los pedidos tomaban hasta un mes para ser entregados. En 2007, el Grupo Salinas se apresuró a instalar un sistema de información de proveedores con el objeto de poder realizar entregas más expeditas a los pequeños emprendedores.

Prahalad observó que los SBI son compradores de valor y esperan excelente calidad a precios a su alcance[15]. Mejorar la relación precio-producto no basta para el exigente cliente de bajos ingresos. La entrega, el servicio de venta y el de posventa también deben ser cuidadosamente trazados. Ello implica que las "presentaciones más modestas" pueden ser muy complejas.

La frontera entre informalidad e ilegalidad

Estudios recientes han insistido en que para trabajar mejor en la BOP y para adquirir "capacidades nativas", las empresas no deben insistir en crear entornos de negocio "occidentales"[16], sino más bien apalancarse en organizaciones económicas informales existentes en las comunidades de bajos ingresos[17]. El problema es que en muchas situaciones, al menos en América Latina, lo informal y lo ilegal tienden a confundirse, puesto que la actividad económica informal se desenvuelve fuera del marco institucional de las leyes y las regulaciones[18]. De modo que, a menudo, las empresas encuentran que a medida que avanzan en implementar un modelo de intercambio con SBI, deben prestar mucha atención a la frontera entre la informalidad y la ilegalidad y hacer los correspondientes ajustes. Por ejemplo, cuando Construmex identificó una oportunidad de negocio en las remesas que enviaban a su país de origen los inmigrantes mexicanos residentes en Estados Unidos, la gerencia amplió su producto central (materiales de construcción) para incluir asesoría y facilidades de pago en Estados Unidos, junto con asesoría en construcción y entrega local en México. Inicialmente, Cemex pensaba abarcar todo el mercado constituido por emigrantes mexicanos, incluidos los residentes irregulares. Pero la tendencia a criminalizar la inmigración ilegal en varios de los estados norteamericanos obligó a Cemex a repensar el segmento de mercado al que se disponía atender, tanto por razones éticas como legales.

En Venezuela, Cativen debió hacer frente al hecho de que las autoridades tributarias no reconocían, para fines de deducción de impuestos, las compras que no fueran respaldadas por recibos autorizados. De modo que, para dar inicio a una relación comercial con pequeños productores, Cativen debió ayudarlos en la tarea de cumplir con las formalidades de ley. Los campesinos no se sentían cómodos al dirigirse a las oficinas públicas ni a los bancos, ni sabían cómo ocuparse de formalizar su negocio. Integrantes del equipo de compras de la empresa debieron organizar reuniones semanales con grupos de campesinos para proporcionarles asesoría y borradores de estatutos. Asimismo, debieron acompañarlos a registrar su negocio y obtener la correspondiente identificación tributaria, llevarlos a imprentas autorizadas para obtener facturas legalmente válidas y ayudarlos a abrir cuentas bancarias.

En Perú, los campesinos que Palmas del Espino buscaba formar como proveedores de palma se distinguían por haber invadido, en 1980, 1.200 hectáreas de terrenos de la empresa en los que, como si fuera poco, cultivaron ilegalmente coca. Al principio la empresa objetó la presencia de los invasores y se opuso al programa del gobierno de legalizar la ocupación de los terrenos, lo cual impulsó a los campesinos a la actividad ilegal de sembrar coca y hasta a unirse a grupos rebeldes. En 2001-2002 la empresa negoció los títulos de propiedad con los campesinos invasores a cambio de la mitad de los terrenos, pero esto no resolvió el problema de la siembra ilegal. Con el objeto de acompañar al grupo hacia la legalidad, la empresa instó a los campesinos a organizar una asociación de cultivadores de palma, legalmente constituida, que cumplía con todos los requisitos para obtener un crédito bancario para el desarrollo de sus cultivos, avalado por la empresa.

Cómo funcionaron realmente la innovación y los ecosistemas

El interrogante de cómo adecuar un modelo de negocios para lograr el intercambio con consumidores o productores de bajos ingresos es un aspecto medular en la bibliografía sobre la BOP. Esa bibliografía ha identificado dos requisitos clave para alcanzar el éxito: la innovación y los ecosistemas integrados al mercado. En esta sección revisamos la muestra de casos con el objeto de verificar el papel desempeñado por estos dos factores en la definición de su modelo de negocios.

Prahalad coloca el producto, el servicio y el proceso de innovación en el centro de los esfuerzos de una empresa para desarrollar mercados BOP[19]. Milstein, Hart y London hablan de la importancia de las "rutinas revolucionarias", es decir: "enfoques a la resolución de problemas que faciliten un cambio transformativo", a las que consideran necesarias para ingresar a los mercados BOP[20]. Asimismo, las ventajas de "co-crear" entre empresa y SBI[21] han sido enfatizadas como medio para desarrollar nuevos productos localmente pertinentes. Nuestros resultados empíricos muestran que en todas las iniciativas la innovación fue importante. No obstante, encontramos que en la definición del modelo de negocios, realizar pequeños ajustes sucesivos oportunamente fue tan importante como la innovación misma, algo que, salvo pocas excepciones[22], casi no se destaca en la bibliografía sobre la BOP.

La bibliografía también ha puesto énfasis en la importancia de la articulación social *(social embeddedness)*[23] y los ecosistemas[24] fundamentados en el mercado. Encontramos, sin embargo, que este aspecto no resultó ser importante en el modelo de negocios de varias de las empresas grandes incluidas en la muestra. Además, mientras la bibliografía sobre la BOP ha enfatizado que la ventaja de los ecosistemas radica en que las empresas pueden aprovechar la infraestructura social existente para entrar en los mercados de SBI[25], nosotros encontramos que para operar en tales mercados las empresas debieron invertir en el fomento de nuevas organizaciones comunitarias o en el fortalecimiento de las existentes.

El papel de la innovación en la creación del modelo de negocios

Al igual que en toda nueva iniciativa de mercado, sin excepción se observó la innovación como característica central de las 12 iniciativas. Se trata de innovaciones de cuatro tipos: tecnológicas, de producto, institucionales y relacionales.

Todas estas innovaciones comparten un rasgo clave de las "innovaciones disruptivas"[26] mencionadas en la bibliografía sobre la BOP: buscan sobreponerse a la "ausencia de consumo". Al derrumbar las barreras de acceso a los mercados establecidos, estas iniciativas crean valor social, como se describe en mayor detalle en el capítulo 10. Sin embargo, las mismas no cumplen con algunos de los atributos que dicha bibliografía le asigna a la innovación disruptiva. Primero, la mayoría de estas innovaciones no se constituye en versiones más modestas o sencillas de un producto de mayor calidad ("una presentación de funcionalidad más modesta"[27]); en cambio, en los casos estudiados —posiblemente en razón de los tipos de productos que los distingue (bienes durables o servicios públicos)— la disrupción radica más bien en facilitar el pago o en posibilitar que este se cumpla. Codensa y el Grupo Salinas crearon o activaron mecanismos de calificación crediticia (innovación institucional) que posibilitaron a los no consumidores adquirir bienes durables mediante el pago a plazos. Edenor y

Cuadro 2.3
Innovaciones en las iniciativas de grandes empresas con SBI

Compañía	Innovación	Estado del modelo de negocio
AES-EDC (energía eléctrica)	**Tecnología:** aplicación de medidores prepagos y tecnología digital a la compra de electricidad **Relacional:** gerentes ingresaron a espacios de la comunidad, emplearon trabajadores sociales para involucrar SBI	Sin resolver pagos y cobros. También afectado por regulación oficial de tarifas de electricidad
Agropalma (aceite de palma)	**Relacional:** gerentes ingresaron a espacios de la comunidad apoyándose parcialmente en líderes campesinos locales	Aún no está en operación
Aguaytía (gas)	**Producto:** producto inicial (cilindro LPG) ampliado para incluir los medios para consumirlo (equipos de cocinas, motores) **Tecnología:** conversión de motores a gasolina para ser usados con cilindros de gas líquido	Desarrollado
Amanco (sistemas de riego)	**Producto:** sistemas de riego para pocas hectáreas **Relacional:** compañía inicialmente ingresó a espacios de la comunidad mediante alianza con una ONG	Sin resolver el modelo de crecimiento en escala de manera rentable
Cativen (venta minorista)	**Relacional:** agentes de compra ingresaron a espacios de la comunidad apoyándose en líderes naturales, organizaciones comunitarias existentes y entidades oficiales locales	Sin resolver el modelo de crecimiento en escala
Cemex (cemento)	**Producto:** producto inicial (materiales de construcción) ampliado para incluir diseño de hogar, remesas internacionales y entregas en México **Tecnología:** aplicación de herramientas de Internet al marketing y venta de casas en México	Sin resolver el modelo de crecimiento en escala de manera rentable
Codensa (energía eléctrica)	**Institucional:** creó unidad organizacional para generar información y calificaciones de riesgo crediticio especiales para clientes SBI	Desarrollado
Colcerámica (lozas de cerámica)	**Producto:** producto inicial (cerámica) ampliado para incluir diseño de hogar y plan de pago a crédito **Relacional:** gerentes ingresaron a espacios de la comunidad en alianza con ONG, organizaciones de la comunidad y vendedores locales	Sin resolver problema de entrega. Limita el crecimiento de la escala de la iniciativa

Cuadro 2.3
Innovaciones en las iniciativas de grandes empresas con SBI (*continuación*)

Compañía	Innovación	Estado del modelo de negocio
Edenor (energía eléctrica)	**Tecnología**: aplicación de medidores prepagos y tecnología digital a la compra de electricidad	Desarrollado, pero estancado por regulación oficial de tarifas de electricidad para SBI
Gas Natural BAN (gas directo)	**Relacional**: compañía inicialmente ingresó a espacios de la comunidad mediante alianza con una ONG, luego la gerencia lo manejó por su cuenta	Sin resolver el modelo de crecimiento en escala
Grupo Salinas (banca y venta minorista) Empresario Azteca (equipos y herramientas para microempresas)	**Institucional**: creó programa Empresario Azteca que coordina tres entidades del grupo (Elektra, Banco Azteca y Círculo del Crédito) para atender el nuevo mercado de microempresarios SBI	Problema de entrega final por resolver. Limita el crecimiento de la escala de la iniciativa
Palmas del Espino (aceite de palma)	**Relacional**: gerentes ingresaron a espacios de la comunidad apoyándose parcialmente en líderes campesinos locales y organización de la comunidad existente	Aún no está en operación

AES-EDC posibilitaron a quienes aprovechaban el consumo ilegal obtener acceso al servicio de la electricidad mediante medidores prepagos y tarjetas (innovación tecnológica). Cemex y Colcerámica ampliaron la frontera de sus productos (materiales de construcción y cerámica) al incluir en la presentación ofrecida tanto asesoramiento como planes de crédito (innovación de producto).

El segundo aspecto que encontramos es que las innovaciones observadas en la muestra no son auténticamente nuevas, aun cuando la bibliografía sobre la BOP establece que las empresas deben ser muy creativas e innovadoras, porque los mercados de SBI son muy diferentes de lo que se conoce en términos de "necesidades, proveedores, clientes, tecnologías, requisitos de producto, exigencias de servicio, canales de distribución, enfoques de marketing, realidades de manufactura, abastecimiento y métodos de producción"[28]. Más bien, se trata de ampliaciones o adaptaciones de productos y tecnologías de avanzada pero existentes. Por ejemplo, Edenor y AES-EDC adaptaron la tecnología de prepago a la venta de electricidad. Cemex introdujo el uso de Internet a la venta de casas. Aguaytía convirtió motores de botes y motocicletas a gasolina para su utilización con gas líquido. De igual manera, se observó que la innovación de producto consistió en la ampliación gradual de las fronteras del mismo (Aguaytía, Colcerámica y Cemex) o en la adaptación (Amanco). La innovación institucional incluyó adoptar sistemas de calificación de crédito para los SBI tomados de las microfinanzas (Codensa) o agregar nuevos esquemas para potenciar sinergias del conglomerado empresarial (Grupo Salinas).

El tipo de innovación más radical observado en la muestra fue el relacional, lo cual no es usual en las iniciativas tradicionales de desarrollo de nuevos negocios (véase en el capítulo 5 el novedoso patrón de relaciones personales denominado "negocios amistosos"). Estas innovaciones comprendían diversas formas de reunir los SBI con la empresa que buscaba convertirlos en clientes o proveedores e incluían la participación activa del personal de la empresa en los espacios comunitarios de SBI. Este tipo de innovación relacional ha sido identificado y ampliamente documentado en la bibliografía sobre la BOP[29]; sin embargo, nuestros resultados divergen de esa bibliografía en un sentido relevante: encontramos que las iniciativas que se destacan por sus innovaciones relacionales son precisamente aquellas que aún no han logrado estructurar un modelo de negocios que funcione (véase la última columna del cuadro 2.6). Este aspecto se profundiza en la sección de este capítulo centrada en los retos de aumentar la escala del modelo de negocio.

El papel de los ecosistemas locales en la construcción del modelo de negocio

La clave para ingresar con éxito al mercado de SBI[30], según la bibliografía, es la "capacidad de articulación social", es decir, "la habilidad de crear una red de conexiones confiables con diversas organizaciones e instituciones, generar el desarrollo desde abajo y entender, apalancar y construir sobre la infraestructura social existente"[31]. Asimismo, la bibliografía ha puesto énfasis en que es más acertado el desarrollo de ecosistemas (véase el capítulo 5) que involucren socios "no tradicionales", tales como organizaciones sin fines de lucro, grupos de la comunidad y gobiernos locales, que confiarse en socios tradicionales, tales como el gobierno nacional y las grandes empresas nacionales, en razón de que los primeros son mejores fuentes de conocimiento experto y cuentan con legitimidad local[32].

Los patrones de articulación social de las 12 empresas de la muestra no encajan del todo con las recomendaciones de la bibliografía sobre la BOP. Cabe notar en el cuadro 2.4 que dos empresas (Aguaytía y Edenor) no se

---

Cuadro 2.4
Apoyo de la iniciativa en actores tradicionales o no tradicionales

Compañía	Actores no tradicionales	Actores tradicionales
AES-EDC	Líderes locales, instancias locales de formulación de políticas públicas, grupos de la comunidad	Ninguno
Agropalma	Líderes locales	Gobierno nacional
Aguaytía	Ninguno	Ninguno
Amanco	ONG, líderes locales	Gobierno nacional, empresa multinacional grande
Cativen	Grupos de la comunidad, líderes locales, organismos públicos locales	Ninguno
Cemex	Ninguno	Empresas en México (distribuidores, constructoras) y empresas internacionales de remesas
Codensa	Ninguno	Cadena grande de hipermercados
Colcerámica	ONG, grupos comunitarios, líderes locales	Empresas distribuidoras locales
Edenor	Ninguno	Ninguno
Gas Natural BAN	ONG, líderes locales, gobiernos locales, grupos comunitarios	Organismos multilaterales
Grupo Salinas	Ninguno	*Cluster* de empresas del grupo
Palmas del Espino	Grupos de la comunidad, líderes locales	Gobierno nacional

apoyaron en conexiones con ninguna organización o institución involu-
crada con los SBI. Ello no parece haber afectado su desempeño, puesto que
Aguaytía es una de las pocas empresas cuya iniciativa ya genera beneficios
y ha crecido en escala (véase el cuadro 2.6). Asimismo, tres empresas solo
colaboraron con socios tradicionales (Cemex, Codensa y el Grupo Salinas).
De nuevo, esto no parece afectar el desempeño, puesto que Codensa es la
única otra iniciativa en la muestra que claramente genera beneficios y cuya
escala está creciendo (véase el cuadro 2.6). Adicionalmente, la mayoría de
las siete empresas que se apoyaron en conexiones con actores no tradicionales las complementaron con alianzas con actores tradicionales. De
hecho, apenas tres empresas confiaron en ONG para ingresar a mercados
de SBI, resultado sorprendentemente bajo dado el énfasis de la bibliografía
en las alianzas con ONG como organizaciones puente y fuente de conocimiento experto en la materia[33].

En los resultados observados, las relaciones con actores no tradicionales abarcan ecosistemas locales a nivel de la comunidad, antes que nacionales o regionales, tales como las citadas por Seelos y Mair[34], quienes
muestran el funcionamiento de una alianza entre el Banco Grameen, un
gran ente sin fines de lucro que opera en Bangladesh, y Telenor, empresa
noruega de telecomunicaciones. Propiciar el crecimiento de las iniciativas
de la muestra mediante la relación con actores no tradicionales exigió la
multiplicación de socios a nivel local. Posteriormente, en la sección sobre
crecimiento en escala, discutiremos lo que ello implica para que el modelo
de negocios sea viable.

Todas las alianzas entabladas con actores no tradicionales se destacan
por otro rasgo relacionado: respondían al requisito de impulsar la acción
colectiva local. Una de las raíces de la necesidad de acción colectiva era el
bajo poder adquisitivo o la baja capacidad de producción de los SBI individualmente; desde la perspectiva de la empresa, ello significaba apuntar
a un número grande de intercambios pequeños. Dada la tecnología[35] adecuada, esto puede manejarse a bajo costo, como ocurrió en el caso de la
iniciativa de prepago de Edenor. Pero de no disponerse de la tecnología, la
multiplicidad de pequeños intercambios eleva significativamente los costos de transacción de las empresas, salvo que los SBI actúen colectivamente. Esta es la razón por la que los campesinos debieron organizarse en cooperativas o asociaciones para poder vender a Cativen, Agropalma y Palmas
del Espino. De igual manera, en el caso de Colcerámica, las organizaciones
locales agregaban una cantidad de pequeñas compras antes de hacerle a la
planta un pedido de material. Asimismo, los clientes de AES-EDC se agruparon en medidores colectivos.

La acción colectiva también fue necesaria en situaciones en las cuales superar la ausencia de consumo exigía construir una gran obra de infraestructura común, tal como una red, en comunidades donde los pobladores carecen del poder adquisitivo para sufragarla o tienen poco o ningún acceso independiente al mercado de crédito. El caso de Gas BAN ejemplifica este tipo de situación: en zonas de clase media, la empresa instaladora de redes acostumbra invertir en construirlas, a sabiendas de que los clientes cuentan con capacidad de pago y están dispuestos a sufragar la conexión. Pero en zonas donde viven los SBI, los pobladores deben organizarse u obtener financiamiento no reembolsable del gobierno o de algún organismo multilateral, que les cubra total o parcialmente el costo de construir la red, u obtener un préstamo bancario colectivo para completar los costos de instalación. La iniciativa de Gas BAN con SBI consistió, en parte, en adaptar sus políticas y prácticas a las necesidades y expectativas de las comunidades atendidas, así como servir de ente avalador de las comunidades de bajos ingresos que aspiraban a préstamos.

La bibliografía sostiene que una de las ventajas de vincularse con actores no tradicionales es que ya están allí; forman parte de la infraestructura social existente, son el capital social en el cual apalancarse[36]. Sin embargo, los resultados de este estudio muestran que, al acercarse la empresa a la comunidad en busca de apoyo, los actores no tradicionales que operaban en ecosistemas locales comúnmente carecían de suficiente capacidad para operar en forma autónoma y requerían de bastante tutoría. A menudo eran pocas las ONG en condiciones de satisfacer los requerimientos de las empresas: algunas no estaban preparadas para manejar proyectos grandes; otras contaban con competencias medulares poco relacionadas con lo que se requería para construir una cadena de valor. Es más, las ONG que lucían como buenos candidatos para brindar la requerida colaboración tenían otras prioridades o estaban inmersas en otros proyectos. En cuanto a grupos de la comunidad, encontramos que las compañías debieron invertir cuantiosos recursos ya sea en fortalecerlos o incluso crearlos.

El caso de Amanco ilustra el problema de escasez de la oferta de ONG. Amanco se acercó a los SBI de la mano de Ashoka, que identificó a las ONG locales con el conocimiento y la experiencia pertinentes para servir de puente entre la empresa y los pequeños productores. Según la gerencia, mientras se adelantaron los dos proyectos piloto, estas ONG desempeñaron un papel clave en dirigirse a los pequeños productores y en el diseño del modelo de negocio. Pero la gerencia también informó que los recursos y las capacidades de estas organizaciones resultaron insuficientes para asumir grandes proyectos de infraestructura a un ritmo suficientemente rápido. Los gerentes de Amanco se sentían presionados para cumplir la orden de que, para 2008, el 10% de las ventas del grupo debía destinarse a SBI; pero en 2007 aún no habían encontrado una ONG local con la capacidad requerida para que tal meta fuera factible.

El caso de Gas BAN muestra cómo la empresa, en ausencia de ONG locales disponibles para organizar la acción colectiva de las comunidades SBI, debe invertir para crear organizaciones equivalentes capaces de cumplir la misma función. En su primer intento de ingresar al mercado de SBI, Gas BAN se alió con la Fundación Pro Vivienda Social (FPVS). Esta organización contaba con amplia experiencia en el mejoramiento de viviendas de SBI y hacía poco había ganado un concurso del Programa de Desarrollo de Mercados auspiciado por el Banco Mundial. La FPVS ideó la estrategia financiera que permitió superar la barrera que hasta entonces impedía a vecinos de bajos recursos acceder a la red. La solución propuesta fue un fondo fiduciario, instrumento que muchos encontraron innovador y bien adaptado a la iniciativa por varias razones (véase el capítulo 5). Asimismo, la organización también desarrolló buena parte de la estrategia de marketing para traerles el gas directo a los SBI. Los promotores de la FPVS se reunieron con los vecinos y los apoyaron en la creación de asociaciones en cada cuadra para elegir un "vecino de oro". Los "vecinos de oro" que lograran convencer al 75% de quienes habitaran la cuadra a unirse a la red y recogieran la requerida documentación, obtendrían a cambio varios beneficios. La FPVS facilitó y supervisó este proceso, así como otras fases del mismo, tales como la facturación y la obtención de un préstamo otorgado por un banco privado, que cubrió parcialmente el costo de construir la red.

Trabajar con la FPVS era ideal desde la perspectiva de la gerencia. Sin embargo, la alianza solo pudo aprovecharse en una zona —Cuartel V, con unas 40.000 viviendas— simplemente porque esta ONG carecía de la capacidad operacional para abarcar otras. Mientras la FPVS atendía el Cuartel V, la empresa buscó desarrollar el mercado de SBI en tres vecindarios más pequeños. Pero como no lograron hallar una ONG con conocimientos financieros que pudiera reproducir el papel de la FPVS, se aliaron con una organización de base y el gobierno local. La alianza funcionó bastante bien, pero las características de estos nuevos socios, que carecían de la capacidad de la FPVS, forzaron a la empresa a interiorizar varias de las funciones manejadas por la FPVS en el plan piloto inicial. Aunque la empresa tuvo éxito en ingresar a estos mercados, la estrategia impuso severas exigencias a la unidad de operaciones. Al momento en que el equipo SEKN adelantaba trabajos de campo, Gas BAN estudiaba la creación, en asociación con la FPVS, de una "empresa de desarrollo social", un híbrido que combinara las características de una organización social con las de una empresa privada. Gas BAN planeaba reproducir, en otros vecindarios, el papel de la FPVS mediante este nuevo ente.

El cuadro 2.5 muestra la medida en que las empresas lograron confiar en la infraestructura social existente a nivel comunidad, y la medida en que debieron invertir para crear o fortalecer los grupos que integrarían el ecosistema local.

Cuadro 2.5
Apoyo e inversión en infraestructura social comunitaria

Compañía	Zona	Infraestructura social comunitaria ya existía o fue creada por la empresa	Detalles
AES-EDC	Urbana	Empresa se apoya en infraestructura social vecinal existente	La entrada a la comunidad se apoyó en líderes vecinales, "mesas eléctricas" (instancias locales de formulación de políticas públicas) y juntas de condominio. Líderes vecinales participaban activamente en la facturación y el cobro
Agropalma	Rural	Empresa invirtió en la creación de cooperativas o asociaciones de campesinos	La entrada inicial se apoyó en líderes campesinos. La iniciativa organizó a los proveedores para hacer posible su participación en el negocio
Amanco	Rural	Empresa invirtió en la creación de grupos de campesinos	La entrada inicial se apoyó en líderes campesinos. La iniciativa organizó a los clientes directamente para participar en el negocio
Cativen	Rural	Empresa invirtió en la creación de cooperativas o asociaciones de campesinos	La entrada inicial se apoyó en líderes campesinos y organizaciones comunitarias. La iniciativa organizó a los proveedores para hacer posible su participación en el negocio
Colcerámica	Urbana	Empresa se apoyó exclusivamente en la infraestructura social comunitaria existente	Empresa se apoyó en organizaciones de la comunidad para administrar la fuerza de ventas, la facturación y el cobro
Gas Natural BAN	Urbana	Empresa se apoyó en grupos vecinales existentes y en la municipalidad	La entrada inicial se apoyó en líderes vecinales. La iniciativa organizó a los clientes directamente para involucrarlos en el negocio
Palmas del Espino	Rural	Empresa invirtió en la creación de cooperativas o asociaciones de campesinos	La entrada inicial se apoyó en líderes campesinos y en una asociación de campesinos preexistente pero inactiva, recreada por la iniciativa

Los casos del cuadro 2.5 sugieren que las empresas confiaron principalmente en líderes de la comunidad y algunos organismos de gobierno local para obtener información durante el ingreso inicial, pero no tanto en grupos de la comunidad o de "autoayuda" existentes[37]. De hecho, las empresas parecen haberse enfrentado con un tejido social disperso, especialmente en zonas rurales; por consiguiente, debieron invertir recursos en fortalecer o crear grupos de la comunidad. El contraste entre el tejido social más denso de las zonas urbanas y el menos denso de las rurales lo ilustran las experiencias de Colcerámica y Amanco. Luego de las recomendaciones de Ashoka y las de la bibliografía especializada, ambas empresas buscaron apoyarse en la infraestructura social local para construir su relación de mercado con SBI. Colcerámica descubrió que las organizaciones de la comunidad preexistentes estaban listas para apoyar la venta y la distribución. En cambio, Amanco debió invertir en organizar campesinos geográficamente dispersos.

Las experiencias de Palmas del Espino, Agropalma y Cativen también ilustran los esfuerzos que las empresas debieron realizar para superar la carencia de tejido social en las zonas rurales. Todas estas compañías buscaron aprovechar, en la medida de lo posible, la infraestructura social existente. Tal como ha sido mencionado, Cativen se apalancó en comités de irrigación, bancos comunales rurales y tres cooperativas de campesinos que habían sido creadas con el apoyo de párrocos católicos en la década de 1960. Pero para desarrollar una relación comercial con suficiente número de pequeños productores, Cativen se vio obligada a organizar e incorporar 10 asociaciones de productores adicionales. Palmas del Espino buscó reclutar una asociación existente de campesinos llamada Asociación de Productores Agropecuarios José Carlos Mariátegui, creada en 1990, que luego descubrió que estaba inactiva y desmantelada. La empresa promovió su reactivación con el propósito de contar con "una cabeza con la cual interactuar y negociar"[38] el suministro constante de palma proveniente de 760 hectáreas de terrenos propiedad de SBI. Por razones semejantes, Agropalma promovió la creación de una asociación de campesinos completamente nueva: Associação de Desenvolvimento Comunitário Arauaí. Los técnicos de la empresa asisten a las reuniones mensuales en la sede de la asociación para analizar dificultades, posibles mejoras y planes de acción, lo que de hecho ha llevado a la construcción de caminos vecinales y una escuela local, así como a organizar el transporte público de la zona. Los gerentes de la empresa consideran la creación de esta asociación como un importante logro de la empresa, debido a su impacto social en términos de crear capital social y darles a los campesinos acceso a una ciudadanía efectiva. La disposición de la compañía a invertir en la organización de comunidades rurales coincide con los resultados de investigaciones previas de SEKN, que señalan que: "la organización de los pobres en cooperativas es un recurso ampliamente conocido (…) cuya importancia no debe subestimarse. En algunos casos, la factibilidad de hacerlo fue indispensable para el sector privado al emprender su iniciativa con el mercado de SBI"[39].

Luego de invertir en fortalecer y organizar las comunidades de bajos ingresos, las compañías enfrentan otro reto: mantener la participación en un proceso colectivo no es fácil. "Sobreponer la lógica económica en una organización social o una comunidad de nuevos clientes puede crear problemas. Puede parecerse a asociarse con los vecinos de la cuadra: algunos serán excelentes trabajadores, mientras que otros quizás sean holgazanes crónicos, pero por el solo hecho de vivir en la misma cuadra tendrán el legítimo derecho de ser escuchados. No podrán ser dejados de lado para seguir adelante"[40]. El caso de Cativen ilustra la precariedad de la acción colectiva: de las 10 asociaciones de pequeños productores que la empresa ayudó a formar, cinco se disolvieron en pocos meses. En estas organizaciones colectivas no es fácil ponerse de acuerdo para tomar decisiones y surgieron entre sus miembros toda suerte de conflictos sobre asuntos de equidad, carga del deber y gestión de activos comunes. Cuando no pudieron resolverse tales conflictos, las asociaciones se disolvieron.

En síntesis, hemos encontrado que no obstante las ventajas que estudios previos atribuyen a la idea de articulación social, el concepto podrá ser pertinente y útil solo bajo ciertas condiciones. Muchas de las empresas grandes que analizamos confiaron más en socios tradicionales que en los no tradicionales. Más aún, y al contrario de lo que sugiere la bibliografía sobre la BOP, en nuestra muestra la capacidad de entablar relaciones articuladas no se correlaciona positivamente con el desempeño. También observamos que las alianzas y las redes de relaciones con actores no tradicionales se circunscribieron a ecosistemas muy locales, que usualmente emergieron de la necesidad de asegurar la acción colectiva entre consumidores y proveedores de bajos ingresos. Aunque la bibliografía sostiene que una ventaja de confiar en actores no tradicionales consiste en que forman parte de una infraestructura social existente, en la cual apalancarse, encontramos que más a menudo las empresas sirvieron de promotores del tejido social. No es que la bibliografía desconozca la necesidad de que las empresas inviertan en la construcción de capacidad social[41], pero el énfasis se ha puesto sobre todo en invertir en "conocimiento educativo y formación de destrezas" de la organización existente. El tipo de inversión que se observó en la muestra se centró en la creación de organizaciones e instituciones no tradicionales requeridas para asegurar la acción colectiva. Por lo demás, encontramos que las organizaciones que resultaron de estas inversiones eran en muchos casos frágiles, lo cual implica que la construcción de infraestructura social no es una tarea sencilla.

Crecer a gran escala: una promesa incumplida

Al llegar a este punto cabe tener en cuenta que la razón por la cual Prahalad consideró que las grandes empresas podrían tener un importante impacto sobre la mitigación de la pobreza global obedece a su capacidad para operar a gran escala con SBI. Tanto es el énfasis que se le da a esto en la bibliografía sobre la BOP, que al distinguir los rasgos de las iniciativas con SBI, London[42] señaló que la factibilidad de "crecer a gran escala" era una característica definitoria.

El cuadro 2.6 resume los principales rasgos de las iniciativas analizadas a 2007, con foco en su escala de operaciones. Independientemente de los impulsores económicos y otros factores que alientan a ganar escala, todas las iniciativas con SBI menos dos (Aguaytía y Codensa) aún operaban a muy pequeña escala de tres a seis años después de su puesta en marcha. Los patrones de resultados presentados en el cuadro 2.6 sugieren que la escala y la rentabilidad están relacionadas, puesto que los únicos dos casos que generan beneficios son a la vez los que han alcanzado la mayor escala, aunque sea moderada (de nuevo, Aguaytía y Codensa). No es posible determinar la dirección de causalidad en las iniciativas de la muestra, pero la evidencia sugiere que las condiciones favorables a la rentabilidad de estos dos casos estaban dadas aun antes su expansión en escala. Codensa se apalancó, mediante una pequeña inversión, sobre su plataforma de facturación y las redes de distribución de una conocida cadena de hipermercados para organizar un servicio que permitía a sus clientes de energía comprar artefactos eléctricos mediante el crédito a plazos. Aguaytía, que creó un mercado para cilindros de gas líquido en una región remota, circundante a su planta de procesamiento de gas, encaraba un costo de oportunidad muy bajo al involucrarse en este ambicioso proyecto en razón de que era muy elevado el costo de transportar gas líquido por carretera a los hogares de ciudades grandes.

La pequeña escala de las iniciativas incluidas en la muestra no parece relacionarse con prácticas deficientes de gestión, como bien lo ilustra el caso Amanco. En 2004, esta empresa se asoció con Ashoka para desarrollar un programa piloto orientado a proveer sistemas de riego a pequeños cultivadores. Se utilizó el concepto de "cadenas de valor híbridas", de Ashoka, para elaborar el modelo de negocio. La empresa se apalancó en el conocimiento experto de las ONG locales que tenían experiencia de trabajo con pequeños cultivadores. Las ONG trabajaron de cerca con estos últimos, con el objeto de entender sus necesidades y prácticas de riego. El producto se modificó para atender las necesidades de los pequeños cultivadores; es decir, el sistema de riego ideado para grandes extensiones se adecuó para terrenos de 40 hectáreas, la escala mínima óptima para alcanzar sostenibilidad económica. Asimismo, el servicio a los pequeños cultivadores se amplió más allá de proveer sistemas de riego; incluyó también el diseño del sistema, asistencia técnica, estudios topográficos, la provisión de financiamiento, solicitudes para obtener subsidios y asesoría en el marketing de productos agrícolas. La empresa contaba con el pleno apoyo del *holding* empresarial, GrupoNueva, que en 2006 ordenó que, para 2008, el 10% de las ventas del grupo debía destinarse a SBI, y el 15% para 2010. Para incubar la iniciativa dirigida a SBI, Amanco creó una nueva unidad dentro de su Departamento Comercial, denominada "Nuevos negocios", para protegerla de prácticas rutinarias de las unidades comerciales y de logística de la empresa. El resultado fue que, para 2007, solo dos proyectos piloto, con apenas 620 cultivadores, habían sido parcialmente implementados.

Esta historia representa apenas un ejemplo de cómo las empresas de la muestra siguieron las buenas prácticas sugeridas por la bibliografía sobre la BOP: esforzarse a innovar[43], alcanzar la articulación social[44] y tener paciencia[45]. En lo que respecta a la innovación, las empresas readaptaron continuamente los productos y los sistemas de entrega y pago. Respecto de la articulación social, muchas de las empresas construyeron ecosistemas; entraron a las comunidades de la mano de sus líderes y negociaron con ellos, así como también se asociaron con actores locales. En cuanto a la paciencia, ninguno de los gerentes entrevistados parecía estar desilusionado o dispuesto a retirarse. Durante las entrevistas, gerentes de todas las iniciativas recordaron con gran entusiasmo el esfuerzo, la creatividad y la perseverancia con la que sus respectivas empresas habían buscado desarrollar su iniciativa para SBI. La mayoría proyectaba un futuro promisorio en términos de escala y beneficios y manifestaba su disposición a continuar apostando a sus respectivas iniciativas, a pesar de que los cronogramas de crecimiento hubiesen sido redefinidos en más de una oportunidad.

Al notar que "miles de millones de personas pobres aún esperan" para que actúen las empresas, un artículo reciente de Seelos y Mair[46] planteó un interrogante provocador: "si la propuesta para los SBI es correcta, entonces ¿por qué no aprovechan las empresas grandes la oportunidad de lucro a gran escala?". En esta sección examinaremos algunos de los retos clave que enfrentaron las empresas de la muestra.

Cuadro 2.6
Escala y sostenibilidad económica de las iniciativas con SBI

Compañía	Iniciativa con SBI	Año de inicio	Escala en 2007	Sostenibilidad económica en 2007
AES-EDC (energía eléctrica)	Proveer servicio de electricidad a SBI urbanos	2003	Piloto, pequeña escala	Operaciones no son autosostenibles
Agropalma (aceite de palma)	Adquirir palma de pequeños productores	2001	Pequeña escala. Aún no opera	Aún en fase de inversión
Aguaytía (gas)	Proveer gas líquido en cilindros a la región vecina a la planta (Amazonía peruana)	2002	Escala moderada	Rentable. Bajo costo de oportunidad
Amanco (sistemas de riego)	Proveer sistemas de riego a pequeños productores	2004	Dos planes piloto ejecutados. Muy pequeña escala. Muy lenta expansión	Inversión requiere fondo social. No genera ganancias si todo el capital es privado. Alto costo de oportunidad asociado a trabajar con SBI
Cativen (venta minorista)	Adquirir hortalizas de pequeños agricultores para vender en supermercados	2001	Pequeña escala, no expandida	Ganancia neta positiva, pero hay un costo de oportunidad asociado a trabajar con SBI
Cemex (cemento)	Construmex. Proveer materiales de construcción y hogares a SBI	2004	Pequeña escala, poca expansión	Ingreso neto negativo. Alto costo de oportunidad asociado a trabajar con SBI
Codensa (energía eléctrica)	Proveer artefactos del hogar a SBI urbanos (Codensa Hogar)	2001	Escala moderada	Ingreso neto positivo. La iniciativa garantiza la participación de mercado del negocio medular; asegurando la lealtad de los clientes
Colcerámica (lozas de cerámica)	"Su casa como nueva paso a paso". Proveer producto a SBI urbanos	2004	Pequeña escala, algo de expansión	Ingreso neto negativo

Cuadro 2.6
Escala y sostenibilidad económica de las iniciativas con SBI (*continuación*)

Compañía	Iniciativa con SBI	Año de inicio	Escala en 2007	Sostenibilidad económica en 2007
Edenor (energía eléctrica)	Proveer servicio de electricidad a SBI urbanos	2001	Piloto, pequeña escala	Operaciones autosostenibles. Ingreso neto positivo. Recuperación de la inversión depende de tarifas reguladas por el gobierno
Gas Natural BAN	Proveer gas directo a SBI urbanos	2003	Pequeña escala, expansión lenta	Operaciones autosostenibles. Ingreso neto positivo. Inversión requiere fondo social. No es rentable si todo el capital es privado
Grupo Salinas (banca y venta minorista)	Empresario Azteca. Proveer equipos y herramientas a microempresarios	2004	Pequeña escala, poca expansión	Ganancias incipientes
Palmas del Espino (aceite de palma)	Adquirir palma de pequeños productores	2003	Pequeña escala. Aún no opera	Aún en fase de inversión

Uno de los resultados del estudio es que las capacidades alcanzadas por las empresas para trabajar con SBI en una determinada comunidad no son fáciles de transferir a otra comunidad. Asimismo, se encontró que los intentos realizados por las empresas (Amanco, Colcerámica, Gas BAN, Cativen, AES-EDC) para desarrollar ecosistemas locales complejos cumplieron con el propósito de aprender a trabajar con SBI a pequeña escala; pero —al contrario de lo sugerido por la bibliografía[47]— pueden constituirse en un impedimento para aumentar la escala de la operación. Por último, en varios de los casos de la muestra, no obstante la abundante experimentación, la gerencia aún no ha identificado un modelo o prototipo de negocio que genere beneficios, lo cual a su vez posterga la decisión de elevar la escala de operaciones.

Las capacidades alcanzadas en una comunidad no son fácilmente transferibles

London señaló que "las organizaciones no deben suponer que un modelo de negocios implementado con éxito en una comunidad SBI es automáticamente transferible a otra"[48]. De igual manera, London y Hart afirmaron que "las capacidades derivadas de la articulación social en una comunidad no pueden ser aprovechadas en la siguiente"[49]. Según la evidencia recogida, estas afirmaciones resultaron ser válidas en todas las iniciativas de grandes empresas en las cuales los esfuerzos de marketing y entrega (o suministro, si los SBI son proveedores) requerían apoyarse en infraestructura social comunitaria (Gas BAN, Amanco, Colcerámica, Cativen). Infortunadamente, la necesidad de innovar en cada intento eleva la complejidad y reduce la velocidad de crecimiento en escala de las iniciativas de mercado con SBI.

El caso de Gas BAN muestra que los atributos específicos de una comunidad tienen un enorme efecto sobre la manera en que se monta el modelo de negocio en cada vecindario y cómo esto dificulta el aumento de la escala de las operaciones. Luego de invertir mucho tiempo y esfuerzo en desarrollar un modelo de negocio que funcionara en Cuartel V, la gerencia cayó en la cuenta de que lo más que podía transferir a otras comunidades era el protocolo de cómo dirigirse a los vecinos y demás posibles interlocutores. De hecho, el protocolo ayudó a aligerar el proceso inicial en las nuevas localidades, pero como en cada lugar la organización de los vecinos era diferente, cada plaza era única y por consiguiente consumía tiempo. En Cuartel V, la ONG socia (FPVS) facilitó el proceso, pero difícilmente podía conseguirse un socio como este en otros vecindarios. En Cuartel V el gobierno municipal no se involucró en la iniciativa, pero en otras zonas (Los Troncos, Las Tunas, Los Tábanos) se convirtió en aliado clave, no solo porque financió la instalación de la red de gas, sino porque también sirvió de interlocutor entre la empresa y los SBI. En cada vecindario, la estrategia para financiar la construcción de la red variaba según la combinación de insumos financieros por parte del gobierno local, los organismos multilaterales, las oficinas de crédito gubernamental y los mismos vecinos. Aunque la empresa mostró flexibilidad para atender las especificidades de cada vecindario, el Director Comercial de Gas BAN hubiera querido un modelo de negocio más generalizable: "Nos beneficiamos de nuestra experiencia previa con SBI en términos de nuestras capacidades. El reto es que ahora cada nuevo proyecto requiere esfuerzos de modelaje más elevados; cada proyecto con SBI requiere mayor artesanía"[50]. La gerencia de la empresa simplemente percibe este enfoque de crecimiento a la medida como un impedimento al crecimiento de la escala. El capítulo sobre ecosistemas, al discutir el problema, señala que este no parece ser accidental o idiosincrásico, sino más bien una falla inherente al modus operandi.

Que no se puedan transferir capacidades de una comunidad a otra no sería mayor problema si la tarea a realizar en cada zona nueva fuera sencilla y no tomara tanto tiempo. Pero en cada comunidad, las empresas deben construir complejos ecosistemas, lo cual insume muchas horas y recursos. El caso de Amanco ejemplifica el tiempo y el esfuerzo requeridos para crear un ecosistema en un solo sitio y lograr que funcione. Para asegurar el acceso de pequeños productores a un sistema de riego, la empresa se propuso involucrar varios actores en el ecosistema: el gobierno federal de México mediante la Comisión Nacional de Agua (Conagua), varios consejos agrícolas, Amuccs (una ONG con 15 años de experiencia en el país en la creación y operación de instituciones financieras rurales) y varias fundaciones privadas e instituciones financieras públicas. Algunos acuerdos se alcanzaron luego de contactar, interactuar y negociar con tan variada gama de actores. Conagua proporcionaría financiamiento no reembolsable para el 50% de la inversión requerida. Los consejos agrícolas aportarían el 20% de la inversión. Amuccs crearía un fondo rotatorio con recursos provistos por las fundaciones WalMart y Bimbo, Fundemex y Firco (institución financiera pública). No obstante estos acuerdos, en 2007 el sistema de crédito que debía financiar parte importante de la inversión aún no operaba, en parte porque la experiencia de Amuccs se centraba, antes que en préstamos grandes para sistemas de riego, en pequeños préstamos rurales.

La bibliografía les exige a las empresas la capacidad de ser hiperflexibles y de estar dispuestas a atender las necesidades y condiciones específicas de cada mercado local nuevo[51]. El caso de Gas BAN ilustra la flexibilidad, capacidad de aprendizaje y disposición a co-crear en cada comunidad el modelo que mejor convenga. No obstante, la experiencia sugiere que la gerencia, tanto en este como en otros casos de la muestra, encuentra la tarea agotadora. En 2007, una idea de la gerencia de Gas BAN para lidiar con este reto, a modo de evitar el desgaste del departamento comercial, fue la de crear una "filial de desarrollo social" especializada en confeccionar y monitorear proyectos a la medida de cada vecindario.

Es difícil aumentar la escala de ecosistemas locales complejos

Según los datos obtenidos, confeccionar cada iniciativa a la medida de la comunidad local no es el único impedimento al crecimiento en escala. Los casos de la muestra indican que, a menudo, los modelos de negocio locales[52] que funcionan en la fase piloto no pueden expandirse. Colcerámica ofrece un buen ejemplo. Cuando esta empresa organizó su plan piloto en Usme, involucró varios actores sociales en el ecosistema local. Esto facilitó el proceso de aprendizaje de la empresa; pero, como se muestra posteriormente, para hacer posible el crecimiento de la operación la empresa debió simplificar su modelo de negocio local.

Al experimentar en la comunidad de Usme, Colcerámica organizó un modelo de negocio que incluía cuatro organizaciones de la comunidad, nueve promotores, un distribuidor local y la misma empresa. Los promotores eran responsables de comunicarse directamente con los clientes potenciales y de negociar las ventas; luego les pasaban los pedidos a las organizaciones de la comunidad. Estas, a su vez, estaban a cargo de remitir los pedidos a la planta de Colcerámica, así como de manejar los promotores (selección, supervisión y pago, de acuerdo con las normas definidas por la empresa), exhibir los productos y cobrar a los clientes. Luego de recibir los pedidos, la planta de Colcerámica enviaba la orden de entrega al distribuidor local más cercano al vecindario, que a su vez entregaba la cerámica al cliente (la planta no podía atender pequeños pedidos directamente y los camiones de la empresa eran demasiado grandes para circular en las pequeñas y precarias vías de las zonas donde viven los SBI).

Con el tiempo, la empresa se dio cuenta de que el esquema descrito tenía demasiados actores y dejaba demasiadas variables fuera del control de la empresa. A modo de ejemplo, a las juntas de acción comunal y a las asociaciones de madres se les habían asignado tareas que excedían su capacidad institucional. Asimismo, debido a que estas asociaciones eran informales, la empresa las involucraba en transacciones realizadas en efectivo, y estas a su vez las realizaban en efectivo con los promotores, lo cual generaba problemas de transparencia y rendición de cuentas. Con el objeto de simplificar las estructuras y los procesos, Colcerámica redujo su dependencia de los socios no tradicionales creando los centros de servicio Ibérica (CSI), unidades de coordinación y exhibición atendidas por un empleado de la empresa. Cada CSI asumió las tareas de varias organizaciones de la comunidad en el modelo anterior. El empleado a cargo del CSI coordinaba 15 promotores en cada zona, proporcionaba información a los clientes y exhibía las lozas de cerámica.

Pocos prototipos generan beneficios

La mayoría de los casos señalan que los gerentes postergaban el crecimiento en escala porque aún no habían ideado un prototipo cuya expansión ofreciera resultados prometedores. Los datos mostraban tres diferentes motivos de postergación. Primero, algunas empresas no habían logrado identificar soluciones económicamente satisfactorias a dificultades en la logística de distribución. Por ejemplo, Colcerámica sabía que para asegurar la rentabilidad de su modelo de negocio local, la empresa debe asumir las funciones de los distribuidores independientes a fin de capturar su margen. No obstante, se había inhibido de invertir en el desarrollo de un canal de distribución propio por las dudas acerca del tipo de acción a tomar y las consecuencias potencialmente fatales de tomar una decisión equivocada, bajo condiciones de márgenes estrechos. La decisión en este caso depende del costo del capital disponible para financiar la inversión. El segundo motivo para postergar parecía ser el costo de oportunidad de aumentar la escala de las iniciativas, dadas otras opciones de inversión disponibles en la cartera de las empresas. Tercero, factores externos, tales como la regulación oficial de lo que se podía cobrar a los SBI en materia de tarifas de servicios públicos también parecen haber afectado el crecimiento en escala, especialmente cuando las tarifas han sido fijadas por debajo del costo marginal de proveer el servicio. El capítulo 9, sobre la creación de valor económico, ofrece un análisis pormenorizado de los retos a la rentabilidad de las iniciativas de mercado con SBI.

Síntesis y discusión

Este estudio sopesó evidencia tomada de un grupo de iniciativas de mercado en marcha con SBI, con el propósito de entender mejor cómo empresas grandes pueden construir negocios inclusivos viables, a gran escala. Al revisar el proceso de definición del modelo de negocios, encontramos que todas las empresas se iniciaron en el mercado de SBI claramente con miras a generar beneficios y que los modelos de negocio confeccionados a la medida para tal propósito se distinguían plenamente de aquellos aplicados a mercados tradicionales. Asimismo, encontramos que las empresas hicieron diversos ajustes durante la etapa temprana de implementación y que muchos de los asuntos atendidos eran específicos de los mercados de SBI: retos como los de construir confianza mutua en un contexto de asimetrías de información, de responder a los requisitos exigentes de los clientes de bajos ingresos y de manejarse en los límites entre la informalidad y la ilegalidad.

Se encontró que la innovación era importante en la definición de los modelos de negocios y que todas las empresas enfrentaron el problema de superar la ausencia de consumo. Sin embargo, las innovaciones tecnológicas y de producto no eran auténticamente "nuevas", sino más bien adaptaciones y ampliaciones de las existentes. Las únicas innovaciones radicales que se observaron eran del tipo relacional; es decir, innovaciones que comprendían nuevos patrones de relaciones entre actores de la empresa y los SBI.

En cuanto a las ventajas que estudios previos han atribuido a la idea de articulación social, encontramos que la mayoría de las empresas analizadas se apoyaban más en socios tradicionales que en los no tradicionales. Asimismo, y al contrario de lo sugerido en la bibliografía, la capacidad de desarrollar relaciones sociales articuladas no se correlaciona en forma positiva con el desempeño de la iniciativa. Aunque la bibliografía sostiene que una ventaja de apoyarse en actores no tradicionales radica en que forman parte de una infraestructura social existente, encontramos que más a menudo las empresas fueron agentes de formación del tejido social. El tipo de inversión hecha por las empresas para aumentar la capacidad local se concentró en la creación de las organizaciones e instituciones no tradicionales requeridas para asegurar la acción colectiva. Asimismo, encontramos que las organizaciones que resultaban de estas inversiones en muchos casos eran frágiles, lo que implica que la construcción de infraestructura social no es tarea fácil.

En todos los casos analizados, la respectiva gerencia realizó un esfuerzo honesto y continuo, orientado a fortalecer las iniciativas. Sin embargo, la mayoría de las mismas, aun años después de haberse lanzado, operaban a pequeña escala. Tres factores principales parecen haber estado asociados a este fenómeno. El primero es que las capacidades alcanzadas por las empresas para trabajar con SBI en una zona o comunidad no son fácilmente transferibles a otra. El segundo factor es que los intentos de las empresas para desarrollar ecosistemas complejos en una u otra localidad sirven al propósito de aprender a trabajar con SBI a pequeña escala, pero pueden constituirse en un impedimento a la hora de aumentar el tamaño de las operaciones. Por último, pese a la mucha experimentación, en muchos casos de la muestra la gerencia aún no ha identificado un prototipo o modelo de negocio que funcione y genere rentabilidad; de allí que se haya postergado la decisión de aumentar la escala de la iniciativa.

La lentitud con que se han desarrollado las iniciativas, su escasa rentabilidad y el hecho de que la gerencia aún no haya encontrado la forma de hacerlas crecer sin incurrir en pérdidas, trae a colación el riesgo de que las iniciativas se conviertan en planes piloto o de demostración permanente. Muchas de las recomendaciones adelantadas en la bibliografía (ser innovador, apalancarse en la infraestructura social existente y construir ecosistemas locales) funcionan bien para programas piloto, pero no ofrecen respuestas satisfactorias al reto del crecimiento en escala. Esto se debe a que la propagación[53] de redes propias y complejas representa una actividad intensiva en tiempo y recursos financieros. En última instancia, las pruebas sugieren que este tipo de modelo con ecosistemas complejos no crece fácilmente en escala. Resulta más sencillo aumentar la escala de los modelos basados en el simple intercambio individual, con el apoyo de plataformas tecnológicas de avanzada.

Los datos obtenidos a partir de los casos sugieren que las empresas deben tener paciencia, pues el aprendizaje durante la implementación inevitablemente conlleva prueba y error. En razón de ello, luce como una recomendación acertada el principio de "cambiar las métricas"[54], propuesto en la bibliografía sobre la BOP. Sin embargo, esperar en iniciativas dirigidas a SBI un retorno inferior que en otros negocios solo conduce a proyectos piloto de pequeña escala, asimilables a proyectos de investigación y desarrollo; las compañías grandes no están dispuestas a aplicar estas métricas especiales a una operación a gran escala, salvo que la estructura de costos de oportunidad sea completamente redefinida. Una forma de replantear la estructura de costos de oportunidad es modificando las reglas del juego en los mercados de capital, de tal forma que se modifique el conjunto de incentivos sistémicos que enmarcan las decisiones de la gerencia. Esta ruta, que en alguna medida ha sido ensayada con el propósito de hacer más "verdes" las decisiones de la gerencia, requeriría un abordaje más político[55] del problema de la pobreza mundial que el asumido hasta ahora por la alta dirección de las grandes empresas. Otra vía para cambiar las métricas desde el punto de vista de la gerencia sería colocando las iniciativas con SBI en empresas sociales afiliadas. El problema con esta opción es que, en caso de que la recaudación de fondos resultara insuficiente, tales iniciativas no pasarían de ser vitrinas de pequeña escala.

Una de las razones por las que a menudo fallaron los intentos observados de apalancarse sobre la infraestructura social existente fue porque las ONG locales y los grupos de la comunidad carecían de las capacidades necesarias para crear cadenas de valor. Las empresas de la muestra realizaron inversiones en la promoción de algunas de estas organizaciones, pero tales acciones llevan tiempo y exigen muchos recursos. Una opción a considerar sería que las empresas juntaran recursos o instrumentaran iniciativas colectivas, a nivel local o nacional, con el propósito de fortalecer el tejido social requerido, lo cual redundaría en ahorros asociados a sinergias, acceso a activos sociales de gran escala y reducción del esfuerzo individual.

Contrariamente a lo señalado en la bibliografía sobre la BOP (que enfatiza las alianzas con socios locales no tradicionales)[56], crear activos complementarios en la cadena de valor mediante sociedades y alianzas entre grandes empresas podría jugar un papel clave para asegurar el crecimiento en escala. El caso del Grupo Salinas, donde la iniciativa Empresario Azteca, luego de diversos ajustes, logró apalancarse en los activos complementarios de varias empresas del grupo, apoya la tesis de las ventajas del abordaje colectivo por parte de empresas grandes. Lo mismo puede decirse del caso Codensa, donde una iniciativa con SBI en proceso de crecimiento se apalanca no solo en la plataforma tecnológica de la empresa sino también en la red de otra gran empresa de ventas minoristas. Los esfuerzos conjuntos entre empresas pueden generar derivados *(spinoffs)* institucionales, tales como servicios especializados que faciliten iniciativas con SBI (como por ejemplo el Círculo de Crédito del Grupo Salinas, ente calificador de SBI que hoy día presta servicios a varias empresas en México).

Finalmente, incorporar el tema de los negocios inclusivos en la agenda de políticas públicas de cada país también serviría para facilitar el crecimiento en escala y aumentar la rentabilidad, porque incrementaría el número de iniciativas conjuntas y el monto de recursos públicos invertidos en este tipo de iniciativas. A menudo los gobiernos se muestran renuentes a invertir recursos públicos en emprendimientos que generen lucro privado, pero el problema podría atenuarse mediante la extrema transparencia, unida a una coalición social de amplio alcance, que apoye y legitime la idea de que las empresas grandes pueden mejorar la vida de los pobres mediante negocios inclusivos.

En síntesis, crear mercados viables con SBI sigue siendo un gran reto para las empresas grandes. Seguir avanzando para hacerlo posible puede requerir más que la perseverancia de empresas individuales. A nivel de la alta dirección, requerirá de la voluntad política de grupos de empresas para crear instancias de decisión concertadas que modifiquen la estructura de incentivos que rige las decisiones de la gerencia. A nivel de gerencia media y media alta, requerirá esfuerzos coordinados para crear activos complementarios a lo largo de las cadenas de valor, así como para juntar recursos destinados a fortalecer la infraestructura social de las comunidades SBI.

Notas

1. C. K. Prahalad, "The Innovation Sandbox," *Strategy +Business* (2005).
2. C. K. Prahalad y Stuart L. Hart, "The Fortune at the Bottom of the Pyramid," *Strategy + Business* 1, nro. 26 (2002).
3. C. K. Prahalad y Stuart L. Hart, "Strategies for the Bottom of the Pyramid: Creating Sustainable Development" (trabajo inédito, 1999); C. K. Prahalad y Allen L. Hammond, "Serving the World's Poor, Profitably"; Prahalad y Hart, "The Fortune at the Bottom of the Pyramid"; C. K. Prahalad, "Why Selling to the Poor Makes for Good Business," *Fortune*, 15 de noviembre de 2004; Stuart L. Hart, *Capitalism at the Crossroads: The Unlimited Business Opportunities in Serving the World's Most Difficult Problems* (Upper Saddle River, NJ: Wharton School Publishing, 2005); Stuart L. Hart, *Capitalism at the Crossroads: Aligning Business, Earth and Humanity* (Upper Saddle River, NJ: Wharton School Publishing, 2007).
4. C. K. Prahalad, "Why selling to the Poor Makes for Good Business," *Fortune*, 15 de noviembre de 2004.
5. C. K. Prahalad y Stuart L. Hart, "The Fortune at the Bottom of the Pyramid," *Strategy + Business* 1, nro. 26 (2002).
6. Dos experiencias adicionales en nuestra muestra colectiva fueron lideradas por empresas grandes: Palí y Hortifruti. Sin embargo, los autores del capítulo optaron por dejarlas fuera del subconjunto utilizado en razón de que los datos recabados no permitían evaluar su desempeño.
7. C. K. Prahalad, *The Fortune at the Bottom of the Pyramid: Eradicating Poverty through Profits* (Upper Saddle River, NJ: Wharton School Publishing, 2005), 55-62.
8. Dos de las pocas contribuciones importantes a la investigación empírica sistemática hasta la fecha son: Ted London y Stuart L. Hart, "Reinventing Strategies for Emerging Markets: Beyond the Transnational Model," *Journal of International Business Studies* 35 (2004), y Ted London, "Beyond 'Stepping Stone' Growth: Exploring New Market Entry at the Base of the Pyramid" (documento de trabajo, William Davidson Institute/Stephen M. Ross School of Business, 2006). El primer trabajo compara las estrategias utilizadas por empresas multinacionales en busca de oportunidades en la BOP en un conjunto de iniciativas exitosas y no exitosas, y observa que las iniciativas exitosas "desarrollaron un profundo entendimiento del entorno local y se enfocaron en la generación de negocios de abajo hacia arriba, basados en la identificación, el apalancamiento y el mejoramiento de la infraestructura social existente", capacidad que denominaron "articulación social" *(social embeddedness)*. Por otra parte, el segundo trabajo comparó un conjunto de iniciativas efectivamente lanzadas en mercados BOP con iniciativas que habían sido abandonadas,

puestas en suspenso o desviadas hacia el mercado de ingresos medios. El autor encontró que las iniciativas lanzadas efectivamente mostraban conjuntos de patrones particulares en sus componentes (estructura, rutinas para la resolución de problemas, rutinas de priorización y fuentes de recursos particulares al contexto) que afectaban "la capacidad de desarrollo". En particular, las iniciativas exitosas habían sido incubadas en "espacios blancos" que servían de muros de contención frente a las rutinas existentes que amenazan la innovación. Asimismo, se caracterizaban por diversidad de pautas de resolución de problemas, apalancamiento en socios no tradicionales e inversión en la construcción de nuevos activos particulares al contexto.

9. Cuando el equipo de investigadores de SEKN realizó la investigación de campo en 2006-2007, las nueve iniciativas de mercado que involucraban clientes de bajos ingresos habían sido emprendidas entre 2001 y 2004 y las tres iniciativas con proveedores de SBI, entre 2001 y 2003.

10. Amanco y Aguaytía.

11. Allen L. Hammond et al., *The Next 4 Billion: Market Size and Business Strategy at the Base of the Pyramid* (Washington, DC: World Resources Institute and International Finance Corporation, 2007), 19.

12. Alexander Osterwalder, Yves Pigneur y Christopher Tucci, "Clarifying Business Models: Origins, Present, and Future of the Concept," *Communications of the Association of Information Systems* 16 (2005).

13. Ibíd.

14. Stuart L. Hart y Clayton Christensen, "The Great Leap: Driving Innovation From the Base of the Pyramid," *MIT Sloan Management Review* 44, nro. 1 (2002).

15. C. K. Prahalad, *The Fortune at the Bottom of the Pyramid: Eradicating Poverty through Profits* (Upper Saddle River, NJ: Wharton School Publishing, 2005), 14.

16. Stuart L. Hart y Ted London, "Developing Native Capability: What Multinational Corporations Can Learn from the Base of the Pyramid," *Stanford Social Innovation Review* (2005); Ted London, "The Base-of-the-Pyramid Perspective: A New Approach to Poverty Alleviation" (documento de trabajo, William Davidson Institute/Stephen M. Ross School of Business, 2008).

17. Patricia Márquez y Henry Gómez, *Microempresas: alianzas para el éxito* (Caracas: Ediciones IESA, 2001).

18. Manuel Castells y Alejandro Portes, "World Underneath: The Origins, Dynamics, and Effects of the Informal Economy" en *The Informal Economy: Studies in Advanced and Less Developed Countries*, eds. Alejandro Portes, Manuel Castells y Lauren A. Benton (Baltimore: Johns Hopkins University Press, 1989).

19. C. K. Prahalad, *The Fortune at the Bottom of the Pyramid: Eradicating Poverty through Profits* (Upper Saddle River, NJ: Wharton School Publishing, 2005).

20. M. B. Milstein, Ted London y Stuart L. Hart, "Revolutionary Routines: Capturing the Opportunity for Creating a More Inclusive Capitalism," en *Handbook of Cooperative Colaboration: New Designs and Dynamics*, eds. S.K Piderit, R.E. Fry y D.L. Cooperrider (Stanford, CA: Stanford University Press, 2007).

21. Ted London, "The Base-of-the-Pyramid Perspective: A New Approach to Poverty Alleviation" (documento de trabajo, William Davidson Institute/ Stephen M. Ross School of Business, 2008).

22. Christian Seelos y Johanna Mair, "Profitable Business Models and Market Creation in the Context of Deep Poverty: A Strategic View," *The Academy of Management Perspectives* 21, nro. 4 (2007).

23. Ted London y Stuart L. Hart, "Reinventing Strategies for Emerging Markets: Beyond the Transnational Model," *Journal of International Business Studies* 35 (2004); Ezequiel Reficco y Patricia Márquez, "Socially Inclusive Networks for Building BOP Markets" (documento de trabajo, School of Business Administration, University of San Diego, octubre de 2007).

24. C. K. Prahalad, *The Fortune at the Bottom of the Pyramid: Eradicating Poverty through Profits* (Upper Saddle River, NJ: Wharton School Publishing, 2005).

25. Ted London y Stuart L. Hart, "Reinventing Strategies for Emerging Markets: Beyond the Transnational Model," *Journal of International Business Studies* 35 (2004).

26. Clayton Christensen, Thomas Craig y Stuart L. Hart, "The Great Disruption," *Foreign Affairs* 80, nro. 2 (2001); Stuart L. Hart y Clayton Christensen, "The Great Leap: Driving Innovation From the Base of the Pyramid," *MIT Sloan Management Review* 44, nro. 1 (2002).

27. Clayton Christensen, Thomas Craig y Stuart L. Hart, "The Great Disruption," *Foreign Affairs* 80, nro. 2 (2001), 56.

28. Ibíd.: 90; C. K. Prahalad, *The Fortune at the Bottom of the Pyramid: Eradicating Poverty through Profits* (Upper Saddle River, NJ: Wharton School Publishing, 2005).

29. Ibíd.; Ted London y Stuart L. Hart, "Reinventing Strategies for Emerging Markets: Beyond the Transnational Model"; Erik Simanis y Stuart L. Hart, "The Base of the Pyramid Protocol: Toward Next Generation Bop Strategy"(2008), http://www.wdi.umich.edu/files/BoPProtocol2ndEdition2008.pdf.

30. Ted London y Stuart L. Hart, "Reinventing Strategies for Emerging Markets: Beyond the Transnational Model," *Journal of International Business Studies* 35 (2004), 164.

31. James Austin et al., "Building New Business Value Chains with Low Income Sectors in Latin America," en *Business Solutions for the Global Poor: Creating*

Social and Economic Value, ed. Kasturi Rangan, et al. (San Francisco, CA: Jossey-Bass, 2007).

32. Ted London y Stuart L. Hart, "Reinventing Strategies for Emerging Markets: Beyond the Transnational Model," *Journal of International Business Studies* 35 (2004); Christian Seelos y Johanna Mair, "Profitable Business Models and Market Creation in the Context of Deep Poverty: A Strategic View," *The Academy of Management Perspectives* 21, nro. 4 (2007).

33. Christian Seelos y Johanna Mair, "Profitable Business Models and Market Creation in the Context of Deep Poverty: A Strategic View"; Ezequiel Reficco, "Towards Social Inclusion: Do Strategic Networks Work?," *ReVista: Harvard Review of Latin America* VI, nro. 1 (otoño de 2006); James E. Austin, *The Collaboration Challenge: How Nonprofits and Businesses Succeed through Strategic Alliances*, 1ª ed. (San Francisco, CA: Jossey-Bass Publishers, 2000); Ted London y Stuart L. Hart, "Reinventing Strategies for Emerging Markets: Beyond the Transnational Model."

34. Christian Seelos y Johanna Mair, "Profitable Business Models and Market Creation in the Context of Deep Poverty: A Strategic View," *The Academy of Management Perspectives* 21, nro. 4 (2007).

35. En los casos de Edenor y Codensa, las iniciativas se apalancaron en clientes individuales preexistentes; es más, su sistema tecnológico de facturación y pago redujo los costos de transacción a tal punto que no se requería organizar la comunidad. La tecnología no es el único factor pertinente. Situaciones en las cuales la compra implica apenas una visita al punto de venta también facilitan el intercambio empresa-individuo. Por ejemplo, en los casos de Construmex (Cemex) y Empresario Azteca, en que los consumidores individuales de SBI se acercaron al punto de venta para realizar una compra grande a crédito, no se precisó ningún ecosistema local. Pero en el caso de Colcerámica, en que el consumidor de bajos ingresos realizó una serie de pequeñas compras de lozas de cerámica, la empresa observó que se requería construir un ecosistema local.

36. Ted London y Stuart L. Hart, "Reinventing Strategies for Emerging Markets: Beyond the Transnational Model," *Journal of International Business Studies* 35 (2004).

37. Ted London, "The Base-of-the-Pyramid Perspective: A New Approach to Poverty Alleviation" (documento de trabajo, William Davidson Institute/ Stephen M. Ross School of Business, 2008).

38. Entrevista con Ángel Irazola Arribas, ex CEO (2001-2006) de Palmas del Espino, 30 de enero de 2006.

39. James Austin et al., "Building New Business Value Chains with Low Income Sectors in Latin America," en *Business Solutions for the Global Poor: Creating*

Social and Economic Value, ed. Kasturi Rangan, et al. (San Francisco, CA: Jossey-Bass, 2007).

40. Ezequiel Reficco y Patricia Márquez, "Socially Inclusive Networks for Building BOP Markets" (documento de trabajo, School of Business Administration, University of San Diego, octubre de 2007).

41. Ted London, "The Base-of-the-Pyramid Perspective: A New Approach to Poverty Alleviation" (documento de trabajo, William Davidson Institute/ Stephen M. Ross School of Business, 2008).

42. Ibíd.

43. C. K. Prahalad, *The Fortune at the Bottom of the Pyramid: Eradicating Poverty through Profits* (Upper Saddle River, NJ: Wharton School Publishing, 2005).

44. Ted London y Stuart L. Hart, "Reinventing Strategies for Emerging Markets: Beyond the Transnational Model," *Journal of International Business Studies* 35 (2004).

45. Ted London, "The Base-of-the-Pyramid Perspective: A New Approach to Poverty Alleviation" (documento de trabajo, William Davidson Institute/ Stephen M. Ross School of Business, 2008).

46. Christian Seelos y Johanna Mair, "Profitable Business Models and Market Creation in the Context of Deep Poverty: A Strategic View," *The Academy of Management Perspectives* 21, nro. 4 (2007), 49.

47. Ted London y Stuart L. Hart, "Reinventing Strategies for Emerging Markets: Beyond the Transnational Model"; Ted London, "The Base-of-the-Pyramid Perspective: A New Approach to Poverty Alleviation"; Erik Simanis y Stuart L. Hart, "The Base of the Pyramid Protocol: Toward Next Generation Bop Strategy" (2008), http://www.wdi.umich.edu/files/BoPProtocol2ndEdition2008.pdf.

48. Ted London, "The Base-of-the-Pyramid Perspective: A New Approach to Poverty Alleviation" (documento de trabajo, William Davidson Institute/ Stephen M. Ross School of Business, 2008).

49. Ted London y Stuart L. Hart, "Reinventing Strategies for Emerging Markets: Beyond the Transnational Model," *Journal of International Business Studies* 35 (2004).

50. Entrevista con Horacio Cristiani, Director Comercial de Gas Natural BAN.

51. M.B. Milstein, Ted London y Stuart L. Hart, "Revolutionary Routines: Capturing the Opportunity for Creating a More Inclusive Capitalism," en *Handbook of Cooperative Colaboration: New Designs and Dynamics*, eds. S.K Piderit, R.E. Fry y D.L. Cooperrider (Stanford, CA: Stanford University Press, 2007).

52. Definimos "modelo de negocio local" como uno diseñado para atender una zona delimitada, usualmente circunscrita a la comunidad o vecindario.

53. Erik Simanis y Stuart L. Hart, "The Base of the Pyramid Protocol: Toward Next Generation BOP Strategy" (2008), http://www.wdi.umich.edu/files/BoPProtocol2ndEdition2008.pdf.

54. Ted London, "The Base-of-the-Pyramid Perspective: A New Approach to Poverty Alleviation" (documento de trabajo, William Davidson Institute/Stephen M. Ross School of Business, 2008).

55. A.G. Scherer y G. Palazzo, "Toward a Political Conception of Corporate Responsibility: Business and Society Seen from a Habermasian Perspective," *Academy of Management Review* 32, nro. 4 (2007).

56. Ted London y Stuart L. Hart, "Reinventing Strategies for Emerging Markets: Beyond the Transnational Model," *Journal of International Business Studies* 35 (2004).

3
Cómo pequeñas empresas y nuevos emprendimientos desarrollan negocios inclusivos

Henry Gómez Samper, Mladen Koljatic y Mónica Silva

Este capítulo examina seis pequeñas empresas comparables entre sí —cuatro de las cuales están recién comenzando— que implementan negocios inclusivos: Mariposas de Costa Rica o Costa Rica Entomological Supplies (CRES), una firma que compra capullos de mariposa a criadores de subsistencia y los exporta a exhibidores en el extranjero; Irupana, una compañía que recopila, procesa y comercializa productos orgánicos cultivados por agricultores bolivianos; Consorcio Titikayak, una sociedad organizada por una importante agencia de turismo peruana (Explorandes) en conjunto con una microempresa (Llachón Turismo Rural, o Llachón Tours) para promover el kayak en el lago Titicaca; Activo Humano, una agencia chilena de inserción laboral para trabajadores no calificados, y dos organizaciones venezolanas: Cruzsalud, que ofrece servicios de asistencia médica prepagada en barrios pobres de Caracas, y Comunanza, fundada para ofrecer servicios financieros a emprendedores de subsistencia[1]. Estas seis empresas, definidas como pequeñas a medianas de acuerdo al criterio empleado por Ayyagari, Demirgüç-Kunt y Beck son analizadas en conjunto ya que su tamaño es significativamente menor al de las examinadas en el capítulo 2[2].

El cuadro 3.1 que se presenta a continuación muestra de cada una de ellas los años que lleva en el negocio, el número de empleados y el papel desempeñado por los sectores de bajos ingresos (SBI) involucrados. A excepción de CRES e Irupana, el resto de las compañías solo había operado de tres a cuatro años.

Los responsables de las seis compañías que incorporaron a los pobres como consumidores o proveedores mostraron un notable compromiso para hacer que su negocio fuese exitoso y mejorar las condiciones de vida de los SBI en sus respectivos países. El fundador de Cruzsalud, Jean Paul

Cuadro 3.1
Información sobre las seis empresas analizadas

Organización	País	Años	Personal	Industria	Rol de los SBI	Clase de organización
CRES	Costa Rica	24	19	Agronegocios	Proveedores	Empresa
Irupana	Bolivia	21	150	Agronegocios	Proveedores	Empresa
Explorandes/ Llachón Tours	Perú	4	40[1]	Turismo de aventura	Proveedores	Alianza intersectorial
Activo Humano	Chile	3	11	Inserción laboral	Consumidores	Empresa
Cruzsalud	Venezuela	3	74	Servicios médicos prepagos	Consumidores	Empresa
Comunanza	Venezuela	3	16	Servicios financieros	Consumidores	Fundación

Llachón Tours opera como una organización comunitaria, sin empleados. Trabaja con 16 asociaciones que proveen diferentes servicios, con lo cual constituye una red de 80 familias que viven en la zona. Explorandes emplea 40 personas y contrata otras para acompañar grupos de turistas como guías, portadores, baqueanos, etc.

Rivas, quien estaba decidido a ofrecer los primeros planes de asistencia médica prepagados a consumidores de barrios pobres de Caracas, explicitó su objetivo elocuentemente:

> Queremos mejorar las condiciones de vida y el bienestar de los pobres (…) La construcción de una nación requiere hacer la clase de cosas que hacemos en Cruzsalud. Por unos pocos bolívares, proporcionamos asistencia médica a niños, dándoles por ejemplo medicinas, y hacemos de este un negocio sostenible. Esta es mi visión personal sobre cómo un país se desarrolla.

Otros emprendedores expresaron opiniones similares: Javier Hurtado, fundador de Irupana, esperaba mejorar las condiciones de vida de los productores de quinua bolivianos ofreciéndoles precios justos. Se mostró de acuerdo con Rivas al señalar que "para construir una nación necesitamos producir, crear riqueza, y hacerlo de una manera ética". En CRES, Joris Brinckerhoff perseguía la misma meta para los proveedores de capullos de mariposa costarricenses. El director de Activo Humano concibió su compañía para servir como "*headhunter* de los pobres". Alfredo Ferreyros, de Explorandes, recuerda que antes de sellar su sociedad con Llachón Tours el directorio de la compañía se había comprometido a ofrecer nuevos productos que se caracterizaran por su alto valor social, mientras Valentín Quispe, su socio microemprendedor, había alentado por años a los pobladores de Llachón para que acogieran turistas en su comunidad. Por último, Albi Rodríguez fundó Comunanza para ofrecer una amplia gama de productos financieros a empresarios de subsistencia. Más allá de la generación de un retorno económico, todos los directores de las compañías buscaban un propósito social sostenible.

El contenido de este capítulo describe las características de gestión compartidas por las seis firmas, los tipos de desafíos que cada una enfrentó, las formas en que innovaron, el grado en que fueron rentables y las lecciones extraídas de sus iniciativas con SBI. Primero se examinó el significado de las pequeñas empresas en el mapa organizacional de América Latina, y a continuación se sugerirán las ventajas comparativas que estas compañías pueden tener para acometer negocios inclusivos.

Las virtudes de las pequeñas organizaciones

Cualquier ventaja que las pequeñas empresas puedan tener en el mercado es materia de debate, especialmente a la luz de los desafíos de la economía global[3]. Una pregunta no resuelta es si el tamaño modesto las favorece para emprender iniciativas con SBI; de ahí el interés de este capítulo en examinar las seis empresas en profundidad. A excepción de ciertas instituciones públicas en algunos países, pocas organizaciones con sede en América Latina pueden considerarse grandes. Se estima que el 90% de las firmas del mundo son pequeñas o medianas[4], mientras que en América Latina más del 90% de todas las unidades productivas son pequeñas o microempresas[5].

En la exploración de potenciales ventajas comparativas de las pequeñas empresas para desarrollar negocios inclusivos, Márquez y Reficco[6] citan las siguientes: misión focalizada, proximidad, flexibilidad y capacidad de innovación. Las seis firmas examinadas en este capítulo apuntan a estas cuatro virtudes[7].

Misión focalizada

Las pequeñas empresas directamente focalizadas en los mercados de SBI pueden gozar de ciertas ventajas respecto de las compañías más grandes. Operar un negocio pequeño en una comunidad de SBI probablemente signifique que el dueño conoce personalmente a los clientes y puede satisfacer con más facilidad sus necesidades y deseos. En contraste, la firma grande que busca atender a una mezcla de consumidores de ingresos altos y medios debe depender de información indirecta derivada de investigaciones de mercado. Esto puede explicar por qué, por ejemplo, un pequeño comerciante que es incapaz de ofrecer bajos precios o un amplio surtido de productos puede competir con supermercados y mantener la lealtad del cliente de bajos ingresos, a pesar de su limitado poder de compra[8]. Cuanto más pequeño sea el negocio, más probable es que pueda enfocar su misión en ofrecer un producto o servicio dado, de una manera particular, a un tipo de cliente determinado.

Los negocios microfinancieros proporcionan un ejemplo digno de mención de compañías orientadas a mercados de SBI con misión focalizada. Mucho antes de que la expresión "base de la pirámide" fuera acuñada, los esfuerzos por mitigar la pobreza en varios países de Asia, África y América Latina se caracterizaron por recurrir a pequeños préstamos a personas que no calificaban para los créditos bancarios[9]. Estas organizaciones pioneras en los mercados de SBI, que fueron establecidas como bancos, cooperativas, fundaciones públicas o privadas u otro tipo de ONG, adaptaron las condiciones de los préstamos a las necesidades de los consumidores pobres.

Recién en el siglo XXI el tamaño del mercado de los SBI impulsó a algunos grandes bancos internacionales a ofrecer servicios microfinancieros. ¿Por qué tardaron tanto los grandes bancos en entrar a este mercado? Por una razón: el aval tradicional como garantía del crédito no era aplicable a la gente pobre puesto que carecía de propiedades como garantía. La evaluación de la capacidad de crédito en microfinanzas se caracteriza por una intensa interacción con los clientes[10]. Tal vez esto explique por qué organizaciones nuevas y más pequeñas, guiadas por objetivos diferentes a los de la banca tradicional y comprometidas con su misión, fueron necesarias para atender a los SBI. También se requirieron nuevos procedimientos organizacionales y operacionales, algunas veces formulados tras varias equivocaciones[11]. Con el tiempo, las prácticas de gestión para servir a las microempresas evolucionaron, beneficiándose de las nuevas aplicaciones tecnológicas desarrolladas por las grandes instituciones financieras.

El foco de la misión no es solo dirigirse a un público objetivo. Una empresa puede tener una meta particular como parte de su misión, como elaborar productos de vanguardia. Las pequeñas empresas no son las únicas que se caracterizan por una misión focalizada. Sin embargo, los significativos esfuerzos hechos por las seis firmas examinadas para cumplir sus metas de mejorar las vidas de los SBI mediante la operación exitosa de sus negocios, ajustando una y otra vez sus prácticas de gestión, son poco comparables con los planes de negocios normalmente definidos para atender a un segmento de mercado rentable. CRES montó su negocio mediante el impulso de proveedores de capullos de SBI. Irupana convirtió a campesinos de SBI que cultivaban cereales orgánicamente y que dependían del Estado o de otras ayudas en microemprendedores. El Consorcio Titikayak movilizó a las familias de una comunidad de SBI para promover el kayak como actividad turística. Activo Humano escogió personas desempleadas de baja calificación de un determinado sector de la capital chilena para prevenir la posible oposición de un organismo estatal a su servicio de inserción laboral. Cruzsalud comercializó su servicio de asistencia médica en un segmento de bajos ingresos específico y rediseñó prácticas de gestión a medida que adquiría y asimilaba información sobre necesidades, deseos, hábitos de compra y actitudes de su público objetivo. Comunanza ofreció un servicio tecnológicamente innovador pensado para adaptarse a los empresarios de subsistencia que operaban en un lugar fijo, a diferencia, por ejemplo, de los vendedores ambulantes.

Proximidad
Los estudios de pequeñas empresas cuyo objetivo se centra en los SBI muestran que frecuentemente están localizadas más cerca de sus clientes que las grandes empresas, lo que se registra en unidades de negocios atomizadas que operan en las comunidades pobres. La proximidad otorga a los pequeños emprendedores una visión más clara de las necesidades del cliente, un tipo de intimidad cultural y social con los SBI no fácilmente alcanzable por los equipos de administración profesionales de las grandes firmas[12]. Así, las pequeñas empresas se pueden integrar mejor con las poblaciones de SBI de los alrededores, superando barreras que obstaculizan el desarrollo de iniciativas de negocios con SBI[13]. Más aún, la integración social construye confianza, un factor estratégico en el inicio de un negocio, cuando busca redes que ayuden a asegurar el éxito futuro[14].

En varios países latinoamericanos, compañías importantes están localizando cada vez más sus operaciones cerca o dentro de comunidades pobres, incluyendo bancos, negocios franquiciados y, en Venezuela, cadenas de supermercados con una variedad de productos limitada[15]. Esta presencia otorga a los SBI acceso a nuevas opciones de compra y mejores precios para productos que adquieren regularmente. Sin embargo, todavía queda responder la pregunta de si la sola proximidad permite a las firmas conseguir una mejor comprensión del patrón de consumo de los SBI y estimar una demanda potencial de mercado.

Las seis empresas analizadas en este capítulo tenían sus operaciones cerca o dentro de las comunidades de SBI en las cuales se enfocaban. El fundador de CRES manejaba su propia finca de mariposas y visitaba regularmente a los criadores de capullos. Irupana operaba tiendas de quinua en áreas rurales alejadas. El Consorcio Titikayak estaba ubicado en la comunidad a orillas del lago donde brindaba sus servicios de navegación y alojamiento para turistas. Activo Humano reinsertaba desempleados sin calificación reclutándolos en sus propios barrios. El centro de asistencia médica de Cruzsalud estaba localizado en una calle por donde la mayoría de sus clientes pasaba diariamente. Los préstamos de Comunanza podían ser solicitados en los propios lugares de trabajo de las microempresas.

Flexibilidad y capacidad de innovación

Parece lógico que las pequeñas organizaciones sean más flexibles. Las grandes compañías que sirven al tradicional consumidor de ingresos medios no pueden ajustar rápidamente su modelo de negocios para atender a los mercados de SBI, por ejemplo, adaptando mecanismos de cobro para atender consumidores que buscan comprar un servicio regular pero no pueden comprometerse a pagos fijos por falta de un ingreso estable. Alejarse de las políticas y prácticas de gestión que enmarcan las actividades de las grandes compañías puede representar serios desafíos. Por ejemplo, Gómez, Márquez y Penfold[16], examinaron la tortuosa experiencia de una gran empresa de electricidad cuando buscó transformar su organización para atender a los SBI.

Las pequeñas empresas a menudo operan en mercados más restringidos, usualmente limitados a una sola ciudad o a una parte de ella. Una pequeña empresa enfocada en SBI —asumiendo que previamente atendió un mercado de ingresos medios— probablemente encuentre costos de oportunidad más bajos que una compañía grande, cuyo objetivo puede ser nacional o mundial. Al construir vínculos de negocios con los SBI, las pequeñas empresas tienen operaciones más enfocadas y no necesitan extender su atención a una serie de negocios, categorías de productos o segmentos de mercado. Su proximidad con los SBI puede permitirles establecer relaciones basadas en la confianza con potenciales clientes, proveedores o socios, recurriendo a lazos sociales y culturales compartidos. Su tamaño modesto puede ser la clave para moverse de un segmento de mercado a otro.

Las seis firmas examinadas en este capítulo muestran flexibilidad en la gestión y capacidad de innovación. CRES organizó talleres para establecer un código de prácticas éticas mientras batallaba con los criadores para que mantuvieran los estándares de calidad. Irupana adaptó métodos modernos de trilla y secado para ayudar a los productores de quinua a expandir su producción. El Consorcio Titikayak organizó a docenas de familias de la comunidad en 16 asociaciones, con el objeto de asegurar que los servicios de comida y alojamiento para los turistas serían distribuidos justamente.

Activo Humano ideó herramientas de selección de candidatos adaptadas para trabajadores no calificados. Cruzsalud llevó a cabo su propio estudio de mercado, puerta a puerta, dirigido por su presidente, para estructurar prácticas de promoción mejor adaptadas a los SBI que las resultantes de investigaciones de mercado profesionales. Comunanza tercerizó las operaciones de desembolso y pago de los préstamos a microempresas en importantes instituciones financieras capaces de proveer servicios en línea. Las estrategias y prácticas de gestión fueron considerablemente reformuladas a medida que cada compañía superaba los problemas propios de tratar con los SBI.

Las siguientes páginas examinan las seis compañías en una mayor profundidad y buscan lecciones que puedan sacarse de su experiencia.

Características de gestión compartidas

A pesar de las diferencias significativas en los modelos de negocios, las seis compañías muestran similitudes de gestión. Ellas incluyen: 1) un fuerte compromiso del fundador de incorporar a los SBI en la búsqueda de las metas del negocio; 2) gestión innovadora y flexible, y 3) complejidad de la gestión, que requiere habilidades de liderazgo y extensas redes de apoyo para dar forma y aprender las prácticas de gestión, incluso mientras el negocio está en proceso de desarrollo.

Compromiso de servir a los SBI

Como se destacó anteriormente, los fundadores de las seis firmas perseguían objetivos sociales con un compromiso parecido a la pasión. Repetidas veces, en vez de tomar el camino fácil de atender compañías que necesitaban planes de asistencia médica de bajo costo para sus empleados, Cruzsalud buscó formas de brindar sus servicios de bajo precio a los SBI que tenía por objetivo. El personal de Comunanza visitó a los posibles clientes vecinos para obtener información sobre sus características y calculó la capacidad financiera de los empresarios de subsistencia. En las seis experiencias, los empresarios forjaron las relaciones con los SBI con el propósito expreso de mejorar sus vidas; sin embargo, ninguno de los fundadores fue impulsado por motivos de caridad. Se buscaron utilidades para asegurar la continuidad de las iniciativas y, en el caso de Comunanza, para atraer nuevos inversionistas y aumentar el volumen de ventas.

Desarrollo de nuevos mercados

Cualquier negocio que combine oportunidades de empleo con una prolongada producción de bienes y servicios es social y económicamente beneficioso, pero las iniciativas tan audaces como para construir nuevos mercados para antiguas necesidades no detectadas aspiran a una mayor contribución. Tales iniciativas prueban la viabilidad de modelos de negocios innovadores que, si resultan exitosos, pronto serán replicados. Las seis firmas incorporaron SBI al servir mercados desatendidos previamente. El caso más exótico es el del Consorcio Titikayak. Al llevar la navegación en kayak y turistas al lago Titicaca —el lago más alto del mundo, localizado a 3.810 metros (12.500 pies) sobre el nivel del mar— la iniciativa familiarizó a los clientes con los agricultores de subsistencia de Llachón, al punto de compartir sus humildes viviendas. Al principio, los pobladores de Llachón no estaban familiarizados con los kayaks y dudaban si los turistas respetarían sus tradiciones locales. Por tal razón, se hizo un considerable esfuerzo para superar la preocupación de la comunidad. El vínculo de Explorandes con Llachón Tours muestra una doble relación con los SBI: una sociedad entre una compañía de tamaño mediano y una microempresa, y el suministro de servicios locales por parte de los miembros de la comunidad.

Otras firmas examinadas también desarrollaron nuevos mercados. CRES fue la primera compañía en organizar criadores de capullos de más de 50 especies de mariposas, gracias a la impresionante biodiversidad de Costa Rica, y luego enviarlas a exhibidores en Estados Unidos y Europa. Irupana promocionó los productos orgánicos mucho antes de que la demanda por ellos se expandiera. Activo Humano fundó el primer servicio privado de inserción laboral para trabajadores no calificados. Cruzsalud ofreció un servicio de asistencia médica prepagado, previamente no disponible en vecindarios pobres. Las dos empresas más antiguas, Irupana y CRES, generaron competencia entre sus seguidores en el mercado; aún es pronto para saber si a las restantes cuatro empresas, que son más nuevas, les sucederá lo mismo. El liderazgo de CRES en el desarrollo del mercado de capullos de mariposa fue pronto seguido por otros proveedores que se aprovecharon de las bajas barreras de entrada, redujeron los precios y obligaron a CRES a intensificar la promoción de su producto de alta calidad.

¿Qué otras similitudes son evidentes en las prácticas de gestión? Comunanza, Cruzsalud y Activo Humano reclutaron posibles clientes de SBI de entre comunidades pobres cercanas, lo que ilustra la práctica de proximidad geográfica. Para las dos últimas firmas, esto fue crucial para dar legitimidad a su operación ante los ojos de los SBI. Para ayudar a los "guías turísticos" certificados por el Estado que requería la ley, Explorandes reclutó y entrenó jóvenes de Llachón, los cuales podían relacionarse rápidamente con los miembros de la comunidad encargados de alojar a los turistas, a la vez que aprendían las habilidades necesarias para manejar los kayaks (métodos de navegación y rescate para lidiar con las traicioneras olas del lago Titicaca).

Otra práctica de gestión compartida por las seis compañías fue la temprana atención al desarrollo de redes de apoyo externo, lo cual conllevó meticulosos esfuerzos y fue crucial para el crecimiento del negocio, como se describe más adelante.

CRES fue fundada en 1984, dos años después de que un científico visitante le comentara a Joris Brinckerhoff sobre una oportunidad para las mariposas en el mercado exterior. Brinckerhoff comenzó criando capullos de mariposa en su finca, pero pronto la producción quedó corta ante la demanda del mercado. Buscó ofrecer a su creciente red de proveedores un precio justo, dado el meticuloso proceso de inspección requerido para recoger los huevos y los capullos: las hojas de las plantas donde se crían los capullos deben ser limpiadas diariamente. Brinckerhoff también visitó áreas rurales de Costa Rica para localizar microclimas con especies únicas de mariposas, consiguió apoyo de líderes de la comunidad y se reunió con pequeños agricultores, algunos de los cuales se empleaban ocasionalmente como trabajadores en las plantaciones de bananos. Con el tiempo, mediante la organización de reuniones y talleres trimestrales, en los cuales les explicaba a los criadores los desafíos del negocio y les daba apoyo técnico, se las arregló para convertir a 100 de ellos en proveedores de capullos de mariposas. Entonces organizó la primera feria de mariposas, a la cual asistieron compradores de América del Norte y Europa, que posteriormente se convirtió en un evento anual. Más aún, consiguió el apoyo del Instituto Nacional de Biodiversidad (INBIO) para promover la cría de mariposas y desarrollar material educativo destinado a fomentar microempresas relacionadas con la biodiversidad.

CRES aún produce capullos de mariposa para propósitos de investigación y control de calidad; el 90% de sus exportaciones se origina en su red de proveedores.

Irupana comenzó en 1987 apoyada en la experiencia previa de Javier Hurtado en programas de ayuda internacional, la cual le proporcionó una red de productores agrícolas, asociaciones agrícolas, asociaciones estatales agrícolas, ONG y agencias de ayuda internacionales. Hurtado usó sus contactos para establecer una red de almacenes que fue su actividad central por algunos años. Cuando el negocio declinó, Hurtado utilizó su capital político y, en 2001, se aseguró un contrato con el municipio de la capital para proveer desayuno a 160.000 escolares, una actividad que duró tres años. Entonces, Irupana se aventuró en el mercado de las exportaciones, junto con la ONG Asociación Boliviana para el Desarrollo Rural–Prorural, para que otorgara financiamiento a sus proveedores. En 2005, Irupana fortaleció adicionalmente su apoyo externo al forjar lazos con la Fundación Interamericana y la Corporación Financiera Internacional del Banco Mundial.

El **Consorcio Titikayak**, establecido en 2003, contaba con redes tejidas por Alfredo Ferreyros, de Explorandes, y su socio Valentín Quispe, de Llachón Tours. Explorandes fue el promotor del turismo aventura en Perú al introducir las actividades de excursionismo, senderismo y kayak. Una amplia red externa de promoción constituida por compañías aéreas y agencias internacionales mayoristas, además del contacto directo con clientes vía su página web, permitieron a Explorandes manejar una docena de programas de turismo. Además, Ferreyros presidía el Instituto Machu Picchu, organismo que se ocupa de la conservación histórica, y era miembro activo de la Cámara Nacional de Turismo y de otras asociaciones de la industria. Promovía su negocio asistiendo a ferias y exposiciones comerciales internacionales.

A su vez, Quispe organizó la Asociación Pro-Turística de Llachón (Aprotur) para vencer la resistencia de los habitantes de Llachón a la visita de los turistas años antes de que el Consorcio fuera fundado. Junto con Llachón Tours, Aprotur proporcionó servicios de almacenaje y mantenimiento para los kayaks, promovió el mejoramiento de las viviendas para acomodar a los turistas (con duchas y baños) y tercerizó los servicios de comida y alojamiento a 80 familias organizadas en 16 asociaciones, a través de lo cual se buscaba asegurar prácticas de rotación justas. El acuerdo del Consorcio permitió a la compañía de Quispe atender de forma independiente a clientes de otras 20 agencias de viajes.

Activo Humano comenzó en 2005 a contactar a pequeñas y grandes compañías que necesitaban trabajadores no calificados, tales como conductores y cargadores de camiones, los que en su mayoría estaban desempleados y provenían de barrios de bajos ingresos. Los que buscaban empleo eran reclutados por vecinos pertenecientes al mismo SBI, quienes chequeaban las referencias de los candidatos, y luego eran seleccionados por medio de pruebas personales. Para vencer la oposición del servicio estatal para desempleados, el fundador de la firma buscó el apoyo del alcalde de La Pintana, quien estaba preocupado por el alto desempleo en su comuna, del clero local y de los líderes comunales. Un paso importante en la obtención de apoyo externo fue la fusión de Activo Humano con una experimentada compañía inglesa de inserción laboral dirigida a un público semejante.

Incluso antes de comenzar, en 2005, **Cruzsalud** organizó redes de apoyo que incluían información tecnológica para varios propósitos: realizar elaborados controles de costos; evaluar, registrar y controlar las condiciones de salud de los clientes; operar un centro de llamados atendido por médicos y paramédicos, y brindar un servicio de pago para teléfonos móviles que fue descartado a poco andar. Mucho más demandante fue construir una red apropiada de proveedores de asistencia médica, la que incluía médicos disponibles las 24 horas del día, especialistas para las consultas médicas, enfermeras, laboratorios de exámenes médicos y farmacias que cooperaran en promover la venta de planes de asistencia médica en los barrios donde vivían los SBI.

Adicionalmente, Cruzsalud requirió el apoyo de actores claves de su entorno inmediato, tales como la policía, funcionarios públicos de la salud, líderes comunitarios y párrocos, entre otras razones para garantizar la seguridad de los médicos, enfermeras y ambulancias que se aventuraban en vecindarios riesgosos. Posteriormente, la red de la compañía permitió a Cruzsalud abrir dos centros de atención médica primaria al asociarse con cooperativas locales.

Comunanza empezó en 2005 apoyándose en los estrechos vínculos de sus socios fundadores con instituciones financieras, dentro de las que se incluían organizaciones estatales encargadas de las regulaciones microfinancieras. Los ejecutivos de préstamos fueron reclutados en Petare, un área de SBI con potenciales clientes. La firma también obtuvo información tecnológica y apoyo comercial, tercerizando la mayor parte de sus tareas operativas. Por ejemplo, el Banco Mercantil abrió cuentas en línea para los clientes a los cuales se les habían concedido préstamos, donde se podían depositar los pagos, y Seguros Carabobo proveyó pólizas de seguros de vida para cubrir los créditos, cargos por servicios funerarios para prestatarios fallecidos y un estipendio familiar mientras la microempresa era reorganizada. Estos servicios eran cobrados a precios de mercado. Un acuerdo con el párroco de Petare permitió a Comunanza reunirse con clientes en el local de la iglesia a cambio de una donación trimestral. Más aún, los ambiciosos planes de crecimiento futuro de la empresa involucraban esfuerzos de promoción de inversión dirigidos a individuos, compañías e instituciones internacionales.

Iniciativas de negocios complejas que aprenden sobre la marcha

Depender de tan variadas redes de apoyo externo hizo compleja la gestión de las seis empresas. Las redes descritas anteriormente abarcan vínculos institucionales, políticos y comunitarios, e igualmente importantes lazos operacionales, financieros y comerciales. Al enfrentar tal complejidad de la gestión, resaltan las ventajas comparativas de las pequeñas empresas mencionadas precedentemente: misión focalizada, proximidad de mercado y flexibilidad operacional. Cuando los planes iniciales fallaron, cada firma fue lo suficientemente flexible para reestructurar sus prácticas de gestión.

CRES contribuyó de manera considerable a mejorar las condiciones de vida de los proveedores de capullos de mariposa, en su mayoría criadores de subsistencia y ocupantes ilegales. De acuerdo con información suministrada por el personal de apoyo en el terreno del Ministerio de Energía y Medio Ambiente de Costa Rica y otras fuentes, los beneficios acumulados por los proveedores de CRES son sustanciales: el ingreso previo de los criadores de capullos era inferior al salario mínimo de US$238 al mes, pero al convertirse en proveedores de CRES su ingreso mensual se elevó a valores entre US$500 y US$1.000, según la estación.

Sin embargo, cuando CRES comenzó, Brinckerhoff no sabía el desafío de entrenamiento que lo esperaba: poner al tanto a los criadores sobre las necesidades del mercado y los requerimientos del servicio, y promover la lealtad de los clientes utilizando estándares de calidad rigurosos y entregas oportunas. Algunas ventas prematuras de capullos efectuadas a terceras partes por algunos proveedores, para aprovechar una oportunidad o descargar sobreproducción, llevaron a CRES a redactar un código de ética al que suscribieron todos sus proveedores, consiguiendo así los incentivos para asegurar la calidad del producto. Los proveedores que no se atenían a las reglas y estándares eran excluidos. No fue fácil para CRES convertir a los criadores de subsistencia en microempresarios interesados en mejorar la productividad y responder a los cambios en la demanda del mercado por diferentes especies de mariposas.

Frente a la creciente competencia de otros exportadores costarricenses y de países vecinos, Brinckerhoff trató de estimular la lealtad de los clientes embarcando 30% más de lo pedido, con el objeto de cubrir potenciales pérdidas en el transporte, lo cual recortó las utilidades. Además, aprovechando la creciente fama de Costa Rica como destino turístico ecológico, la esposa de Brinckerhoff construyó un jardín de mariposas y una tienda de regalos (La finca de mariposas), que permitió a CRES arreglárselas mejor con la estacionalidad de las exportaciones.

Irupana construyó tempranamente relaciones con los productores agrícolas mediante acuerdos de palabra. Pero a menudo los proveedores fallaban en entregar la producción puntualmente, ya sea por contratiempos de clima o de cosecha, por lo que fue necesario firmar contratos. Para que pudieran cumplirlos, Irupana buscó una fuente de financiamiento.

Irupana se vinculó con organizaciones internacionales para exportar quinua y amaranto, y los productores fueron compensados para expandir su producción y sacar un producto más limpio. Pero los métodos manuales tradicionalmente empleados para cosechar, secar y trillar el grano demostraron ser inadecuados. Para mejorar la cosecha, se les entregaron a los productores hoces y carpas para evitar que el secado de los cultivos al aire libre quedara expuesto a la contaminación de los pájaros. La trilla fue más desafiante: los productores habían improvisado un método rápido que consistía en poner el grano en la carretera para que al pasar los camiones o los tractores lo aplastaran, contaminándolo con tierra y productos químicos. Ingeniosamente, Irupana adaptó una trilladora de arroz a las especificaciones de la quinua y se la entregó a los agricultores. Pero mientras se tomaban estas medidas, otros problemas afloraron. Los productores habían recibido silos de metal para almacenar el grano; sin embargo, eran incapaces de medir con precisión lo que contenían. Entonces se construyeron cuartos de depósito al lado de las casas de los agricultores, ¡pero estos los usaron para albergar a sus familias! Para apresurar una solución, Irupana construyó bodegas de almacenamiento comunitarias.

El **Consorcio Titikayak** operaba en Llachón, donde solo el 12% de la población había completado la enseñanza primaria y muchos de sus habitantes no hablaban español. Los miembros de la comunidad tenían buenas razones para desconfiar de los turistas, pues años atrás un promotor extranjero había tratado de apropiarse de sus tierras para construir un hotel y el turismo irresponsable había producido daños ambientales y culturales en las islas del lago Titicaca. Para superar la hostilidad del pueblo hacia los turistas, Valentín Quispe de Llachón Tours organizó Aprotur, constituida por 16 asociaciones de vecinos, quienes entonces aceptaron acoger a los turistas. Las negociaciones ya estaban en marcha cuando Alfredo Ferreyros, de Explorandes, visitó la comunidad en 2002 para explorar el proyecto del Consorcio. Pero muchos pobladores continuaron desconfiando: cuando Explorandes reclutó jóvenes de Llachón como salvavidas para los kayaks, sus familias temían a las extrañas embarcaciones. Los pobladores también protestaron porque los guías usaban botes de fibra de vidrio para seguir a los kayaks; insistían en que se usaran sus propias embarcaciones. Explorandes estuvo de acuerdo y el conflicto se resolvió. Quispe manejó la comida y otras quejas de los turistas. Si Explorandes no se hubiera asociado con un líder comunitario, el gobierno del Consorcio probablemente hubiese fracasado.

Al comienzo solo 56 familias colaboraron con la aventura de los kayaks, pero para 2006 se habían comprometido 80. El ingreso proveniente de esta iniciativa era un complemento a lo que los pobladores de Llachón ganaban con la agricultura de subsistencia.

Activo Humano fue creado por su fundador para contribuir a disminuir las altas tasas de desempleo entre los trabajadores no calificados y subsanar la ineficiencia atribuida a la organización estatal para apoyar a los desempleados, la que simplemente los remitía a las compañías que ofrecían vacantes de trabajo, con poca o ninguna información sobre los antecedentes del candidato. El fundador comenzó a reunir referencias relativas al carácter de los candidatos para potenciales empleadores. Pero Activo Humano resultó ser una actividad más compleja de lo anticipado, a medida que los candidatos a los trabajos no se ganaban la confianza de los empleadores. Hubo que desarrollar los medios para evaluar las calificaciones del candidato y diseñar estándares de desempeño para control de los gerentes. Después de tres años, los índices de inserción laboral de Activo Humano fueron positivos: más del 90% de las personas mantenía su trabajo a los tres meses de ser contratadas, el número de clientes-compañías había aumentado y las empresas reportaban que habían reducido su rotación de personal gracias a los servicios de Activo Humano. También, las operaciones se habían expandido al comenzar a poner anuncios en la prensa para ofertas de trabajo, lo que requería una mayor atención de evaluación y selección.

Cruzsalud se enfocó en el segmento de consumidores del SBI más pobre, conocido como "estrato social E". Este grupo de la población dependía casi totalmente de los deficientes servicios de salud públicos: los hospitales usualmente les pedían a los pacientes que proporcionaran sus propios insumos quirúrgicos y medicinas, y para las fracturas, el yeso, los vendajes y los pernos. Por lo tanto, los planes de asistencia médica prepagada de Cruzsalud incluían los insumos quirúrgicos. Por tan solo US$5 al mes, las familias afiliadas podían acceder a un médico las 24 horas del día, vía teléfono móvil, y si lo necesitaban, a un médico a domicilio y servicio de ambulancia, beneficios significativos dada la amenaza a la seguridad personal que predomina en los barrios pobres de Caracas, especialmente de noche.

Sin embargo, al poco tiempo de firmar, muchos afiliados dejaban de pagar sus cuotas oportunamente. Los niveles de las cuotas habían sido fijados de acuerdo a lo que las investigaciones de mercado iniciales mostraban que los consumidores podían pagar. Entonces, Rivas y su equipo de administración visitaron los barrios donde vivían los primeros afiliados y los potenciales clientes para buscar las razones de la interrupción en el pago. Aprendieron que los SBI normalmente carecen de un ingreso estable y apartan dinero solo para los gastos de comida. En consecuencia, los pagos a Cruzsalud eran vistos como un gasto contingente que competía con otros desembolsos tales como las tarjetas de teléfonos móviles. La estrategia de marketing fue corregida: un paso que probó ser efectivo fue ofrecer a los consumidores un chequeo de salud gratis realizado por los doctores y enfermeras de Cruzsalud, antes de la afiliación, para mostrar a los consumidores que la calidad del servicio merecía su precio.

También se dio forma a otras prácticas de gestión sobre la marcha. En un principio, Cruzsalud dependió erróneamente de una pirámide de ventas como la usada mundialmente por las compañías Avon y Amway para atender a los consumidores de bajos ingresos. Más efectivo fue en cambio usar a las propias enfermeras y al personal de limpieza de la empresa como promotores de ventas, muchos de los cuales vivían en las comunidades de SBI de los clientes. Esta estrategia resultó ser particularmente efectiva cuando Cruzsalud abrió un centro de atención médica en una calle donde cientos de consumidores de SBI de las comunidades cercanas pasaban todos los días. En pocas palabras, Cruzsalud aprendió cómo dar forma a sus ventas, precios y prácticas de gestión a medida que aprendía a lidiar con los consumidores de SBI.

Comunanza cobraba tasas de interés hasta cinco veces superiores a las de los bancos estatales especializados en microfinanzas y, sin embargo, los clientes estaban felices de pagarlas. A diferencia de sus competidores, Comunanza visitaba a sus potenciales clientes en su lugar de trabajo y procesaba las solicitudes de préstamos en solo cinco días. Al tratar con los competidores, dentro de los que se incluía una importante institución privada pionera de las microfinanzas en Venezuela, la mayoría de los microempresarios debían cerrar sus negocios para poder ir al banco a hacer cola y solicitar un préstamo.

Pasaron meses antes de que Comunanza pudiera ajustar su plan de negocios y adaptara a las necesidades de los SBI venezolanos prácticas de gestión microfinanciera utilizadas en otras partes de América Latina. Se diseñó una plataforma de información tecnológica en estrecha colaboración con las instituciones financieras a las cuales se les tercerizaron las operaciones. Para atraer inversión de capital y protegerse contra el riesgo país, Comunanza construyó una compleja estructura organizacional. El brazo operacional fue establecido como una fundación, con una cartera de préstamos como garantía para tomar prestados fondos de un *holding* venezolano que obtenía crédito de una institución financiera ubicada en el exterior, cuyos dueños eran los accionistas de Comunanza. A pesar de las precauciones para reducir el riesgo para los accionistas de potenciales cambios en las regulaciones venezolanas, Comunanza estaba consciente de que su principal riesgo provenía de tratar con microempresas de subsistencia, las que podían fallar en los pagos de su deuda en cualquier momento. Para mejorar el compromiso de sus clientes con los préstamos, la firma ha planeado asociarlos con servicios paralelos, como planes de asistencia médica prepagados y créditos educacionales.

Lo anterior ilustra la complejidad de la gestión de las seis compañías, a pesar de su tamaño pequeño y, en muchos casos, de estar dirigidas por experimentados gerentes. Por consiguiente, los pasos necesarios para forjar prácticas de gestión adecuadas evidencian la falta de conocimiento y experiencia disponibles al tratar con poblaciones de SBI. A continuación, algunas de las innovaciones en la gestión que introdujeron estas firmas al abordar sus respectivos desafíos.

Compañías innovadoras

Las seis firmas evidencian tanto innovación empresarial como organizacional, evaluadas según un criterio funcional, estructural y de comportamiento[17]. Este atributo, junto con un fuerte compromiso de incorporar exitosamente a los SBI, puede explicar por qué vencieron desafíos que pudieron haberlas llevado al fracaso del negocio[18].

El fundador de **CRES** fue el primero en percibir la oportunidad de negocio en el mercado mundial para las mariposas de Costa Rica. El historial de su compañía es innovador desde un punto de vista funcional[19]: construyó una ambiciosa red local e internacional para hacer el negocio operacional, convirtió a docenas de proveedores de subsistencia en microempresarios, tomó audaces medidas para resistir la competencia y superó fluctuaciones de la demanda de mercado por diferentes especies de mariposas. A pesar de tal innovación, CRES no puede escapar del pequeño tamaño del mercado mundial de las mariposas y de las bajas barreras de entrada al negocio.

Javier Hurtado fundó **Irupana** con un claro objetivo social: reducir la pobreza entre una amplia red de proveedores rurales. Tal compromiso puede ser visto como innovador en términos de comportamiento empresarial[20]. También fue innovadora la temprana comprensión del mercado de productos orgánicos. Otras innovaciones aparecieron a medida que los niveles de producción fueron aumentando. Por ejemplo, la adaptación de una trilladora de arroz para la quinua o una medida tomada en 2006 que tuvo gran impacto social: la transformación de la mayor parte de las tiendas de venta minorista en franquicias. Este paso significó un cambio en el rumbo de Irupana y siguió a los crecientes vínculos de la firma con la Fundación Interamericana y la Corporación Financiera Internacional.

El **Consorcio Titikayak** llevó el kayaks al lago Titicaca e hizo uso de una red social compuesta por pobladores bolivianos de subsistencia, sin educación, capaces de recibir turistas internacionales. La iniciativa es innovadora desde un punto de vista estructural[21]. El arreglo en la gobernanza entre Explorandes y Llachón Tours también es innovador, pues forja una sociedad entre una agencia de viajes y un microemprendedor. En este sentido, un aspecto inusual es que Explorandes solo contribuye con el 30% de las ventas de Llachón Tours, pero recibe un trato preferencial por parte de su socio a cambio de orientación estratégica para manejar el restante 70% de sus ventas, provenientes de otras agencias de turismo.

El fundador de **Activo Humano** vio oportunidades de mercado en uno de los problemas sociales más apremiantes de Chile: el desempleo en los SBI. Los servicios de inserción laboral para trabajadores no calificados fueron organizados a un bajo costo mediante el desarrollo de una red de reclutadores *free-lance*, el apoyo político y comunitario, y el diseño de métodos apropiados de selección de candidatos sin calificación. Al fusionarse con una compañía extranjera, el fundador consiguió más capital y experiencia de gestión; sin embargo, continuó a la cabeza de la firma.

Cruzsalud innovó al ofrecer servicios de asistencia médica nunca antes disponibles para los SBI. Su modelo de negocio estaba condicionado a una operación de alto volumen y baja utilidad, que dependía de una tecnología de información de calidad internacional para ayudar a anticipar las enfermedades de los clientes atendidos. Más aún, a medida que se ganaba experiencia con los clientes de SBI, se fueron mejorando las prácticas de gestión a través de nuevas prácticas.

Comunanza introdujo innovaciones funcionales en el procesamiento de los préstamos a las microempresas de subsistencia de Venezuela. Una avanzada plataforma de información tecnológica tercerizó los desembolsos, pagos y otras necesidades operacionales en importantes instituciones financieras, haciendo posible la solicitud de los préstamos en el lugar de trabajo del usuario y la aprobación de los mismos en cinco días. Asimismo, diseñó una estructura legal y organizacional diferente para reducir el riesgo de los accionistas y atraer nuevos inversionistas.

Retornos financieros

Los resultados financieros de las seis empresas fueron variados. Dos compañías reportaron utilidades en su primer año de operaciones, una hazaña inusual, pero estas firmas y otras dos eran emprendimientos nuevos, por lo que era demasiado pronto para evaluar rentabilidad. No todas las compañías entregaron suficiente información para evaluar adecuadamente el desempeño financiero.

CRES ha operado por 24 años. En el período 2001-2005, las ganancias netas cayeron de US$35.000 a US$15.000, con una recuperación en 2006. Las cifras de inversión son más reveladoras: en 2004 y 2005, el retorno sobre los activos (ROA) cayó de -3,27% a -3,83%, mientras que el retorno sobre el capital (ROE) decreció de -4,43% a -5,68%. No obstante, CRES continúa pagando a sus proveedores de sectores de bajos ingresos precios más altos que su competencia.

Irupana presentó pérdidas financieras desde 2004 y falló en conseguir utilidades a través de sus exportaciones, que comenzaron en 2002. Pero las exportaciones crecieron rápidamente de US$21.000 en 2003 a US$658.880 en 2006. La firma proyectó utilidades para 2008 y un ROE de 11,24% para 2011.

Las ventas del **Consorcio Titikayak** se triplicaron en el período 2004-2006, de US$3.700 a US$16.800. Explorandes (ventas anuales de US$4 millones), a quien le corresponde el 60% de las utilidades netas, evalúa las ganancias de Titikayak como excelentes. Todos los participantes de la operación aportaron capital: Explorandes invirtió US$20.000 en equipamiento de kayaks y promoción; Llachón Tours, US$7.000 en la construcción de una bodega de almacenamiento e instalaciones de embarque; los habitantes de Llachón gastaron alrededor de US$900 en el mejoramiento de sus viviendas para acoger a los turistas.

Los resultados financieros de **Activo Humano** no parecen prometedores. En 2007, reportó pérdidas mayores a las proyectadas. La compañía esperaba alcanzar su punto de equilibrio para finales de 2008 y obtener ganancias a partir de 2009.

Los accionistas y miembros del directorio de **Cruzsalud**, luego de un año de actividad, consideraron insatisfactorias las ganancias de 2006: ROA 0,64%, y ROE 1,51%. Las lecciones aprendidas al abordar a los SBI han llevado a cambios en las prácticas empresariales y han aumentado la tasa de crecimiento de nuevos afiliados. La utilidad operacional de 2007 fue 13 veces superior a la del año anterior, con una proyección de crecimiento anual de un 1,9%.

Comunanza entregó 2.960 préstamos a 720 clientes en 27 meses (a marzo de 2007). Entre 2006 y 2007, el ROA aumentó de 3,0% a 4,3%, mientras que el ROE declinó de 67,0% a 38,5%. La última cifra se compara favorablemente con el costo de oportunidad estimado de 29,5% (rentabilidad promedio, Bolsa de Valores de Caracas).

En general, el desempeño financiero de las seis compañías ha sido regular, con solo dos firmas con resultados moderados a sólidos. Cuatro eran emprendimientos nuevos, de los cuales tres (Consorcio Titikayak, Cruzsalud y Comunanza) parecían estar progresando para convertirse en negocios en marcha, pero es muy pronto para evaluar su desempeño financiero. Sin embargo, los desafíos financieros que apremian a estas firmas difícilmente pueden atribuirse a sus vínculos con los SBI.

Reflexiones sobre pequeñas empresas que hacen negocios con SBI

¿Tienen las pequeñas empresas ventajas comparativas para hacer negocios con SBI? ¿La experiencia de estas seis firmas apoya esta visión? Para responder a estas preguntas evaluamos a las seis compañías a la luz de lo siguiente: misión focalizada, proximidad, flexibilidad de la operación, capacidad de innovación, operación de un negocio complejo, necesidad de aprender haciendo y evidencia de estar en proceso de asentarse socialmente con los SBI. Basados en los desafíos enfrentados por las seis firmas, observamos limitaciones de las pequeñas empresas al hacer negocios con los SBI.

Misión focalizada: las seis empresas basaron sus planes de negocios en la incorporación de los SBI como consumidores, proveedores o socios. Explorandes construyó su sociedad con Llachón Tours con el propósito expreso de reclutar pobladores de Llachón para que operaran servicios de kayak y dieran a los turistas alimentación y alojamiento; CRES e Irupana buscaron a los SBI como proveedores, mientras que Activo Humano, Cruzsalud y Comunanza se enfocaron exclusivamente en los SBI como clientes. Sin embargo, la concreción de una misión focalizada parece comparativamente más fácil para las pequeñas empresas que sirven a los SBI como consumidores que para las firmas que buscan desarrollar proveedores, una conclusión consistente con los resultados derivados de todas las iniciativas presentadas en el capítulo 9.

Proximidad: las seis firmas operan sus negocios en áreas cercanas a los SBI involucrados. Sus responsables demostraron una especial sensibilidad por las necesidades de las comunidades pobres y concibieron sus iniciativas de negocios en base a su familiaridad con ellos. CRES captó proveedores de capullos de mariposa de las áreas rurales de Costa Rica, los que le proporcionan el 90% de su producción. Irupana comenzó comprando café orgánico cerca del pueblo que lleva su mismo nombre, donde abrió la primera de una serie de unidades de almacenamiento en comunidades de SBI. Consorcio Titikayak operaba su servicio de kayak en una localidad a orillas de lago, donde agricultores de subsistencia daban alojamiento y comida a los clientes. Para su servicio de inserción laboral de trabajadores no calificados, Activo Humano contrataba reclutadores que residían en las mismas áreas que los desempleados a los que servía. Las oficinas centrales de Cruzsalud y su principal centro de atención médica estaban localizados en las afueras de un sector pobre donde habitaba el 30% de la población de la capital. Finalmente, Comunanza reclutaba oficiales de crédito de los mismos sectores de donde provenían sus microempresas clientes y potenciales clientes, las cuales eran atendidas en sus respectivos lugares de trabajo. La interacción diaria con los SBI aparece como un rasgo común de todas las firmas.

Operaciones flexibles: las seis empresas ejercitaron la flexibilidad al ajustar sus prácticas de gestión a medida que iban aprendiendo a tratar con los SBI. CRES organizó talleres para explicar a sus proveedores los estándares de calidad y servicio al cliente requeridos para abastecer a los mercados mundiales. Irupana se asoció con una serie de instituciones con el objeto de ampliar el apoyo financiero y de marketing a sus proveedores. Explorandes dejó su práctica habitual de tratar directamente con proveedores de servicios turísticos, confiando a su socio microemprendedor el manejo de todos los asuntos del Consorcio Titikayak que surgían en Llachón. El fundador de Activo Humano fusionó su firma con una organización más grande y experimentada, con oficinas centrales fuera del país, pero continuó al frente de su gerenciamiento. Cruzsalud aprendió, a fuerza de equivocarse, las prácticas de marketing y recaudación de cuotas necesarias para atender rentablemente a los consumidores de SBI. A los socios de Comunanza les tomó meses afinar los mecanismos legales, organizacionales, tecnológicos y administrativos requeridos para ofrecer un servicio rápido al cliente y reducir el riesgo de los accionistas.

Capacidad de innovación: los emprendimientos nuevos, como se señala en el capítulo 9, a menudo se originan en innovaciones que intentan explotar oportunidades de mercado, y cuatro de las seis firmas tratadas aquí son nuevas. La evidencia de flexibilidad en las operaciones, destacada anteriormente para todas las pequeñas empresas, revela una capacidad de innovación al tratar con consumidores y proveedores de SBI que es más significativa dada la poca experiencia comparativa de desarrollo de negocios con esos grupos. Cuando la capacidad de innovación se une con otros atributos, como misión focalizada, proximidad al SBI y flexibilidad en las prácticas de gestión, las iniciativas más pequeñas parecen generar sinergias rara vez igualadas por compañías más grandes al tratar con SBI.

Complejidad: una empresa que es más pequeña en tamaño no necesariamente es más fácil de manejar que una firma grande. Como se señaló anteriormente, las seis empresas operaban negocios complejos que implicaron establecer intrincadas redes para que el negocio resultara viable, aprender a tratar con diferencias culturales y dar forma a nuevas prácticas de gestión.

Aprender haciendo: toda organización aprende de la experiencia. Pero, al lidiar con relaciones de negocios con SBI relativamente inexploradas, las seis compañías tuvieron más que aprender. Inevitablemente, tales aprendizajes significaron retrasos, e incidieron en el pago de la inversión. Por consiguiente, las compañías orientadas a SBI deben darse un tiempo de aprendizaje para desarrollar prácticas de gestión apropiadas.

Asociarse con microempresas: en América Latina, las unidades de negocio no registradas superan vastamente en número a las registradas: entre las primeras, una proporción abrumadora pertenece a los SBI[22]. Tales iniciativas deberían hacer negocios con otros SBI más fácilmente que las compañías manejadas por ejecutivos provenientes de estratos sociales más altos. Nuestra muestra de seis pequeñas firmas describió solo una sociedad con una microempresa (Explorandes y Llachón Tours), la que parece demostrar que Explorandes no habría podido vincularse exitosamente con los proveedores de bajos ingresos sin su socio. Más allá de la rentabilidad de la iniciativa, Explorandes quedó como una compañía socialmente responsable que respeta tanto la naturaleza como las culturas indígenas. Por esta razón, la vinculación de grandes compañías con microempresas en América Latina podría servir como una prometedora forma de promover el desarrollo empresarial.

Capacidad de asentarse socialmente: la misión focalizada de una pequeña firma que centra su modelo de negocios en SBI, como se ha destacado anteriormente, presenta un contexto operacional claramente diferente al de una empresa grande que atiende mercados de múltiples estratos. En cada una de las seis empresas examinadas orientarse a SBI determinó la identidad de la organización, y en casi todas fue la motivación empresarial que impulsó a los líderes fundadores. Tal grado de compromiso social en el desarrollo del negocio, como se destaca en el capítulo 5, genera una ventaja significativa al tratar con SBI.

Sin embargo, a pesar de todas las competencias mostradas por las firmas analizadas, tales virtudes pueden no ser suficientes para superar los desafíos enfrentados por estas y otras pequeñas empresas. Aunque algunas de las seis compañías parecían ir orientándose hacia el éxito, no todas habían establecido con seguridad perspectivas de sostenibilidad. Tampoco ninguna de las pequeñas firmas tenía las competencias que probablemente favorezcan a las empresas más grandes, como fuerza financiera para superar la volatilidad del mercado, control sobre la cadena de valor y la actitud de un "inversionista paciente", tal como se señala en el capítulo 9. Todas estas limitaciones fueron evidentes para las seis firmas, mientras los temas relacionados con el mercado desafiaban a CRES e Irupana. No obstante, una revisión en profundidad de estas seis pequeñas empresas sugiere una combinación de competencias que empresas de mayor tamaño encontrarían difícil de igualar, y las seis beneficiaron a los SBI a los que se orientaron.

A pesar de su gran diferencia de modelo de negocios, los atributos clave compartidos por las seis firmas sugieren que hay tierra fértil para una exploración adicional sobre las competencias de las pequeñas empresas al tratar con SBI y para iniciativas que tienen apoyo tanto de grandes como de pequeñas empresas, de acuerdo a lo sugerido por Bruni Celli, González y Gómez Samper[23]. Un desafío en curso es construir un mayor conjunto de pruebas para determinar si las pequeñas empresas tienen ventajas inherentes para montar negocios inclusivos. Adicionalmente, como lo señaló Chu[24] se requiere más investigación para aprender si el éxito en hacer negocios con SBI va más allá de un mejoramiento de los ingresos, ya que la meta última de las iniciativas de mercado con SBI es progresar en la inclusión social. Como lo declararon los fundadores de Irupana y Cruzsalud: la idea es que tales iniciativas de negocios deberían convertirse en piezas fundamentales en la construcción de una nación.

Notas

1. Comunanza fue legalmente incorporada como una ONG para compensar las regulaciones sobre microcrédito existentes en Venezuela. Está incluida en este capítulo porque opera con la lógica de una empresa de negocios.

2. De acuerdo con esta definición, las microempresas emplean hasta 10 personas, tienen activos hasta US$10.000 y ventas anuales hasta US$100.000; mientras que las pequeñas compañías emplean hasta 50 personas y su activos y ventas totales llegan hasta US$3 millones. Las empresas de tamaño mediano emplean hasta 300 personas y tienen activos y ventas totales de hasta US$15 millones. Meghana Ayyagari, Asli Demirgüç-Kunt y Thorsten Beck, *Small and Medium Enterprises across the Globe: A New Database* (SSRN, 2003).

3. Asli Demirgüç-Kunt, Thorsten Beck y Ross Levine, *Small and Medium Enterprises, Growth, and Poverty: Cross-Country Evidence* (SSRN, 2003).

4. Michael Klein, "Introduction", en *Creating Opportunities for Small Business*, ed. Michael Klein (Washington, DC: Corporación Financiera Internacional, Grupo del Banco Mundial, 2007), 3.

5. Emilio Zevallos, "Micro, pequeñas y medianas empresas en América Latina," *Revista de la CEPAL* 29 (2003).

6. Patricia Márquez y Ezequiel Reficco, "SMEs and Low-income Sectors," en *Small Firms, Global Markets: Competitive Challenges in the New Economy*, eds. Jerry Haar y Jörg Meyer-Stamer (Londres y Nueva York: Palgrave Macmillan, 2008).

7. Otro criterio usado para analizar el éxito de las PyME en los negocios inclusivos abarca: marco regulatorio, acceso a financiamiento, información tecnológica y recursos (Emilio Zevallos, "Micro, pequeñas y medianas empresas en América Latina," *Revista de la CEPAL* 29 [2003], cit.).

8. Guillermo D'Andrea y Gustavo Herrero, "Understanding Consumers and Retailers at the Base of the Pyramid in Latin America" (ponencia presentada en la Conferencia sobre Pobreza Global en la Harvard Business School, Boston, MA, diciembre de 2005).

9. Marc J. Epstein y Christopher A. Crane, "Alleviating Global Poverty through Microfinance: Factors and Measures of Financial, Economic, and Social Performance" (ponencia presentada en la Conferencia sobre Pobreza Global en la Harvard Business School, Boston, MA, diciembre de 2005).

10. Michael Chu, "Commercial Returns and Social Value: The Case Of Microfinance" (ponencia presentada en el simposio de investigación "The Business of Reaching the Global Poor", en la Harvard Business School, Boston, MA, diciembre de 2005).

11. Tom Easton, "The Hidden Wealth of the Poor," *The Economist*, 5 de nov., 2005.

12. Ted London y Stuart L Hart, "Reinventing Strategies for Emerging Markets: Beyond the Transnational Model," *Journal of International Business Studies* 35 (2004).

13. James Austin et al., "Building New Business Value Chains with Low Income Sectors in Latin America," en *Business Solutions for the Global Poor: Creating Social and Economic Value*, ed. Kasturi Rangan, et al. (San Francisco, CA: Jossey-Bass, 2007).

14. Carlos Jarillo, "On Strategic Networks," *Strategic Management Journal* 9 (1) (1988).

15. Raquel Puente, "Mercadeo para las mayorías," en *Compromiso social: gerencia para el siglo XXI*, ed. Antonio Francés (Caracas: Ediciones IESA, 2008).

16. Henry Gómez, Patricia Márquez y Michael Penfold, "Cómo AES-EDC generó relaciones rentables en los barrios pobres de Caracas", *Harvard Business Review América Latina* (diciembre de 2006).

17. Jan Fagerberg, David C. Mowery y Richard R. Nelson, *The Oxford Handbook on Innovation* (Oxford, RU: Oxford University Press, 2004).

18. En los países en desarrollo, entre un 50% y un 75% de los nuevos emprendimientos dejan de existir durante sus primeros tres años, mientras que solo entre un 10% y un 20% se mantienen funcionando después de cinco años. "La pequeña y mediana empresa. Algunos aspectos." *LC/R.* 1330, CEPAL, 1993.

19. Michael E. Porter, *The Competitive Advantage of Nations* (Nueva York: The Free Press, 1990).

20. Peter F. Drucker, *Innovation and Entrepreneurship: Practice and Principles*, 1ª ed. (Nueva York: Harper & Row, 1985).

21. Henry Mintzberg y James Brian Quinn, *The Strategy Process: Concepts, Contexts, Cases*, 2ª ed. (Englewood Cliffs, NJ: Prentice Hall, 1991).

22. Patricia Márquez y Henry Gómez Samper, *Alianzas con microempresas* (Caracas: Ediciones IESA, 2001).

23. Josefina Bruni Celli, Rosa Amelia González y Henry Gómez Samper, "Las empresas grandes y las PyME como emprendedoras sociales", *Harvard Business Review América Latina* (mayo de 2009).

24. Michael Chu. "Commercial Returns and Social Value: The Case of Microfinance." Documento presentado en la conferencia sobre pobreza mundial organizada por la Harvard Business School, Boston, MA, 1 al 3 de diciembre de 2005.

4

Empresas sociales
y negocios inclusivos

Gabriel Berger y Leopoldo Blugerman

La pobreza y la exclusión en Iberoamérica son temas de larga data y relevancia constante en la agenda pública y social. Mientras que las empresas privadas recién han comenzando a considerar maneras de utilizar sus capacidades en la lucha contra la pobreza en los últimos años, las organizaciones de la sociedad civil (OSC) y las cooperativas han trabajado con sectores de bajos ingresos para combatir la indigencia y exclusión apelando al mercado desde hace ya algún tiempo.

Es posible pensar que la histórica mayor "cercanía" a sectores de bajos recursos de las organizaciones de la sociedad civil y cooperativas, y los objetivos inclusivos que suelen conformar sus misiones, valores y formas de operar, constituyan factores facilitadores para implementar iniciativas que operen en el mercado y que generen inclusión social. A partir de esta premisa, este capítulo se pregunta qué aprendizajes surgen de las empresas sociales que desarrollan estrategias de negocios y generan inclusión social.

El capítulo está basado en el análisis comparativo de 13 iniciativas de negocios por, para o con sectores pobres que llevaron adelante entidades sin fines de lucro —asociaciones y fundaciones— así como cooperativas iberoamericanas de nuestra muestra colectiva. Entre los casos examinados nos encontramos con cooperativas y organizaciones de la sociedad civil que realizaron muy diversas actividades productivas de mercado. La mayoría de las iniciativas estudiadas pertenecen a organizaciones ya establecidas y con cierta trayectoria. Cinco de los 13 emprendimientos nacieron en el decenio de 1980 o antes, siete comenzaron al inicio o durante la década de 1990, y uno solo, la Coordinadora Regional de Recolectoras y Recolectores del Bío-Bío (Recolectores del Bío-Bío), se creó en esta década (2004). A continuación se describen brevemente las experiencias que se han considerado en este capítulo.

Iniciativas de SBI como productores: este primer grupo incluye cinco de los casos analizados, en los que personas de bajos ingresos se insertaron como productores: la Associação de Desenvolvimento Sustentável e Solidário da Região Sisaleira (Apaeb), formada por productores de sisal de Bahía (Brasil) para garantizar la comercialización y obtener mejores ingresos a través de la industrialización de la fibra; la Cooperativa de Trabalho Artesanal e de Costura da Rocinha (Coopa-Roca), que articulaba, coordinaba y gerenciaba el trabajo de mujeres que producían piezas artesanales para la confección de ropa, artículos de diseño y decoración en la favela de Rocinha, Río de Janeiro; Recolectores del Bío-Bío, que agrupaba a recolectores de frutos silvestres de comunidades dispersas del sur chileno, que pasaron a trabajar en conjunto para cosechar y comercializar frutos silvestres, hierbas medicinales y vegetales deshidratados en plantas propias, para comercializarlos en mejores condiciones; la Corporación Oro Verde, que por medio de la extracción artesanal certificada del oro, que luego se procesaba y comercializaba, buscaba dar viabilidad comercial a las unidades familiares productivas afrocolombianas de la región colombiana del Chocó, y el Centro Interregional de Artesanos del Perú (CIAP), creado y gestionado por artesanos de diversas zonas del país, que orientaba su producción hacia mercados internacionales del movimiento de comercio justo y que además desarrolló otros emprendimientos económicos.

Iniciativas de SBI como recicladores urbanos: un segundo grupo incluye a productores–trabajadores que se articularon en cooperativas de recolectores de residuos sólidos para la cadena del reciclado en zonas urbanas: Cooperativa El Ceibo, de Buenos Aires, que construyó relaciones con residentes y encargados de edificios, los capacitó en la separación para posteriormente retirar a domicilio residuos inorgánicos para procesarlos y venderlos a recicladores; Associação dos Catadores de Papel, Papelão e Material Reaproveitável (Asmare) de Belo Horizonte, que recogía el material en las calles o lo recibía de diversas empresas o unidades públicas, lo procesaba y agregaba valor industrial, para luego venderlo a recicladores, y Cooperativa de Recicladores Porvenir, de Bogotá, cuyos asociados recolectaban y procesaban residuos sólidos urbanos, comprados posteriormente por recicladores o empresas de la industria papelera[1].

Iniciativas de reinserción laboral de SBI: un tercer conjunto incluye a tres emprendimientos, todos de Cataluña, España, que se focalizaban en la inserción laboral de personas excluidas del mercado de trabajo: la Cooperativa La Fageda, que insertaba discapacitados mentales o con trastornos psíquicos de La Garrotxa —cerca de Barcelona—, a través de la elaboración y posterior comercialización de productos lácteos (yogures, cremas y flanes), y otros emprendimientos productivos; la Fundación Futur, que trabajaba con inmigrantes y ex convictos brindando servicios de catering y de elaboración de alimentos para comedores escolares en base a productos ecológicos y de comercio justo, y la Asociación Social Andròmines, que realizaba tareas de inserción mediante la recolección y la reutilización de muebles, equipos de informática y ropa.

Iniciativas de venta a SBI: finalmente, el cuarto grupo incluye dos casos de venta de bienes o servicios a sectores de bajos recursos: Escudo Rojo, que en Buenos Aires ponía a la venta ropa, muebles y equipamiento recibido como donación, y dependía de la representación local del Ejército de Salvación (entidad religiosa de origen británico), a la que le giraba una porción de sus ingresos, y el Instituto Nacional de Capacitación Profesional (Inacap), institución que ofrecía en Chile servicios de educación superior privada a los que accedían personas de bajos ingresos.

El capítulo está organizado de la siguiente forma: en la primera sección, de naturaleza conceptual, se analiza el tipo de organizaciones en el que se basa este capítulo, las diferentes interpretaciones acerca de cómo definir a estos actores, y se realiza un análisis sobre cuáles son las claves para impulsar, desde el sector social, estrategias inclusivas de mercado. La segunda sección describe los hallazgos de la investigación, al mostrar los patrones identificados en las 13 organizaciones incluidas en este estudio. Por último, se brindan conclusiones y lecciones gerenciales para el desarrollo de negocios socialmente inclusivos liderados por entidades sin fines de lucro y cooperativas.

Empresas sociales y estrategias de mercado

En este capítulo se analizan iniciativas de mercado desarrolladas por OSC y por cooperativas, a las que hemos considerado conjuntamente como "empresas sociales".

Dado que no ha sido usual que se considere a las cooperativas y OSC como parte de una misma categoría organizacional que las englobe, se impone una breve caracterización de este tipo de organizaciones para explicar la decisión de tratarlas conjuntamente.

Las entidades sin fines de lucro son aquellas organizaciones que persiguen la generación de beneficios o mejoras en la vida de sus beneficiarios, sus miembros o en la comunidad, a través de diversas estrategias de intervención social, y que no distribuyen entre sus integrantes los resultados económicos obtenidos a través de sus actividades. El gobierno de estas organizaciones es ejercido por cuerpos compuestos por individuos que pueden ser o no ser beneficiarios de dichas organizaciones, y que tienen como función principal velar por el cumplimiento de la misión y proteger el patrimonio y los recursos disponibles, y su aplicación al fin social. Las entidades sin fines de lucro poseen —según Salamon y Anheier[2]— al menos las siguientes características: son entidades organizadas e institucionalizadas en alguna medida, privadas, que no distribuyen lucro, autogobernadas, voluntarias, y sin propósitos electorales. Estas entidades suelen contar con pequeña escala, amplia flexibilidad y capacidad para involucrar energías de la comunidad[3].

Las cooperativas, en cambio, son instituciones cuyas estrategias están orientadas a resolver problemas comunes de sus integrantes —generación de ingresos, comercialización, compras, prestación de servicios públicos—, quienes son socios y "dueños", participan en las decisiones fundamentales, y también tienen la autoridad para designar a los integrantes de los órganos de gobierno que los representan. Además, el beneficio que resulta de las actividades realizadas pertenece al grupo, y se reparte equitativamente entre sus miembros. Esas entidades se encuentran orientadas por los llamados "principios cooperativos", entre los cuales se encuentran el control democrático, la limitación a la compensación por aporte de capital, la distribución de sobrantes en proporción a la contribución realizada a su generación, y la integración o colaboración entre cooperativas y la preocupación por la comunidad.

Sin embargo, la distinción conceptual entre entidades sin fines de lucro y cooperativas no se manifiesta siempre en forma tan nítida en la práctica, como lo reflejan algunos casos examinados en esta investigación, que adoptan una forma que podríamos denominar "híbrida". Así, el tipo de organización que corresponde a la forma jurídica adoptada por los casos no siempre corresponde al tipo de actuación esperada en base a dicha forma. En cierto sentido, algunas organizaciones mostraron formas ambiguas más allá de la forma jurídica adoptada, lo que se refleja en cooperativas que actúan como entidades sin fines de lucro y entidades sin fines de lucro que operan como cooperativas.

Por ejemplo, La Fageda estaba legalmente constituida como cooperativa, pero en la práctica actuaba como una OSC, al promover la generación de ingresos mediante remuneraciones a sus beneficiarios, que eran socios formales del emprendimiento. Los socios productores de la cooperativa eran disminuidos mentales que obtenían no solo beneficios económicos, sino principalmente la reinserción laboral, pero que difícilmente podrían tomar decisiones acerca de las estrategias organizacionales y empresarias de la institución. Por otro lado, encontramos el caso de Recolectores del Bío-Bío, que legalmente era una entidad sin fines de lucro, pero en realidad actuaba como una cooperativa, al estar conformada por ocho comités de recolectores de frutos, hongos, etc., que luego procesaban lo recogido y compensaban el aporte de cada recolector–productor en función de las ventas realizadas.

Este fenómeno de "hibridización" puede estar relacionado con el hecho de que la definición de entidad sin fines de lucro o cooperativa parece responder a restricciones de los marcos legales vigentes en determinados países, más que con una decisión explícita de adoptar un modelo de organización determinada. Adicionalmente, esta hibridización no se entendería si ciertas organizaciones sin fines de lucro y cooperativas no compartieran elementos comunes que permiten considerarlas en forma conjunta como parte de una categoría organizacional. Esta categoría puede ser definida a partir de las organizaciones privadas que llevan a cabo estrategias de mercado para su financiamiento con el fin de lograr valor social para sus miembros, y/o para colectivos o para comunidades, sean estas jurídicamente entidades sin fines de lucro o cooperativas.

Estas organizaciones pueden ser englobadas bajo la expresión de "empresa social" (*social enterprise* en la bibliografía anglosajona), denominación que ha recibido creciente atención en ámbitos académicos tanto norteamericanos como europeos[4], aunque con perspectivas diferentes[5].

La búsqueda de ingresos a través del mercado que realizan las empresas sociales aplicando estrategias generalmente asociadas a empresas comerciales ha recibido significativa atención en la bibliografía norteamericana. Si bien las entidades sin fines de lucro descansaban tradicionalmente en el financiamiento público (subsidios) o privado (donaciones personales o de fundaciones, etc.), nacional o internacional, brindar servicios y vender productos en el mercado permite a las organizaciones diversificar sus fuentes de ingresos y contribuir a lograr mayor autonomía, sostenibilidad y escala. Como se explicó más arriba, en la medida en que las entidades sin fines de lucro comienzan a desarrollar actividades y estrategias comerciales o productivas que involucran un pago como consecuencia de un intercambio directo de un producto o la prestación de un servicio, y que este intercambio permite generar ingresos que apoyan la misión social, estas ingresan en el campo de las empresas sociales[6].

Algunos estudios previos permiten identificar dimensiones críticas para el éxito de los emprendimientos productivos de mercado desarrollados por empresas sociales, que resultarán de utilidad para analizar las iniciativas examinadas en este capítulo[7]. En primer lugar, para generar ingresos a través de iniciativas de mercado la organización tiene que identificar la demanda. Con frecuencia los emprendedores sociales con iniciativas de mercado realizan con frecuencia una "mala lectura" de la demanda potencial y de su capacidad de pago existente. Esto se observa con frecuencia en organizaciones que se desenvuelven en el ámbito de bajos recursos, puesto que para ellas "no siempre es fácil (...) identificar actividades relacionadas con su misión que sean lucrativas"[8]. Sin embargo, veremos en algunos de los casos examinados en este capítulo (por ejemplo La Fageda y Futur) que una inicial mala lectura del eje de negocios pudo luego revertirse hacia una mejor identificación de la demanda.

Una segunda dimensión crítica se pone en juego luego de identificar la demanda. La manera de satisfacerla requiere la realización de iniciativas que cuenten con un alineamiento múltiple: deben alinearse "naturalmente" no solo con la misión sino también con los recursos, capacidades y perfil de clientes, de manera de generar una articulación con distintos elementos de la organización. De esta forma será posible invertir menos energía para poner el emprendimiento en marcha debido a su familiaridad[9], y evitar uno de los mayores riesgos en este tipo de emprendimientos, como es el extrañamiento de los miembros de la organización (*mission drift*), etc.[10]. Veremos más adelante que en casi todos los casos analizados en este capítulo se ha observado este tipo de alineamiento natural, puesto que el negocio era central a la organización y su misión.

Una tercera dimensión crítica para el éxito de iniciativas de mercado señalado por estudios previos se refiere a la definición de una proposición de valor atractiva con un precio realista. Un factor definitorio pasa por la definición de un producto o servicio que resulte de interés para todos los grupos de interés clave con los que se relaciona la iniciativa. Al mismo tiempo, en las iniciativas de mercado el precio debe transitar por un delicado equilibrio para lograr que los ingresos que se generan contribuyan a la sostenibilidad y autonomía de la organización, considerando al mismo tiempo el impacto social buscado.

Por último, se debe encontrar una escala adecuada. Operar en una escala reducida impide afrontar los costos fijos que implican operaciones eficientes. En línea con postulados económicos tradicionales, para ser exitosas estas iniciativas deben poner en acción modelos de operación y de negocios que sean factibles de escalarse[11] y captar economías de escala. Como se verá más adelante, esta ha sido una de las principales dificultades enfrentadas por varios de los casos que se analizaron en esta investigación.

Implementar iniciativas de mercado plantea también una serie de requisitos previos o condiciones que las organizaciones deben satisfacer. Dees[12] advierte sobre la necesidad de contar con una organización saludable financieramente o con apoyo externo significativo[13] para poder generar emprendimientos exitosos, ya que implementar iniciativas de mercado requiere realizar inversiones iniciales, contar con capital de trabajo y desarrollar capacidades gerenciales, entre otras. Como se verá en varios de los casos examinados, cuando estas organizaciones toman iniciativas de mercado que buscan incluir grupos vulnerables, el apoyo externo parece tornarse más relevante, según señala Young[14], quien además agrega:

> Cuando las OSC utilizan emprendimientos de mercado como instrumento para generar beneficios sociales, tales como empleo para grupos desfavorecidos, (...) incrementar ingresos a través del aumento de precios resulta justificado, aunque no necesariamente al nivel de maximización de beneficios. Si no cobran por la venta de sus servicios, estos emprendimientos no podrían generar intercambios de mercado, y por lo tanto, no producirían el valor social buscado. Y en la medida que consigan captar esos beneficios sociales, los emprendimientos estarían justificados aunque no sean rentables. A menos que gocen de alguna ventaja competitiva particular (...) estos emprendimientos seguramente requerirán alguna forma de apoyo externo, en la forma de menores costos laborales, contratos ad hoc del gobierno o subsidios que compensen esos déficits[15].

Como se señaló previamente, las iniciativas de mercado son realizadas como un medio para diversificar la base de financiación de los emprendimientos en pos de su sostenibilidad o para ampliar el margen de autonomía con que cuentan las organizaciones. La investigación sobre gestión efectiva de emprendimientos sociales realizada por SEKN permitió reconocer las ventajas adicionales que genera someterse a la disciplina del mercado y los efectos virtuosos que esto produce, como mediciones más estrictas y mayor rigor en el reporte de resultados, mayor autonomía de los donantes, mayor escala de operaciones y por consiguiente mayor impacto social, una mejor posición financiera y mayor capacidad organizacional[16]. Sin embargo, como lo reconocen varios autores y como se desprende de los casos que se examinan en este capítulo, transformarse en actores de mercado no es un paso sencillo para las empresas sociales y no está exento de riesgos. Parecieran existir condiciones y requisitos previos para que las empresas sociales puedan llevar a cabo iniciativas de negocios sostenibles y estas suelen ser difíciles de alcanzar. Al mismo tiempo, la definición de modelos de negocios exitosos no resulta una tarea sencilla dadas las limitadas capacidades y habilidades con que suelen contar las empresas sociales. Adicionalmente, al orientarse a responder oportunidades de negocios para ampliar los recursos obtenidos, las empresas sociales pueden correr el riesgo de alejarse de las necesidades de los grupos vulnerables que constituyen su razón de ser[17].

Patrones de las estrategias de negocios inclusivos de las empresas sociales

El trabajo realizado permite identificar diversos patrones que contribuyen a entender las estrategias de negocios inclusivos de las empresas sociales. Esta discusión está organizada a partir de un conjunto de dimensiones que ayudan a comprender el origen y las características de estas iniciativas de empresas sociales.

Contexto inicial e impulsores de las iniciativas de mercado

La época en la que nacieron varias de las empresas sociales estudiadas, la década de 1990, no es un detalle menor, y los procesos de reestructuración económica, liberalización de los mercados, retiro y achicamiento del Estado y creciente globalización parecen haber generado el contexto facilitador o promotor para la utilización de mecanismos de mercado por parte de OSC y cooperativas.

Algunos casos ilustran la influencia de escenarios de crisis locales, de naturaleza económica (locales, nacionales o regionales), o política, como las atravesadas en América Latina a fines de la década de 1980 e inicios de la de 1990 (crisis institucional chilena e hiperinflación argentina), o mediados ("efecto tequila" en México) o fines de los noventa (estancamiento económico brasileño, crisis del modelo de convertibilidad y posterior devaluación en Argentina). Así, es poco probable que Inacap hubiera dejado de lado el financiamiento público en su provisión de servicios de educación superior, para pasar a financiarse a través de sus aranceles y de donaciones, de no haber sido por la crisis fiscal y política que experimentó el Estado chileno en 1989, o que los "cartoneros" argentinos de El Ceibo se hubieran organizado colectivamente de no haber sido por la recesión económica y creciente pauperización sufrida por la Argentina desde fines de la década de 1990, y la explosión social que vivió el país a inicios de este milenio.

Otros casos, principalmente aquellos que agruparon como productores a sectores de escasos recursos de comunidades rurales, fundamentalmente Apaeb, CIAP y Recolectores del Bío-Bío, nacieron en un contexto que no era particularmente crítico, sino a partir de escenarios de prolongada marginación, explotación y el menosprecio sufrido respectivamente por cultivadores de sisal mineiros, artesanos peruanos o recolectores de frutos silvestres chilenos.

Dentro de estos contextos, es indispensable también reconocer el papel desempeñado por otros actores sociales en el surgimiento de estas iniciativas. Si bien cerca de la mitad de los emprendimientos se originaron por iniciativa de las cooperativas u OSC que agrupaban —o se dirigían— a sectores de bajos ingresos, el resto fue fruto, o recibió un fuerte impulso, de alianzas organizacionales. Como ejemplos, la Corporación Oro Verde surgió a partir del trabajo de promoción del desarrollo sostenible de la Fundación Amichocó junto con la Fundación Las Mojarras, que realizaban trabajo comunitario en la región de Chocó, y los consejos comunitarios de Tadó y Condoto, gobiernos locales de comunidades afrocolombianas. También en Colombia, Porvenir se creó con el apoyo de la Fundación Social y de la Asociación de Recicladores de Bogotá, institución de segundo nivel que agrupaba a recicladores de la capital colombiana[18].

En estas iniciativas, cuatro motivos principales no excluyentes entre sí se identificaron como impulsores de la puesta en marcha (véase el cuadro 4.1): generación de mayores ingresos para los productores, inclusión sociolaboral de trabajadores, acceso a bienes y servicios, y generación de recursos para la organización.

El factor que con mayor frecuencia impulsó la creación de estas iniciativas fue la búsqueda de mayores ingresos de personas de bajos recursos económicos. En otros casos el motivo principal fue lograr la inclusión social en el mercado laboral de personas marginadas y excluidas. En 11 de los 13

Cuadro 4.1
Impulsores de las iniciativas de mercado estudiadas

Impulsores	Casos
Generar mayores ingresos para los productores (iniciativas implementadas por sectores de bajos ingresos)	CIAP, Apaeb, Coopa-Roca, Oro Verde, Recolectores del Bío-Bío, El Ceibo, Porvenir, Asmare
Incluir sociolaboralmente (iniciativas implementadas con sectores de escasos recursos)	La Fageda, Futur, El Ceibo, Porvenir, Asmare, Andròmines
Facilitar el acceso a servicios (iniciativas implementadas para sectores de bajos recursos)	Inacap
Generar recursos para la organización (iniciativas dirigidas a sectores pobres como clientes)	Escudo Rojo

emprendimientos, los sectores de bajos recursos actuaban como productores o como trabajadores, mientras que en solo dos casos se consideraba a
los pobres como clientes o consumidores.

En definitiva, cuando los sectores de escasos recursos actuaron como
productores, el motivo que los llevó a organizarse fue mejorar su poder de
negociación y/o buscar avanzar en la cadena de valor de la industria con el
propósito de mejorar la apropiación del valor generado en dicha cadena,
y por lo tanto incrementar sus ingresos. En los casos en los que se trató de
generar inclusión social a través del mercado laboral, las empresas sociales
involucradas trabajaron para crear las condiciones organizacionales apropiadas para facilitar la superación de la marginalidad y la exclusión del
mundo del trabajo. Las empresas sociales involucradas en negocios en los
que participan SBI parecen surgir —como lo estarían sugiriendo los casos
estudiados— principalmente de esfuerzos encaminados a brindar soluciones a la pobreza y la marginación, orientando su accionar a resolver el problema de generación de ingresos que subyace a estas situaciones.

La construcción del modelo de negocio y su reformulación

Para poner en marcha cualquier emprendimiento de mercado se deben
idear e implementar procesos y relaciones que articulan factores productivos de muy diversas maneras en un modelo de negocio que permita generar valor económico para asegurar —al menos en el caso de empresas
sociales— la continuidad y sostenibilidad en pos de cumplir con la misión
social que le dio origen. Dichos modelos, para ser sostenibles, no pueden
ser estáticos. Es por eso que es necesario entender cómo se construyeron
los 13 modelos estudiados y cómo estos han sido reformulados.

Los casos examinados permitieron identificar tres tipos de modelo de
negocios desarrollados por empresas sociales: un primer modelo de agrupamiento y escala para capturar mayor proporción del valor de la cadena
mediante el aumento del poder de negociación y la mejora de los precios
(en algunos de estos casos a través del avance en la cadena de generación
de valor o el desarrollo de productos)[19]. Un segundo modelo, basado en la
identificación de oportunidades de negocios rentables y en la adaptación
de la oferta para aprovechar las oportunidades identificadas[20], y un tercer
modelo basado en identificar oportunidades de negocios que permitieran
crear trabajo para grupos previamente excluidos del mercado laboral[21].

En primer lugar, se pueden mencionar aquellas iniciativas de agrupamiento y mayor poder de negociación de SBI, las que fueron creadas para
generar mayores ingresos para productores de bajos recursos, y que inten-
taron reunir individuos que realizaban previamente actividades en forma

independiente y dispersa. Dentro de este tipo de modelo, la ardua tarea de articulación de acciones colectivas agrupando artesanos peruanos, mineros del Chocó, campesinos sisaleros del norte de Brasil, tejedoras de la favela Rocinha, o recolectores de frutos del sur chileno era necesaria para impulsar un modelo de negocios que buscara apropiarse de una mayor porción del valor económico generado en las cadenas correspondientes. La agrupación de los productores y la articulación de la acción colectiva permitieron lograr mayor poder de negociación para mejorar los precios obtenidos. Previamente, estos productores, actuando de manera individual o en familias, no tenían capacidad de negociar y alcanzar mejores precios de los intermediarios, que se apropiaban de gran parte del valor generado por los grupos de productores primarios. En general, las iniciativas buscaban inicialmente lograr una mayor articulación en base a unidades de producción que respetasen la reducida escala originaria[22], pero que gracias a la ayuda de OSC promotoras pasaron a coordinarse, por medio de mecanismos de gobierno y estructuras y procesos de trabajo, con otros comités, familias, etc., logrando una mayor escala.

Una variante dentro de la misma familia de modelos de negocio orientados a generar mayores ingresos para SBI productores se observó en el ámbito de la recolección urbana de residuos sólidos, a partir de lograr mayor eficiencia en el trabajo. Aquí se encuentran los casos de los recuperadores de residuos argentinos, brasileños o colombianos, quienes lograron agrupar individuos o familias desperdigadas, de bajos ingresos, excluidas del mercado de trabajo como resultado de la marginalidad vinculada a su situación de miseria y falta de calificaciones ocupacionales, y a la presencia de intermediarios, quienes muchas veces abusaban de ellos. Estos intermediarios obtenían los resultados de la recolección individual o familiar de residuos inorgánicos y los vendían como insumos para la industria del reciclado. Estas organizaciones de recicladores buscaban no solo aumentar la escala de sus operaciones mediante el agrupamiento y la organización de los cartoneros sino también mediante la racionalización de procesos de trabajo (organización, clasificación y acopio de materiales reciclables). Esto permitió alcanzar el volumen necesario para venderles materiales a empresas que los reciclaban y convertían en materia prima para la industria, y eliminar a los intermediarios (algo que no siempre han logrado) o, cuanto menos, alcanzar un mejor poder de negociación en la a veces oscura economía del reciclaje.

Otros emprendimientos en cambio advirtieron que podrían obtener mejores ingresos si lograban agregarles mayor valor a los productos primarios con los que operaban. Así, en actividades vinculadas a las tradiciones comunitarias de sectores de bajos ingresos locales como la producción de artesanías peruanas tradicionales en CIAP o la extracción de oro en el Chocó colombiano en Oro Verde, los productores lograron enriquecer las materias primas convirtiéndolas en productos de mayor valor o rediseñando productos tradicionales, como en el caso de las artesanías de bisutería y madera realizadas por los comités de artesanos más activos integrantes de CIAP. Algunos de estos emprendimientos han logrado incluso añadir valor mediante la comercialización a través de redes internacionales de comercio justo, las que impulsaron la adopción de estándares o la mejora en la calidad de la producción[23].

Un aspecto que merece mención en la definición de estos modelos de negocios es la creación de entidades comercializadoras, independientes jurídicamente pero controladas por la empresa social de origen, lo cual permite por un lado una gestión de naturaleza más empresaria y una relación a veces más clara con las autoridades de control impositivo. Así, Oro Verde creó Biodiversa con el propósito de centralizar la operación comercial y separarla de la función de desarrollo comunitario y apoyo a los productores. Un camino similar siguió CIAP cuando decidió optar por la creación de la empresa Intercrafts Perú SAC, como una entidad 100% de propiedad de los artesanos socios de CIAP, pero con funciones diferenciadas en la comercialización y exportación de la producción.

Las organizaciones recuperadoras de residuos siguieron un camino similar reformulando en un segundo momento sus modelos de negocio para darle mayor valor agregado a sus productos, con actividades de procesamiento de la materia prima, a través de la limpieza y/o enfardado del plástico o cartón, o incluso dando pasos hacia actividades de industrialización básica de reciclado. Así Asmare logró, al articularse con otras siete asociaciones y cooperativas de catadores para pedir conjuntamente financiamiento, construir una planta de reciclaje de plástico, lo cual permitiría añadir valor a sus productos así como avanzar en la cadena[24].

En algunos emprendimientos la reformulación del modelo de negocios inicial para generar mayor ingresos no necesariamente implicó agregar valor a materias primas o productos poco elaborados, o un avance en la cadena de valor, sino que requirió redefinir el tipo de producto a desarrollar. Así, Coopa-Roca buscó obtener mejores ingresos a través de la generación de nuevos productos de mayor valor agregado para la industria de la moda y el diseño[25]. Aunque siguieron utilizando en todo momento técnicas tradicionales, pasaron de elaborar solamente productos decorativos como tapetes y colchas, a producir piezas y apliques para el más dinámico mercado de la moda y el vestuario, en línea con el crecimiento de la proyección internacional de la moda brasileña a mediados de la década de 1990. En esta línea, Coopa-Roca comenzó a confeccionar bikinis hechas exclusivamente con una variante del patchwork utilizada en el nordeste del país, denominada *fuxico*, que consiste en coser contiguamente parches circulares de retazos de tela, con lo cual aumentó su facturación significativamente.

Un segundo modelo de negocios, de oferta de productos que respondían a las características del mercado objetivo, es el de aquellas iniciativas que proveían de bienes (Escudo Rojo, vía la venta de insumos usados en Buenos Aires) o servicios (Inacap, a través de la oferta de educación superior en Chile) a sectores de bajos ingresos. Este modelo no ofrece demasiadas sorpresas, ya que se basó en adecuar la oferta a la capacidad económica de la demanda, creando una proposición de valor a los SBI que consideraba las características de esta población en términos de precio, localización, distribución de los productos en el local, atención al cliente, etc.: en el caso del Escudo Rojo, venta de ropa, equipamiento y muebles usados obtenidos gratuitamente, lo que permitía comercializarlos a precios muy reducidos. Los productos que ofrecía eran aquellos conseguidos a través de la articulación institucional de dicha iniciativa con una organización religiosa de prestigio como el Ejército de Salvación. Cabe aclarar que ninguno de los dos emprendimientos tuvo como clientes exclusivos de los bienes o servicios que ofrecían a los sectores más desfavorecidos, pero sí identificaron oportunidades de mercado que los incluían. En este modelo las reformulaciones fueron marginales, e incluyeron la oferta de nuevos productos y el ajuste en diversos procesos de gestión de operaciones, recursos humanos, o comercialización.

Finalmente, el tercer tipo de modelo de negocios puesto en práctica por un grupo de iniciativas surgió del intento de dar respuesta a la exclusión laboral, ya sea de aquellos con capacidades reducidas en el plano cognitivo o emocional, o de personas marginadas socialmente por ser indocumentados, ex convictos, población de la calle, etc. Esto se hizo a través de la producción de bienes (yogures, como La Fageda) o servicios (gastronómicos, como Futur), y dichos grupos desempeñaron precisamente labores de producción. Estas organizaciones generaron una oferta que logró diferenciarse y ser competitiva.

Como ya se mencionó, para generar valor los modelos de negocios debieron ser reformulados con frecuencia. Este grupo de organizaciones siguió un camino particular de reformulación a través de giros estratégicos significativos, lo que implicó abandonar las actividades con las que comenzaron para focalizarse en otras con mayores perspectivas de crecimiento y rentabilidad. Es interesante advertir que dichos giros implicaron apuestas con un mayor nivel de incertidumbre acerca de los resultados probables de la reformulación puesta en marcha. Así, La Fageda exploró el negocio de la jardinería, para más adelante pasar a actividades productivas ligadas a la industria de la alimentación, y luego, a partir de la elaboración de leche pasó a producir yogures debido a limitaciones impuestas a la industria láctea española por la Unión Europea. Algo similar pasó con Futur, que pasó del sector textil al gastronómico. Posiblemente, la audacia implicada en estos giros se vio facilitada por la certidumbre acerca de la continuidad del apoyo público en las tareas de reinserción laboral de grupos excluidos y discriminados.

En síntesis, más allá del modelo de negocio puesto en marcha, varias de las organizaciones examinadas fueron capaces de reformular sus modelos de negocios y desarrollar estrategias de crecimiento orientadas a afirmar su sostenibilidad y aumentar su impacto social (véase el cuadro 4.2). Dicho crecimiento siguió diversos caminos.

La colaboración en las iniciativas de mercado de empresas sociales

La mayoría de las empresas sociales relevadas pudieron desarrollar sosteniblemente negocios inclusivos a partir de la colaboración con otras organizaciones. Estas relaciones de colaboración tomaron distintas formas, lo que hace posible diferenciar en el análisis tres tipos de vinculación, que pueden operar sucesiva o simultáneamente: 1) la relación con una institución que jugó un papel fundamental en las distintas etapas del desarrollo de los emprendimientos, a la que se denominará organización aliada; 2) la relación con un conjunto de actores —privados, de la sociedad civil o del sector público— que integraban el ecosistema que hizo posible dichos emprendimientos, adoptando distintas formas de articulación o entramado, o 3) el establecimiento de vínculos con actores del sector público. En cualquiera de los tres tipos de colaboración, dichas vinculaciones asumieron en ciertos casos la forma de arreglos comerciales (provisión de bienes a redes de comercio justo, por ejemplo); en otros, se materializaron en la prestación de asistencia con financiamiento, acceso a mercados y redes, y capacitación, entre otros. En el caso del sector público, más allá de las formas de vinculación antedichas, se observaron además diversas acciones de incidencia.

Con respecto al primer tipo de colaboración, en el desarrollo de las estrategias de inclusión llevadas adelante por un número importante de cooperativas y OSC relevadas en este capítulo ha sido fundamental el papel de otras instituciones, diferentes a las empresas sociales que pusieron

Cuadro 4.2
Modelos de negocios y sus reformulaciones

	Tipo de modelo		
	Agrupamiento/ Captación de mayor valor	Adaptación de la oferta a las características del mercado (*para* y *a* SBI)	Identificación de oportunidades de negocio (*con* SBI)
Modelo inicial	Apaeb Recolectores del Bío-Bío Coopa-Roca Oro Verde CIAP Asmare El Ceibo Porvenir	Inacap Escudo Rojo	Andròmines Futur La Fageda
Reformulación: avance en la cadena de valor	Apaeb (fábrica de alfombras), Recolectores del Bío-Bío (plantas de deshidratación y envasado) Asmare (usina de reciclaje de plástico)		Andròmines (tiendas de venta al público, exportación)
Reformulación: mejora o redefinición del producto/ servicio	Recolectores del Bío-Bío (otros frutos, hongos, etc.) CIAP (renovación de diseños en diversos productos artesanales textiles, de bisutería, cerámica, madera, etc.) Coopa-Roca (nuevos productos textiles, de diseño)	Inacap (oferta de nuevas carreras) Escudo Rojo (nuevas categorías de productos vendidos)	Futur (productos ecológicos en comedores, etc.) La Fageda (oferta de nuevos productos lácteos)
Reformulación: diversificación	CIAP (servicios de turismo, ahorro, etc.) Porvenir (servicios de aseo, luego los dejaron de lado) El Ceibo (servicios de consultoría, bar) Asmare (bar)		
Reformulación: giros estratégicos			La Fageda (de santería a jardinería, y luego a lácteos) Futur (de textil a restauración)

en marcha las iniciativas inclusivas aquí analizadas. Dichas instituciones, vitales para la génesis o la sostenibilidad de los emprendimientos de las empresas sociales, pueden ser consideradas "organizaciones aliadas".

La construcción de alianzas refleja procesos dinámicos, y para entender el tipo de vinculación desarrollada se debe tomar en cuenta un dato fundamental: la variable temporal. Con esta variable en mente es posible distinguir distintas modalidades de organizaciones aliadas (véase el cuadro 4.3):

Cuadro 4.3
Tipos de organizaciones aliadas

Organizaciones promotoras	Asmare–Pastoral da Rua: impulsó el trabajo conjunto, apoyó y fortaleció las actividades de los catadores con el objetivo de que rescaten su dignidad y ciudadanía. Apaeb–Comunidades Eclesiais de Base (CEB) y Movimento de Organização Comunitária (MOC): el CEB permitió la reflexión sobre su situación de pobreza y apoyó la auto-organización y movilización de los productores rurales mientras que el MOC fomentó la implantación de proyectos económicos y fondos rotativos para incentivar y valorizar la producción local. Porvenir–Fundación Social: brindó financiamiento durante el origen.
Organizaciones protectoras	Recolectores del Bío-Bío–Taller de Acción Cultural (TAC): en una primera etapa apoyó el proceso organizativo de los recolectores. Luego, realizó el refuerzo en la producción, dando capacitación técnica para deshidratar frutos y brindando cursos de administración, contabilidad y comercialización. También los apoyó para abrir vías de contacto con empresarios agroindustriales locales y empresas forestales, les abrió la puerta para otras capacitaciones, y les ha permitido tener acceso a los mercados internacionales. Oro Verde–Fundación Amichocó: de momento cumple un rol central en los procesos administrativos, directivos y comerciales de Oro Verde.
Organizaciones socias	CIAP–International Association for Alternative Trade (IFAT): red internacional que asocia a entidades dedicadas a la promoción y práctica del comercio justo, canal del 87% de las ventas de CIAP, y que brindó capacitación para rendir cuentas, reportar y evaluar. Inacap–Confederación de la Producción y el Comercio (CPC): organismo gremial del empresariado chileno. Andròmines–Programa Roba Amiga ("ropa amiga", en catalán): proyecto conjunto de inserción laboral de Fundación Un Sol Món, Aires y Cáritas Cataluña basado en la reutilización de vestimenta en buen estado a partir de recolección, recuperación, reciclaje y venta de ropa de segunda mano, o para trapo, llevado a cabo por 17 organizaciones —entre ellas, Andròmines—, dedicadas a la inserción de colectivos con dificultades. Oro Verde–Association for Responsible Mining (ARM): organismo internacional que promueve transparencia y legitimidad global para la minería responsable y que apoyó la labor de capacitación y fijación de estándares.

las "promotoras" (que tuvieron un rol vital solo en la génesis de la iniciativa analizada), las "protectoras" (con una presencia fundamental constante durante el ciclo de vida de las iniciativas), y las "socias" (cumplen una función clave y estratégica para el desarrollo y éxito luego del momento originario de la iniciativa, y comparten los beneficios de la colaboración).

Las organizaciones promotoras tuvieron —en suma— un rol fundamental para la constitución de los colectivos como grupos articulados, y su acceso a redes y recursos. Estas organizaciones promotoras (aportaron recursos, capacitación en temas productivos y de gestión, *networking*, concienciación acerca del valor social y económico de la actividad, o mejora de la autoestima de los respectivos sectores rezagados. Algunas de estas entidades promotoras fueron organizaciones eclesiásticas como la Pastoral da Rua en Asmare[26], otras fueron organizaciones sociales de base, o agrupamientos de segundo nivel de organizaciones similares, como MOC en Apaeb y ARB en Porvenir). Las organizaciones promotoras dejaron de tener una presencia predominante en los emprendimientos examinados una vez que estos empezaron a mostrar señales de capacidad de actuación autónoma, pero en ninguno de los casos tuvieron una retirada definitiva y continuaron vinculadas con mayor o menor formalidad a los órganos de gobierno de las mismas (como ocurría con la Pastoral en Asmare).

La relación con organizaciones protectoras se asemejó a la de una organización promotora, pero estas organizaciones además mantuvieron una presencia permanente en la evolución del emprendimiento, como el caso del Taller de Acción Cultural con Recolectores del Bío-Bío en Chile o la Fundación Amichocó con la Corporación Oro Verde, que acompañaron el desarrollo de los emprendimientos de las empresas sociales desempeñando funciones clave como la articulación con el contexto, con otras redes o con procesos de comercialización, bajo la expectativa de que las empresas sociales pudieran generar mayor autonomía e interiorizaran estas funciones desempeñadas por las organizaciones protectoras[27]. Tanto las organizaciones promotoras como las protectoras corresponden a lo que en el campo del desarrollo se entiende como "organizaciones de apoyo".

En cambio, las organizaciones socias jugaron un rol crítico al apoyar la conversión de algunas iniciativas en "negocios" viables brindando acceso permanente a mercados, gestionando canales de venta o actuando como clientes regulares. En algunas experiencias como las de CIAP con la International Association for Alternative Trade (IFAT) o Andròmines con Roba Amiga nos encontramos con redes internacionales o con actores locales de la sociedad civil que actuaban como organizaciones socias de los emprendimientos inclusivos. En otros casos, la organización socia gestionaba el canal de ventas o servía de cliente, acompañando el proceso de mejora en las iniciativas asociadas. Ejemplo de esto último es el que se observó en Inacap, en donde la agrupación gremial empresaria CPC actuaba como "demandante" y utilizaba las capacidades de la casa de altos estudios con la que se articulaba para preparar recursos humanos acordes a sus necesidades. En la experiencia de CIAP, IFAT permitió el acceso a redes de comercio justo pero la llevó al mismo tiempo a adoptar criterios de medición de desempeño, y a poner un fuerte énfasis en la construcción de capacidades de gestión, creando el incentivo para desarrollar y mejorar constantemente un esquema participativo, estandarizado y transparente.

Independientemente de la relación que algunas iniciativas entablaron con organizaciones aliadas, casi todas las empresas sociales analizadas aquí debieron entramarse, o construir vínculos de colaboración —de menor intensidad en comparación con las organizaciones aliadas— como un factor clave de las iniciativas. Este tipo de articulación o entramado adoptó la forma de *networking*, acceso a mercados, acuerdos comerciales, financiamiento, capacitación, y los actores involucrados pueden haber sido empresas, otras OSC o entidades estatales, generando incluso en algunos casos resistencias iniciales de tipo ideológicas o temor a perder autonomía.

Varios ejemplos ilustran estas vinculaciones menos profundas y más puntuales que las establecidas con las organizaciones aliadas, aunque también significativas para las iniciativas. Así, Fundação Banco do Brasil brindó financiamiento a Asmare y a otras siete cooperativas de recuperadores de Belo Horizonte en la construcción de una usina de reciclaje de plástico de más de US$2 millones, lo que le permitió eliminar a los intermediarios del mercado, avanzar en la cadena y agregar más valor. CLIBA —Compañía Latinoamericana de Ingeniería Básica Ambiental[28]— dio capacitación en el manejo de residuos sólidos a El Ceibo, más allá de haberle provisto equipamiento, como una máquina enfardadora, y Greenpeace le brindó capacitación inicial en el tema de reciclado y educación ambiental, lo que le permitió innovar en el modelo de abordaje para aumentar la eficiencia del proceso de recolección de residuos al iniciar un vínculo con los encargados de edificios y con los residentes de la zona en las que El Ceibo concentró su actividad.

Además de la vinculación con organizaciones aliadas y el entramado con organizaciones privadas, es posible identificar un tercer tipo de vinculación: la articulación con actores públicos, la que se observa en aquellas organizaciones que realizaban tareas de reinserción sociolaboral (los casos españoles de La Fageda, Futur o Andròmines), y/o actuaban en el ámbito de la recuperación de residuos urbanos (El Ceibo, Asmare). En el caso de los recolectores de residuos, el papel del sector público en estas actividades económicas pareció ser significativo, ya sea mediante su apoyo a través de algún tipo de subsidio o la entrega en comodato de terrenos requeridos (como se observó en Asmare y El Ceibo).

En todos los casos españoles de reinserción o en los de los recolectores argentinos o brasileños, en general dicho crecimiento y vinculación con el ámbito estatal se manifestó a través de subsidios que complementaban la remuneración de los recursos humanos, o que financiaban la compra de equipamiento requerido para dichos emprendimientos. Este vínculo pareció extenderse por más tiempo que en las relaciones configuradas con actores privados, o con OSC internacionales o nacionales, lo que podría estar originado en un contexto político más proclive a tratar la exclusión (sea sociolaboral en España, sea socioambiental en el caso de los recolectores) con políticas activas. Pero no solo hubo subsidios, sino que además hubo contratos con actores públicos para la prestación de servicios de empresas sociales, como lo ejemplifica el caso de Andròmines, que asumió la gestión global —recolección, reciclaje y destrucción— de todos los residuos locales del Ayuntamiento de Montcada y de otras localidades catalanas vecinas.

Finalmente, dentro de la vinculación de las empresas sociales con el ámbito público, en ciertos casos la relación con diversos niveles de gobierno adoptó una dirección diferente, siendo este el destinatario de acciones de incidencia. Así, un ejemplo es el de los artesanos de CIAP, que participaron en el comité directivo del Grupo Red de Economías Solidarias (institución de promoción de la economía solidaria que congregaba a unas 200 organizaciones), en donde se discutió y presionó para aprobar una ley del artesano, luego sancionada.

Liderazgo y gobernanza en los negocios inclusivos de las empresas sociales

Dos variables clave que contribuyen a comprender la capacidad de las empresas sociales para realizar iniciativas inclusivas de mercado son el tipo de liderazgo y el modelo de gobierno de estas organizaciones.

Al considerar el liderazgo como la capacidad de impulsar cambios y transformaciones que permiten generar resultados en estas empresas sociales[29], tres aspectos propios de los emprendedores son claramente identificables: el carácter innovador en la creación o replanteo de los emprendimientos, la vocación de asumir riesgos para operar en mercados competitivos, y la capacidad para efectuar las adaptaciones internas requeridas para obtener mejores resultados.

El carácter innovador del liderazgo se manifestó en el desarrollo de una propuesta de valor atractiva para ciertos bienes o servicios. En estos casos, encontramos individuos que conceptualizaron o desarrollaron una estrategia novedosa para cumplir determinadas misiones sociales. Entre estos podemos encontrar a los hermanos Cock, de Amichocó, que luego de realizar estudios académicos fuera de su país advirtieron que se podía lograr impacto económico, social y ambiental en Colombia a través de la extracción responsable del metal precioso, el concepto de Oro Verde. Pero los liderazgos innovadores no se advirtieron solo en la producción de bienes con una nueva propuesta de valor, sino también en la oferta de servicios. Fue el caso de Cristina Lescano, de El Ceibo, que en Buenos Aires "dio vuelta" y replanteó el tradicional concepto de la usualmente furtiva recuperación urbana de residuos inorgánicos, para construir una relación con hogares "proveedores" de residuos reciclables, retirándolos en horarios previamente establecidos, redefiniendo el rol del recolector informal de residuos en un "recuperador urbano" y asociando dicha tarea a la educación ambiental a partir de la capacitación recibida de Greenpeace.

Otros líderes mostraron capacidad para asumir riesgos al impulsar iniciativas en mercados competitivos. Así lo hizo, por ejemplo, Cristóbal Colón, psiquiatra que a través de un trabajo de reinserción productiva y un seguimiento pormenorizado de sus pacientes descubrió cómo desarrollar una iniciativa competitiva con disminuidos mentales en La Fageda, con muy buenos resultados en el mercado de yogures. Otro ejemplo similar es el de Teté, fundadora de Coopa-Roca, que a través del rescate de técnicas artesanales provenientes de la región de la que eran originarias las integrantes de la cooperativa (nordeste del país), logró crear insumos a través de dicho emprendimiento en el ascendente ámbito textil y de diseño brasileño, y luego, acompañando la mayor inserción internacional de dicha industria, y a partir de presentaciones en concurridas *fashion weeks*, consiguió que las manufacturas de Coopa-Roca pasaran a ser demandadas por afamadas casas de moda y diseño de renombre mundial. Un tercer caso es el de Almirall, quien lideró con visión emprendedora el cambio de eje en el tipo de negocio de Futur, pasando del sector textil, en el que la organización no demostraba buen rendimiento, a industrias con mayor potencial en la región en la que se asentaba el emprendimiento (Cataluña), como el turismo y la restauración.

Finalmente, la capacidad emprendedora para generar cambios y mejoras en los emprendimientos que permitan alcanzar resultados más ambiciosos se refleja en varios de los líderes de las empresas sociales estudiadas. Por ejemplo, el Coronel Páez —secundado por Juan Rodríguez— generó fuertes cambios en la operatoria y en la gestión del Escudo Rojo, incluso dentro de una estructura fuertemente piramidal. Así, a pesar de las resistencias entre antiguos miembros de la organización, realizó una incipiente profesionalización de recursos humanos y de procesos en la institución, que pasó a ser líder nacional en la venta de insumos usados. Los resultados fueron más que evidentes: de una facturación que orillaba los US$30.000 mensuales en 2003, se pasó a los US$120.000 a mediados de 2007.

Cabe señalar que en algunos emprendimientos se advierte que el liderazgo emprendedor fue llevado adelante por otras instituciones, denominadas organizaciones promotoras o protectoras en la sección previa. Estas iniciativas no han tenido un emprendedor dentro de la empresa social que haya dado una impronta definitoria en la concepción y/o la puesta en marcha de la iniciativa, sino que se han desarrollado, al menos inicialmente, con o por el liderazgo brindado por otras organizaciones[30]. Este tipo de procesos —con un liderazgo ejercido desde afuera de la empresa social— también se manifestó en algunos casos a lo largo de la vida de las iniciativas.

Otro vector de análisis en lo referido al liderazgo de las iniciativas inclusivas de mercado desarrolladas por empresas sociales se refiere al grado de concentración y distribución del liderazgo dentro de la organización. Al respecto, las iniciativas examinadas mostraron tanto liderazgos fuertes, con un alto grado de influencia concentrado en una persona, como liderazgos más distribuidos y horizontales, con menor grado de influencia depositado en personas específicas. La presencia del fundador de la iniciativa sin duda jugó un papel importante en el modelo y estilo de liderazgo (Lescano en El Ceibo, Colón en La Fageda, Teté en Coopa-Roca). En otras experiencias, el liderazgo personal se afianzó a partir de la conducción del proceso de cambio del tipo de negocios (Almirall en Futur), y de consolidación interna, como el que experimentaban Porvenir o Andròmines al momento de este estudio[31].

Las organizaciones de inserción sociolaboral como las españolas, y de venta a sectores de bajos ingresos como Escudo Rojo e Inacap, se conducían con un fuerte liderazgo personal. A su vez, como se puede advertir de lo antedicho en esta sección, las organizaciones de recuperadores de residuos —El Ceibo, Porvenir y Asmare— mostraban variaciones y no presentaban un patrón de liderazgo claro: El Ceibo fue creado y liderado por una persona, sin apoyo significativo o participación de otras organizaciones en su creación; Asmare tenía una estructura más bien horizontal en la que dos organizaciones, MOC y CEB, tuvieron un fuerte rol de liderazgo, en su origen, y Porvenir, luego de una discontinuidad en su liderazgo parecía dirigirse hacia una conducción centralizada y más profesionalizada.

Por otro lado, más allá del tipo de liderazgo, el modelo de gobierno reflejado en la participación de los integrantes de las organizaciones en la toma de las principales decisiones ayuda a comprender el desarrollo de estos emprendimientos. En las organizaciones que incluyeron a SBI en su modelo de negocios como productores se debió estructurar un esquema de gobierno formalmente más participativo y una estructura decisoria menos piramidal. Sin embargo, más allá del tipo de gobierno formal, finalmente el modelo de gobierno existente dependió en gran medida del estilo y perfil del líder-emprendedor. Por ejemplo, en El Ceibo —a pesar de contar con una estructura de gobernanza formal propia de las cooperativas, y por lo tanto participativa—, las decisiones tendían a concentrarse y a ser delegadas por sus compañeros en la figura de Lescano, su fundadora. Si bien el carácter más participativo puede estar originado en necesidades intrínsecas del modelo de negocios centrado en asegurar el agrupamiento de personas pertenecientes a SBI, las dificultades de implementación y el mayor peso de los fundadores o de las organizaciones impulsoras puede reflejar la falta de experiencia de los sectores rezagados para coordinarse articuladamente, los elementos culturales paternalistas, o el modelo de operación de OSC "parteras" y "protectoras", que las llevaban a tener un protagonismo fuerte en las decisiones, no solo en las etapas de puesta en marcha, sino a lo largo de su desarrollo.

Por el contrario, aunque con divergencias entre ellas en cuanto a la concentración del poder de decisión, las estructuras verticales de gobierno parecieron ser propias de las organizaciones que tienen iniciativas sostenibles de mercado que incluían a los sectores de bajos recursos como clientes y/o que primordialmente buscaban reinsertarlos sociolaboralmente. Así, se advirtió una mayor concentración en la toma de decisiones, ya sea por la presencia de una estructura de gobernanza diferenciada y organizada jerárquicamente, o por la actuación de un líder fuerte que juega un papel preponderante en la formulación de políticas y estrategias organizacionales. Por caso, en Inacap el gobierno era ejercido por el consejo directivo y el rector en una estructura fuertemente piramidal, mientras que lo mismo se daba en Futur, aunque con una fuerte personalización en el liderazgo de Almirall.

Como se desprende del análisis previo, existe una clara relación entre el tipo de liderazgo y el modelo de gobierno. Por ejemplo, en CIAP el liderazgo más distribuido se corresponde con el peso de cada comité de artesanos en la estructura de toma de decisiones de la organización. Asimismo, un fuerte liderazgo innovador personal en el origen de la iniciativa parece tener como correlato una estructura de gobernanza más vertical. La Fageda articuló una estructura de naturaleza piramidal, mientras que El Ceibo y Coopa-Roca se dieron una estructura horizontal en las formas, pero concentrada y centralizada de facto en Lescano y Teté. En definitiva, pareciera que el tipo de liderazgo y el modelo de gobierno dependen tanto del modelo de negocios adoptado y la posición que los sectores de bajos recursos ocupan en la cadena de valor como de la cultura organizacional, las características del entorno o la dinámica contextual.

Modelo de financiamiento y valor económico en las empresas sociales
Los emprendimientos de OSC y de cooperativas estudiados generaron modelos de financiamiento que apelaron al mercado como fuente significativa de sostenibilidad y de crecimiento. El funcionamiento como iniciativas de mercado, sin embargo, no excluyó la utilización y el aprovechamiento de otras fuentes de financiamiento en la medida en que estas contribuyeron a alcanzar mayor capacidad para el cumplimiento de sus misiones sociales.

Dado el rol fundamental que cumplieron las organizaciones aliadas para asegurar el surgimiento, la consolidación, el crecimiento y la sostenibilidad de los emprendimientos, no sorprende que gran parte de los casos mostrara una importante presencia (vía recursos, provisión de insumos, etc.) de ayuda pública, privada, nacional y/o internacional, ya que los subsidios y la asistencia eran los elementos fundamentales en la instrumentación de las estrategias de colaboración. La presencia de estos instrumentos tiene una influencia sobre el margen de autonomía de estos emprendimientos que debe ser analizada.

El modelo de financiamiento que incluía la recepción de subsidios o aportes económicos —en 6 de las 13 empresas sociales— genera cierta limitación a la independencia fundamentalmente en el plano económico. Por ejemplo, Futur recibía subsidios del gobierno autónomo catalán equivalentes al 29% de sus ventas. En ciertos casos, como los recolectores argentinos y brasileños, los subsidios parecieron ser parte de su modelo de negocio (financiamiento y provisión de diferentes tipos de recursos como instalaciones, equipamiento o infraestructura). Este tipo de apoyo tuvo su origen no solo en la marginalidad de la población, que realiza la recolección en un ámbito en donde la misma no pasa "desapercibida" para la opinión pública (grandes urbes), sino en el giro de las administraciones locales en pos de un mayor apoyo a la actividad cooperativa de estos sectores, en respuesta, según el caso, a las crisis económicas que empujaron a la marginalidad a ingentes sectores de la población o por la emergencia de cuestiones ambientales de urgente atención. Al mismo tiempo, ambas cooperativas de recolectores urbanos de residuos sólidos contaron con otros recursos (capacitación, insumos, efectivo) provenientes de organismos del exterior. En estas organizaciones existía la "vocación de que dichas ayudas disminuyeran, pero ni en Asmare ni en El Ceibo esa premisa formaba parte de una estrategia explícita y consistente. A diferencia de los recolectores, Oro Verde sí avanzo en esta dirección al proyectar un modelo de negocios que buscaba desmontar los subsidios provenientes de la cooperación internacional y que todos los costos de la operación comercial de Biodiversa[32] fueran afrontados autónomamente a partir de 2009.

Por otro lado, cuando los emprendimientos lograron operar sin subsidios económicos, pero contaban con un fuerte apoyo o colaboración, en su origen o en su evolución, de individuos u OSC nacionales o internacionales, lo que se observa son restricciones a la independencia de sus respectivas gestiones, estructuras, o modelos de gobiernos. Un ejemplo de este tipo de dinámica lo brindó Andròmines en su integración al Programa Roba Amiga. Andròmines se benefició de la donación de 49 contenedores, un camión y dos tiendas gracias al financiamiento que la Fundación Un Sol Món le brinda a dicho programa. Estos factores coadyuvaron para que entre 2002 y 2004 la organización catalana multiplicara por cuatro la cantidad de ropa recogida pero, fundamentalmente, para que gracias a la mayor y más eficiente organización y productividad, multiplicara por 20 los kilogramos de ropa a la venta, apoderándose consiguientemente de una mayor porción de valor. La especialización en su estructura organizativa y la profesionalización de su cultura organizacional también fueron activos que Andròmines obtuvo gracias a su incorporación a Roba Amiga. Se ve así que la pérdida de ciertos márgenes de maniobra impuestos por Roba Amiga[33] parecía compensarse con resultados positivos tangibles en el plano de creación de valor económico.

El desempeño financiero en los últimos años de las empresas sociales receptoras de asistencia en general había sido bueno[34], pero la evaluación en este último aspecto sería diferente en caso de que dicho apoyo se discontinuara, considerando por ejemplo el rol desempeñado por estas instituciones en el acceso a redes de comercialización en algunos emprendimientos. En estos casos la sostenibilidad de los emprendimientos parecía asegurada en el corto plazo, aunque con cierto grado de fragilidad o vulnerabilidad, como lo ilustra CIAP: al canalizar casi 90% de sus ventas a través de IFAT, se manifestó una vulnerabilidad latente frente a cualquier cambio en dicha red.

El mayor margen de independencia puede observarse tanto en aquellos emprendimientos que no tienen subsidios y que lograron dejar de depender de organizaciones aliadas, como Porvenir (que había "superado" la separación de Fundación Social, y avanzaba hacia la profesionalización de su liderazgo), y Apaeb, donde el apoyo recibido de otros actores en sus inicios fue comparativamente menor al resto de los casos, como en las iniciativas que tenían a los SBI como clientes.

En los casos de empresas sociales con clientes SBI, la mejora en el desempeño económico fue el resultado de un largo proceso: Inacap debió aprender a operar sin asistencia estatal, mientras que Escudo Rojo debió transitar un proceso de incipiente profesionalización de su gestión, poco desarrollada hasta inicios de la década de 1990, para comenzar a generar una mayor rentabilidad. Estas empresas sociales respondían a una demanda real y por tanto presentaban modelos de financiamiento con mayores márgenes de independencia que no necesitaban abrevar en otro tipo de fuentes. En cambio, la mayoría de las organizaciones de SBI —9 de 11 casos— tenían modelos de financiamiento que sí requerían contar con fuentes complementarias a las del propio giro de la actividad. El financiamiento solo sostenido en los recursos obtenidos por la actividad productiva parecía ser más difícil para estas organizaciones dados los mayores costos que sus modelos de negocios deben considerar, tales como desarrollar capacidades productivas o asociativas en SBI, aglutinar la oferta, generar escala para superar intermediarios y/o acceder desde zonas rezagadas a redes internacionales.

La generación de valor social multidimensional

Al presentar objetivos inclusivos en sus misiones, valores y formas de operar, es esperable entonces que las OSC y cooperativas generen valor social de manera inequívoca. Los emprendimientos de mercado con misiones y fines inclusivos como los de las empresas sociales examinadas también crean, ya no como externalidad, sino explícitamente, valor social en múltiples dimensiones: disminuyendo barreras, ayudando a sectores debilitados y/o mitigando efectos secundarios de la actividad económica. Al mismo tiempo, en casi todos los casos se genera lo que puede ser considerado valor social macro: el ensanchamiento de los límites de la sociedad.

En líneas generales, no debería sorprender que el principal —o más específico— valor social[35] aportado se pueda rastrear o ligar al factor impulsor antes señalado en cada uno de los casos.

El desarrollo de habilidades y competencias laborales, así como el aumento de la autoestima de grupos marginados, ha sido un aspecto central del valor social aportado, no solo en aquellas organizaciones enfocadas desde su misión y tipo de negocio explícita y específicamente a generar su reinserción laboral, sino también en las tres organizaciones de recuperadores de residuos y en aquellos emprendimientos que tenían a los sectores marginados como productores–trabajadores provenientes de comunidades postergadas, sean urbanas (como es el caso de las artesanas de Coopa-Roca, provenientes del nordeste brasileño pero residentes en la favela de Rocinha en Río de Janeiro y excluidas del mercado de trabajo), o rurales, tales como los campesinos del sur de Chile (Recolectores del Bío-Bío).

En segundo lugar, el acceso a bienes y servicios removiendo o reduciendo barreras de entrada o limitaciones de ingresos fue un tipo de valor social que también generó gran parte de los casos. La disminución de barreras fue un objetivo explícito de aquellas organizaciones que tenían como factor impulsor generar mayores ingresos para productores de bajos recursos, así como de las iniciativas que buscaban la inclusión sociolaboral dentro de un proceso de producción como trabajadores. Pero tal valor social se creó también en los otros dos casos que no tenían los mencionados impulsores (Escudo Rojo e Inacap). Sin embargo, si bien la disminución de dichas barreras no era la razón de ser de Escudo Rojo, esta permitió generarle un mayor ingreso disponible para otros consumos al abastecer a los sectores de escasos ingresos de indumentaria, equipamiento para el hogar o muebles a menor precio, o dándoles la posibilidad de actuar como revendedores en sus barriadas pobres o villas miseria.

En tercer término, la mitigación de efectos indeseables de la actividad económica se observó en seis iniciativas que tuvieron como objetivo más o menos explícito reducir ciertos efectos ambientales indeseables de la actividad productiva. Por ejemplo, en Oro Verde esto fue explícito y se erigió en oposición a la explotación extractiva a gran escala que suele generar un impacto ambiental nocivo a partir de la utilización de cianuro. Las iniciativas de las cooperativas de recuperadores de residuos urbanos, si bien expresaron este objetivo de promoción socioambiental de manera más (El Ceibo) o menos (Porvenir) explícita en su estrategia, realizaron un aporte en pos de la mejora en este plano[36].

Más allá de estas tres dimensiones, podemos advertir que algunos casos han generado valor social en otros planos vinculados: los agrupamientos de productores, usualmente emplazados en zonas rurales rezagadas (CIAP, Oro Verde, Apaeb, Recolectores del Bío-Bío), no solo lograron facilitar el acceso a bienes y servicios al aumentar sus ingresos, sino que además instilaron otro tipo de valor social en la comunidad, que se refleja en el sentido de pertenencia a la misma, la reducción de la tendencia a migrar a densas áreas urbanas, la motorización de la economía y cultura locales, y la construcción de capital social a partir del trabajo en conjunto. En el caso de las iniciativas de recolectores de residuos sólidos, tal sentido de pertenencia, dignidad de la tarea y autopercepción como colectivo se construyó a la par que el propio movimiento de "cartoneros" o catadores.

Entonces, considerando que gran parte de los casos generaron valor social en las tres categorías, se puede inferir que las empresas sociales, al impulsar estrategias de mercado en sectores de bajos ingresos, parecen ser agentes capaces de generar valor social multidimensional.

Finalmente, en la mayoría de las experiencias se observó la generación de un valor social de orden macro: que se pueda reconocer a determinados grupos de sectores de escasos recursos como miembros integrados a la sociedad. En general, antes de las experiencias analizadas se solía tener una perspectiva de los discapacitados catalanes, las madres-tejedoras de Rocinha en Río de Janeiro, o los cartoneros del barrio de Palermo en Buenos Aires como actores poco o nada integrados al tejido de cada comunidad o país, y, más relevante aún, como miembros fuera de la escena ciudadana local, a quienes se veía generalmente como parias, lúmpenes, sectores olvidados, o grupos problemáticos. A partir de estas iniciativas, dicha visión social cambió. Así, estas experiencias no solo han permitido a los sectores rezagados el desarrollo ocupacional, el aumento de su poder de negociación, el incremento de ingresos, la disminución de las barreras de acceso a bienes y servicios, la mejora de los niveles de autoconfianza, la protección del medio ambiente, la contención de migraciones internas, o la revaloración de la cultura comunitaria, sino que también les ha dado visibilidad y los ha proyectado como actores relevantes, con voz y participación sustancial en espacios colectivos y en los mercados formales. En breve: estas iniciativas los han incluido, también para beneficio de la sociedad, que se ha expandido.

Conclusiones y lecciones gerenciales

Las empresas sociales que realizan iniciativas inclusivas de mercado tienen una gran capacidad para cumplir con su "proposición de valor social". Los casos de empresas sociales analizados en esta investigación muestran de qué manera estas organizaciones permiten generar valor social de diverso orden en forma simultánea, al eliminar barreras de acceso y económicas, fortalecer a grupos marginados con identidades colectivas débiles, o mitigar efectos negativos de los mercados. Esta capacidad de generar valor social multidimensional tiene impacto no solo sobre la vida de los sectores de bajos ingresos sino también sobre la sociedad en su conjunto, al contribuir a la construcción de capital social y de sociedades incluyentes. Sin embargo, para que dichas iniciativas de mercado de empresas sociales logren alcanzar este impacto social se requiere enfrentar diversos desafíos gerenciales, que señalamos a continuación.

1. Concebir un modelo de negocio sostenible y alineado con la misión social
Las buenas intenciones y los objetivos inclusivos resultan insuficientes para generar negocios sostenibles. Las OSC y cooperativas con frecuencia tienen dificultades para realizar buenas lecturas iniciales del mercado

e identificar oportunidades de negocio con potencial de sostenibilidad. Si bien esto puede manifestarse en cualquier tipo de organización, las OSC y cooperativas suelen enfrentar esta dificultad con mayor fuerza por su énfasis en satisfacer necesidades sociales más que en hacer negocios.

Los casos examinados mostraron que la clave del éxito para las empresas sociales que implementan iniciativas de mercado de inclusión social fue la capacidad para realizar ajustes significativos en su forma de actuar y en el tipo de actividades efectuadas. La revisión de los modelos de negocios iniciales permitió avanzar hacia una mayor sostenibilidad de las iniciativas, ya sea mediante el cambio de industria, la diversificación de negocios o el ajuste en la línea de productos. En este proceso de reformulación y ajuste, una clara alineación entre el propósito de las organizaciones y el modelo de negocios de las iniciativas de mercado inclusivas mostró ser un factor facilitador central, lo que les permitió constituirse en una herramienta para generar mayores ingresos, favorecer la inclusión social y laboral de grupos excluidos, o facilitar el acceso a servicios o a bienes para sectores de bajos ingresos.

2. Buscar la escala adecuada para los emprendimientos

Pocas veces "lo pequeño es bello" en el mundo de los negocios. No poder generar una escala adecuada es uno de los principales retos, que se manifiesta como un desafío continuo para las empresas sociales estudiadas. En general, este tipo de organizaciones encuentra muy difícil superar diversas restricciones (de financiamiento, de *know how*, etc.), lo que a su vez genera una baja escala de operaciones. Estas restricciones producen limitaciones severas, tales como dificultades para construir estructuras de gestión o la ausencia de un flujo de fondos que permita financiar mejoras en su infraestructura, entre otras.

Como vimos, los ajustes en los modelos de negocios mencionados previamente pueden explicarse en cierta medida a partir de la búsqueda de volumen y envergadura. El aumento de volumen de operaciones fue logrado en varios de los casos examinados a través de alianzas y articulaciones establecidas con otras organizaciones: trabajar con otras instituciones es un mecanismo que permite despegar para alcanzar mayor escala. Una segunda manera de lograr una mayor escala es mediante una estrategia que solo algunas iniciativas pudieron poner en marcha: a través de procesos de profesionalización de sus estructuras y de una revisión de sus procesos de comercialización y gestión operativa en pos de mayor eficiencia. De todas formas, el desarrollo de una escala adecuada para el negocio se manifestó como un desafío continuo para las empresas sociales analizadas.

3. Establecer alianzas con socios inteligente, creativa y pragmáticamente

La construcción de relaciones estratégicas de colaboración con otras organizaciones en distintos estadios de la evolución de los emprendimientos resultó crítica para asegurar el surgimiento, la consolidación, el crecimiento y la sostenibilidad de los emprendimientos. Este tipo de colaboraciones con otras organizaciones fue vital, como lo ilustran los casos examinados.

Existe siempre el riesgo de que la asistencia externa recibida de las organizaciones que hemos denominado en este capítulo como promotoras y protectoras se convierta en un elemento que frene la creatividad y el logro de una mayor autonomía e independencia. Sin embargo, las empresas sociales examinadas han sabido aprovechar estas colaboraciones como palancas para trabajar hacia una mayor sostenibilidad.

Al mismo tiempo, las iniciativas estudiadas mostraron múltiples articulaciones con otros actores sociales de naturaleza menos profunda y más instrumental, con empresas o con el Estado. El tipo de valor generado por estas articulaciones o la participación en redes fue diverso y tomó la forma de arreglos comerciales, asistencia técnica, capacitación, generación de contactos con actores relevantes, financiamiento, etc.

En cualquiera de sus formas, la gestión de estas relaciones de colaboración, tanto en el caso de las organizaciones aliadas como de las articulaciones logradas con otros actores en cadenas productivas, requirió flexibilidad y pragmatismo por parte de las empresas sociales estudiadas.

4. Liderar para la sostenibilidad

La reformulación de los modelos de negocios, la obtención de una escala adecuada y la aplicación de estrategias de colaboración no se logran sin un liderazgo sólido y con una clara visión. En este sentido, tres aspectos clave del liderazgo de estos emprendimientos ayudan también a explicar el éxito de las iniciativas estudiadas: la vocación innovadora, la capacidad para asumir riesgos y la disposición para realizar ajustes internos que permitan mejorar el desempeño económico de los negocios inclusivos. Dicho liderazgo puede ser ejercido internamente —ya sea en cabeza de los fundadores o de otros miembros— o puede ser desempeñado por alguna de las organizaciones con las que se establecieron alianzas, pero en cualquier caso estas funciones del liderazgo resultaron ser fundamentales para las iniciativas analizadas.

Más allá del papel central del liderazgo existente en las empresas sociales, el fortalecimiento de capacidades organizacionales para desarrollar iniciativas de mercado de manera eficiente y rentable se manifestó como una asignatura pendiente en gran parte de las empresas sociales estudiadas.

Enfrentar este desafío implica, por un lado, generar consenso sobre la importancia de entender e incorporar principios y criterios administrativos y económicos como parte del modelo de gestión de los emprendimientos sociales, y por el otro, fortalecer y profesionalizar el equipo gerencial y operacional a través de la adquisición de habilidades técnicas poco frecuentes en las empresas sociales.

Durante su travesía marítima, luego de abandonar a Circe, Ulises se ató al mástil de su embarcación para no ceder al seductor canto de las sirenas, lo que, de suceder, llevaría a su perdición y a la de todos los tripulantes de su navío. Los líderes de las empresas sociales se encuentran en una posición análoga a la del mítico héroe helénico: por un lado, deben amarrarse al mástil para evitar la excesiva personalización, que limita el desarrollo de estructuras de gestión y pone en riesgo la continuidad de los emprendimientos. Al mismo tiempo, deben evitar que solo se escuche el "canto" misional y se dejen de lado las estrategias de negocios y la utilización de herramientas modernas de la administración para cumplir con el fin social. Por último, esta misma autolimitación debe ponerse en práctica al escuchar el canto de las "sirenas" del mercado: eso implicaría (más allá del resultado económico) olvidar el propósito inclusivo de las iniciativas y el cumplimiento de su objetivo social, lo que sería, en definitiva, el naufragio de la empresa social.

Notas

1. Para un análisis detallado de estas organizaciones, véase el capítulo 7.

2. Lester M. Salamon y Helmut K. Anheier, *The Emerging Nonprofit Sector: An Overview* (Manchester, Reino Unido: Manchester University Press, 1996).

3. Lester M. Salamon, "The Rise of the Nonprofit Sector," *Foreign Affairs* 73, nro. 4 (1994).

4. Lester M. Salamon y Dennis Young, "Commercialization, Social Ventures, and For-profit Competition," en *The State of Nonprofit America*, ed. Lester M. Salamon (Washington, D.C.: Brookings Institution Press, 2003); Ezequiel Reficco, Roberto Gutiérrez y Diana Trujillo, "Empresas sociales: ¿una especie en busca de reconocimiento?" *Revista de Administração da Universidade de São Paulo* 41, nro. 4 (oct.–dic. 2006).

5. En Estados Unidos, el concepto de *social enterprise* se ha utilizado principalmente para referirse a organizaciones sociales que aplican métodos empresariales o desarrollan iniciativas de negocios para auto-financiarse en todo o en parte, aplicando principios y prácticas de gestión comúnmente asociados a las empresas con fines de lucro. Por otro lado el marco jurídico de *social enterprises* en la tradición académica norteamericana es amplio, e incluye dentro de sí des-

de organizaciones lucrativas que realizan actividades con impacto social positivo explícito, hasta organizaciones con una actividad comercial que sirva como medio para cumplir una misión social. La forma organizacional que la lleva adelante poco importa para definir una empresa social: lo que cuenta es el contenido y el fin, no el continente (entre otros: Dennis R. Young, "Social Enterprise in the United States: Alternate Identities and Forms" [documento presentado en la conferencia "L'impresa sociale in prospettiva comparata", Trento, Italia; Istituto Studi Sviluppo Aziende Nonprofit, Universidad de Trento, 13 al 15 de diciembre de 2001], y Janelle A. Kerlin, "Social Enterprise in the United States and Europe: Understanding and Learning from the Differences," *Voluntas* 17 [2006]). Esta perspectiva de lo que es una *social enterprise* si bien es *amplia* jurídicamente hablando, excluye a instituciones que redistribuyen en forma explícita el eventual lucro generado entre los miembros de la organización. Mientras la definición norteamericana del concepto de empresa social no permite distribución privada de los excedentes obtenidos, la definición europea sí la acepta, aunque con moderación (Kerlin, 2006). Al permitir la redistribución de parte del beneficio entre sus miembros, en Europa se amplía el concepto para incluir a las cooperativas y otras organizaciones que abordan los problemas de empleo e inserción de grupos marginados (Young, 2001, p. 3). En la tradición académica europea las empresas sociales están ligadas a la economía social, el concepto de economía social —economía popular, del trabajo o solidaria en los países hispanos, economía social o cooperativa en los francófonos, y desarrollo económico comunitario en los anglohablantes— engloba a nuevas formas productivas, formales o no, basadas en la cooperación y la solidaridad.

6. Como advierten algunos autores, estas actividades de mercado pueden incluso ser deficitarias, pero contribuyen a diversificar el financiamiento (véase por ejemplo Beth Battle Anderson, Gregory Dees y Jed Emerson, "Developing Viable Earned Income Strategies," en *Strategic Tools for Social Entrepreneurs: Enhancing the Performance of Your Enterprising Nonprofit*, eds. J. Gregory Dees, Jed Emerson y Peter Economy [Nueva York: Wiley, 2002], 192).

7. Ibíd.; Leslie M. Fox y Bruce Schearer, eds., *Sostenibilidad de la sociedad civil. Estrategias para la movilización de recursos* (Cali, Colombia: Civicus, 1998), especialmente pp. 21–43; Rolfe Larson, *Venture Forth! The Essential Guide to Starting a Moneymaking Business in Your Nonprofit Organization* (St. Paul, MN: Amherst H. Wilder Foundation, 2002), especialmente pp. 5–18; Sharon M. Oster, Cynthia W. Massarsky y Samantha L. Beinhacker, eds., *Generating and Sustaining Nonprofit Earned Income: A Guide to Successful Enterprise Strategies* (San Francisco, CA: Jossey-Bass, 2004).

8. Morales, Jr., Horacio R. "Obtención de ingresos a través de comercio e intercambio", en Fox, Leslie M. y S. Bruce Schearer (ed.), *Sostenibilidad de la socie-*

dad civil. Estrategias para la movilización de recursos, Cali: Civicus, 1998, cap. 2, 21-43.

9. Ibíd.

10. De todos modos, cabe marcar que a mayor "alineamiento múltiple" de la iniciativa de mercado, las *objeciones morales* (Beth Battle Anderson, Gregory Dees y Jed Emerson, "Developing Viable Earned Income Strategies," en *Strategic Tools for Social Entrepreneurs: Enhancing the Performance of Your Enterprising Nonprofit*, eds. J. Gregory Dees, Jed Emerson y Peter Economy [Nueva York: Wiley, 2002], 198) pueden surgir con mayor intensidad, como se manifestó en uno de los casos de artesanas brasileñas analizados en este capítulo.

11. Aubry, Rick, "Taking Your Venture to Scale", en Oster, Sharon M., Cynthia W. Massarsky y Samantha L. Beinhacker, *Generating and Sustaining Nonprofit Earned Income*, San Francisco, CA: Jossey-Bass, 2004, cap. 17, 281-301.

12. Gregory Dees, "Putting Nonprofit Business Ventures in Perspective," en *Generating and Sustaining Nonprofit Earned Income: A Guide to Successful Enterprise Strategies*, eds. Sharon M. Oster, Cynthia W. Massarsky y Samantha L. Beinhacker (San Francisco, CA: Jossey-Bass, 2004); Gregory Dees, "Why Social Entrepreneurship Is Important to You," en *Enterprising Nonprofits: A Toolkit for Social Entrepreneurs*, eds. J. Gregory Dees, Peter Economy y Jed Emerson (Nueva York: Wiley, 2001).

13. En esta línea, algunos autores señalan que el hecho de que las iniciativas requieran apoyatura financiera externa al ingreso que generan en el mercado no es intrínsecamente problemático. Foster y Bradach (2005) establecen este punto elocuentemente cuando enfatizan: "Un emprendimiento que promueve la misión y cubre la mitad de sus costos a través de los ingresos que genera podría tener más impacto por dólar invertido que otro emprendimiento menos alineado con la misión que cubre tres cuartas partes de sus costos" (traducción de los autores). William Foster y Jeffrey Bradach, "Should Nonprofits Seek Profits?" *Harvard Business Review* (febrero de 2005), 9.

14. Dennis R. Young, "Nonprofit Finance Theory," National Center for Nonprofit Enterprise. Véase http://www.nationalcne.org/index.cfm?fuseaction=feature. display &feature_id=27.

15. Traducción de los autores. Young, Ibíd.

16. Social Enterprise Knowledge Network, ed., *Gestión efectiva de emprendimientos sociales: Lecciones extraídas de empresas y organizaciones de la sociedad civil en Iberoamérica* (Washington, DC: Banco Interamericano de Desarrollo y David Rockefeller Center for Latin American Studies, Harvard University Press, 2006).

17. Dees, en Oster, Massarsky y Beinhacker, 2004, y Salamon y Anheier, 1996.

18. Además, podemos mencionar que Asmare contó con el apoyo de la Pastoral da Rua de la Arquidiócesis de Belo Horizonte. Por otro lado, en la creación de Apaeb tuvieron un peso importante las Comunidades Eclesiais de Base —que promovían la conciencia crítica en las comunidades locales, debatiendo sobre su situación de exclusión a partir de la discusión de la Biblia— y el Movimento de Organização Comunitária. O que Recolectores del Bío-Bío surgió a través del Taller de Acción Cultural o TAC —organización que brindaba capacidades a las comunidades para autogestionarse y superar su condición de marginalidad—, y CIAP a partir del impulso del Servicio de Paz y Justicia, institución de origen evangélico que se dedicaba a la promoción y difusión de la no violencia.

19. Apaeb, CIAP, Oro Verde, Recolectores del Bío-Bío, Coopa-Roca, y las tres organizaciones de recuperadores de residuos.

20. Escudo Rojo e Inacap.

21. La Fageda, Andròmines y Futur.

22. Por ejemplo, comités de una docena de productores en Chile, o grupos de artesanos en CIAP.

23. Otra variante de la reformulación del modelo de negocios fue la diversificación de líneas de actividades. CIAP por ejemplo ejecutó una experiencia de reformulación que se dio no en el eje del negocio principal —la venta de artesanías—, sino en la ampliación y diversificación de su cartera de negocios, al pasar a ofrecer servicios de turismo y de ahorro para sus integrantes, entre otros servicios.

24. El que Asmare haya podido hacerlo solamente con un *pool* de asociaciones de cartoneros da indicios, por un lado, de lo difícil que es que los cartoneros puedan agregar valor a su trabajo, y por el otro, de que su articulación en redes puede dar muy buenos resultados. Esta iniciativa estaba en proceso de implementación al finalizar el trabajo de campo para este estudio.

25. En 2003 produjeron algo más de 7.000 piezas y en 2005 unas 4.000, pero en el mismo período la facturación de Coopa-Roca aumentó más de un 60%, lo que ilustra la generación de mayor valor agregado por pieza unitaria.

26. Salamon y Anheier (1996, p.106) llaman la atención acerca del importante rol de la Iglesia católica en las organizaciones sin fines de lucro brasileñas: "El restante 25% [del apoyo] proviene de transferencias de organizaciones patrocinantes, como la Iglesia católica". Lester M. Salamon y Helmut K. Anheier, *The Emerging Nonprofit Sector: An Overview* (Manchester, Reino Unido: Manchester University Press, 1996), 106.

27. Si bien ambas organizaciones no se habían diferenciado totalmente, existía una idea explícita de que Oro Verde operaría sin Amichocó en forma autosostenida en el mediano plazo.

28. Empresa recolectora de residuos de una de las áreas en que está dividida la ciudad de Buenos Aires.

29. Social Enterprise Knowledge Network, ed., *Gestión efectiva de emprendimientos sociales: Lecciones extraídas de empresas y organizaciones de la sociedad civil en Iberoamérica* (Washington, DC: Banco Interamericano de Desarrollo y David Rockefeller Center for Latin American Studies, Harvard University Press, 2006).

30. Por ejemplo, en Apaeb, Asmare o Recolectores del Bío-Bío.

31. En otras dos experiencias de liderazgos personales (Escudo Rojo e Inacap), estos se observaron en organizaciones que prestaban servicios a personas pobres, y que también contaban con mayor historia y grado de institucionalización, habiendo ya experimentado rotación de los mismos a lo largo del tiempo. Si bien los dos casos mencionados tienen diferencias en cuanto al grado de especialización y formalización que tenían sus órganos de gobierno, la estructura de conducción piramidal fue indiscutida y parecía ser propia del modelo organizacional.

32. Biodiversa: entidad independiente creada por Amichocó como brazo comercial de Oro Verde.

33. Las organizaciones integrantes del Programa Roba Amiga debían cumplir ciertos criterios mínimos en los planos institucional, legal (seguros, impuestos), social (trabajo en equipo e incorporación de nuevas entidades en Roba Amiga), certificaciones (normas ISO), planes de seguridad e higiene, etc.

34. Independientemente de cuestiones cambiarias, como el caso de los brasileños Apaeb y Coopa-Roca, que exportaban parte de su producción en un contexto de apreciación de la moneda del país frente al dólar.

35. Por "principal", término algo ambiguo, se busca significar al ámbito o dimensión social en el que la iniciativa genera mayor impacto. Por "específico" nos referimos al valor social creado puntualmente para sectores de bajos ingresos. Ejemplifiquemos considerando el principal factor impulsor de La Fageda, rastreado a su vez en su misión social: la inclusión sociolaboral. Se advierte que, una vez que la iniciativa se puso en marcha sosteniblemente, si bien por ejemplo generó ingresos o ayudó a cambiar mapas mentales con respecto a la inserción laboral de personas con capacidades diferenciales, derribando ciertas barreras, el principal y específico impacto —comparando el estado ex ante con el ex post en esa dimensión social— se observó en las incrementadas capacidades laborales de los individuos con problemas psiquiátricos.

36. Otros ejemplos de esto son Andrómines, al aumentar los niveles de recolección de residuos inorgánicos en Cataluña, y Futur, que a través de servicios de catering con productos orgánicos que cumplen con altos estándares ambientales internacionales, realiza una contribución de valor social en esta dimensión.

5

Ecosistemas organizacionales para fortalecer negocios inclusivos

Ezequiel Reficco y Alfred Vernis

El avance hacia el desarrollo sostenible requiere muchas más alianzas, y más complejas. Las compañías inteligentes comienzan a reconocer que la manera más efectiva de apalancar el cambio en nuestro mundo interdependiente es a través de un esfuerzo común con otros, y del aprendizaje de la experiencia. Es posible gestionar en forma cooperativa lo que no podemos gestionar de manera individual. Esta es la esencia de una idea muy antigua y poderosa llamada comunidad. El todo es más que la suma de las partes[1].

Carlos Espinal, director de marketing de la empresa colombiana Colcerámica, nunca pensó que tendría que movilizar tantas personas cuando lo pusieron a cargo de la línea de productos para personas de bajos ingresos. En primer lugar, se conectó con Haidy Duque, de Ashoka, para que lo ayudara a organizar un proyecto de vender pisos de cerámica a familias humildes. Carlos y Haidy pronto entendieron que "un emprendedor social que quisiera trabajar con los pobres tendría que construir su propia cadena de valor, aunando el conocimiento del mercado y el de la comunidad". Ambos desarrollaron el modelo y lo implementaron en Usme, un barrio marginal de Bogotá. El concepto inicial se basaba en crear cooperativas de mujeres que promovieran la colocación de pisos de baldosas en los barrios de bajos recursos de Bogotá.

En Usme, se encontraron con personas como Ana Delia Ibarra, una madre de 40 años, que cuidaba niños del barrio en su casa. La planta baja de la casa de Ana, sin baldosas, funcionaba como una guardería; el segundo piso estaba a medio construir. A principios de 2006, el Departamento de Salud de Bogotá le informó que debía colocar piso de baldosas en su casa por razones higiénicas. Ana, al igual que las otras 670 madres de la Cooperativa de Usme, no tenía los \$Col 207.000 (US\$85) que necesitaba para mejorar su casa. Si Ana y sus colegas no encontraban una solución, las guarderías se clausurarían, con lo cual no solo perderían su trabajo sino que ya no podrían "cuidar a niños que no tenían otras posibilidades de ser atendidos".

Cuando Haidy y Carlos se reunieron con las madres de la Cooperativa de Usme, Haidy se dio cuenta de que "era el momento de la verdad: las mujeres se preguntaron por qué les proponíamos crear cooperativas nuevas cuando ya tenían una". Carlos explicó: "Después de escuchar a los líderes de la comunidad, me pregunté '¿quiénes son los expertos aquí?' No hemos sabido reconocer el verdadero valor de la contribución de la comunidad". Después de la reunión, Carlos y Haidy definieron los elementos del modelo: el producto, la financiación, las comunicaciones, la participación comunitaria y el diseño. Decidieron utilizar las redes existentes en la comunidad y denominaron al proyecto: "Tu casa como nueva, paso a paso"[2].

El ejemplo de Colcerámica ilustra muy bien la idea de ecosistema que presentaremos en este capítulo. Si analizamos estudios recientes sobre cómo generar inclusión social a través de iniciativas de mercado, veremos que las colaboraciones y las alianzas son temas recurrentes. La mayoría de estos análisis señalan la importancia, a la hora de trabajar con sectores de bajos ingresos, de "proyectarse hacia fuera de la organización"[3], "desarrollar relaciones de largo plazo"[4], operar "con varios actores"[5], o construir "colaboraciones de beneficio mutuo"[6], "alianzas no convencionales"[7], o "ecosistemas orientados al mercado"[8].

La importancia de la colaboración interorganizacional ha estado en el centro de la agenda de investigación de SEKN. El primer ciclo de trabajo colectivo (2001–2003) se centró en la temática de las alianzas intersectoriales[9]. La capacidad de entablar alianzas exitosas también se trató en el segundo ciclo de investigación (2003–2005) como un elemento clave en la gestión de los emprendimientos sociales[10].

Los esquemas de colaboración han sido descriptos con frecuencia a través de la idea de "ecosistema". Este término, que proviene de la biología, ha sido utilizado como una metáfora por varias líneas de investigación de gestión, con distintos alcances[11]. El profesor C.K. Prahalad fue quien lo utilizó por primera vez en el contexto de los negocios inclusivos[12]; desde entonces, se ha convertido en el término favorito utilizado por la mayoría de los estudios publicados sobre el tema. Sin embargo, el término ha sido más utilizado que explicado. La mayoría de los estudios sobre la BOP que han usado el término han dado su significado por sentado.

Este capítulo persigue dos objetivos. Por un lado, aspira a clarificar este concepto, mostrar cómo se diferencia de terminologías alternativas, y explicar sus ventajas, tanto analíticas como prácticas. Por otro lado, intentará revelar la dinámica en juego en estos acuerdos de colaboración.

¿Qué es un ecosistema organizacional?

Un ecosistema es una comunidad económica sostenida por una base de organizaciones que interactúan y que giran en torno a la producción de bienes y servicios[13]. Es un concepto que va más allá de los marcos tradicionales, como el de cadena de valor, cadenas de valor extendidas o sistemas de valor[14]. Como sugieren Iansiti y Levien, cientos de organizaciones diferentes, que pertenecen a distintas industrias y sectores, tuvieron que colaborar para que nosotros pudiésemos utilizar la computadora personal con la que se escribió este texto[15]. Muchas de estas organizaciones no pertenecen a la cadena de valor tradicional de proveedores y distribuidores que participan directamente en el proceso de producción lineal. Las acciones de todas estas organizaciones y, en particular, las de aquellas ubicadas en el núcleo central de estos sistemas, afectan la fortaleza de toda la comunidad. En los mercados prósperos del tope de la pirámide de ingreso, compañías como Walmart y Microsoft han tomado conciencia de esto y han implementado estrategias que no solo favorecen sus propios intereses, sino que también promueven la salud general de sus ecosistemas[16].

Co-dependencia, co-evolución y co-aprendizaje
El concepto de ecosistema destaca la conexión íntima entre una organización y su contexto: en el largo plazo, la falta de progreso en uno condiciona el potencial del otro. Tal como ocurre en los ecosistemas biológicos, las organizaciones que se mantienen aisladas tienden a ser frágiles y vulnerables. Para mantenerse vivas y fuertes, las compañías necesitan integrarse con su entorno y evolucionar junto a él[17]. James Moore, quien aplicó este concepto a grandes corporaciones (como Walmart) en un marco de análisis que no buscaba la inclusión social, afirma: "un restaurante excelente en un vecindario decadente tiene muchas probabilidades de fracasar"[18].

La metáfora del ecosistema ayuda a comunicar en forma clara la complementariedad e interdependencia que existe entre los miembros de una comunidad de intereses. En los ecosistemas biológicos, hay una serie de roles que deben estar presentes para que el conjunto funcione. Si esa función no está presente, el resto de sus integrantes tendrá un interés en generarla, por el bien de cada uno de ellos. Consideremos la experiencia de Hortifruti, empresa proveedora para grandes almacenes en Costa Rica. Cuando la empresa trató de incrementar sus compras de productos perecederos para responder a la demanda creciente, se topó con una limitación: los productores agropecuarios vivían en condiciones precarias y producían con muy baja tecnología. Según recuerda Jorge Cavallini, director de desarrollo de agroindustria de la empresa, "para hacer los pedidos a un agricultor que vivía a uno o dos kilómetros debíamos llamar al bar del pueblo". Hortifruti concluyó que, para incrementar su negocio, necesitaba un perfil de productor diferente. "Necesitábamos agricultores que tuvieran un teléfono —explica Cavallini—, depósitos de almacenaje y agua potable, tanto para el riego de las hortalizas como para el lavado posterior a la cosecha". Esta simple historia nos muestra la dinámica de interdependencia que se da entre los distintos actores de un ecosistema. Al igual que ocurre en una flota pesquera, la velocidad del grupo está determinada por la de su miembro más lento. Si la comunidad quiere avanzar más rápido, sus miembros más privilegiados deberán prestar atención a los integrantes más débiles.

¿Quiénes pertenecen a mi ecosistema organizacional? ¿Quiénes deben quedar afuera?

La idea detrás del concepto de ecosistema es simple: identificar los grupos que de hecho forman parte de la comunidad económica en la que se inserta la propia organización y comprometerse con ellos. En palabras de Moore, "comprender los sistemas económicos que evolucionan a nuestro alrededor y encontrar maneras de contribuir"[19]. El criterio rector debería ser la **relevancia:** como indican Iansiti y Levien, "trazar los límites precisos de un ecosistema es una tarea imposible y, en todo caso, académica. En cambio, habría que intentar identificar sistemáticamente las organizaciones con las cuales el futuro del negocio está más entrelazado y determinar las dependencias más esenciales"[20].

En el centro de toda comunidad empresarial se encuentra la **cadena extendida**, o sistema de valor[21], de la propia organización, de la cual depende para la producción de bienes y servicios. Esta cadena se origina en el "flujo anterior" *(upstream)*, en el trabajo de proveedores, y se prolonga en el "flujo posterior" *(downstream)* hacia distribuidores, comercializadores, procesadores o clientes. Además, el ecosistema incluye **otros actores**, ajenos a la cadena extendida, pero que operan dentro de los límites del ecosistema: competidores, productores de bienes sustitutos y complementarios y observadores interesados, tales como comunidades vecinas, u otros grupos de interés[22] (véase el gráfico 5.1).

Asimismo, en los ecosistemas intervienen **organizaciones de apoyo** y **reguladores.** El primer grupo está compuesto por organizaciones orientadas a lo social, que proporcionan el "capital semilla", entendido en sentido amplio (financiero, social, tecnológico u otro), que nutre al ecosistema y le permite superar debilidades y prosperar. Aunque en esencia estas iniciativas no sean de caridad, la filantropía a menudo juega un papel crítico, especialmente en las etapas tempranas. Comprometerse con el ecosistema

Gráfico 5.1
El ecosistema organizacional y sus componentes

Contexto estructural

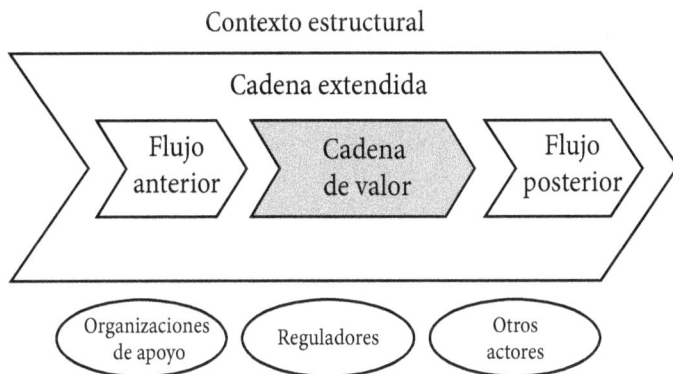

generalmente implica comenzar desde cero: por ejemplo, cuantificando la demanda insatisfecha o las capacidades productivas de sectores que no figuran en los censos poblacionales; fortaleciendo y formalizando organizaciones precarias e informales; creándolas donde nunca habían existido, o enseñando contabilidad o regulación impositiva a individuos analfabetos. Pocas empresas privadas están dispuestas a asumir estas tareas por su cuenta. En lugar de ver estos problemas como obstáculos insuperables o cargas que necesitan ser subvencionadas indefinidamente, las organizaciones de apoyo tienden a considerarlos como cuellos de botella que bloquean el potencial productivo del ecosistema. En consecuencia, buscan liberar ese potencial a través de inversiones filantrópicas puntuales, que desemboquen en un ciclo virtuoso de creación de valor económico y empoderamiento social. Por ello, una vez que esos cuellos de botella se superan, a menudo las organizaciones de apoyo dan un paso al costado y permiten que la dinámica del mercado las reemplace. Por regla general, las organizaciones de apoyo no participan directamente en las cadenas de valor, sino que ayudan a viabilizarlas y luego se retiran (aunque algunas ONG se integran a cadenas de forma permanente, por ejemplo dando financiación a los SBI en forma estable). El capítulo sobre empresas sociales profundiza y desarrolla el concepto de organizaciones de apoyo.

El grupo de reguladores incluye agencias gubernamentales, sindicatos, asociaciones de consumidores, o cualquier otro cuerpo con la capacidad de establecer "las reglas del juego". Este grupo es de importancia particular en iniciativas de SBI, puesto que, con frecuencia, redefine los contornos de modelos de negocios establecidos. Esto es particularmente obvio en iniciativas de servicios públicos, donde el rol de las agencias gubernamentales es determinante[23], pero no se limita a ellas. Dada la asimetría de poder e influencia que existe entre las partes, por la propia naturaleza de estas iniciativas, resulta habitual la necesidad de obtener la legitimación de quienes están en situación de emitir "licencias para operar" con SBI.

Por último, los ecosistemas biológicos no solo están formados por organismos que interactúan, sino también por las condiciones contextuales (aire, agua, etc.), que facilitan o dificultan esas interacciones. Aplicado al marco organizacional, el concepto de **contexto estructural** engloba tanto la calidad de las regulaciones como las condiciones económicas, culturales o de otro tipo que rodean e influyen en esas interacciones. Por esto, al analizar ecosistemas donde participan sectores de bajos ingresos, no podemos dejar de prestar atención a estos elementos clave. Además de disponer de infraestructura física eficiente o recursos naturales sostenibles, es necesario considerar, por ejemplo, el acceso fácil al capital. En varios de los casos analizados, la presencia de organizaciones de microfinanzas en el país ha sido decisiva para la consolidación de iniciativas con los SBI. Por otra parte, la existencia de un marco regulatorio para facilitar la inserción laboral de determinados grupos vulnerables en España ha facilitado la operativa de las organizaciones españolas estudiadas en la muestra. Por limitaciones de espacio, este capítulo no profundiza en el impacto del entorno regulatorio, pero no puede dejar de mencionar su influencia decisiva.

La analogía con los ecosistemas biológicos y terminologías alternativas

Tradicionalmente, la interacción entre la organización y su entorno ha sido considerada en términos de análisis de la industria o de la cadena de valor. Lo que quedaba afuera se mantenía en la periferia del radar empresarial y solía ser terreno de los "especialistas": gerentes de relaciones con la comunidad o de asuntos públicos. Se ofrece aquí una visión alternativa, en la que las cuestiones de la "periferia" se convierten en clave para las agendas empresariales.

Desde esta perspectiva, resulta evidente que la cadena de valor constituye una visión demasiado estrecha para analizar el universo de las iniciativas de negocios inclusivos. "Esta visión extendida y relacional de la empresa va más allá del enfoque tradicional que involucra a socios de la cadena de valor y, en tareas específicas, a los competidores (…). Incluye no solo las relaciones con compañías, sino también con otros grupos de interés (por ejemplo, gobiernos y la sociedad civil)"[24]. Como señalan Rufín y Rivera-Santos, las cadenas de valor se caracterizan por la "linealidad", un proceso secuencial en que los diferentes actores contribuyen a la creación de valor en una secuencia cronológica, y en la que cada miembro recibe un producto y lo mejora a través de la adición de valor antes de entregárselo al siguiente eslabón. Esto refleja la naturaleza homogénea de todos los actores que actúan en esas cadenas, pertenecientes todos al sector privado, y la naturaleza exclusivamente comercial de las interacciones entre ellos[25]. En los negocios inclusivos, en cambio, los actores exógenos al mercado *(non-market actors)* suelen desempeñar un rol clave, con interacciones que son, a la vez, comerciales y sociales. Como demostraremos más adelante, estos actores ajenos al mercado pueden tener un papel esencial en las iniciativas de negocios inclusivos. Algo similar puede decirse del análisis de la industria y de su excesiva estrechez, puesto que con frecuencia los ecosistemas organizacionales transcienden a las industrias establecidas.

En lo que respecta a los esquemas de colaboración, la bibliografía académica ha tendido a estudiarlos bajo el título de redes, sistemas de valor o alianzas estratégicas. Estos términos reflejan la realidad con mayor transparencia y rigor que una metáfora. A fin de cuentas, los "ecosistemas" empresariales son redes organizacionales. Sin embargo, a pesar de sus méritos, el término red no ofrece una orientación concreta a aquellos que están en el terreno tratando de implementar estas ideas. Sencillamente, existen demasiados tipos de redes: desde redes de noticias (CNN) a redes conformadas por grupos de afinidad o computadoras. El término no genera argumentos convincentes para comprometerse con los miembros de una comunidad ni tampoco sugiere una línea de acción determinada.

Las relaciones de colaboración también podrían enmarcarse en la teoría de los grupos de interés[26]. Después de todo, la idea subyacente en la noción de ecosistema —el "egoísmo ilustrado" debería llevar a las organizaciones a identificar a todos los miembros relevantes de su comunidad de intereses y a comprometerse con ellos— está claramente alineada con aquella teoría. En décadas recientes, el compromiso con los grupos de interés ha evolucionado de la comunicación al diálogo, y del diálogo a la acción conjunta. Las grandes multinacionales se comprometen cada vez más con sus grupos de interés en cuestiones económicas, sociales y ambientales. La noción de creación de valor para todos los grupos de interés ha cobrado ímpetu[27]. Sin embargo, mientras que la teoría y la práctica de los grupos de interés han tendido a concentrarse en la transparencia y el diálogo, la visión del ecosistema se orienta hacia la acción y ayuda a identificar la dinámica subyacente de cambio y adaptación. Los miembros del ecosistema no solo se comprometen unos con otros en intercambios honestos, sino que *se necesitan mutuamente* para que toda la comunidad pueda sobrevivir y prosperar.

A diferencia de las anteriores terminologías, la analogía entre los ecosistemas biológicos y los empresariales ofrece pistas firmes y claras orientadas hacia la acción. El biólogo Stephen Jay Gould señaló que los ecosistemas naturales colapsan cuando no logran adaptarse a los cambios radicales en sus condiciones ambientales. Aquellos que no logran adaptarse son marginados por combinaciones nuevas de especies que pasan a primer plano[28]. Como advierten Iansiti y Levien, existen paralelos marcados entre las redes organizacionales y los ecosistemas biológicos. Ambos están constituidos por participantes interconectados que dependen unos de otros para su eficacia individual. En última instancia, los participantes individuales prosperarán solo si el ecosistema es saludable. Las compañías se encuentran cada vez más entrelazadas en relaciones de dependencia mutua con distintos grupos de interés, como las especies en un ecosistema biológico. A pesar de la evidente asimetría de poder entre los miembros del ecosistema, las consecuencias de estas relaciones suelen estar más allá del control absoluto de cualquiera de ellos. Por último, y más interesante, los ecosistemas organizacionales y biológicos se caracterizan por la presencia de actores centrales que asumen la función angular de regular la salud del ecosistema[29], como veremos en la próxima sección.

Por otra parte, la analogía tiene sus límites, tal como los partidarios citados reconocen. Mientras que los insumos que sostienen a los ecosistemas biológicos (luz solar, nutrientes) son razonablemente predecibles, los insumos que impulsan a los ecosistemas empresariales (como la tecnología) son muy dinámicos. Más importante aún, a diferencia de las comunidades biológicas que co-evolucionan a ciegas y conforme a una lógica que no comprenden, los ecosistemas organizacionales son sistemas sociales, compuestos por individuos que toman decisiones conscientes.

¿Por qué comprometerse con el ecosistema organizacional?

A continuación, analizaremos algunas de las razones que llevan a las organizaciones a comprometerse con el ecosistema en el que se insertan. Estos factores no necesariamente son válidos para todo tipo de ecosistemas: la dinámica de un ecosistema liderado por una corporación puede diferir de otra dirigida por una cooperativa. No obstante, estas características generales parecen caracterizar la mayor parte de los casos analizados en nuestra muestra.

Incentivos a los participantes: plataformas organizacionales

Por lo general, los ecosistemas empresariales giran en torno al liderazgo de una organización clave, denominada organización "pivote"[30], "angular"[31], "ancla"[32] o "puente"[33], que alinea las visiones y las decisiones de inversión de los miembros del ecosistema. Mientras que la mayoría de los estudios concibe este rol como propio de las grandes corporaciones, nuestra muestra incluye comunidades empresariales lideradas por OSC y cooperativas (véase el anexo 5.1 para una lista de emprendimientos liderados por compañías privadas, OSC y cooperativas). "Quienes participan en ecosistemas forjados por organizaciones pivote, pueden utilizar esa estrategia para crear y captar un valor enorme mientras aprenden unos de otros, y comparten riesgos"[34].

Los casos de nuestra muestra revelan cómo las organizaciones pivote lograron alinear el comportamiento de diferentes actores con su propia estrategia a través de incentivos positivos. Investigaciones anteriores sobre ecosistemas empresariales encontraron que esto se realiza primariamente a través de "plataformas": activos que el líder ofrece a otros participantes del ecosistema para que la interacción sea fluida y efectiva[35]. En los mercados prósperos del tope de la pirámide, estas plataformas suelen tener una base tecnológica: pensemos en Microsoft y en su sistema operativo, que constituye el cimiento de una dinámica comunidad de desarrolladores de aplicaciones. En el contexto de nuestra muestra de negocios inclusivos, las plataformas consistieron en un conjunto de estándares y prácticas bien definidos que ayudaron a organizar y reforzar las actividades de los participantes, permitiéndoles "hacer más con menos"[36].

Cativen, un minorista de Venezuela, se dispuso a integrar a los campesinos en su cadena de valor para mejorar la calidad de sus productos perecederos y evitar las recurrentes crisis de sobreoferta o subproducción. Los productores trabajaban "por olfato": sembraban sin ningún conocimiento de las ventajas del clima o el suelo y sin saber a quién venderían sus cultivos ni a cuánto. Como respuesta al desafío, Cativen instaló una serie de "plataformas logísticas" próximas a las zonas de producción. Se trataba de plataformas de trabajo multifuncionales: centros de acopio, compra y asistencia técnica, pero también de promoción social, donde los productores coordinaban los procesos de producción y compartían las buenas prácticas.

Las plataformas también se utilizaron en algunas de las iniciativas destinadas a los pobres como consumidores. Retomemos la experiencia de Colcerámica mencionada al comienzo de este capítulo. Desde 2000, esta empresa colombiana dedicada a la producción de cerámicos había apuntado con éxito a la clase media baja con Ibérica, una línea de productos con una propuesta de valor. En 2004, la demanda de estos productos excedía la capacidad de producción. Sin embargo, las investigaciones de la compañía revelaban que las ventas se concentraban en las clases medias bajas; la base de la pirámide de ingresos requeriría un factor adicional. Con este fin, la empresa convocó a una emprendedora social para que diseñara un esquema de colaboración que apalancara las estructuras sociales y liderazgos existentes en la comunidad. Se diseñó un foro denominado núcleo organizacional comunitario (NOC), en el que la compañía, la emprendedora social y las organizaciones comunitarias definían en forma consensuada el modo de proceder de la cadena de valor y la distribución de los beneficios generados entre los distintos actores.

Esta sección describió los incentivos de los participantes externos para unirse a la plataforma de la organización pivote; las secciones siguientes describen los incentivos y beneficios captados por la organización pivote que lidera el ecosistema.

Redefinir las relaciones con los grupos de interés a través de acuerdos de beneficios recíprocos

Crear la plataforma es apenas el primer paso; las organizaciones pivote deben luego asegurarse de generar propuestas en las que todos ganan, de modo de retener a los socios y lograr que se comprometan con el éxito del emprendimiento[37]. La fuerza y la sostenibilidad de los emprendimientos derivan de su habilidad para ajustarse al contexto ambiental, social y cultural en el que funcionan. Al crear valor para todos los grupos de interés, las empresas pueden involucrarlos y obtener un apoyo firme basado en su compromiso[38].

Las propuestas atractivas de beneficios recíprocos pueden reconfigurar las relaciones entre la compañía y algunos de sus grupos de interés. Examinemos la experiencia de la empresa peruana Palmas del Espino, que opera en la Amazonía de Perú. Sus programas filantrópicos[39] no parecían ser demasiado efectivos para generar buenas relaciones con la comunidad. En la década de 1980, un grupo de familias progresivamente ocupó un área de 1.200 hectáreas de propiedad de la empresa, vecinas a la planta, bautizada más tarde como caserío José Carlos Mariátegui[40]. Las buenas intenciones de la empresa no alcanzaban para satisfacer las necesidades ni las expectativas de las comunidades vecinas. Más que donaciones esporádicas a escuelas y hospitales, estas últimas necesitaban un esquema que asegurase su supervivencia en condiciones dignas, en un contexto en el cual las oportunidades económicas no abundaban.

En el año 2000, la compañía advirtió el valor de invertir en construir un vínculo estable con la comunidad. Con esa convicción, intercedió ante el gobierno para que se llevara a cabo la regularización de los títulos de las tierras ocupadas. Al convertirse los campesinos en propietarios legales, se esperaba que tuvieran incentivos para mejorar sus tierras y dedicarse a la producción agrícola, lo cual los ayudaría a salir de la pobreza. Sin embargo, el mercado no respondió como se esperaba. La lejanía física de centros urbanos impedía que la demanda generase ingresos. La empresa advirtió que la filantropía por sí sola difícilmente impactaría en forma sustancial en las mejoras de las condiciones de vida de estos campesinos. Lo que los campesinos querían no era caridad: era un *modelo de negocios viable*. Un campesino de la zona expresó esta idea con mucha elocuencia, al relatar un encuentro con Dionisio Romero Paoletti, presidente del directorio de Palmas del Espino[41]:

> Le dijimos: "Don Dionisio (...) somos gente pobre, pero somos sus vecinos (...). No envidiamos sus propiedades ni queremos quitarle su riqueza, que tanto le ha costado ganar. Solo queremos ser ricos como usted, algún día, a costa de nuestro trabajo". A Dionisio le gustaron esas palabras. Desde entonces, nos abrió todas las puertas.

Era claro que semejante expectativa no podía ser satisfecha solo por los "especialistas" de la empresa en relaciones con la comunidad a través de la filantropía. La comunidad tendría que ser integrada al corazón del negocio. En consecuencia, la empresa redefinió su relación con los campesinos de las comunidades vecinas y los convirtió de observadores interesados en proveedores. En palabras del gerente general de la empresa, Ángel Irazola, "las personas que nos rodean deben ser nuestros socios, porque si son nuestros enemigos, estamos fregados"[42].

Convertir a los campesinos de subsistencia en socios implicó el ensamblaje de un esquema de colaboración junto a otros miembros con intereses económicos convergentes con los de la empresa. En primer lugar, Palmas del Espino contribuyó a "crear un interlocutor", y promovió la creación de la Asociación de Productores José Carlos Mariátegui y su incorporación a organizaciones de productores regionales y nacionales, lo que les permitió tener representación gremial[43]. Según Irazola, "si no hay instituciones, no hay por dónde comenzar". Para financiar las nuevas plantaciones, Palmas del Espino involucró al Banco de Crédito del Perú, en un innovador sistema que permitió que los campesinos, por primera vez, fuesen considerados sujetos de crédito[44]. Por último, la empresa contrató a Gestipalma, una compañía formada por ex trabajadores jubilados de Palmas del Espino, para que capacitaran a los nuevos proveedores en la siembra, el cuidado y la cosecha de la palma aceitera.

La iniciativa de Palmas del Espino redefinió en forma profunda la relación de la empresa y los campesinos vecinos a través de un modelo que fue reproducido más tarde por organizaciones de la sociedad civil, agencias de cooperación para el desarrollo y bancos que operan en la zona. En un contexto en el que las expectativas de la sociedad se incrementan tanto con respecto a las empresas (que produzcan con calidad creciente y precios decrecientes, pero además que lo hagan en forma sostenible y socialmente inclusiva) como a las OSC (que además de ser vigías frente a potenciales excesos de empresas y gobiernos, generen impacto real y sostenible), trabajar con el propio ecosistema puede ser un recurso valioso. Como sugiere la experiencia de Palmas del Espino, puede ser una herramienta para crear sinergias y responder simultáneamente a varios imperativos de la organización.

Estabilizar el entorno, posibilitar inversiones

Las plataformas pueden servir para fijar expectativas, y clarificar roles y compromisos. Una investigación reciente sobre industrias emergentes ha revelado que esto es particularmente valioso en entornos turbulentos[45] o inciertos[46] (el tipo de entorno en el que suelen operar los negocios inclusivos). El gerente general de una de esas empresas manifestó durante una entrevista que en ocasiones sentía que estaba "apostando con el dinero de sus accionistas", dada la incertidumbre que generaba la implementación de un modelo de negocios inclusivos innovador. Al reducir el riesgo percibido, las plataformas posibilitan la inversión y aceleran los retornos[47].

Consideremos el sector agrícola de Bolivia (véase el gráfico 5.2). Tradicionalmente, las entidades financiadoras (fondos gubernamentales y de cooperación internacional) entregaban recursos financieros no reembolsables a entidades ejecutoras para que estas otorgaran asistencia técnica, capacitación e infraestructura (riego, silos, etc.) a los productores. No se involucraba a las empresas de almacenaje o las procesadoras, ni tampoco a los distribuidores o comerciantes. La presunción implícita era que una vez que los campesinos tuviesen un producto de calidad y precio competitivo, la mano invisible de los mercados absorbería su producción y se generaría una mejora en su calidad de vida. Sin embargo, en la práctica el modelo no funcionó. Por un lado, las entidades ejecutoras no conocían la calidad que el mercado demandaba. Por el otro, los procesadores, distribuidores y comercializadores no habían hecho las inversiones necesarias para poder manejar la producción expandida de los campesinos. Esta falta de coordinación fue superada por el esquema de colaboración liderado por Irupana, una pequeña empresa dedicada al almacenaje, al procesamiento y

Gráfico 5.2
Irupana y su ecosistema organizacional

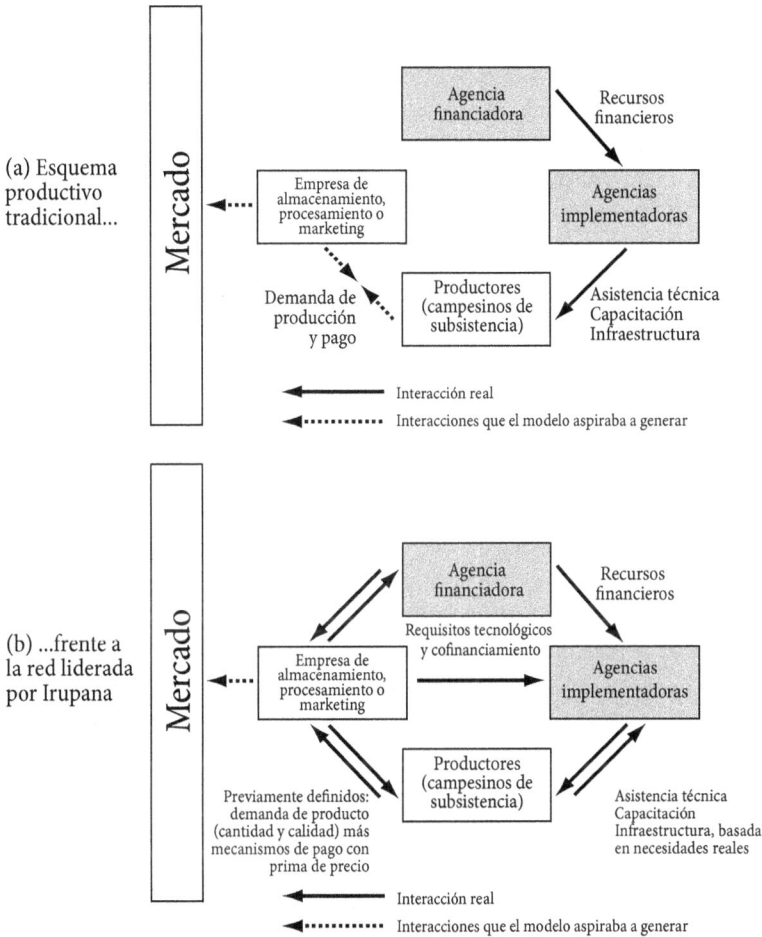

(a) Esquema productivo tradicional...

Mercado

Agencia financiadora — Recursos financieros

Empresa de almacenamiento, procesamiento o marketing

Agencias implementadoras

Demanda de producción y pago

Productores (campesinos de subsistencia)

Asistencia técnica
Capacitación
Infraestructura

Interacción real
Interacciones que el modelo aspiraba a generar

(b) ...frente a la red liderada por Irupana

Mercado

Agencia financiadora — Recursos financieros

Requisitos tecnológicos y cofinanciamiento

Empresa de almacenamiento, procesamiento o marketing

Agencias implementadoras

Previamente definidos: demanda de producto (cantidad y calidad) más mecanismos de pago con prima de precio

Productores (campesinos de subsistencia)

Asistencia técnica
Capacitación
Infraestructura, basada en necesidades reales

Interacción real
Interacciones que el modelo aspiraba a generar

Fuente: Adaptado de Revista Pro Campo, nro. 93, diciembre de 2004.

a la comercialización de productos orgánicos. La empresa construyó junto a ProRural, OSC que proveía financiamiento y capacitación, una red que involucraba a los campesinos bolivianos, agencias financiadoras, organizaciones ejecutoras, distribuidores y procesadores. A partir de este esquema, Irupana pudo construir el marco institucional para que fluyera la información y los recursos, coordinar decisiones de inversión y permitir que sus asociados produjesen *exactamente* lo que el mercado demandaba.

Al mismo tiempo, operar a través de esta plataforma compartida permitió a Irupana acelerar los retornos y captar economías de tiempo. Según las palabras de Javier Hurtado, CEO de Irupana: "El programa de desarrollo de proveedores nos ha permitido alcanzar en dos años un volumen de exportación que a otras compañías les llevó de 10 a 15 años lograr". Aquellos que logran posicionarse en el centro de un ecosistema organizacional, y coordinar las acciones de sus miembros, pueden captar beneficios económicos significativos y moldear el entorno[48]. En el capítulo 3 se analiza en profundidad la manera en que las PyME operan con los sectores de bajos recursos.

Disminuir los costos de transacción

Como ha demostrado la investigación previa sobre los ecosistemas en mercados del tope de la pirámide, las organizaciones pivote pueden incrementar la productividad de todos los participantes al simplificar la compleja tarea de conectarlos entre sí[49]. En el contexto de los negocios inclusivos, reducir los costos de transacción es fundamental. La mayor parte de estas iniciativas tienen bajos márgenes de beneficio, lo que determina la necesidad de volúmenes altos para ser viables. Manejarse con grandes números de clientes o productores de bajos ingresos puede ser prohibitivamente complejo. Es por eso que muchas organizaciones pivote establecen alianzas intersectoriales estratégicas; concretar acuerdos de largo plazo con una OSC o una cooperativa es más fácil y efectivo que negociar con cientos de productores independientes. Por ello, encontrar el socio adecuado puede simplificar enormemente las cosas para una empresa interesada en conectar con SBI.

En los casos analizados, varias empresas colaboraron activamente en la construcción de un interlocutor organizacional que articulara a los socios de bajos ingresos. En algunos casos, la viabilidad de las cooperativas fue considerada un factor determinante por algunas de esas empresas a la hora de decidir si cooperar o no con los SBI. Tomemos las experiencias de Orsa y Natura, dos empresas brasileñas ambientalmente sostenibles y con comprobado compromiso con el desarrollo social. El Grupo Orsa es uno de los principales productores de papel y productos derivados. Una de sus empresas, Orsa Florestal, tenía por misión la actividad extractiva social y ambientalmente sostenible en la región del Amazonas. Desde 2003, Orsa Florestal ha venido trabajando en el desarrollo de una industria agrícola y forestal sostenibles en la municipalidad de Almeirim, junto a las comunidades del Vale do Jarí. Para 2005, la iniciativa mostraba resultados variados. Por un lado, una historia reciente de cooperativas fracasadas en la región, junto a una cultura local en la que prevalece el individualismo, habían dificultado los esfuerzos de la empresa por organizar a las comunidades en cooperativas. Los campesinos exigían a la empresa que les comprase los productos en forma individual, lo cual elevaba los costos de gobierno de la iniciativa a niveles inaceptables. Para Orsa Florestal, resultaba prácticamente imposible alinear a 500 individuos con la estrategia de la empresa o modernizar sus hábitos de trabajo.

La experiencia de Natura, por otra parte, ha evolucionado en la dirección opuesta. Natura creó la línea de productos Ekos, basada en plantas y aceites utilizados tradicionalmente por las comunidades indígenas de Brasil. La empresa decidió lanzar su programa piloto en la comunidad de Iratapurú, en función de dos factores: la riqueza ecológica de su entorno y la predisposición de los miembros de la comunidad a organizarse en cooperativas. Las etapas iniciales del proyecto no fueron fáciles, ya que los productores estaban habituados a verse como competidores y les costaba pasar a una dinámica de cooperación. Sin embargo, las comunidades participantes consiguieron avanzar hacia una cultura de colaboración y la iniciativa prosperó.

Apalancar la infraestructura social existente

La mayoría de las compañías ha reconocido que la confianza y la legitimidad son dos elementos fundamentales en estas iniciativas. En el esfuerzo por generar confianza, las empresas buscan capitalizar las redes sociales existentes. A su vez, las OSC han tomado conciencia de que pueden capitalizar su rica cartera de relaciones y la confianza construida a lo largo de años de compromiso con los SBI como un activo productivo que les permite generar recursos económicos mientras persiguen su misión. Una vez que se ha desarrollado una red sólida para ayudar a individuos vulnerables con un proyecto, tiene sentido utilizarla para lanzar otro proyecto del mismo tipo y captar lo que los economistas llaman "economías de escala": en la medida que la producción aumenta, el costo por unidad tiende a caer. Además, esa misma red puede ser utilizada para lanzar otras líneas de actividad complementarias: lo que los economistas llaman "economías de alcance". El capital social parece ser crucial, ya que estas redes de confianza y reciprocidad permiten convertir a una pluralidad de individuos aislados en comunidades de trabajo y con ello disminuir el costo de hacer negocios con sectores desposeídos.

La compañía Gas Natural BAN, que distribuye gas natural entubado en Argentina, se asoció con la Fundación Pro Vivienda Social (FPVS) para implementar un proyecto piloto dirigido a los SBI. Esta última había lanzado el primer programa de microcréditos para la construcción de viviendas en ese país y, en el proceso, había desarrollado una sólida red de clientes en los barrios humildes de Cuartel V, en las afueras de Buenos Aires. El proyecto —sugestivamente llamado "alianzas estratégicas y capital social"— recibió apoyo financiero del Banco Mundial e involucró a varias organizaciones de base, al gobierno local y a la agencia federal con competencia en temas de vivienda social. A través de esta alianza, la FPVS advirtió que la red social que había construido podía ser capitalizada para lanzar programas adicionales: rápidamente, pasó de administrar un solo programa a administrar cuatro.

Capacidad de influir sobre el entorno

Comprometerse con los distintos actores del ecosistema, tal cual se describe en el gráfico 5.1, extiende los límites de lo posible. Trabajar junto a otros integrantes de la comunidad de intereses económicos prolonga el alcance de la propia organización y le permite perseguir objetivos que hubieran sido sencillamente inalcanzables en forma individual. Cuando esta lógica se lleva al extremo, una organización puede llegar a modificar el entorno estructural en el cual operan los actores del ecosistema. Estudios previos sobre los principales ecosistemas empresariales revelan que las plataformas compartidas pueden influir en el entorno en el que opera una compañía y, a veces, crear industrias completamente nuevas[50]. Nuestra muestra no incluye cambios en ese orden de magnitud, pero sí permite observar que los participantes involucrados en un ecosistema a través de emprendimientos de inclusión pueden cambiar "las reglas del juego". Esto es lo que Dees denomina un "cambio estructural", entendido como un cambio en las condiciones del contexto que condiciona el comportamiento de sus actores[51].

La corporación Oro Verde (COV) es una empresa conjunta que busca mejorar las condiciones de vida de la población de bajos ingresos de la región del Chocó, en Colombia, a través de la minería artesanal, llevada a cabo en forma social y ambientalmente sostenible. Está integrada por dos OSC (Fundación Amigos del Chocó [Amichocó] y Fundación Las Mojarras) y organizaciones de base (consejos comunitarios) que articulan los intereses de la comunidad. Su modelo operativo se desarrolló a partir de las unidades familiares productivas (UFP), una forma organizativa tradicional y propia de la comunidad chocoana. Una UFP es una unidad económica y social: típicamente, las UFP están compuestas por unas siete personas, en general relacionadas en primer grado de consanguinidad.

La estrategia de constitución de alianzas con organizaciones de base le ha permitido a esta organización derribar resistencias y barreras de entrada en algunas comunidades (como Tadó y Condoto), ya que ofrece un incentivo a las organizaciones propias de la región para incorporarse. Además, a través de su trabajo en red, han conseguido un objetivo mucho más ambicioso. El modelo COV busca, por un lado, generar un medio de vida para poblaciones marginadas y, por el otro, crear un modelo de negocios que permita la utilización de los recursos mineros de la zona, mitigando los procesos de devastación del ecosistema del Chocó Biogeográfico causados por la minería a gran escala.

En otras palabras, la proposición de valor de COV incluye componentes intangibles sociales y ambientales, en forma análoga a la "madera sostenible" *(good wood)* que se produce bajo los estándares del *Forest Stewardship Council*[52]. El problema de COV es que ofrecía un producto diferenciado ("oro responsable") en un mercado que solo comercializaba productos básicos *(commodities)*. Por ese componente intangible, el "oro responsable" se vende en el mercado con un sobreprecio de 10% sobre el producto básico. COV sabía que existía una demanda lista para pagar ese sobreprecio, pero para poder llegar a esa demanda, debía generar el estándar que definiese qué significaba producir "oro responsable". Esta tarea, por definición, no puede hacerse en solitario.

Bajo el liderazgo de la Fundación Amigos del Chocó, COV se alió con el Instituto de Investigaciones Ambientales del Pacífico (IIAP), una entidad adscrita al Ministerio de Medio Ambiente de Colombia. El IIAP accedió a participar en el desarrollo técnico de los estándares de minería responsable, y más adelante, en la certificación del cumplimiento de los mismos por parte de las familias mineras artesanales. Sin embargo, el ecosistema de COV no es local, sino global: la mayoría de sus mercados son de exportación. Por lo tanto, no alcanzaba con tener una certificación local, que podía significar poco para el consumidor de la Unión Europea. Entonces, COV, bajo el liderazgo de Amichocó, se abocó a crear un foro *multi-stakeholder* que pudiese desarrollar estándares legítimos y globalmente reconocidos en minería responsable. El resultado de este esfuerzo fue la Asociación para la Minería Responsable (ARM, por sus siglas en inglés). Según Lina Villa, directora ejecutiva de COV, "ha sido un trabajo en red para crear un marco que nos permita pensar qué es minería responsable, sobre la base del modelo de COV pero con la conciencia de que la realidad minera es muy distinta en otras partes del mundo".

Trabajar con los sectores de bajos ingresos en estos ecosistemas

Las iniciativas estudiadas muestran diversidad en la profundidad y la densidad de los vínculos establecidos entre los distintos operadores de la cadena de valor extendida. Si consideramos esta variable, los casos pueden ubicarse en un continuo, a lo largo del cual se incrementa el protagonismo de los SBI. En un extremo de este continuo, los SBI fueron incorporados a una cadena extendida gestionada unilateralmente por una organización pivote; en el extremo opuesto, los SBI tuvieron un rol protagónico en la definición del modelo de negocios y en el manejo de la experiencia.

Cadenas de valor gestionadas en forma unilateral

Algunas de las organizaciones estudiadas consiguieron adaptar sus estructuras y procesos de modo de llegar a los SBI en forma exitosa sin ayuda externa. Lo que distingue a este grupo de iniciativas es que la cadena de valor está bajo el control vertical de una sola organización, aun cuando cooperan con organizaciones de apoyo o con reguladores para facilitar el éxito de su iniciativa.

Tomemos el caso de la multinacional mexicana Cemex. A mediados de 1990, la empresa advirtió que una parte de la demanda de cemento no era sensible a las crisis financieras periódicas que azotaban al país. Una investigación reveló que esa demanda no provenía de empresas constructoras sino de usuarios finales, no bancarizados y con bajos ingresos. Un análisis más profundo reveló que ese segmento incluía unos 45 millones de consumidores potenciales y que, en conjunto, tenían un poder de compra equivalente al 40% de la capacidad instalada de la compañía. Ese descubrimiento llevó a la empresa a lanzar Patrimonio Hoy, una iniciativa que apuntaba a facilitar la construcción de viviendas para los SBI con habitaciones de 10 metros cuadrados a dos tercios del costo histórico y en un tercio del tiempo, a través de un programa de ahorro y microcrédito. El éxito de este programa llevó a la empresa a analizar cuidadosamente su contexto socioeconómico, de manera de detectar las formas en que podía contribuir a la solución de problemáticas sociales. Este fue el origen de Construmex, una iniciativa que canaliza envíos de dinero provenientes de inmigrantes mexicanos residentes en Estados Unidos hacia la adquisición de materiales para la construcción y la construcción de hogares en México.

Al igual que en Patrimonio Hoy, Cemex controla unilateralmente la cadena de valor de Construmex. Sin embargo, el éxito de la iniciativa depende, en gran medida, de la cooperación con otras organizaciones. En primer lugar, Cemex mantiene una fuerte relación comercial con el flujo posterior, es decir, con la mayoría de las constructoras de vivienda en México, que son el siguiente eslabón en la cadena ampliada; Construmex funciona como un intermediario entre el cliente inmigrante y las constructoras mexicanas. Construmex también tiene una alianza con Conficasa, institución financiera con sede en Texas, para el cobro y el manejo de la cuenta de crédito de los clientes. Además, Cemex mantiene relaciones de cooperación con organizaciones de apoyo, que ven una convergencia entre su misión social y Construmex. Por ejemplo, la iniciativa se beneficia del programa "3 x 1 para inmigrantes" de la Secretaría de Desarrollo Social mexicana: por cada peso aportado por las asociaciones de inmigrantes para proyectos comunitarios en sus localidades de origen, los gobiernos federal, estatal y municipal aportan un peso cada uno. Construmex colabora con los clubes de inmigrantes en las ciudades en las que tiene puntos de venta, a través del auspicio de eventos deportivos y culturales que buscan recaudar fondos para el programa "3 x 1". A cambio, Construmex promueve sus servicios entre los asistentes a los eventos. Por último, Construmex ha establecido convenios de cooperación con los consulados mexicanos en ciudades de Estados Unidos con alta inmigración mexicana para promocionar el programa entre los residentes. El capítulo 2 analiza en profundidad cómo operan las multinacionales como Cemex con los sectores de bajos ingresos.

Cadenas de valor co-gestionadas a través de alianzas

En otros casos, la dinámica de la cooperación alcanzó otro nivel, al punto que porciones importantes de la cadena de valor de la iniciativa quedaron en manos de organizaciones y personas sobre las que la organización líder no tenía control directo. En estos casos, la cooperación se gestionó a través de alianzas, con frecuencia intersectoriales, en las que las compañías, cooperativas de OSC y emprendedores sociales se unían para alcanzar sus objetivos respectivos o comunes[53]. En estas alianzas, la suerte de sus miembros está entrelazada: o triunfan colectivamente, o todos soportan las consecuencias del fracaso. No hay autoridad vertical: la cooperación se coordina a través de la alineación de los intereses de sus miembros y la creación de incentivos para el trabajo conjunto.

Por regla general, la densidad (cantidad) e intensidad (calidad) de los vínculos de colaboración tendió a ser mayor en este grupo que en el grupo previo, tal vez debido al valor estratégico que estos vínculos tienen para la organización que lidera la iniciativa. Dado que construir redes insume recursos considerables (tiempo gerencial, dinero y otros), son gestionadas como un activo valioso. De hecho, algunas organizaciones manejan el concepto de "capital relacional"[54], entendido como el conjunto de relaciones de largo plazo basadas en la confianza y la lealtad sobre el cual construyen ventajas competitivas. Una vez que se ha construido una sólida red para viabilizar un proyecto, tiene sentido utilizarla para lanzar otro proyecto del mismo tipo y captar economías de escala y de alcance. El capital social parece ser crucial, ya que estas redes de confianza y reciprocidad permiten convertir a una pluralidad de individuos aislados en comunidades de trabajo y, así, disminuir el costo de hacer negocios con sectores desposeídos.

En los contextos vulnerables donde viven los SBI, en los que tanto el Estado como el mercado han tenido una presencia débil o inexistente, el capital social puede ser una de las pocas piedras angulares disponibles sobre la cual construir nuevas instituciones. En 2002 el supermercado venezolano Cativen llevó a cabo una iniciativa tendiente a integrar a los agricultores en su cadena de valor extendida como proveedores directos. Un factor que facilitó la construcción efectiva entre la empresa y la masa de agricultores de bajos ingresos de la zona de Timotes fue el capital social preexistente en la zona, ya que la comunidad tenía la experiencia histórica de haber trabajado en forma conjunta en otros proyectos de beneficio colectivo y de haberse organizado exitosamente para tal fin. Por ejemplo, desde la década de 1970 existen en la región comités de riego que llevan a cabo en forma efectiva, participativa y autogestionada una actividad esencial para la producción agrícola. Sobre este tejido relacional se construyeron las estructuras para una interacción eficaz entre empresa y comunidad.

Otro matiz diferencial que se da en estas redes es el rol activo y central de actores no tradicionales. En las iniciativas en donde una empresa privada gestiona unilateralmente la cadena de valor, las OSC son una presencia habitual (véase el anexo 5.1), pero no suelen desempeñar roles directos en la cadena de valor: los aliados comerciales son otras empresas privadas. Las OSC se limitan a cumplir un rol de apoyo, socialmente importante, pero subsidiario desde un punto de vista económico. En cambio, en las iniciativas lideradas por empresas en donde las cadenas de valor son co-gestionadas, las OSC, las organizaciones de base o los emprendedores sociales cumplen funciones vitales para la cadena de valor. Tomemos el caso de Amanco, una empresa líder en la producción de equipos de riego agrícola.

En 2006, la empresa decidió satisfacer las necesidades de mercado de pequeños agricultores de zonas marginadas de México. Estos productores poseían bajos niveles de tecnificación y productividad[55], lo cual limitaba su potencial de ingreso. Para ingresar en ese mercado, Amanco se alió con Ashoka y algunos de sus emprendedores, con quienes concibió una alianza intersectorial integradora[56] en la que empresa privada, emprendedores sociales, OSC y entidades gubernamentales cooperaron en torno a una cadena de valor común. Amanco tuvo que repensar su proposición de valor, más allá de la mera "venta de equipos". Para ajustarse a las necesidades específicas del nuevo segmento, ofreció una proposición de valor más integral que incluía servicios de asistencia al agricultor en alianza con OSC, tales como levantamientos topográficos, diseño, cotizaciones, trámites de concesión ante la Comisión Nacional del Agua, contactos para financiamiento y gestión de subsidios, y asesoría técnica para la instalación y apoyo para la comercialización. La OSC Red de Agronegocios Autosostenibles (RASA) distribuía los sistemas de riego y operaba como intermediario y punto de enlace entre Amanco y los productores agrícolas. El diseño y la presentación de préstamos estaba a cargo de la OSC Asociación Mexicana de Uniones de Crédito del Sector Social (AMUCSS), una federación de organismos de base compuesta por 32 uniones de crédito campesinas. AMUCSS administraba un fondo renovable de fuentes tan diversas como la Fundación Walmart, la Fundación Bimbo, la Fundación del Empresariado en México y el Fideicomiso de Riesgo Compartido, una agencia gubernamental. Asimismo, Walmart aportaba asesoría en comercialización, promoción y venta de la producción agrícola de los campesinos. Por último, pero no menos importante, ofrecía un canal minorista que permitía a los campesinos llevar su producción extendida en gran escala al mercado.

Pero el rasgo que distingue a las iniciativas co-gestionadas en red, en donde intervienen varios actores, es la necesidad de coordinación de los procesos productivos. "La fragmentación funcional [en la cadena de valor] requiere asegurar la compatibilidad y la complementariedad tecnológicas (…) en un esfuerzo de coordinación para una cuasi-reintegración y una producción efectiva sobre una base ahora descentralizada. La acción efectiva no es viable a menos que sea guiada por un mecanismo de coordinación que pueda manejar la complejidad creciente."[57] En nuestra muestra, las alianzas se pueden agrupar según la dinámica que prevalece en las relaciones entre los socios: de coordinación, concertación y cogobernanza.

a. Coordinación

En varias redes de subcontratación de proveedores, las organizaciones líderes tercerizaron porciones de sus cadenas de valor a asociaciones de productores o cooperativas de trabajadores de bajos ingresos. Cuando esto ocurre, los planes de trabajo deben ser estrechamente coordinados para asegurar sincronía y estándares de calidad. Por regla general, en esta cooperación las grandes líneas vienen determinadas por el modelo de negocios de la organización pivote, al cual los nuevos proveedores de bajos ingresos deben adaptarse.

Esta dinámica es ilustrada por la experiencia ya mencionada de Cativen, líder en el sector de comercio en grandes superficies de Venezuela, que procedió a integrar a los campesinos en su cadena de valor a través de "plataformas logísticas", próximas a las zonas de producción. La empresa no hacía compras *spot*, sino que negociaba contratos de largo plazo que garantizaban volúmenes de compra, y los productores se comprometían a respetar estándares de calidad. La empresa y los productores planificaban la cosecha y coordinaban el trabajo conjunto en función de las condiciones climáticas y las fluctuaciones de la demanda.

b. Concertación

En algunas redes, la dinámica de creación de valor y decisión conjunta fue un paso más allá. En estos casos, se crearon foros especiales para construir consenso, en donde cada socio podía articular sus intereses y negociar acuerdos. El caso de Agropalma, principal productor de aceite de palma de América Latina, ejemplifica esta dinámica. En 2001, la compañía lideró la creación de una red sofisticada, el Proyecto Agrícola Familiar, en el noreste de Brasil. La red permitía integrar a campesinos de bajos ingresos como proveedores y contaba también con la participación del gobierno estadual (Pará), del gobierno local (Moju) y del banco que financiaba la iniciativa (Banco da Amazônia). En la red se decide por consenso. Las decisiones estratégicas son tomadas en el contexto de un foro *multi-stakeholder*, que se reúne mensualmente y en el que participan todos los socios. Los aspectos tácticos y operativos se manejan en forma bilateral y diaria entre la empresa y los agricultores. Si bien la empresa no está en situación de igualdad con los agricultores, hay un acuerdo entre los socios para concertar posiciones y construir consensos.

c. Cogobernanza

Algunas de las redes estudiadas llevaron la lógica de la colaboración al punto de dar a los socios voz y voto determinante en la toma de decisiones estratégicas como el modus operandi de la alianza o la distribución de los beneficios económicos.

Como hemos explicado al inicio del capítulo, la colombiana Colcerámica, dedicada a la producción y venta de baldosas cerámicas y revestimientos sanitarios, creó una línea de productos específicamente pensada para las necesidades de los SBI, estratos dos y tres[58], de la sociedad colombiana. La propuesta de valor del producto consistía en una excelente relación calidad–precio, que se ofrecía a bajo costo por no tener gastos de publicidad o marketing y estar limitado a pocas líneas (menor variedad estética), lo cual simplificaba la logística. Sin embargo, servir al segmento de bajos ingresos requeriría además desarrollar un canal de distribución y comercialización especialmente ajustado a sus peculiaridades.

Desde el comienzo, la compañía decidió que no podría gestionar esta red por sí misma y convocó a Haidy Duque, una emprendedora social miembro de Ashoka, para que ayudara a diseñar un esquema de colaboración que pudiese apalancar las estructuras y liderazgos sociales existentes en la comunidad. Se eligió focalizar los esfuerzos en la zona de Usme, en Bogotá, y se convocó como socios a las "organizaciones comunitarias". Estas organizaciones de base se dedicaban a la provisión de servicios sociales y al fortalecimiento de la infraestructura de barrios pobres y eran reconocidas por su fuerte liderazgo, alta credibilidad y un estilo de toma de decisiones participativo.

Juntos, la empresa, el emprendedor social y las organizaciones comunitarias diseñaron un esquema de colaboración en red, estructurado alrededor de un foro *multi-stakeholder* llamado núcleo organizacional comunitario, que incluía a todos los socios. Este foro definió por consenso el modo de operación de la cadena de valor y la distribución de los beneficios generados entre los distintos actores. Inicialmente, el NOC supervisaba la comercialización de los productos Ibérica y administraba los ingresos por las ventas puerta a puerta, además de servir como centro de exhibición de toda la línea en entornos accesibles a las comunidades involucradas. Su labor era financiada por una comisión del 3% sobre las ganancias. Las ventas se hicieron en todo momento a través de "promotoras": trabajadoras de la propia comunidad contratadas para ir de casa en casa y llevar a cabo actividades de promoción, comercialización, asesoría en la compra, facturación, cobro y servicios de posventa y de garantía, retribuidas por comisiones sobre sus ventas. Estas mujeres constituyen la cara visible de la iniciativa: tienen la confianza de sus pares y gozan del acceso libre a sus casas.

¿Coordinación, concertación o cogobernanza? ¿Qué importancia tienen?

La lectura de los párrafos precedentes rápidamente genera una pregunta: ¿qué razones llevan a una organización a ceder, aunque sea en parte, el control sobre procesos clave para su negocio? Al final de cuentas, Colcerámica podría haber contratado a sus promotoras en forma unilateral para comercializar sus productos, sin necesidad de invertir tiempo y dinero en construir consensos. La respuesta a esta pregunta es sin duda compleja; este estudio solo puede sugerir algunas pautas para comenzar a responderla.

Dos razones parecen importantes; la primera es la necesidad de generar compromiso a partir de la *apropiación* de la iniciativa por parte de las comunidades de bajos ingresos[59]. Solo cuando la comunidad se apropia de la iniciativa se generan incentivos lo suficientemente fuertes como para que luche activamente por su éxito. Recuérdese la experiencia de Colcerámica, citada al comienzo del capítulo: para las madres del barrio de Usme, como Ana Delia Ibarra, el éxito de la iniciativa era la única manera de lograr una vida digna y mantener abierta la guardería de la comunidad, por lo que hicieron todo lo posible para conseguirlo.

La segunda razón que emerge de los casos estudiados es la opacidad de estos mercados, entendida como la falta de información sistematizada para apoyar la toma de decisiones. Quien ingresa en terreno desconocido y resbaladizo a menudo busca un socio local que lo tome de la mano y lo acompañe. Incluso iniciativas como las de Cemex, que no recurren a redes, contratan personal local al momento de servir a los SBI. Lo que las redes permiten es llevar esa lógica a otro plano. A través de vínculos horizontales y de largo plazo, las empresas que incursionan en estos mercados captan información valiosa para el negocio, que es rica, contextualizada e informal, lo que la bibliografía de gestión denomina información "de grano fino" (*fine grained data*) o tácita.

Por ejemplo, ¿cómo evaluar la capacidad y la voluntad de pago de alguien que no tiene historia crediticia? Solo la propia comunidad puede hacerlo. La respuesta no es trivial, porque puede ser la diferencia entre excluir a un incumplidor crónico, o perder un cliente leal que pasa por un mal momento. En palabras de Santiago Ataguile, de la gerencia de marketing de Gas Natural BAN:

> Nosotros manejábamos la información "del medidor para afuera", mientras que Comunidad Organizada y FPVS manejaban la información "del medidor para adentro". Nosotros sabíamos *cuánto* nos debían las personas, pero no *por qué*, y era algo que necesitábamos saber.

Dos dinámicas son útiles a la hora de entender qué lleva a una organización a construir una red. En lo externo, el nivel de articulación y desarrollo del mercado en el que se inserta; en lo interno, los valores de la empresa y su identidad organizacional.

El grado de "opacidad" está vinculado con el nivel de desarrollo del mercado en el que se inserta. Algunas de las iniciativas estudiadas se gestaron en un contexto en el cual existía una oferta articulada, con sistemas de producción y canales de distribución preestablecidos. Por ejemplo, iniciativas como la de Construmex, ya mencionada, pudo apoyarse en un rico tejido institucional (para una descripción de su ecosistema, véase el anexo 5.1). Cuando se cuenta con un entorno tan rico y bien estructurado, no hay necesidad de desarrollar alianzas sofisticadas. Pero en ausencia de ese tejido institucional, es difícil operar. Consideremos el caso de Cativen: la empresa no tenía interés en ingresar en el negocio de la agricultura. Se vio forzada a hacerlo por una debilidad en el ecosistema: el bajo nivel de desarrollo del sector agrícola venezolano. Según palabras de Jean Marie Hilarie, CEO de Cativen, "una vez que un país se ha desarrollado lo suficiente, volvemos a concentrarnos en nuestro negocio principal, que es el comercio, y dejamos que los granjeros se ocupen de la calidad de sus productos. Para cuando dejamos las cooperativas agrícolas francesas, sabían mucho más de la industria que nuestra propia gente". Por eso, las redes de colaboración pueden contribuir a crear un marco institucional que no puede emerger de manera espontánea. Algunos trabajos hablan de la "construcción social de mercados", entendiendo el mercado no como un punto de convergencia entre la oferta y la demanda sino más bien como el contexto que viabiliza la interacción iterativa de individuos, organizaciones y compañías, que conlleva a la creación de riqueza[60].

Pero el contexto no lo explica todo. Contextos similares pueden generar iniciativas con diferentes grados de participación en la toma de decisiones. Por ejemplo, a pesar de operar en mercados muy similares, las iniciativas Palmas del Espino (Perú) y Agropalma (Brasil) ofrecieron a los SBI espacios de participación muy diferentes (el anexo 5.1 ofrece una síntesis de sus características). También tallan aquí los valores organizacionales, puesto que algunas organizaciones pueden ver un valor intrínseco en generar una dinámica participativa con actores de su ecosistema.

Otra pregunta importante para hacerse atañe al otro lado de la ecuación: la comunidad. ¿Qué importancia tiene que la comunidad de bajos ingresos establezca relaciones de coordinación, concertación o cogobernanza? A final de cuentas, podría pensarse que lo único importante es el valor que genera la iniciativa, con independencia de la forma que asume su gestión. Si se generan mayores ingresos para los productores de SBI, o productos de mejor calidad y menor precio para los consumidores de SBI, lo demás podría ser visto como secundario. Sin embargo, la estructura y los procesos de gestión no son indiferentes.

Cuando una comunidad de bajos ingresos tiene un lugar en la mesa de decisión, no es solo su ingreso lo que mejora. Ser parte del debate y ejercitar la gimnasia de tomar decisiones de peso permite el desarrollo de habilidades clave, como la de gestionar los propios recursos y el propio futuro. Aunque la empresa se marche, ese saber queda, algo que no ocurre cuando los pobres son sujetos pasivos de un modelo determinado por otros. Y tan importante como el saber técnico de gestionar es la actitud de reflexión crítica, de toma de decisiones responsable y de iniciativa emprendedora. Por ejemplo, los participantes de la iniciativa de Colcerámica concuerdan en que, a resultas de la experiencia, las organizaciones comunitarias participantes han incrementado su capacidad de gestión. La participación en centros de servicio Ibérica ha materializado para las juntas de acción comunal proyectos empresariales que llevaban tiempo planeando. Quienes trabajan en la mitigación de la pobreza hace tiempo que han advertido que lo importante no es dar un pescado a un hombre hambriento, sino enseñarle a pescar. Sin embargo, tan importante como el conocimiento técnico de cómo pescar es la habilidad de decidir qué pescar y de organizar los recursos disponibles, tanto físicos como humanos, para hacerlo realidad[61].

Los modelos que facilitan la co-gestión por parte de los SBI ofrecen un valor agregado, intangible y adicional al rendimiento económico de la iniciativa. Algunos autores van más allá y lo consideran un nuevo paradigma, superador de las prácticas del capitalismo tradicional. Este último opera a partir de "intervenciones clínicas": la empresa considera a los SBI como un actor externo y lejano, y diseña "soluciones" a necesidades "objetivas", como un doctor que examina a su paciente y receta un tratamiento, sin preguntarle su opinión. En el nuevo paradigma, los distintos actores del ecosistema co-generan riqueza, se comprometen unos con otros y contemplan sus respectivas necesidades para generar soluciones a medida[62].

La otra cara de la moneda es que quizás el valor de los foros de cogobernanza para las empresas probablemente sea temporal. Si lo que lleva a democratizar la toma de decisiones es solamente el contar con un aliado motivado en un terreno desconocido, podría pensarse que el valor de estos esquemas tenderá a depreciarse una vez que las empresas desarrollen la capacidad de intervenir en esos mercados en forma unilateral. La experiencia de Colcerámica sugiere esta conclusión. Un año y medio después de lanzar su programa piloto en Usme, la compañía decidió reproducir la experiencia en mayor escala en áreas de bajos ingresos de otras grandes ciudades de Colombia: Cali y Medellín. Pero esta vez, el énfasis no estuvo en la construcción de confianza, la transparencia y el consenso. En cambio, la prioridad fue captar economías de tiempo y de escala, e incrementar la eficiencia bajando los costos; en otras palabras, la empresa aplicó una racionalidad de gestión puramente económica, que demandaba mayor estandarización y, por lo tanto, control unilateral de la cadena. En la experiencia de Usme, Colcerámica procuró aprender por ensayo y error, y se enfocó en las buenas prácticas y en sistematizar los aprendizajes. Una vez que contó con este saber, se buscó escalarlo y maximizar la eficiencia y la rentabilidad. Por eso, las redes construidas en las nuevas ciudades no incluyeron un núcleo organizacional comunitario; los componentes horizontales se debilitaron a favor de un estilo de gestión más vertical. Incluso en el caso piloto de Usme, el NOC terminó siendo eliminado.

"Amistad de negocio"

Las relaciones puras de mercado se caracterizan por ser impersonales y centradas en un intercambio de valor de corto plazo. Nuestra muestra revela que comprometerse con el ecosistema requiere construir otro tipo de relación: una personalizada y que se proyecte hacia el futuro. En la práctica, esto se traduce en la voluntad de acompañar al socio en las malas épocas e, incluso, en invertir recursos para fortalecerlo. En este modelo de relación se construye un compromiso interpersonal que genera conductas difíciles de comprender en su totalidad desde una óptica puramente de mercado; por ejemplo, el mantener la lealtad al socio pese al surgimiento de proveedores alternativos que ofrecen ventajas de precio o el abstenerse de explotar una vulnerabilidad temporal del socio o de maximizar precio en forma sistemática. Esto no debe interpretarse en el sentido de conductas irracionales o "suicidas", ya que, en ocasiones, este comportamiento es justamente el camino más directo para generar ventajas comerciales en el largo plazo. La expresión "amistad de negocio"[63] más bien alude a la necesidad de generar una relación cercana, personalizada y sostenida en el tiempo, que va más allá de una transacción comercial para poder operar en estos mercados. Simanis y Hart trabajan el concepto de "intimidad de negocio" como requisito previo para que el sector privado pueda "co-crear" valor junto a actores no tradicionales. Esta intimidad se produce cuando la empresa y la comunidad pasan a verse en forma interdependiente y establecen un compromiso recíproco con el crecimiento de largo plazo de ambos[64].

Este tipo de relaciones parece ser habitual en la construcción de ecosistemas socialmente inclusivos. En palabras de Javier Hurtado, director de Irupana, "esa es la visión que tenemos de nuestros proveedores de bajos ingresos: somos socios. Hay una relación humana y comercial (...), tenemos que humanizar las relaciones comerciales". O, en palabras de un director de Construmex, la iniciativa de Cemex que busca servir a inmigrantes, "tratamos de hacernos amigos del cliente".

Cabe preguntarse si no resulta un tanto ingenuo afirmar que pueden formarse "amistades" o "intimidad" en un contexto de negocios en el que se mueven intereses económicos tan importantes. No se sugiere aquí que los integrantes de un ecosistema deban tener intimidad o amistad en sentido literal. Estos términos se utilizan solo como metáforas para aludir a una relación que va más allá del corto plazo y que es más amplia que una mera transacción de mercado. La idea de "amistad de negocio" tiene una naturaleza dual. Por un lado, pone el acento en el arraigo y en el compromiso y la estabilidad a largo plazo. Por otro lado, tiene un componente material y utilitario, ya que, a final de cuentas, son relaciones que nacen y se desarrollan en un contexto de negocios y deben evaluarse en esos términos.

Para entender el surgimiento de esta modalidad de vínculo, hay que tener presente que estas relaciones no surgen de las buenas intenciones de los individuos, sino motivadas por un imperativo de gestión. Multinacionales tan exitosas como Starbucks hacen de la construcción de este tipo de vínculos una política expresa, conscientes de los beneficios que reporta[65]. La experiencia de Gas Natural BAN provee evidencia adicional para entender el punto. Como se mencionó, desde 2003, Gas Natural BAN ha venido desarrollando un modelo de negocios que le permite incorporar como clientes a los SBI. Cuando la empresa desembarca en una comunidad pobre, no lo hace solo con su equipo de ventas; también llega el personal de relaciones con la comunidad, que inmediatamente implementa una batería de programas de capacitación alrededor del concepto del consumo responsable y sostenible de energía. Según un miembro del equipo de relaciones externas de la empresa:

> Desde Relaciones Externas, acompañamos todo el proceso [de gasificación] con los programas de responsabilidad social empresaria que tenemos. Lo importante es que podamos llegar con todo, o sea, no solo llegar, poner el gas y "si te he visto no me acuerdo". La compañía tiene un compromiso de larga data con las comunidades en las que opera.

Lo interesante es que este compromiso surgió de la experiencia de gestión. Unos años antes, la empresa había lanzado otra iniciativa, Gas para Todos, que apuntaba a incorporar a SBI como clientes desde una perspectiva puramente comercial. En lugar de construir una relación con la comunidad, Gas Natural BAN siguió su política habitual: la relación con los nuevos consumidores se dejó en manos de instaladores independientes. Entre 1997 y 2001, se matricularon cerca de 100.000 nuevos clientes; sin embargo, en pocos meses, una porción sustancial dejó de honrar sus pagos. Después de un tiempo, se descubrieron las raíces del problema: los instaladores no habían priorizado los intereses de la empresa, ni los de los ciudadanos de bajos ingresos: solo habían maximizado sus intereses financieros de corto plazo. Hogares habituados a tener una boca de consumo recibieron seis o siete, lo que generó que pese a tener una energía sustancialmente más económica, sus facturas se hicieran insostenibles. Eventualmente, la compañía entendió que no solo era importante prestar atención a la dimensión de su cartera de clientes, sino también a su calidad. Concluyó que los SBI representaban un segmento de mercado viable, pero no fácil ni inmediato, y que poder servirlo en forma rentable necesitaría desarrollar una relación estable y de beneficios mutuos. Incorporar clientes que dejarían de pagar en seis meses era un mal negocio para la empresa y una fuente de frustración para los consumidores. La construcción de esa relación de largo plazo implicaría, en este caso particular, brindar capacitación sobre los niveles adecuados de consumo responsable.

Esta experiencia también muestra otro hecho que caracteriza a las "amistades de negocios": en ocasiones, los socios se abstienen de maximizar el lucro. Por el contrario, tienden a *satisfizar*: neologismo que surge de combinar "satisfacer" y "alcanzar"[66]. La idea que subyace a esta lógica es que abstenerse de una ganancia máxima de corto plazo puede llevar a un ingreso estable y sostenible en el largo plazo. En el caso de Gas Natural BAN, vender una boca de gas que el consumidor puede pagar, porque sirve a sus necesidades básicas, resulta más atractivo que vender seis bocas, que serán fuente de un ciclo de desconexión, litigios y frustraciones para ambas partes.

La contracara del concepto de "amistad de negocios" es que no todo es aceptable. Así como el compromiso con un amigo en ocasiones implica marcar límites, también se da en estas relaciones algo similar a lo que los sajones denominan *tough love* (compromiso emocional que a veces implica un regaño). En la mirada de sus protagonistas, el compromiso no es excusa para la complacencia o la ineficiencia. En palabras de Jonathan Nickell, gerente de marketing de Colcerámica, "a pesar del contenido emocional tan grande que tiene este proyecto, tenemos claro que es un negocio". Por eso, el apoyo que se brinda necesariamente está atado al esfuerzo. En estas comunidades económicas, los actores son convocados porque tienen algo valioso para aportar, y son recompensados por ello. Al mismo tiempo, esta idea no siempre está exenta de polémica. Según Javier Hurtado, cofundador de Irupana, después de tantos años de trabajo con organizaciones de cooperación para el desarrollo, muchos campesinos en Bolivia se habían acostumbrado a recibir donaciones motivadas por la caridad, a "obtener beneficios sin realizar ningún esfuerzo".

Para reforzar este punto, a menudo la organización pivote que lidera la iniciativa genera incentivos positivos, con precios preferenciales para quienes cumplen con los estándares de calidad y cantidad, y negativos, con sanciones para quienes no cumplen con las expectativas. La empresa Costa Rica Entomological Supplies (CRES) trabaja con una red de campesinos en la producción de capullos de seda, que luego exporta. La producción está sujeta a estándares exigentes de calidad y, a cambio, los productores reciben un sobreprecio de 20% a 25% por encima del precio en el mercado abierto. Cuando un productor no alcanza esos estándares, se le da una advertencia; a las tres advertencias, se lo sanciona. Si bien no ha sido necesario llegar a ese extremo, el contar con esa regla ha instalado en la red una cultura de cumplimiento y la convicción de que satisfacer las necesidades de los consumidores es la clave para mejorar el nivel de vida de los campesinos.

¿Cuáles son los límites de la "lealtad" que genera la amistad de negocios? Sin duda, debe estar sustentada por una comunidad de intereses económicos convergentes. Estos esquemas de colaboración no pueden construirse de espaldas al mercado, ni en contra de él. De no ser así, probablemente estas lealtades se derrumbarán. En la muestra estudiada, no se dio ningún caso de este tipo, aunque la experiencia de CRES sirve para tantear los límites. El negocio de exportación de capullos tiene bajas barreras de entrada y la mejora en el ingreso de los socios de CRES llevó a muchos campesinos a esa actividad. Aunque de menor calidad, la oferta adicional deprimió los precios en el mercado local y amenaza con minar las bases del modelo de negocios de CRES, basado en mejorar el ingreso de los campesinos a través de una calidad superior y precios minoristas altos. A medida que los precios bajan, se comenta que algunos campesinos están considerando desertar de la red de CRES, tratar directamente con los exportadores y ofrecerles precios más bajos que los de CRES.

Conclusión

En las páginas que preceden, se analizó la relevancia que para una organización tiene la comunidad de intereses económicos en la que se inserta. Se revisó cómo entender esa comunidad, identificar sus componentes y advertir las fuerzas de corto y largo plazo que la moldean, lo cual permite convertir amenazas en oportunidades. En particular, se analizó cómo el compromiso con el ecosistema organizacional puede ser un camino para la inclusión social cuando una organización se aboca a remediar los cuellos de botella de esa comunidad, ya sea en la búsqueda de lucro privado o persiguiendo una misión social. Cuando ello ocurre, los observadores pasivos, una fuente potencial de conflicto, se transforman en productores activos, una fuente de riqueza.

En esta sección final, se buscará resaltar algunos de los aprendizajes para la práctica que deja la lectura de este capítulo. Para anclar los conceptos a la realidad, se aplicarán a uno de los casos de la muestra: la iniciativa co-liderada por la empresa argentina Gas Natural BAN y la FPVS.

1. Identificar y comprender la red de relaciones en el ecosistema

En primer lugar, el análisis nos muestra la importancia de comprender con claridad las relaciones con las diferentes organizaciones que giran alrededor de la propia cadena de valor. Estas relaciones pueden considerarse como plataformas para concretar colaboraciones permanentes o puntuales, que pueden expandir el alcance de la propia organización. Los casos precedentes nos muestran cómo el contar con la colaboración activa de reguladores u otros actores del ecosistema puede expandir eficazmente los límites de lo posible para cualquier organización.

Como se puede observar en el gráfico 5.3, Gas Natural BAN supo advertir el potencial de una alianza con la FPVS, que actuó como un organizador de la demanda de gas en los SBI. A partir de una alianza, ambos encontraron la manera de superar las barreras de distribución y financieras que dificultaban el acceso a ese segmento. A través de una cadena híbrida, la propia comunidad se "apropió" de la comercialización y la financiación, lo que hizo posible la extensión de la red de gas natural adonde no había podido llegar hasta entonces.

Gráfico 5.3
Ecosistema organizacional de la iniciativa de
Gas Natural BAN en Cuartel V

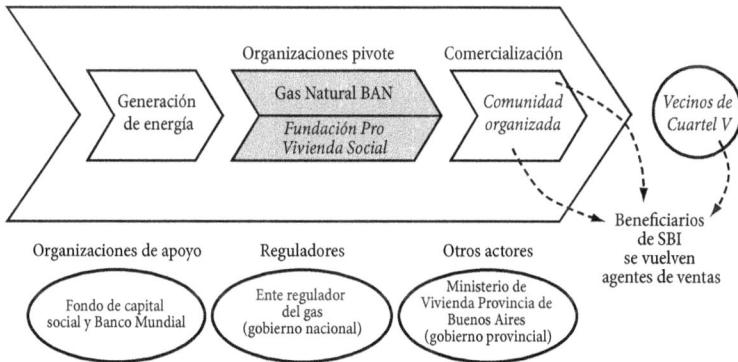

---

2. Apalancar el capital social existente
Una vez tomada la decisión de explorar el ecosistema de relaciones que giran alrededor de la propia cadena de valor, la experiencia sugiere las ventajas de **construir a partir del capital social**. Conocer las estructuras, liderazgos y normas existentes no escritas permitirá economizar tiempo y recursos. En la práctica, un buen lugar para comenzar —"la punta del ovillo", en palabras de uno de los entrevistados— es el entramado de asociaciones civiles, cooperativas, organizaciones de base u otros actores con presencia en el terreno. Abordar esas organizaciones permite aprovechar la energía latente en la comunidad y movilizarla en pos del éxito de la iniciativa. Este

activo puede ser una herramienta efectiva en términos de costos para entablar una relación de trabajo efectiva entre la comunidad y el mercado.

Gas Natural BAN consiguió asegurar una conexión efectiva con los SBI cuando la FPVS, que venía trabajando desde hacía tiempo en la localidad de Cuartel V, le ofreció un modelo de gestión social para que los pobres de esa comunidad tuvieran acceso al servicio de gas. Según el director ejecutivo de la fundación, Raúl Zavalía, "convertimos el capital social de la comunidad en capital financiero". Para ello, la FPVS lideró el proceso que llevó a la creación de Comunidad Organizada, una convergencia interinstitucional de 45 organizaciones de base de Cuartel V. En palabras de Fabián Chamadoira, gerente de operaciones de la zona oeste de Gas Natural BAN, "sin un tejido social, las probabilidades de fracaso son altas".

3. Apuntalar expectativas, reducir la incertidumbre y posibilitar las inversiones

Comprometerse con otras organizaciones en un ecosistema puede estabilizar los entornos inciertos, apuntalar expectativas y clarificar compromisos y roles. Contar con dicho soporte puede ser fundamental para reducir la incertidumbre y, por tanto, posibilitar inversiones. Muchas de las iniciativas en nuestra muestra requirieron el accionar conjunto de varios actores, de modo de construir canales para la circulación de recursos, información y mercaderías. En ocasiones, estas combinaciones organizacionales dan lugar a nuevos modelos de negocios, que sencillamente no hubieran sido viables a través de esfuerzos aislados.

Varias instituciones participaron en el Fideicomiso[67] Redes Solidarias: el Fondo de Capital Social (Foncap)[68], que prestó US$3 millones, el Banco Mundial, que donó US$750.000 en el marco del programa Development Marketplace, y los propios vecinos, a través de sus aportes. La combinación de voluntades y de recursos generó una masa crítica que dio credibilidad al proyecto. El fideicomiso sirvió como herramienta financiera flexible y transparente para canalizar y captar inversiones de varias fuentes, algunas de las cuales no hubieran podido "donar" fondos a una empresa privada.

4. Asegurar la apropiación por parte de la comunidad

Un aprendizaje central de los casos estudiados es la importancia que tiene que las comunidades de bajos ingresos beneficiarias hagan suyo el proyecto, que no se vean a sí mismas como meros "clientes" o "consumidores" del mismo. Para que la iniciativa tenga éxito en el largo plazo, las comunidades involucradas deben percibir el proyecto como propio. En particular cuando los mercados son opacos, la información "de grano fino" o "tácita" es importante para el éxito del emprendimiento, o cuando el mercado exhibe bajo nivel de desarrollo.

Además de sus ventajas como herramienta financiera, la constitución de un fideicomiso tuvo efectos importantes en términos de "apropiación" por parte de la comunidad. Cuando los vecinos preguntaban sobre el costo de la ampliación de la red de gas, la FPVS respondía "depende de ustedes". El costo por vecino resultaba de una división[69]. El costo total era el numerador, pero el denominador, que medía el compromiso de la comunidad con la obra, era igualmente importante (véase el gráfico 5.4). Cuanto más grande el denominador, menor la carga para cada vecino. Además, los vecinos no hacían pagos "a la empresa", sino que invertían en sí mismos. El objetivo del fideicomiso era financiar obras de interés para la comunidad. Si el fondo resultaba sobrevendido (como finalmente ocurrió), los excedentes no irían a los bolsillos de unos accionistas, sino a mejorar la calidad de vida de los vecinos. Ambos argumentos, sumados a incentivos monetarios para los primeros adherentes al fideicomiso, convirtieron a muchos miembros de la comunidad en promotores y vendedores activos de la iniciativa, con una dinámica similar al llamado "marketing viral".

Gráfico 5.4
Compromiso de la comunidad y carga financiera

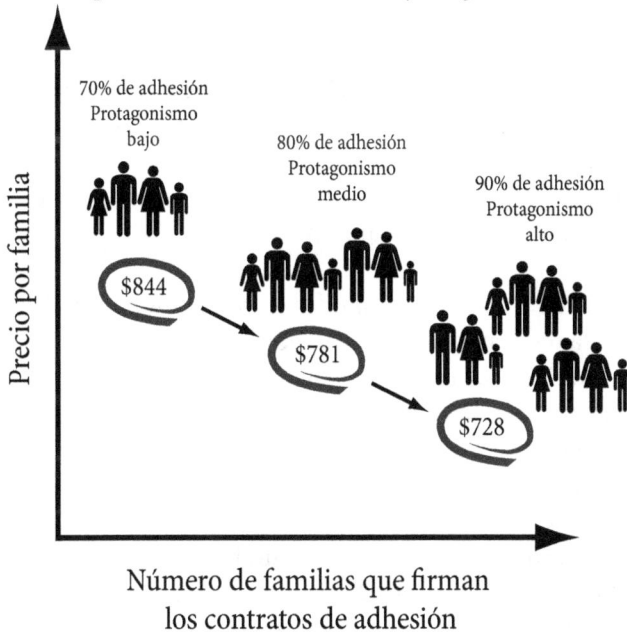

Precio por familia

70% de adhesión
Protagonismo bajo

80% de adhesión
Protagonismo medio

90% de adhesión
Protagonismo alto

$844

$781

$728

Número de familias que firman
los contratos de adhesión

5. Desarrollar relaciones humanizadas a largo plazo

La dinámica de la interacción del ecosistema en iniciativas destinadas a los pobres ilustra las limitaciones de los enfoques comerciales tradicionales y la necesidad de desarrollar relaciones más holísticas entre las partes. Las formas tradicionales de relacionarse en el mercado, basadas en transacciones despersonalizadas, de una única vez y a corto plazo, no necesariamente sirven para trabajar con los sectores de bajos ingresos. Esta lección tiene importantes implicaciones para varias de las diferentes áreas de la empresa (marketing, finanzas, responsabilidad social, planificación estratégica, etc.). La idea de "amistad de negocios" tiene una naturaleza dual. Por un lado, posee un componente personal que pone el acento en el arraigo, el compromiso y la estabilidad a largo plazo. Por el otro, incluye un componente material y utilitario, ya que, a final de cuentas, son relaciones que nacen en torno de negocios y deben responder por los recursos invertidos, aun cuando el emprendimiento no tenga fines de lucro y persiga una misión social.

Este capítulo describió la atención que dedicó Gas Natural BAN a la construcción de relaciones arraigadas de cooperación que iban más allá de transacciones de una única vez y ponían el acento en la continuidad. Esa política derivó de un aprendizaje pragmático surgido de la propia experiencia, que hizo patentes las limitaciones del modelo comercial tradicional para vincularse con este segmento. Según explicó Raúl Zavalía, director de la FPVS, trabajar juntos "implica un esfuerzo extraordinario para ambas partes; la interacción de los vecinos con las empresas de servicios públicos y las interacciones de Gas Natural con este tipo de clientes requirió desarrollar una serie de mecanismos de articulación que permitieran promover y facilitar esa interacción". Estos mecanismos no se improvisan de un día para el otro, sino que se construyen en el contexto de relaciones arraigadas y basadas en la confianza mutua.

6. La legitimación a través de resultados de beneficios mutuos

Aunque pueda resultar evidente, es importante resaltar que la confianza se solidifica a partir de los resultados. Siempre ayuda generar victorias tempranas para revertir una tradición de desencuentros y desconfianza entre las comunidades de bajos ingresos y las compañías. Trabajar juntamente con varios actores y focalizar sus actuaciones en retos específicos puede producir resultados muy interesantes.

La iniciativa co-liderada por Gas Natural BAN y la FPVS tiene resultados importantes para mostrar. Desde septiembre de 2003 hasta mayo de 2006, la iniciativa posibilitó que 1.867 viviendas tuvieran gas domiciliario. El peso de la partida del presupuesto familiar dedicada a la compra de energía pasó de 103 pesos argentinos (US$34) al mes (en combustibles alternativos al gas de red como gas envasado, leña, kerosén, estufas eléctricas, carbón y otros combustibles) a una cuota temporaria de 22 pesos argentinos (US$7) al mes por la obra de tendido e instalación de la red de gas, más un consumo mensual de gas variable (entre US$3 y US$15 por mes).

Notas

1. Charles Holliday, Stephan Schmidheiney y Philip Watts, *Walking the Talk: The Business Case for Sustainable Development* (Sheffield: Greenleaf Publishing, 2002).
2. Diana Trujillo Cárdenas y Roberto Gutiérrez, "The Base of the Pyramid, Citizenship above Consumerism: Colombia's Colcerámica," *ReVista: Harvard Review of Latin America* (otoño de 2006).
3. Stuart L. Hart y Clayton M. Christensen, "The Great Leap: Driving Innovation from the Base of the Pyramid," *MIT Sloan Management Review* (otoño de 2002).
4. Ibíd.
5. C. K. Prahalad y Stuart Hart, "The Fortune at the Bottom of the Pyramid," *Strategy + Business*, nro. 26 (2000).
6. John Weiser et al., *Untapped: Creating Value in Underserved Markets* (San Francisco, CA: Berrett-Koehler Publishers, 2006).
7. Allen L. Hammond et al., *The Next 4 Billion: Market Size and Business Strategy at the Base of the Pyramid* (Washington, DC: World Resources Institute e International Finance Corporation, 2007).
8. C. K. Prahalad, *The Fortune at the Bottom of the Pyramid: Eradicating Poverty through Profits* (Upper Saddle River, NJ: Wharton School Publishing, 2005), 65.
9. James Austin et al., *Alianzas sociales en América Latina. Enseñanzas extraídas de colaboraciones entre el sector privado y organizaciones de la sociedad civil* (Cambridge, MA: Universidad de Harvard, Centro de Estudios de América Latina David Rockefeller, distribuido por Harvard University Press, 2004).
10. Social Enterprise Knowledge Network, *Gestión efectiva de emprendimientos sociales. Lecciones extraídas de empresas y organizaciones de la sociedad civil en Iberoamérica* (Washington, DC: Banco Interamericano de Desarrollo y Centro de Estudios de América Latina David Rockefeller, 2006), 316.
11. Por ejemplo, la llamada "ecología organizacional" se enfoca en el contexto en el cual las organizaciones compiten, y analiza dinámicas como la evolución de la población en estos sistemas y su tasa de mortalidad y natalidad (ritmo de desaparición y creación de empresas). Para profundizar sobre esta manera de

comprender el término pueden consultarse Glenn R. Carroll, "Organizational Ecology," *Annual Review of Sociology* 10 (1984), y Michael T. Hannan y John Freeman, *Organizational Ecology* (Cambridge, MA: Harvard University Press, 1989). El término se utiliza aquí con un alcance diferente.

12. Un "marco que permite a los actores del sector privado y social (...) actuar juntos y crear riqueza en una relación simbiótica". Prahalad, *The Fortune at the Bottom of the Pyramid: Eradicating Poverty through Profits*, 65.

13. James, F. Moore, *The Death of Competition: Leadership & Strategy in the Age of Business Ecosystems* (Nueva York: HarperBusiness 1996), 26.

14. Michael E. Porter, *Competitive Advantage: Creating and Sustaining Superior Performance* (Nueva York: Free Press, 1985).

15. Marco Iansiti y Roy Levien, "Strategy as Ecology," *Harvard Business Review* (marzo de 2004), 1.

16. Ibíd.

17. Seguramente, se podría argumentar que la idea es bastante antigua, y la encontramos ya en la Edad Media con el florecimiento de las ciudades.

18. James, F. Moore, *The Death of Competition: Leadership & Strategy in the Age of Business Ecosystems* (Nueva York, NY: HarperBusiness 1996), 3.

19. Ibíd, 8.

20. Marco Iansiti y Roy Levien, "Strategy as Ecology," *Harvard Business Review* (marzo de 2004), 2.

21. Michael E. Porter, *Competitive Advantage: Creating and Sustaining Superior Performance* (Nueva York: Free Press, 1985).

22. Esta categoría no se desarrolla extensivamente por no haber sido particularmente relevante en el análisis de nuestra muestra. Un análisis más refinado puede encontrarse en Paul N. Bloom y Gregory Dees, "Cultivate your Ecosystem," *Stanford Social Innovation Review* 6, nro. 1 (invierno de 2008).

23. Carlos Rufín, "The Role of Government LIS Market Initiatives and the Public Sector," *ReVista: Harvard Review of Latin America* (otoño de 2006).

24. Antonio Tencati y Laszlo Zsolnai, "The Collaborative Enterprise," *Journal of Business Ethics* (2009), 374.

25. Carlos Rufin y Miguel Rivera-Santos, "Global Village vs. Small Town: Understanding Network as the Base of the Pyramid" (documento inédito, 2008), 15.

26. R. Edward Freeman, *Strategic Management: A Stakeholder Approach* (Boston: Pitman, 1984).

27. Véase, por ejemplo, ibíd.

28. James F. Moore, "Predators and Prey: A New Ecology of Competition," *Harvard Business Review* (mayo de 1993), 76.

29. "Un ejemplo de un elemento biológico clave es la nutria marina, que ayuda a regular el ecosistema costero del noroeste del Pacífico al consumir grandes cantidades de erizos de mar. Si no se los controla, los erizos de mar ingieren en exceso una variedad de invertebrados y plantas." Ibíd.: 5.

30. *The Death of Competition: Leadership & Strategy in the Age of Business Ecosystems* (Nueva York: HarperBusiness, 1996), 26.

31. Marco Iansiti y Roy Levien, "Strategy as Ecology," *Harvard Business Review* (marzo de 2004); *The Keystone Advantage* (Boston, MA: Harvard Business School Publishing, 2004).

32. SNV y World Business Council for Sustainable Development, "Inclusive Business: Profitable Business for Successful Development" (2008). Disponible en http://wbcsd.typepad.com/wbcsdsnv/wbcsd_snv_alliance_brochure_march_08_web.pdf.

33. Frances Westley y Harrie Vredenburg, "Strategic Bridging: The Collaboration Between Environmentalists and Business in the Marketing of Green Products," *Journal of Applied Behavioral Sciences* 27, nro. 1 (1991); Sanjay Sharma y Frances Westley, "Strategic Bridging: A Role for the Multinational Corporation in Third World Development," *Journal of Applied Behavioral Sciences* 30, nro. 4 (1994); Ted London y Stuart L. Hart, "Reinventing Strategies for Emerging Markets: Beyond the Transnational Model," *Journal of International Business Studies* 35 (2004); L. David Brown, "Bridging Organizations and Sustainable Development," *Human Relations* 44, nro. 8 (1991).

34. John Hagel, John Seely Brown y Land Davison, "Shaping Strategy in a World of Constant Disruption," *Harvard Business Review* (octubre de 2008), 3.

35. Annabelle Gawer y Michael A. Cusumano, "How Companies Become Platform Leaders," *MIT Sloan Management Review* 49, nro. 2 (invierno 2008); John Hagel, John Seely Brown y Lang Davison, "Shaping Strategy in a World of Constant Disruption," *Harvard Business Review* (octubre de 2008); Marco Iansiti y Roy Levien, "Strategy as Ecology," *Harvard Business Review* (marzo de 2004).

36. John Hagel, John Seely Brown y Lang Davison, "Shaping Strategy in a World of Constant Disruption," *Harvard Business Review* (octubre de 2008), 7.

37. Marco Iansiti y Roy Levien, "Strategy as Ecology," *Harvard Business Review* (marzo de 2004), 7.

38. Antonio Tencati y Laszlo Zsolnai, "The Collaborative Enterprise," *Journal of Business Ethics* (2009), 367.

39. Desde su fundación en 1979, la empresa Palma del Espino practicó una filantropía activa, apoyando escuelas, puestos médicos y actividades benéficas en sus múltiples zonas de influencia.

40. José Carlos Mariátegui fue un periodista, político y pensador peruano considerado uno de los grandes teóricos del marxismo en América Latina.

41. El campesino Honorio Espejo no trabajaba para la Asociación de Productores José Mariátegui, sino para una pequeña organización de productores locales que competía con Palmas.

42. Aunque no es el objetivo de este capítulo, este ejemplo ilustra muy bien el problema con que se encuentran muchas empresas al atacar estos retos desde un departamento de responsabilidad corporativa no integrado con la estrategia de la empresa. Palmas del Espino debía integrar a los productores locales a su cadena de valor y solo podía hacerlo con la contribución de la gerencia y el área operativa/productiva de la empresa.

43. La Federación Regional de Palma Aceitera (Fedepalma) de San Martín y la Confederación Nacional de Palmicultores y Empresas de Palma Aceitera del Perú (Conapal).

44. El banco accedió a financiar el cultivo de 500 hectáreas de palma, con la garantía de los terrenos. El préstamo (pagadero en 10 años, a un interés anual de 10% y con cinco años de gracia) sería pagadero en cuotas mensuales, cubiertas con la mitad de lo que obtenían de sus ventas a la empresa. La empresa actuaría como agente de retención de esos pagos, y durante la transición (mientras las palmas maduraban y se hacían productivas) pagaría a los campesinos un monto equivalente a un salario, financiado con el préstamo inicial.

45. F. E. Emery y E. L. Trist, "The Causal Texture of Organizational Environments," *Human Relations* 18 (1965).

46. George B. Richardson, "The Organization of Industry," *Economic Journal* 82 (1972).

47. John Hagel, John Seely Brown y Lang Davison, "Shaping Strategy in a World of Constant Disruption," *Harvard Business Review* (octubre de 2008), 7.

48. "Puede darse una tremenda ventaja económica en coordinación en lo que se refiere a moldear el futuro, en términos de enfocar la inversión y evitar callejones sin salida, y encontrar un rol en el centro de una comunidad poderosa." James F. Moore, *The Death of Competition: Leadership & Strategy in the Age of Business Ecosystems* (Nueva York, NY: HarperBusiness, 1996), 61.

49. Marco Iansiti y Roy Levien, "Strategy as Ecology," *Harvard Business Review* (marzo de 2004), 6.

50. John Hagel, John Seely Brown y Lang Davison, "Shaping Strategy in a World of Constant Disruption," *Harvard Business Review* (octubre de 2008), 2.

51. Paul N. Bloom y Gregory Dees, "Cultivate your Ecosystem," *Stanford Social Innovation Review* 6, nro. 1 (invierno de 2008), 52.

52. El FSC es una organización global sin fines de lucro que define criterios para la explotación sostenible de los recursos forestales. Su estructura de gobierno es de tipo *multi-stakeholder*, en la que participan representantes de la industria, la sociedad civil y las comunidades. Cuando un producto lleva el sello del FSC,

se acredita que ha sido producido en forma sostenible desde un punto de vista económico, social y ambiental. En la jerga de la industria, estos productos se conocen como *good wood*: son físicamente idénticos al producto básico, pero tienen un valor agregado intangible importante. James E. Austin y Ezequiel A. Reficco, "Forest Stewardship Council," Caso de HBS nro. 9-303-047 (Boston: Harvard Business School Publishing, 2002).

53. James Austin et al., *Alianzas sociales en América Latina. Enseñanzas extraídas de colaboraciones entre el sector privado y organizaciones de la sociedad civil* (Cambridge, MA: Universidad de Harvard, Centro de Estudios de América Latina, distribuido por Harvard University Press, 2004), 9.

54. Ranjay Gulati, Sarah Huffman y Gary Neilson, "The Barista Principle: Starbucks and the Rise of Relational Capital," *Strategy & Competition*, tercer trimestre (2002).

55. Por ejemplo, en el cultivo del limón, obtenían rendimientos de cuatro a ocho toneladas por hectárea cuando en huertas tecnificadas se obtenía un promedio de 30 a 40 toneladas por hectárea.

56. Para el concepto de alianza integradora, *véase* James Austin et al., *Alianzas sociales en América Latina. Enseñanzas extraídas de colaboraciones entre el sector privado y organizaciones de la sociedad civil* (Cambridge, MA: Universidad de Harvard, Centro de Estudios de América Latina David Rockefeller, distribuido por Harvard Business Press, 2004).

57. "La fragmentación funcional [en la cadena de valor] requiere asegurar la compatibilidad y complementariedad tecnológicas (...) en un esfuerzo de coordinación para la cuasi-reintegración y la producción efectiva sobre una base ahora descentralizada (...) La acción efectiva no es viable si no es guiada por un mecanismo de coordinación que pueda manejar la complejidad creciente." Wolfram Elsner, "The 'New' Economy: Complexity, Coordination and a Hybrid Governance Approach," *International Journal of Social Economics* 31, nro. 11 (2004), 1031. La afirmación fue hecha para los mercados que dependen de tecnologías basadas en Internet, donde los factores estructurales crean incentivos para la colaboración. Lo interesante es que parece ajustarse bien al campo emergente de iniciativas de mercado destinadas a los SBI.

58. El Departamento Nacional de Estadística de ese país clasifica a la población en seis estratos socioeconómicos; al estrato 6 pertenecen los colombianos de mayores ingresos.

59. Una tesis doctoral, sugestivamente titulada *Porque es nuestro* hace una encendida defensa de este argumento, en el contexto del eco-albergue Posada Amazonas, un albergue ecológico en la Amazonía peruana, donde una empresa y una comunidad indígena establecieron una empresa conjunta en igualdad de condiciones. Amanda Stronza, "Because It Is Ours: Community-

Based Ecotourism in the Peruvian Amazon" (disertación para el doctorado, Universidad de Florida, 2000).

60. Ezequiel Reficco y Patricia Márquez, "Socially Inclusive Networks for Building BOP Markets" (documento de trabajo, School of Business Administration, Universidad de San Diego, octubre de 2007).

61. Patricia Márquez y Ezequiel Reficco, "SMEs and Low-income Sectors," en *Small Firms, Global Markets: Competitive Challenges in the New Economy*, ed. Jerry Haar y Jörg Meyer-Stamer (Londres y Nueva York: Palgrave Macmillan, 2008).

62. Erik Simanis y Stuart Hart, "Beyond Selling to the Poor: Building Business Intimacy Through Embedded Innovation" (documento de trabajo, Cornell University, Ithaca, NY, 2008).

63. Ezequiel Reficco y Patricia Márquez, "Inclusive Networks for Building BOP Markets," *Business Society* (de próxima aparición).

64. *"La intimidad de negocios* (...) implica una interdependencia profunda en la que la compañía y la comunidad desarrollan y alimentan un compromiso recíproco con el crecimiento y el desarrollo a largo plazo de ambos". Simanis y Hart, "Beyond Selling to the Poor: Building Business Intimacy Through Embedded Innovation" (documento de trabajo, Cornell University, Ithaca, NY, 2008), 4.

65. Ranjay Gulati, Sarah Huffman y Gary Neilson, "The Barista Principle: Starbucks and the Rise of Relational Capital," *Strategy & Competition*, tercer trimestre (2002).

66. Ezequiel Reficco y Patricia Márquez, "Socially Inclusive Networks for Building BOP Markets" (documento de trabajo, School of Business Administration, Universidad de San Diego, octubre de 2007).

67. El fideicomiso es un instrumento legal que permite reunir en un fondo o patrimonio especial recursos de distinta índole (dinero, maquinarias, terrenos, edificios, herramientas, etc.) que solo pueden ser utilizados para una finalidad determinada.

68. Agencia gubernamental dependiente del Ministerio de Desarrollo Social de Argentina.

69. Según explica la FPVS, el costo por vecino equivale al costo total del proyecto (trabajos de construcción más gastos administrativos y costo de financiamiento) dividido por el porcentaje de adherentes.

Anexo 5.1

Panorama general de los ecosistemas de las iniciativas analizadas en este capítulo

a) Cadenas de valor gestionadas unilateralmente

	Líder de la iniciativa	Socios comerciales	Organizaciones de apoyo	Entes reguladores
Empresas privadas	**Activo Humano** Empresa privada dedicada a la intermediación laboral que facilita el acceso de los SBI a empleos.	Nivel de producción: grupo mayoritario (*working links*). Nivel de distribución: franquiciados, empresas clientas.	Gobiernos locales, oficinas de intermediación del ministerio de Trabajo, organizaciones sociales	
Empresas privadas	**Cemex Construmex** Construmex canaliza los envíos de dinero provenientes de emigrantes mexicanos residentes en EE.UU. hacia México para la adquisición de materiales de construcción y la compra de viviendas. También otorga financiamiento a los mexicanos que tienen empleo en EE.UU. y quieren remodelar o construir sus viviendas.	Empresas constructoras, institución financiera (Conficasa).	Clubes y asociaciones de emigrantes, consulados, Secretaría de Desarrollo Social.	
Empresas privadas	**Edenor** Programa piloto para suministrar servicios de energía prepaga a SBI a través de un esquema que permite fraccionar el pago en cuotas bajas a lo largo del tiempo (en lugar de la facturación bimestral regular).	Nivel de distribución: clientes de SBI.		
OSC	**Asmare** Asociación civil dedicada a ofrecer un medio de subsistencia a ciudadanos sin vivienda, a través del reciclaje de residuos urbanos.	Nivel de producción: grandes usuarios (empresas y entes gubernamentales). Nivel de distribución: compañías procesadoras.	Administración local (Departamento de Asistencia Social), OSC (Pastoral da Rua).	Gobierno local (Superintendencia de Limpieza Urbana).
Cooperativas	**Apaeb** Esta cooperativa apunta a "promover el desarrollo social y económico sostenible, basado en la solidaridad, a través de la mejora de las condiciones de vida para la población de la región sisalera" de Valent, Bahia, Brasil.	Exportadores, distribuidores, comerciantes.	Asociaciones de productores, OSC locales y globales.	Sindicatos
Cooperativas	**Recolectores del Bío-Bío** Esta cooperativa reúne a los recolectores de frutos silvestres de ocho comunidades del sur de Chile, que trabajan en conjunto para comercializar sus frutos de manera efectiva y rentable.	Nivel de producción: proveedores (compañías forestales). Nivel de distribución: distribuidores/ compradores (empresas agrícolas, compañías de comercio justo).		
Cooperativas	**Porvenir** Coordina un grupo de recicladores de residuos urbanos para mejorar sus condiciones de vida.	Nivel de producción: proveedores particulares e industriales. Nivel de distribución: procesadores (Cartón de Colombia).	Asociación de Recicladores de Bogotá, Fundación Social.	

Anexo 5.1

Panorama general de los ecosistemas de las iniciativas analizadas en este capítulo (*continuación*)

b) Cadenas de valor de gestión conjunta a través de alianzas

	Líder de la iniciativa	Socios comerciales	Organizaciones de apoyo	Entes reguladores	¿Coordinación, concertación o cogobierno?
Empresas privadas	**Agropalma** Este fabricante de aceite de palma ha incorporado a los SBI como proveedores independientes.	Nivel de producción: instituciones financieras (Banco da Amazônia y el Programa de Fortalecimiento de Agricultura Familiar), productores de bajos ingresos integrantes de la Associaçao de Desenvolvimento Comunitário Arauaí.	Asistencia técnica: Secretaria Executiva de Ciência, Tecnologia e Meio Ambiente (SECTAM) y Empresa de Assistência Técnica e Extensão Rural (EMATER). Donaciones de tierras: Instituto de Terras de Pará.	Instituto de Terras de Pará, que regula la utilización de tierras. Además, el Estado de Pará emite los permisos para liberar los fondos federales del Pronaf (Programa de Fortalecimiento de Agricultura Familiar).	Concertación: las decisiones estratégicas se toman por consenso entre la empresa, los gobiernos locales y estatales, el banco y los productores (integrantes de una asociación). La empresa y los productores toman las decisiones tácticas y cotidianas; si bien no se trata de socios igualitarios, ambas partes están comprometidas con el logro de consenso.
	Amanco Esta compañía comercializa sistemas de riego para SBI mediante una alianza intersectorial integradora.	Nivel de producción: proveedores de financiamiento (AMUCSS). Nivel de distribución: comercializadores (Wal-Mart), distribuidores (RASA, Red de Agronegocios Autosustentables), productores de SBI.	Asistencia técnica: Ashoka. Apoyo financiero filantrópico: Fundación Walmart, Fundación Bimbo, Fundemex y Firco (gobierno).		Coordinación: sin un foro formal, los intereses y las perspectivas de los integrantes del ecosistema se articulaban a través de la actuación de emprendedores sociales, con el apoyo de Ashoka.
	Cativen Cadena de supermercados que ha incorporado a los SBI como proveedores de productos perecederos.	Cooperativas de productores que trabajan en base a plataformas logísticas.	ACET (Asociación Civil de Extensión Agrícola de Timotes), Riego Trujillano (organización paraestatal que identifica productores, organizaciones y líderes); Universidad Central de Venezuela (que desarrolla nuevas competencias agrícolas internas).		Coordinación: la compañía y una gran cantidad de cooperativas coordinan las normas de cantidad, calidad y producción en función de las fluctuaciones de la demanda, la estacionalidad y las características de suelo y clima.

Anexo 5.1

Panorama general de los ecosistemas de las iniciativas analizadas en este capítulo (*continuación*)

b) Cadenas de valor de gestión conjunta a través de alianzas

	Líder de la iniciativa	Socios comerciales	Organizaciones de apoyo	Entes reguladores	¿Coordinación, concertación o cogobierno?
Empresas privadas	**Colcerámica** Grupo industrial que fabrica y comercializa productos para el mejoramiento del hogar y para la construcción, busca comercializar una línea de productos especialmente diseñada para SBI. Los propios SBI son co-gestores de la cadena comercial.	Nivel de distribución: a) organizaciones comunitarias: organizaciones de base que supervisaban a los promotores, administraban las comisiones y los ingresos por ventas y exhibían los productos de la línea de SBI; b) promotores: ciudadanos de bajos ingresos que vendían productos puerta a puerta, proporcionaban asistencia técnica, asesoramiento sobre planes de pago y servicios posventa.	a) A través de los alumnos, un grupo de universidades investigó la existencia de un mercado SBI de consumo para los productos de Colcerámica. b) Un emprendedor social —miembro de Ashoka— brindaba apoyo y capacitación para los productores y asesoramiento para la empresa.		Cogobierno: se trata de una alianza integradora, con una cadena de valor gestionada en forma conjunta con actores no convencionales. Su núcleo de organización comunitaria sirve de foro para la toma de decisiones estratégicas, incluso las que se refieren a la distribución de ganancias entre los integrantes.
	CRES Costa Rica Entomological Supplies (CRES) es una empresa que compra, cría, empaca y exporta capullos de mariposas a exhibidores en Estados Unidos y Europa. En su operatoria, ha incorporado a campesinos de bajos ingresos como proveedores.	Nivel de producción: productores del SBI que suministran capullos a la compañía.	El Instituto Nacional de Biodiversidad (InBio) provee apoyo científico y técnico a los productores; el Ministerio de Medio Ambiente de Costa Rica (MINAE) brinda información sobre los requerimientos ecológicos y el Ministerio de Comercio Exterior (COMEX) aporta información sobre exportaciones.	El MINAE, órgano de aplicación de Ley de Conservación de la Vida Silvestre N° 7317, regula la oferta de capullos.	Coordinación: la empresa y una gran cantidad de productores coordinan las normas de cantidad, calidad y producción en función de la demanda y los climas regionales.

Anexo 5.1

Panorama general de los ecosistemas de las iniciativas analizadas en este capítulo (*continuación*)

b) Cadenas de valor de gestión conjunta a través de alianzas

	Líder de la iniciativa	Socios comerciales	Organizaciones de apoyo	Entes reguladores	¿Coordinación, concertación o cogobierno?
Empresas privadas	**Gas Natural BAN** Este proveedor de gas natural lideró una iniciativa para ampliar su red de abastecimiento a barrios de SBI a través de una alianza con OSC y organizaciones de base.	Nivel de distribución: Comunidad Organizada, entidad que agrupaba a 45 organizaciones de base y cuya secretaría ejecutaba las decisiones tomadas por consenso en las asambleas; la Fundación Pro Vivienda Social (FPVS), OSC que diseñó el modelo (fondo fiduciario) para la iniciativa, sus métodos de promoción y sus canales de comercialización.	Financiamiento: Fondo de Capital Social (Foncap), Banco Mundial.		Cogobierno: Comunidad Organizada constituía un foro a través del cual la comunidad participaba en las decisiones estratégicas de la iniciativa, tales como la necesidad de expandir la red y la utilización de los recursos adicionales generados por el fondo fiduciario. Las decisiones se tomaban por consenso entre Comunidad Organizada, la empresa y FPVS.
	Hortifruti Productor agrícola que abastecía a supermercados e implementó un programa de desarrollo para pequeños productores, en el que se ofrecían insumos agrícolas, asesoramiento técnico y seguimiento permanente.	Campesinos de bajos ingresos que suministraban productos perecederos a la compañía.	a) Las OSC prestaban asistencia técnica, financiamiento, capacitación y formación general (en Nicaragua: Catholic Relief Services, Adventist Development & Relief Agency International; en Honduras: Fundación COVELO, Swiss Contact). b) Asociaciones de productores (por ejemplo, Corporación Nacional Arrocera). c) Organismos públicos, como el Programa de Desarrollo Agrícola del Ministerio de Agricultura, o el Centro de Investigación y Tecnología de Alimentos (CITA). d) Agencias gubernamentales o multilaterales de desarrollo: USAID, Partnership for Food Industry Development, Economic Development Administration.		Coordinación: la compañía y una gran cantidad de cooperativas coordinaban las normas de cantidad, calidad y producción según las fluctuaciones de la demanda, la estacionalidad y las características de suelo y clima.

Anexo 5.1

Panorama general de los ecosistemas de las iniciativas analizadas en este capítulo (*continuación*)

b) Cadenas de valor de gestión conjunta a través de alianzas

Líder de la iniciativa	Socios comerciales	Organizaciones de apoyo	Entes reguladores	¿Coordinación, concertación o cogobierno?
Irupana Irupana Andean Organic Food era una empresa privada dedicada a la fabricación de alimentos orgánicos con cultivos suministrados por los productores indígenas de los Andes, el Amazonas y la región del Chaco boliviano.	Nivel de producción: instituciones financieras, comunidades agrícolas que proveían los productos orgánicos. Nivel de distribución: empresas de almacenamiento, procesamiento o comercialización.	La OSC Asociación Boliviana para el Desarrollo Rural (Prorural) brindaba asistencia técnica, capacitación, infraestructura y financiamiento. Además, supervisaba los acuerdos y actuaba de mediadora para resolver conflictos.		Coordinación: la compañía y una gran cantidad de cooperativas coordinaban las normas de cantidad, calidad y producción según el nivel de demanda y las características climáticas de cada región.
Palmas del Espino Este fabricante de aceite de palma incorporó a los SBI como proveedores independientes.	Producción: los productores de bajos ingresos (pertenecientes a la Asociación de Productores Agropecuarios José Carlos Mariátegui), proveían la palma (materia prima para la producción del aceite). Financiamiento: Banco de Crédito del Perú. Capacitación y asistencia técnica: Gestipalma, consultora privada formada por ex empleados de la compañía.			Coordinación: la compañía y los productores asociados coordinaban las normas de cantidad, calidad y producción en base a la capacidad de manufactura y las fluctuaciones de la demanda.

(Empresas privadas)

Anexo 5.1

Panorama general de los ecosistemas de las iniciativas analizadas en este capítulo (*continuación*)

b) Cadenas de valor de gestión conjunta a través de alianzas

	Líder de la iniciativa	Socios comerciales	Organizaciones de apoyo	Entes reguladores	¿Coordinación, concertación o cogobierno?
Organizaciones de la sociedad civil (OSC)	**CIAP** La Central Interregional de Artesanos del Perú (CIAP) era una OSC que reunía a 20 grupos de base dedicados a la fabricación de artesanías. La CIAP comercializaba su producción con criterios empresarios (escala y eficiencia) en los mercados de exportación.	Producción: asociaciones de artesanos (socios), proveedores. Distribución: la CIAP contaba con una comercializadora propia, Intercrafts, especializada en exportaciones. Financiamiento: Cooperativa de Ahorro y Crédito del Artesano CIAP (entidad perteneciente a la CIAP); PRO-Ecosol, centro comercial de economía solidaria (también propiedad de la CIAP). Importadores adheridos a los principios de comercio justo (SERVV International, Solidar Monde, CTM Altromercato, Commercio Alternativo y Cooperativa Equo Mercato).	a) Redes internacionales de comercio justo (International Association for Alternative Trade o IFAT, Red Latinoamericana de Comercio Comunitario, Grupo Red de Economías Solidarias del Perú, Red Peruana de Comercio Justo y Consumo Ético). IFAT era la más importante y aportaba sus capacidades de trabajo en red y el acceso a clientes y organizaciones similares en otros países. b) Tiendas adheridas a las normas de comercio justo en los mercados importadores de países desarrollados, que promueven el desarrollo de los proveedores del hemisferio sur (CAFÉ, SERVV, Solidar Monde, etc.).		Cogobierno: las organizaciones de base estaban representadas en los órganos de gobierno de la CIAP; sus intereses y opiniones determinaban la estrategia comercial del grupo (CIAP y sus afiliadas).
	Corporación Oro Verde La Corporación Oro Verde (COV) era una alianza integrada dedicada a mejorar las condiciones de vida de las poblaciones afro-colombianas a través de operaciones mineras sostenibles desde el punto de vista social y ambiental.	Productores: unidades familiares productivas (UFP), agrupación social (parentesco directo) de bajos ingresos dedicada a la minería artesanal. Distribuidores: consejos comunitarios que unificaban y distribuían la producción, gestionaban las certificaciones de sostenibilidad y fortalecían el trabajo de las UFP. Clientes: compañías procesadoras de metales en bruto (CUBIS y CIGSA).	Financiamiento y promoción: Oxfam-Novib, Both Ends, CEPF, Ashoka, Fondo para la Acción Ambiental y la Niñez, Conservation International. Investigación de mercado, planes de negocios, minería, impacto ambiental e identidad cultural: Instituto de Estudios Regionales de la Universidad de Antioquia, Universidad Tecnológica del Chocó y Eafit. Desarrollo comunitario: Fundación Centro Internacional de Educación y Desarrollo Humano. Apoyo puntual de otras organizaciones, tales como Colegiatura Colombiana de Diseño y Programa de Excelencia Profesional, Alianza Francesa, Asociación Intercultural Antioquia Chocó, Museo de Antioquia, y el Centro Colombo Americano.	El Instituto de Investigaciones Ambientales del Pacífico (IIAP) emitía los certificados de los minerales extraídos con procedimientos sustentables. La Association for Responsible Mining (ARM) establecía las normas globales para la minería responsable.	

6

Servicios públicos: intereses privados y beneficios sociales

Verónica Durana, Natalia Franco, Roberto Gutiérrez,
Iván Darío Lobo y Diana Trujillo

> *Ahora solo unos pioneros han vuelto su mirada hacia los*
> *ciudadanos con bajos ingresos; en 10 años esto*
> *será la norma para todos en el sector eléctrico.*
> Ivar Pettersson, COO, AES Brasil

Los servicios públicos se caracterizan por satisfacer necesidades básicas, aspirar a la cobertura universal, depender de redes físicas dedicadas a su distribución y estar profundamente condicionados por distintos tipos de regulación pública y presión política. Todo esto hace estratégica la atención de los ciudadanos con bajos ingresos. Servir a estos ciudadanos ofrece un abanico de retos y oportunidades.

Las siguientes páginas contienen un análisis sobre empresas que proveen dos de los servicios públicos domiciliarios: electricidad y gas. Estas empresas han enfrentado distintos retos en su operación, retos que van desde el robo de una parte sustancial de su producción hasta la apertura de nuevos mercados. El capítulo analiza las respuestas que dieron cinco empresas para atender a los sectores de bajos ingresos.

Entre las cinco empresas estudiadas hay experiencias que han alcanzado una escala considerable, pero también otras que no han superado una fase piloto. ¿Por qué unas han logrado tener impacto en la vida de miles de personas mientras que otras apenas han alcanzado a influir en muchos menos? Las respuestas para esta pregunta dan luz sobre las características tanto de los consumidores de bajos ingresos como de las empresas que les ofrecen sus servicios. Este capítulo proporciona estas respuestas luego de una presentación de los problemas que enfrentaban las empresas y un análisis de cómo los abordaron.

Contexto y retos para las empresas de servicios públicos

América Latina muestra una creciente urbanización de la pobreza. En 2007 casi el 32% de la población urbana estaba constituido por familias asentadas en zonas caracterizadas por la precariedad de la vivienda y la ausencia o baja calidad de los servicios públicos básicos (electricidad, agua y alcantarillado, entre otros). Estos ciudadanos consideran los servicios públicos como un derecho y una necesidad, y buscan la manera de acceder a estos de manera lícita o ilícita[1]. En estos casos, proveer servicios a segmentos de mercado poco atractivos por su limitada capacidad de pago no es tan solo una oportunidad de crecimiento, sino un imperativo estratégico[2].

Las cinco iniciativas consideradas para el presente estudio de SEKN han buscado convertir a algunos SBI en clientes mediante modelos de negocio ajustados a sus características. Para describir la forma en que lo hicieron, agruparemos en dos las iniciativas: primero presentaremos las tres empresas prestadoras del servicio de energía eléctrica, y luego las iniciativas de las dos empresas de gas. Durante el período de estudio (1998–2006), las cinco empresas eran multinacionales. Hasta el comienzo del decenio de 1990, Edenor, Gas Natural BAN y Codensa eran empresas propiedad del Estado, mientras que Electricidad de Caracas fue una empresa privada desde su creación hasta su nacionalización en 2007[3]. Las cinco empresas estudiadas terminaron la década de 1990 en manos de multinacionales extranjeras. Luego, en 2005, Edenor pasó de ser propiedad de la multinacional francesa Electricité de France a manos de un grupo empresarial de la Argentina.

Retos para las empresas distribuidoras de energía eléctrica

El 40% de los habitantes pobres de las ciudades del mundo no tiene acceso a un servicio de electricidad moderno según detalla un informe de la Agencia de Estados Unidos para el Desarrollo Internacional (USAID)[4]. Ese informe sobre electrificación en cinco zonas marginadas comienza con un panorama de lo que enfrentan las empresas distribuidoras de energía eléctrica: "Aun en los barrios más pobres la electricidad está disponible en cualquier lugar. Al mirar de cerca lo que sucede, por lo general la electricidad es robada (en su mayor parte por terceros), lo cual resulta en un servicio de baja calidad a un precio muy alto, y en condiciones en extremo peligrosas"[5].

Una empresa que pierde una parte sustancial de su producción tiene problemas. Las pérdidas no técnicas de AES-Electricidad de Caracas (EDC) —de las cuales las conexiones ilegales eran un alto porcentaje— aumentaron hasta llegar a un 18% en 2004 (lo que significó pérdidas de

US$35 millones). Ante esto, algunos directivos de la empresa comprendieron la importancia de atender a los habitantes de los barrios. AES-EDC era la proveedora exclusiva de luz eléctrica en la zona metropolitana de Caracas, una ciudad con una población superior a los cinco millones, más de la mitad de los cuales residía en comunidades no planificadas denominadas barrios[6].

Otro problema para las empresas de electricidad ha sido la mora en el pago del servicio por parte de sus clientes. La Empresa Distribuidora Norte S.A. (Edenor), encargada de la distribución de energía eléctrica en la zona norte de Buenos Aires y el conurbano bonaerense desde 1992, ha enfrentado problemas de pago de las facturas bimestrales por parte de los clientes de menores ingresos. En 2007, Edenor tenía unos 2.400.000 clientes en una zona donde habitaban 6.800.000 personas (el 20% de la población de Argentina). Entre ellos, unos 600.000 clientes eran de bajos recursos y alrededor de 200.000 tenía recurrentes problemas de pago.

Cuando el hurto y la mora se acumulan sobreviene la crisis en las empresas distribuidoras de electricidad. Esto le sucedió a la Empresa de Energía Eléctrica de Bogotá en 1995, cuando fue declarada inviable por la Comisión de Regulación de Energía y Gas. Dos años después, el grupo español Endesa adquirió el control de la empresa hoy llamada Codensa, a la cual le fue adjudicada la comercialización de energía eléctrica para 8.100.000 habitantes en Bogotá y 96 municipios del Departamento de Cundinamarca. El 88,8% de los clientes eran residenciales (2.050.000 hogares) y, de estos, el 83,3% pertenecía a los estratos socioeconómicos 1, 2 y 3[7]. Las pérdidas de energía llegaban al 23,3% del total de la producción (pérdidas de US$82 millones anuales) y la deuda morosa era de 115% sobre la facturación del mes (US$42,9 millones).

Disminuir la magnitud de los problemas de pérdidas no técnicas y de cartera ha sido un esfuerzo en el cual se embarcaron no solo las tres empresas mencionadas, sino muchas otras distribuidoras de electricidad en distintos lugares del mundo[8]. Antes de analizar la forma en que las empresas estudiadas enfrentaron estos problemas, es importante observar los retos de otro tipo de empresa de servicios públicos.

Retos para las empresas distribuidoras de gas

Al ser el gas natural un producto reemplazable por otros combustibles, el reto enfrentado por las empresas prestadoras de este servicio fue distinto del de las distribuidoras de energía eléctrica. Aunque el gas tiene un menor costo unitario que otros combustibles, sus costos de instalación para los SBI son altos. Esto obliga a las empresas a llevar a cabo estrategias innovadoras de concienciación, crédito y subsidio para bajar las barreras financieras de acceso al servicio y asegurar su entrada a este nuevo nicho.

¿Por qué competir por atender a los SBI? Cuando la operación de una empresa está restringida a una zona geográfica específica, como en el caso de una concesión para operar en un territorio, atender a los SBI surge como una alternativa de expansión del negocio. A fines de 1992, Gas Natural BAN —la filial argentina de la multinacional energética española Gas Natural— obtuvo la licencia para prestar el servicio público de distribución en la zona norte de la provincia de Buenos Aires, la más densamente poblada y con mayor concentración industrial del país. De un total de 1.300.000 clientes que la empresa abastece en esa zona, los SBI eran aproximadamente 190.000. La red de gas en el área de concesión que administra Gas Natural BAN, alcanzaba —en promedio— al 79,5% de los hogares, pero en áreas de menor nivel socioeconómico la penetración solo llegaba al 55% de los hogares. Según un folleto institucional, "esta situación representa una gran oportunidad y un desafío para la empresa y la comunidad". Algunos directivos eran más enfáticos en sus afirmaciones sobre los SBI: "Son los segmentos donde tenemos que ir. La penetración en estos sectores está en un 20% según el lugar; claramente es donde hay que crecer, en contraposición con otros sectores, con una cobertura del 99%".

Sin acceso a otros mercados por las restricciones geográficas de la concesión, la opción de crecimiento a través de la atención a los SBI pasa a ser más atractiva. Pero el atractivo de atender a los SBI no solo surge de las restricciones de una concesión; también puede surgir de elevados costos de operación al atender mercados en otras zonas. Debido a la inadecuada infraestructura vial en la zona de operaciones de Aguaytía Energy del Perú, el costo del transporte de gas licuado de petróleo (GLP) hasta Lima —desde los yacimientos en el área selvática entre las poblaciones de Pucallpa e Iquitos— ascendía a US$12 por barril. Ante uno de los costos de transporte más altos del mundo, la empresa asumió la tarea de transformar la matriz energética de las comunidades aledañas a los yacimientos, tanto en combustible doméstico como en combustible para transporte público, con el objeto de ampliar su base de clientes locales. Aunque la inversión total del proyecto para la explotación de los yacimientos ascendió a US$300 millones, barrera suficientemente alta para la entrada de competidores directos, los productos de Aguaytía competían con otro tipo de combustibles como la gasolina, el diesel, el querosene y la leña, entre otros sustitutos energéticos para las comunidades peruanas con menores recursos económicos.

Gas Natural BAN y Aguaytía enfrentaron de diferentes formas el reto del crecimiento en sus zonas de operación. Es importante entender las razones de sus distintos resultados y contrastar estas respuestas con las dadas por las empresas de energía eléctrica a sus propios retos.

Modelos innovadores para la inclusión

Las empresas de servicios públicos estudiadas realizaron múltiples esfuerzos para enfrentar sus pérdidas y los retos de crecimiento descritos. Es posible agrupar lo realizado en dos temas: el primero relacionado con mejoras en el servicio y la percepción del consumidor sobre este; el segundo, relacionado con las facilidades de pago de las facturas por esos servicios.

Aunque responden a retos diferentes, tanto las distribuidoras de electricidad como las de gas necesitan ofrecer servicios y productos atractivos para los SBI; las primeras para cambiar la relación (ilegal o morosa) que ya tenían con estos consumidores y las segundas para crear un vínculo. Aquello que es atractivo para la clase media puede no serlo para los SBI. Los US$10 de la factura de electricidad, que son imperceptibles en el presupuesto de una familia de clase media, pueden solucionar muchas otras necesidades de una familia con pocos ingresos. El costo de oportunidad del escaso dinero con el que cuentan los SBI es bastante alto. Si la percepción del valor del servicio público es alta, aumenta la disposición a pagar por parte del consumidor aun si el nivel de sus ingresos es bajo. Enriquecer la propuesta de valor es imperativo para las empresas de servicios públicos; al no hacerlo se corre el riesgo de propiciar el consumo ilegal o estancar el crecimiento.

Propuestas de valor atractivas para los SBI

En el caso particular de la energía eléctrica, la oferta de valor debe hacer más atractivo convertirse en un consumidor legal y puntual en los pagos. Encontrar cuál es la oferta que los consumidores de bajos ingresos consideran valiosa no es sencillo, más cuando la empresa ha estado alejada de las realidades de estos consumidores. En contraste con las aproximaciones estrictamente técnicas de las administraciones anteriores, en 2003 AES-EDC comenzó a averiguar qué podía hacer para cambiar su relación con los SBI. La empresa empleó a 30 trabajadores sociales en tres proyectos piloto; en el primero, en un barrio céntrico de Caracas fueron instalados medidores especiales para el servicio de energía de 300 viviendas (de un total de 1.200 en la zona) con la intención de implementar un sistema de compra prepago, a la manera de los servicios de telefonía móvil ampliamente utilizados por dicha población en Venezuela. Esta etapa inicial permitió a la empresa conocer mejor las necesidades de los pobladores y su interés por tener un mejor servicio de electricidad y convertirse en clientes. Sin embargo, esta iniciativa no avanzó puesto que el ente regulador no autorizó el uso del sistema prepago. Meses después se probaron dos proyectos adicionales: uno dirigido al pago de centenares de facturas que llevaban años de atraso, correspondientes a un enorme conjunto de vivienda social (154 edificios, cada uno con un promedio de 400 departamentos); y otro, denominado "cero marañas", que tenía como propósito remover los grupos de cables de conexiones ilegales altamente peligrosas y convertir a los consumidores en clientes de la empresa[9]. Las tres iniciativas tenían como propósito central reducir las pérdidas de energía, pero también sirvieron como un laboratorio de aprendizaje para AES-EDC sobre cómo prestar el servicio de electricidad a los SBI y poder vislumbrarlo como una oportunidad de negocio.

Una interlocución directa entre empresa y comunidad es fundamental para el conocimiento mutuo, la construcción de confianza y las negociaciones necesarias. AES-EDC negoció con sus usuarios un servicio de mayor calidad y alumbrado público a cambio de que estos reconocieran sus deudas y aceptaran la instalación de medidores. Además de disminuir las pérdidas de la empresa, el conjunto de medidas —denominadas Barrio Eléctrico— le permitió a AES-EDC establecer un nuevo tipo de relación con estas comunidades, conocer la heterogeneidad de los clientes en este segmento de mercado y entender sus patrones de consumo. Con el tiempo, la empresa enriqueció su propuesta de valor para los SBI. En conjunto con el Banco Venezolano de Crédito lanzó, en 2006, la tarjeta bancaria "EDC Plata". Esta permitía realizar depósitos con crédito a la tarjeta para hacer compras en ciertos sitios como bodegas de barrio y pagar mensualmente el servicio de energía. Por una tarifa de uso de 3.000 bolívares mensuales (aproximadamente US$1,35 al cambio oficial), también podían ser emitidas dos tarjetas adicionales para familiares, con el beneficio de poderles remitir fondos a cualquier lugar del país. Para gente sin cuenta bancaria, los beneficios de contar con la tarjeta eran significativos. Aun después de la nacionalización de la empresa el banco siguió con el proyecto y contó con el apoyo del gobierno.

Convencer a los clientes de los beneficios de la legalidad fue relativamente sencillo; AES-EDC llegó a convertir en clientes a 173.000 ciudadanos de bajos ingresos durante cuatro años. Lo difícil fue mantenerlos como clientes regulares. Ese era el reto que enfrentaba la empresa cuando fue nacionalizada en febrero de 2007.

Otro ejemplo de "legalización" de miles de consumidores lo realizó Codensa. Su proceso también se inició con la nueva administración que llegó de la mano del grupo Endesa en 1997. "Al nacer Codensa su premisa era hacerse financieramente viable", afirmó David Felipe Acosta, su gerente comercial. "Se empezó a trabajar no desde la parte técnica sino desde las comunidades, desde su validación como ciudadanos; otras experiencias arrancaron desde lo técnico, como construir redes antihurto (...); aunque se reducían las pérdidas, se aumentaba la cartera. Hubo casos, como en Lima, en que se generaron problemas sociales muy grandes de enfrentamiento con las comunidades."

La empresa estableció comunicación directa con los usuarios a través de programas con las comunidades. Al mismo tiempo, aumentó el alumbrado público y hubo mejoras técnicas en los sistemas para impedir el robo de electricidad. También existieron motivaciones extrínsecas con el fin de crear —en algunos clientes— la cultura de pago: Codensa creó incentivos (como condonación de intereses a las deudas antiguas y premios para quienes pagaban puntualmente), y penalizaciones para sus clientes (como suspensión inmediata por falta de pago). Detrás de este listado de actividades hay muchas horas de esfuerzos. Los recuentos de las empresas de energía eléctrica que han intentado "normalizar" el servicio para los SBI concuerdan en la dificultad para encontrar a la gente en sus casas durante la semana, en la alta rotación de sus moradores, y en el difícil acceso a calles muy estrechas, que no tienen una única y clara identificación.

Entre 1997 y 2001, las mejoras en la calidad del servicio, el fortalecimiento de una cultura de pago y las intervenciones técnicas consiguieron "normalizar" el servicio que proveía Codensa para cerca de 300.000 clientes y disminuir las pérdidas de energía a 11,3 % y el índice de deuda morosa a 27%. El número de operaciones mensuales por suspensión del servicio cayó de 86.500 a 47.500. Disminuir a la mitad las pérdidas de energía producida y a menos de una cuarta parte la morosidad en la facturación mensual representó, para la empresa, ahorros cercanos a los US$70 millones anuales.

El caso de Codensa, en un período más largo que el de AES-EDC, muestra alternativas para el reto de mantener legalmente conectados a los SBI. Si una empresa no encuentra respuestas a este reto, la "normalización" del servicio para los SBI será "flor de un día", un alivio pasajero a las pérdidas de buena parte de su producción. La dificultad de mantener como clientes a los ciudadanos de bajos ingresos llevó a Gas Natural BAN a replantear todo su esquema de incorporación de clientes a la red de suministro de gas.

El imperativo de crecimiento en el número de clientes y en los tendidos de red llevó a Gas Natural BAN a crear distintos programas que llevaran el servicio a los SBI. La compañía creó el programa Gas para Todos, con dos campañas realizadas entre 1997 y 2001, y esa experiencia constituyó su primer acercamiento indiferenciado a los SBI. En ese programa la empresa adoptó el rol de intermediaria entre tres actores: entidades financieras, gasistas matriculados y clientes de bajos ingresos. Estos últimos accedieron al crédito otorgado por las entidades para los costos de la instalación del servicio de gas que —en promedio— alcanzaban cuatro veces el salario promedio de los SBI; y los gasistas tenían contacto directo con el cliente para establecer las conexiones a la red de gas y para responder a los requerimientos técnicos en cada uno de los hogares incorporados. La empresa delegó en los instaladores la responsabilidad de atender las demandas específicas de los clientes.

La oferta de valor de Gas Natural BAN era bastante atractiva: el gas natural costaba —a fines de la década pasada— una séptima parte de lo que costaban los tanques de propano y el crédito se hacía cargo de los costos de instalación. Con la gestión de la oferta de gas tercerizada se incorporaron 100.000 clientes, con mucho consumo excesivo por parte de familias que luego no podían pagar las facturas; al instalador le convenía poner la mayor cantidad de tomas y no hubo conciencia por parte de los clientes de seguir consumiendo lo que hasta entonces se utilizaba. La crisis económica de Argentina agravó esta situación y solo permanecieron 90.000 personas como clientes. Ricardo Saponara, gerente de servicios al cliente, apuntó:

> En Gas para Todos buscábamos el crecimiento indiscriminado de clientes; saturar lo más rápido posible o construir lo más rápido posible nuevas redes. El objetivo primario era crecer; importaba la cantidad de clientes, pero no vigilábamos la calidad. El que decidía sobre qué clientes se avanzaba, sobre qué barrios se gasificaba, era el gasista matriculado. Ahí fuimos pasivos frente a la fuerza de venta. Si hubiéramos diseccionado la demanda nos habría ido mejor.

Con esta experiencia la empresa aprendió que con los SBI "no es posible mantener la lógica comercial tradicional". El programa puso en evidencia que la vinculación efectiva de los SBI no se lograba delegando el establecimiento de las relaciones con los clientes. Según Saponara, "no podíamos seguir con las cosas como las hacíamos antes, de decirle al contratista 'bueno, arréglatelas en ese barrio y si es un barrio pobre lo lamento'; si no leemos el panorama sobre el cual actuamos, no entendimos nada".

Iniciativas para mantener a los clientes

> *El margen que un cliente de bajos ingresos le puede*
> *aportar al negocio es menor y más difícil de mantener;*
> *por eso es necesario aplicar muchísima inteligencia.*
>
> Andrés Geringer,
> Gerente de marketing y coordinación comercial, Gas Natural BAN

No basta atraer al cliente, es fundamental mantenerlo como tal. Retener a los clientes ha sido un desafío para las empresas de servicios públicos domiciliarios. Cuando los clientes tienen problemas de pago hay una gran diferencia entre las empresas de gas y las de electricidad: aunque también se pueden presentar conexiones ilegales a la red de suministro de gas, para las empresas de gas es más sencillo cortar el servicio y poner fin a las pérdidas; en cambio, los clientes del servicio de energía eléctrica, un bien con pocos sustitutos, no aceptan —sin más— el corte del suministro. Perder el cliente, como en el caso del gas, o tener un aumento en el hurto de energía llevó a las empresas a reconsiderar la comercialización de sus productos.

La lógica comercial tradicional, en la cual hay una campaña comercial masiva y luego se atiende la demanda resultante, no funciona con los SBI. "No es un cliente que viene a nuestra oficina a pedir el gas; exige todo un trabajo del área comercial mucho más grande", afirmó Horacio Cristiani, director comercial de Gas Natural BAN. Descubrir cómo ha de ser la aproximación a esta población para lograr atraerla y retenerla como cliente es lo que persiguen las empresas de servicios públicos. Las estrategias que han sido efectivas para mantener a los SBI como clientes en las empresas estudiadas comprenden cuidadosos procesos de selección, diversas facilidades de pago y el enriquecimiento de la oferta de valor.

Proceso de selección. Una estrategia efectiva arranca con la selección de quiénes podrán ser esos clientes. El proceso de selección va más allá de decidir a quiénes se ofrecen servicios y a quiénes no; incluye la preparación y organización de la demanda. A partir de la experiencia de Gas para Todos, Gas Natural BAN comenzó a explorar aproximaciones a los SBI muy focalizadas. La primera de estas experiencias fue a través de una iniciativa concebida por la Fundación Pro Vivienda Social (FPVS), que movilizó recursos económicos y organizaciones de la comunidad para involucrar a los vecinos del barrio Cuartel V, legitimar la iniciativa y organizar la demanda. Allí fue creado un fideicomiso, al cual aportaron diversas organizaciones como herramienta para financiar las obras de infraestructura necesarias para acceder al servicio. Tanto el otorgamiento como el pago de esos créditos exigieron de los SBI un fuerte compromiso comunitario; las mismas comunidades de vecinos se encargaron de agrupar la demanda y controlar el cumplimiento de los pagos y la rendición de cuentas. Por su conocimiento y cercanía con los SBI, organizaciones como la FPVS —y otras asociaciones de vecinos— fueron instrumentales para que Gas Natural BAN recibiera a alguien que tenía la posibilidad de mantenerse como cliente.

En algunos de los siguientes barrios a los cuales llegó el servicio de gas, otras organizaciones de la sociedad civil (en la organización de la demanda) y los gobiernos municipales (en la financiación, por ejemplo) fueron los protagonistas. Desde fines de 2003 y hasta 2006, Gas Natural BAN extendió sus redes a seis barrios de bajos ingresos en la periferia de Buenos Aires y casi 3.000 nuevos clientes empezaron a recibir el servicio. Dicha extensión se realizó con distintos modelos en los que la empresa buscaba impulsar, gestionar, colaborar y trabajar junto con los vecinos y organizaciones de las comunidades con escasos recursos económicos. La aproximación en estos barrios fue distinta al abordaje tradicional en su operación: desde el inicio de la gestión hubo contacto directo con los vecinos, organizaciones y municipios; se diseñaron herramientas o soluciones adaptadas a la problemática de cada barrio en vez de campañas masivas; hubo un refuerzo del concepto de "sustitución de combustibles" para generar ahorros desde el primer momento, y se hizo seguimiento y control focalizados al cobro a través de la factura de gas.

Sea cual fuere el modelo, este debía basarse en la construcción de confianza y responder a las particularidades de las comunidades y no a una manera sistemática o preconcebida para operar. En las iniciativas de Gas Natural BAN el acompañamiento provisto por las organizaciones sociales a los SBI (consejería y ayuda en línea) aumentó la satisfacción con el producto y estimuló el respeto a los acuerdos. El gerente de operaciones de una de las zonas, Fabián Chamadoira, manifestó: "La clave del éxito no está en el modelo, sino en la réplica exitosa [que] depende del lugar, la escala y las condiciones de ese contexto". Las particularidades de cada proceso limitaban la expansión del servicio a los SBI. En 2007, dentro de los planes de Gas Natural BAN de llegar a 12.000 nuevos clientes con un ingreso mensual promedio de US$150, la gran pregunta era cómo financiar costos de instalación que estaban entre US$600 y US$700.

Facilidades para el pago. Una forma básica de retener a los clientes es facilitarles el pago de los servicios. Los problemas de pago no solo tienen relación con el flujo de fondos escaso e irregular de los SBI, sino también con las condiciones en las cuales pagan los clientes. La disposición a pagar disminuye, entre otras condiciones, con la incomodidad para pagar. Otro factor que previene los incumplimientos es aumentar la eficiencia en el consumo de los hogares para disminuir el monto de las facturas cuando se tiene el mismo nivel de actividades.

Dado que buena parte de los habitantes de los barrios, villas o tugurios participan de la economía informal, un desafío para las empresas ha sido entender qué condiciones de pago son adecuadas para los ritmos de generación de ingreso de las poblaciones de menores ingresos. Esto hace que una de las principales innovaciones empresariales esté relacionada con esquemas para facilitar el cobro y pago por el servicio. Estos esquemas comienzan con información clara y relevante. Las tres electrificadoras estudiadas —Edenor, Codensa y AES-EDC— cambiaron sus facturas para hacerlas más fáciles de entender y han trabajado con las comunidades para que estas tengan una mayor comprensión de qué es lo que se les cobra y cuánto pagan por cada kilovatio consumido.

Las empresas orientadas al servicio tienen una extensa infraestructura que transforma la **logística para el recaudo** de pagos. Entre 1998 y 2001, Codensa abrió 13 centros de atención al cliente y buscó hacer muy fácil el pago de las facturas de energía; entre otros cambios, la empresa disminuyó el período de facturación a un mes y aumentó la red de recaudo. La empresa ha ido agregando alternativas y lo publicita en la misma factura: "Ya no tienes que buscar dónde pagar, sino escoger a dónde ir. Ahora cuentas con más de 3.700 alternativas para el pago de tu factura". El rango de alternativas incluye medios electrónicos, sistemas de audio (pagar la factura por teléfono se convirtió en norma para los servicios públicos en Bogotá), y puntos de pago con muy distintas características (hasta en cajas registradoras de supermercados es posible pagar la factura de Codensa).

Poco vale tener la más extensa red de recaudo si el cliente no tiene los recursos. De ahí que algunas empresas se hayan preocupado por asegurar que sus clientes consuman lo que pueden pagar. Esta es una de las razones detrás del surgimiento de programas para el **uso eficiente y racional de la energía.** Es crítico para las empresas que los consumidores de bajos ingresos conozcan la información necesaria sobre el consumo eficiente de energía y cómo este los favorece. Los funcionarios de Edenor prefirieron una aproximación a los SBI, "no desde los métodos tradicionales de suspensión y corte del suministro, sino desde la capacitación para el consumo eficiente de energía", como afirmó Alejandro di Natale, gerente de desarrollo sostenible y seguridad. También para las directivas de Gas Natural BAN fue crítico generar conciencia entre los SBI sobre la responsabilidad en el consumo. María Bettina Llapur, directora de relaciones externas, mencionó lo siguiente:

> En los barrios pobres vamos con la parte comercial a explicarles cuánto consume cada artefacto, cómo leer bien la factura (...) [Queremos que el cliente] sepa que no puede instalar 10 artefactos y ponerse a derrochar porque comercialmente deja de interesar; a los dos meses esa persona deja de ser cliente porque no puede pagar su primera factura. Comercial y socialmente es un fracaso. Es mejor, a un cliente pobre, ir y explicarle cómo consumir eficientemente, cómo hacer que le resulte más barato (...) aportarles algo más que el simple servicio o conexión.

Los costos menores son el estímulo sobre el cual Aguaytía ha construido su negocio. Para su proyecto de masificación del uso del gas licuado de petróleo (GLP) como combustible para transporte, el costo de este producto era 50% menor al del consumo diario de combustibles más contaminantes, como la gasolina, y permitía aumentar las utilidades diarias entre 45% y 130%, según el tipo y la propiedad del vehículo. La empresa asumía el costo de transformación a gas de los pequeños motores alimentados con gasolina y recuperaba dicha inversión, con la venta local de combustible, en períodos que iban de 2 a 3 años de acuerdo con el tipo de vehículo y su consumo de GLP. Debido a similares limitaciones económicas, las familias que cocinaban mayoritariamente con leña o querosene recibieron gratuitamente o a un precio simbólico cocinas a gas, así como un descuento en la compra del primer balón cargado con GLP, como parte de la estrategia de la empresa por ampliar su mercado. La iniciativa ya ha distribuido cerca de 50.000 cocinas y, dentro del proyecto de convertir el 50% de las unidades motorizadas en la región, ha logrado convertir poco más del 7% de las mismas.

Además de promover un consumo acorde con las posibilidades de pago, ciertas empresas han explorado otros sistemas de pago por sus servicios; por ejemplo, **sistemas de pago previo y compras fraccionadas.** Según un directivo de Edenor, "los problemas de pago del segmento [de bajos ingresos] no se debían tanto a la voluntad de pago, que en su mayoría la tenían, sino a la forma de pago del servicio. Necesitábamos una forma de prestar el servicio de manera más ajustada a sus capacidades". La empresa ha hecho varios ensayos. En uno de sus programas permitía al cliente hacer compras fraccionadas de cupones de energía con los cuales pagaba luego la factura. En otro, que comenzó en 2002, llevó a cabo un proyecto piloto de instalación de 100 medidores prepagos en Escobar, al norte de la provincia de Buenos Aires. A la luz de los buenos resultados obtenidos con el piloto, en julio de 2003 el modelo escaló hacia la zona de Merlo, donde se sumaron otras 4.200 familias de bajos ingresos que hasta entonces accedían a la energía eléctrica de manera irregular.

Al tener que pagar efectivamente por la cantidad de energía eléctrica consumida, el sistema prepago promovió una disminución en el consumo cercana al 30% y el porcentaje de clientes que no volvieron a tener problemas de pago subió al 95%. El sistema, más ajustado a las necesidades e ingresos del cliente, redujo las pérdidas financieras para la empresa. Desde el momento de su implementación, a mediados de 2002 y hasta mediados de 2007, fueron realizadas 834.382 compras de energía por alrededor de US$800.000; más del 60% de dichas compras habían sido de menos de US$1 con un sistema de expendio a menos de 15 cuadras de las casas de los clientes. "El proyecto apunta a tratar de incorporar a gente que está muy por debajo de la línea de pobreza e indigencia. No tienen capacidad de ahorro, ergo no tienen capacidad de pago, y eso nos genera muchos costos. Les permite a los clientes hacer compras por US$1, en vez de pagar una factura bimestral de 50 pesos argentinos (US$17)", afirmó Jorge Rigamonti, subgerente de gestión, entes y análisis regulatorio de Edenor.

Las pequeñas cantidades para facilitar la compra han sido una práctica de las empresas de consumo masivo por un tiempo. En el caso de los servicios públicos, un "empaque" distinto no está limitado a las empresas de energía eléctrica. Aguaytía comenzó a instalar estaciones de servicio a manera de bombas de gasolina porque a los SBI les es más fácil comprar pequeñas cantidades de GLP que un balón entero.

Contar con múltiples iniciativas para facilitar el pago disminuye la probabilidad de que los SBI tengan problemas de pago, pero no la elimina. Las **condiciones de pago flexibles** son una última alternativa para el momento en que los clientes tienen problemas de pago. Como parte del programa de reducción de la deuda, Codensa diseñó planes blandos de financiación por tipos de cliente y creó esquemas de financiación de hasta 48 meses al 0% de interés —condonando el 100% de intereses moratorios para clientes SBI—, pero estableció la suspensión del servicio al segundo día de incumplimiento en el pago y mejoró su capacidad operativa para suspensiones y reconexiones. Adicionalmente, creó programas de reconocimiento por pago a tiempo a través de sorteos mensuales. Según sus directivos la creación de una cultura de pago ha sido fundamental en los resultados alcanzados.

Las finanzas de los SBI son más vulnerables a los períodos de crisis en los ciclos económicos. Son esos los momentos en los cuales es más importante ser flexible con las condiciones de pago. Durante la crisis económica argentina entre 2001 y 2002, Edenor aprovechó la política de desarrollo sostenible de su accionista mayoritario —el grupo Electricité de France— para crear un esquema de pago que les brindó a los clientes morosos la posibilidad de pagar sus deudas en cuotas semanales. Dentro de la organización, quien asumió el liderazgo fue la gerencia de desarrollo sostenible y seguridad. En otras empresas las propuestas de flexibilidad en las condiciones surgieron de las mismas comunidades. Algunas líderes mujeres, quienes fungían como "ejecutivas de cuenta" de AES-EDC, negociaban con sus vecinos e incluso cobraban el servicio a los usuarios allí donde las condiciones de las viviendas no permitieron la instalación de medidores individuales sino comunales. La empresa llegó a conformar un equipo de 50 coordinadoras voluntarias en los barrios, donde ensayó nuevos procedimientos flexibles para el pago de las facturas.

Además de los cuatro tipos de facilidades para el pago descritas en este apartado, empresas como AES-EDC encontraron medidas para aprovechar los activos intangibles de las comunidades (es decir, sus lazos sociales) como control social al cumplimiento en los pagos. La combinación de unas y otras medidas ha contribuido con la retención de los clientes.

Enriquecimiento de la propuesta de valor. Si para convertir en cliente legal a un consumidor es necesario hacer atractiva la propuesta de valor de la empresa, uno de los caminos para retenerlo es enriquecer esa propuesta de valor. Codensa tuvo una secuencia de dos respuestas a la pregunta de cómo captar y mantener a sus clientes. La empresa había encontrado que una de las causas del hurto de energía era que la población no encontraba diferencias entre la conexión ilegal y el servicio prestado por la empresa; no había percepción de un valor agregado en la conexión legal. Tania García-Aranda, subgerente de hogares y pequeño comercio, era consciente de que "cuando [los clientes] no reciben los beneficios, un producto —por barato que sea— siempre será percibido como caro. Nuestro seguro es que las comunidades nos quieran, que sientan que los validamos como ciudadanos, que sientan que entregamos beneficios más allá de una energía eléctrica bien suministrada".

La empresa trabajó en cuatro áreas: mejoramiento de redes y calidad del servicio, reducción de pérdidas, de la morosidad, y programas sociales. Lo primero fue —en palabras de su gerente comercial— "la excelencia operacional, y solo después de eso, la consolidación de la oferta". Fue a través de una "mayor profundización en las relaciones con los clientes y el desarrollo de nuevos productos y servicios" que alcanzaron esa consolidación. En Codensa no solo se pensó en mantener a los clientes de bajos ingresos; también se pensó en cómo mantener a los clientes, en general, frente a la liberalización del mercado de distribución de energía eléctrica.

Ya preveían que algunas regulaciones serían desmontadas para que, entre otras, los consumidores pudieran elegir entre varios distribuidores. Esta tendencia planteaba un desafío para las empresas de energía eléctrica acostumbradas a los monopolios relativos. La competencia no sería por captar nuevos clientes sino para atraer/mantener a los ya existentes.

Una vez organizadas sus operaciones, Codensa decidió enriquecer su propuesta de valor para sus clientes con una cartera amplia de productos y servicios; con esto también incrementó las barreras de entrada a posibles competidores. En 2001 la gerencia comercial lideró la creación de Codensa Hogar como una línea de negocio para la financiación masiva de electrodomésticos con el cobro de las cuotas del crédito en la factura de energía. La iniciativa comenzó con tres parámetros básicos: 1) lanzar un negocio para fidelizar clientes; 2) alcanzar la autosostenibilidad, y 3) aprovechar las competencias de la compañía. El modelo de negocio de Codensa Hogar incluía aliarse con empresas líderes en la comercialización de productos masivos (grandes superficies) y con los fabricantes de electrodomésticos; tercerizar los servicios de soporte requeridos para operar el negocio; proponer sistemas de financiación; incluir la facturación de nuevos productos y servicios en la factura de energía, y desarrollar una infraestructura de marketing que facilitara el lanzamiento, mantenimiento y retiro de los productos y servicios de Codensa Hogar.

La empresa se encargó de gestionar la cadena de valor hacia el cliente, independientemente de que el *know how* del negocio estuviera en un tercero. Codensa contactó a entidades del sector financiero para que, como socias del modelo, otorgaran los créditos de consumo a los SBI a tasas competitivas. La propuesta tuvo baja receptividad debido a la poca información que la banca formal tenía acerca de la población de menores ingresos y a su percepción del "alto riesgo de otorgar créditos a personas sin historial bancario". Ante esta dificultad, las directivas de Codensa tomaron la decisión de usar los excedentes de liquidez de la empresa para financiar la compra de electrodomésticos. Con la información que tenían sobre el historial de pago de sus clientes y sus sistemas de facturación y crédito, las condiciones para el éxito del programa estaban dadas. Los resultados han sido notables: a 2007, Codensa Hogar había colocado un poco más de US$600 millones en créditos para unos 730.000 clientes. El índice de cartera vencida a 90 días era tan solo del 1,88% (en octubre de 2007), un valor por debajo del que tenían las tarjetas de crédito y los créditos de consumo. Después de la introducción de Codensa Hogar, las pérdidas no técnicas de energía siguieron bajando y el consumo de energía por hogar aumentó. Codensa ha alcanzado el objetivo de fidelización que perseguía.

Una propuesta de valor enriquecida aumenta la disposición a pagar por parte de los clientes. AES-EDC constituyó un equipo en 2006 para crear una oferta de valor orientada, específicamente, a la retención de los clientes de menores ingresos. El primer paso fue revisar estudios y encuestas para conocer datos como ingresos y gastos promedio de los casi 380.000 clientes potenciales. Dentro de las estrategias para reducir costos y generar nuevos servicios, hubo una prueba piloto del pago de un año por adelantado para obtener un mes de descuento y otro par de iniciativas que buscaban aumentar la disposición a pagar de los clientes: un "kit electrificación" con servicios de revisión e instalación de cableado seguro, y una oferta de electrodomésticos. La nacionalización de la EDC en febrero de 2007 frenó un tanto las distintas iniciativas.

En el recuento de cómo respondieron las cinco empresas de servicios públicos a sus retos particulares, este apartado describió las formas en que las empresas aumentaron la disposición de los SBI a pagar por sus servicios. Las condiciones de la relación entre las empresas y algunos SBI han cambiado, al igual que la percepción de estos ciudadanos sobre las empresas. Además de enriquecer sus propuestas de valor para sus clientes —en primer lugar para convencerlos de convertirse en clientes, luego para retenerlos—, las empresas contribuyeron a la organización de la demanda y facilitaron de diversas maneras el pago de los servicios. Aún así, las dificultades para mantenerse como clientes son enormes para algunos segmentos de la población[10].

Variación en la escala y en los objetivos empresariales

Las dimensiones alcanzadas por las iniciativas de las empresas de servicios públicos estudiadas son bastante disímiles. Algunas de las iniciativas continúan siendo un experimento, mientras que otras alcanzaron una escala significativa. Edenor transformó su relación con 4.300 clientes y Gas Natural BAN llegó a 3.000 nuevos clientes. Mientras que AES-EDC incorporó en su sistema a 173.000 clientes, Codensa es un ejemplo de sostenibilidad: además de incorporar 300.000 clientes en una primera fase, ha utilizado sus capacidades para administrar transacciones masivas y llegar a 730.000 clientes con crédito para electrodomésticos. Iniciativas como las de Gas Natural BAN y las de Codensa han conseguido mantener a los clientes una vez que los conectan a su red de servicios. Eso sí, los esfuerzos "artesanales" de Gas Natural BAN contrastan con las alternativas masivas que ha adoptado Codensa. Al menos dos posibles razones explican esas diferencias: la relación de las iniciativas con otros objetivos de las empresas y la percepción sobre los obstáculos que hay que superar para lograr su crecimiento.

Hay una gran diferencia entre las iniciativas que los directivos empresariales consideran como parte del negocio y aquellas que tan solo son vistas como una acción que genera beneficios sociales. No basta con que el desarrollo de una iniciativa lo asuma una gerencia como la comercial; si las cifras o las condiciones no son tan atractivas, la iniciativa se hará en pequeña escala, privilegiando aspectos de imagen y reputación sobre la posibilidad de generar un mayor impacto social.

Acción social. Una iniciativa que sea considerada como acción social tendrá pocas probabilidades de alcanzar una gran escala. Las razones para el limitado crecimiento de una iniciativa pueden encontrarse dentro de la empresa o en el medio en el cual está inserta. El sistema prepago de Edenor seguía en fase piloto aún cuando 200.000 clientes residenciales tenían recurrentes problemas de pago. La particularidad del sistema adoptado, en comparación con otras experiencias similares llevadas a cabo en América Latina o en África, era que el medidor (con un costo seis veces superior al estándar) no era pagado por los clientes y que todos ellos ya contaban con energía eléctrica antes del desarrollo del sistema[11]. El sistema prepago era rentable solo en el largo plazo por el costo del medidor y sus costos de comercialización. El plazo de recuperación de la inversión hecha por Edenor para poner en marcha este sistema más complejo era de 27 meses aproximadamente, según la tarifa y el nivel de consumo. A pesar del análisis de costos y rentabilidad, los directivos de Edenor consideraban la iniciativa de medidores prepagos como una iniciativa de responsabilidad social empresaria. Tampoco el contexto regulatorio impulsaba el crecimiento, ya que la decisión sobre la implementación del prepago para la venta de energía en gran escala continuaba, aún en 2007, sometida a la evaluación del Ente Nacional Regulador de la Energía.

La percepción de los directivos empresariales sobre una iniciativa depende de su rentabilidad y las dificultades para realizarla. Una alta rentabilidad puede hacer que las dificultades sean percibidas como pequeñas, pero una baja rentabilidad resalta cualquier obstáculo. El mercado potencial para Gas Natural BAN era de 150.000 clientes con bajos recursos y representaba cerca del 12% del mercado total de la empresa. Ante la pregunta de qué faltaba para abordar ese mercado como una línea de negocios, sus directivos señalaban a la financiación a través de los bancos. Para algunos directivos, en todo caso, "es tan claro que hay un alineamiento entre la iniciativa, la rentabilidad y los valores de la empresa, que este proyecto lo lleva a cabo la dirección comercial de la misma y no su fundación". Sin embargo, la financiación no era lo único que había frenado el trabajo con los SBI;

también pesaban condiciones como su bajo consumo y los altos costos de transacción y coordinación con múltiples actores. El plazo de recuperación de la inversión de Gas Natural BAN para incorporar a un cliente era de 83 meses. Este plazo subía a 107 meses si el cliente contaba con bajos ingresos por los mayores gastos de comercialización y financiación, y la menor rentabilidad debido al consumo más bajo.

Línea de negocio. En las empresas estudiadas hubo contrastes que ilustran claramente la diferencia entre quienes consideraron sus iniciativas como acción social o como línea de negocio. Existen rasgos particulares cuando una iniciativa es considerada como una línea de negocio. En principio, establecer una iniciativa como línea de negocio requiere visión y persistencia. Ambas afectan tanto la apertura de un mercado como su maduración. Sin visión y persistencia, una iniciativa queda relegada a un segundo plano. Aguaytía y Gas Natural BAN fueron capaces de crear un mercado a pesar de que ofrecían productos para los cuales había varios sustitutos. Sin embargo, las perspectivas de crecimiento de sus iniciativas con los SBI han sido muy distintas: mientras que el objetivo para Aguaytía era masificar la iniciativa y vender la totalidad de su producción en la selva amazónica (en 2007 ya colocaba allí la mitad), para Gas Natural BAN las iniciativas con los SBI no eran parte significativa de su estrategia de crecimiento comercial (su meta era lograr que el 10% de su crecimiento viniera de SBI). Las expectativas comerciales de Gas Natural BAN frente al nicho de ingresos bajos no parecían ser muy ambiciosas; el próximo gran proyecto consistía en sumar 12.000 nuevos clientes a su base de más de 1,3 millones de clientes. En Aguaytía los SBI no tenían barreras de entrada financieras y la empresa recuperaba su inversión en tres años; en Gas Natural BAN, sin alternativas definidas de financiación de la red de infraestructura, sus iniciativas con los SBI no eran parte central de la estrategia de crecimiento de la empresa.

La prueba de fuego para una línea de negocios es su rentabilidad. A su vez, una alta rentabilidad está asociada con el valor agregado que perciben los clientes en un determinado servicio. En el caso de servicios públicos, que pueden llegar a ser considerados un producto básico, diferenciar el servicio es fundamental. Al ofrecer nuevos productos y servicios a sus clientes, algo a lo cual solo tenían acceso gracias a Codensa, la línea de negocio Codensa Hogar ha aportado significativamente a las utilidades netas de la empresa por vía del efecto combinado del negocio del crédito, el aumento en el consumo de energía eléctrica y la reducción de las cifras de morosidad. Esto último fue un efecto de la asociación que los clientes hacían entre el pago de la factura de energía y el pago del crédito; aunque, por ley, no pagar el crédito no ocasiona el corte de la electricidad, esto lo saben muy pocos ciudadanos. Solo el programa de crédito aportó, en promedio, el 2% (algo más de US$3 millones anuales) de las utilidades totales de la empresa durante 2005 y 2006; para los próximos años se espera que este porcentaje de las utilidades totales aumente hasta el 8%.

Las iniciativas consideradas como una línea de negocio alcanzaron una escala e impactos mayores que aquellas que se mantuvieron como acción social. En el caso de estas últimas, una empresa puede disminuir sus expectativas de crecimiento o aceptar promesas de retornos futuros si la iniciativa considerada ofrece otro tipo de beneficios. Por ejemplo, una iniciativa puede ser vista como una inversión en investigación y desarrollo y buscar que el conocimiento adquirido sobre los SBI se convierta en fuente de ventaja competitiva. Además del interés por una iniciativa de alcance limitado, también existen múltiples obstáculos para su crecimiento.

Barreras enfrentadas por las iniciativas

Son serios los obstáculos al crecimiento de las iniciativas con SBI por parte de las empresas de servicios públicos. Si no lo fueran, un mayor número de empresas del sector realizaría este tipo de iniciativas y estas serían más fácilmente consideradas como una importante fuente de crecimiento para las empresas. Ahora, como dice el epígrafe de este capítulo, solo unas empresas están recorriendo el camino de la innovación que las demás habrán de seguir luego.

Los obstáculos identificados en las iniciativas estudiadas son, por lo menos, de cuatro tipos: contar con financiación para las inversiones iniciales, organizar la demanda, realizar cambios en la oferta y tener un entorno legislativo favorable. En cada uno de estos ámbitos es posible encontrar alternativas para disminuir las barreras a la acción.

Financiación

Es frecuente encontrar que los precios unitarios que pagan los SBI por un servicio público sean más altos que los de una alternativa disponible para otras poblaciones. La barrera que impide el acceso a esas alternativas más baratas es su alto costo de conexión, alto para los SBI porque —por lo general— tiene relación con redes de infraestructura física. Mientras no haya alternativas independientes de las redes físicas, tal como sucedió con la telefonía móvil, la falta de conexión o de equipos adecuados hace que "ser pobre resulte costoso". Nuevas tecnologías están haciendo posible llevar la electricidad a zonas remotas a través de microgeneradores eléctricos que funcionan a partir de energía solar, hídrica o mixtos, impensables hasta hace poco. Sin embargo, los mejores resultados siguen estando asociados a la posibilidad de extender el alcance de las redes dedicadas de distribución[12].

El cuello de botella de la financiación puede ser resuelto por la misma empresa de servicios públicos o por un tercero. Las distribuidoras de electricidad han utilizado sus recursos para financiar, como en el caso de Edenor, equipos que permiten un consumo ajustado a las condiciones económicas de los SBI. Otras empresas como Codensa, ante las negativas del sector bancario a ofrecer créditos de consumo, invirtieron sus propios recursos económicos para dar vida a una iniciativa que hacía muy atractiva su oferta de valor para los SBI. Empresas de gas como Aguaytía también han financiado equipos que utilizan GLP; la empresa gana por las ventas de su producto y el consumidor ahorra por un menor precio de este combustible frente a las alternativas que venía utilizando.

En otras ocasiones la financiación es asumida por terceros. La infraestructura para redes como las utilizadas por Gas Natural BAN ha sido financiada con recursos del Fondo de Capital Social, del Estado nacional, y de los municipios, y con recursos conseguidos por las organizaciones socias de las iniciativas. Las exploraciones continúan por parte de la empresa para que los bancos o las agencias multilaterales participen como financiadores.

Organización de la demanda

Una de las formas de entablar una relación de largo plazo entre empresas y comunidad es a través de la incorporación de los SBI en la puesta en marcha y operación de una iniciativa. Por ejemplo, un proceso de conocimiento auspicioso acontece cuando se contrata mano de obra local para el trabajo puntual de construcción de la infraestructura necesaria. La consolidación en el tiempo de esta relación ocurre cuando miembros de la comunidad participan en la operación de la iniciativa. Un par de las cinco empresas estudiadas dieron a los SBI roles adicionales al de consumidores finales. Además de AES-EDC, Gas Natural BAN amplió tramos de la red de suministro de gas con mano de obra de la comunidad atendida y contrató instaladores locales que daban legitimidad a la empresa porque no solo estaban para cortar el servicio sino para colaborar en que este fuera de calidad. La empresa también descubrió las ventajas de contar con la comunidad para organizar la demanda; es decir, de contar con ella en la comercialización y gestión de nuevos clientes.

Dada la escala de las operaciones con los SBI, una alternativa para las empresas es establecer relaciones con estas poblaciones a través de ciertos intermediarios. Sin embargo, solo en uno de los cinco casos analizados hubo organizaciones puente entre las empresas y las comunidades. Las tres empresas de energía eléctrica han prescindido de los intermediarios para dialogar con la comunidad, atender sus necesidades y trabajar de manera conjunta para satisfacerlas. Los beneficios de la comunicación directa fueron mutuos; por un lado, incrementó el interés y el compromiso con el bienestar de los consumidores y, por el otro, involucró a los SBI en la creación y cuidado de la red eléctrica.

El caso de Gas Natural BAN ilustra las ventajas de tener una organización puente que facilite la interlocución entre la empresa y las comunidades. En cada localidad particular la empresa no solo llegaba con el gas, sino con los programas de responsabilidad social pertinentes: Programa Escuelas, Primera Exportación, Voluntariado, Huertas, etc. A partir de 2003 Gas Natural BAN trabajó con la FPVS para proveer gas natural a 2.000 personas en la localidad de Cuartel V. La FPVS había elaborado un modelo de participación con vecinos y organizaciones locales para la construcción de infraestructura y la provisión de servicios públicos. Su gran aporte a Gas Natural BAN ha sido ayudar a interiorizar la práctica de conocer, desde adentro y con un socio local, a la comunidad.

Contar con distintos socios, aprender de sus experiencias y utilizar sus capacidades permitió a Gas Natural BAN disminuir la complejidad inherente al diseño y puesta en marcha de cada uno de los seis proyectos de gasificación que emprendió hasta 2006. La empresa pasó de tener relaciones con las comunidades intermediadas por instaladores independientes (o "politiqueros" que distorsionan la información), a una relación intermediada por organizaciones puente y municipalidades. Las ventajas, reconocidas por unos y otros, fueron facilitar el acceso físico a los barrios, el conocimiento de sus realidades y el respaldo a los proyectos. Un resultado menos común fue conseguir que la comunidad organizara su demanda; Gas Natural BAN reconoce que eso solo lo han logrado en una de sus experiencias. En suma, al fortalecer o crear interlocutores locales, Gas Natural BAN entabló relaciones más eficientes con las comunidades, con sus líderes y con las organizaciones de la sociedad civil que operan en su zona de influencia.

Cambios en la oferta

Durante décadas han primado el desconocimiento y la desconfianza entre los SBI y las empresas. En el caso de EDC, durante un drástico proceso de reducción de personal con la llegada de la multinacional AES, directivos y operadores se encontraron en entrevistas en las cuales quienes habitaban en barrios marginados dieron valiosa información sobre los clientes de esas zonas. Los ejecutivos se enteraron entonces de cómo las familias en los barrios "ignorados" por la empresa tenían pocas opciones fuera de "colgarse" ilegalmente del tendido eléctrico y que muchos pobladores estarían dispuestos a cambiar esa práctica con tal de tener un servicio de calidad.

La conciencia de las características especiales de los SBI fue creciendo poco a poco. Muchos gerentes han tenido prejuicios y poco conocimiento, no solo sobre las características de los SBI sino —consecuentemente— sobre la manera de implantar iniciativas orientadas a satisfacer sus necesidades como clientes[13]. Ante esta situación, las empresas han necesitado aprender de las demandas y contingencias que emergen al "ensayar" en la implementación misma de las iniciativas, dejando atrás el privilegio de lo técnico y orientaciones ingenieriles y jerárquicas de acuerdo con las cuales el apego a estrictas normas de operación eran una prioridad. La atención a las particularidades de cada iniciativa puede ser un factor disuasivo para empresas con altos niveles de estandarización en sus operaciones; sin embargo, el desafío de encontrar alternativas a serios problemas empresariales y aprender en el proceso pueden ser motivación suficiente. Un reto posterior es institucionalizar el conocimiento que se genera en cada experiencia.

La ejecución de las innovaciones estudiadas ha requerido cambios en las empresas. Por lo menos tres factores han afectado la velocidad de implantación de las innovaciones empresariales. Primero, la autorización de los reguladores ha frenado el ritmo del desarrollo de sistemas como el prepagado. Segundo, la desconfianza de los ciudadanos también ha ofrecido resistencia a las propuestas empresariales. Por ejemplo, las propuestas de AES-EDC para mejorar el servicio de energía en un conjunto habitacional de 154 edificios generaron quejas de 12 juntas de condominio ante el organismo de defensa del consumidor. Tercero, la cultura organizacional imperante en las multinacionales estudiadas estaba bastante alejada de los SBI y tenía dificultades para establecer relaciones productivas y ofrecer propuestas de valor flexibles[14]. No obstante, estas condiciones contribuyen a la comprensión de que estas son iniciativas con un ritmo distinto que requieren conocimientos y habilidades diferentes de las que se tenían en el pasado.

Las empresas estudiadas no estaban acostumbradas al marketing y para venderles a los SBI no solo tuvieron que conocerlos, sino modificar sus conceptos de servicio y de marketing. En las distintas etapas de la comercialización fueron realizados ajustes necesarios para atender a los SBI. Al inicio hubo esfuerzos sistemáticos por acercarse a los SBI y conocerlos mejor. En la etapa de venta, las empresas crearon diferentes estrategias para regularizar las conexiones y para facilitar el pago de la infraestructura necesaria y del consumo. Como parte del servicio posventa, algunas iniciativas se enfocaron en estrategias para fidelizar a los clientes. Los resultados alcanzados muestran la importancia de las innovaciones empresariales realizadas y señalan la necesidad del mercadeo para las empresas de servicios públicos estudiadas, en especial cuando abordan el segmento de los SBI. En la medida en que las iniciativas obligaron a conocer a los SBI, el contacto directo y la comunicación transformó las percepciones entre ambas partes y la desconfianza disminuyó.

Las iniciativas estudiadas transformaron las relaciones de las empresas con varios de sus grupos de involucrados. Los cambios más relevantes en estos casos ocurrieron en las relaciones con sus propios empleados, con los SBI (en su mayoría consumidores, pero también con los SBI como proveedores de insumos, subcontratistas de mano de obra o distribuidores de productos para una empresa), con otros actores en la red de valor[15] y con las autoridades públicas.

Legislación y tarifas

En el entorno de las empresas de servicios públicos participan entidades reguladoras dependientes de los poderes Legislativo y Ejecutivo en el nivel nacional, regional y municipal. Las empresas se ven forzadas a cultivar una relación estrecha con las entidades gubernamentales que definen su entorno competitivo. Dentro del marco regulatorio particular de cada país, algunos gobiernos nacionales y municipales han tomado un rol activo en promover la expansión de la cobertura de los servicios públicos dado que —en la mayoría de los casos— las tarifas no incluyen los costos de una eventual extensión de la infraestructura básica para la prestación de los servicios.

La legislación crea incentivos o impide desarrollos que podrían tener impacto sobre las condiciones de vida de los SBI. Durante esta década, en Argentina el ente regulador no controla el precio del gas en garrafa y ha fijado una tarifa bastante baja para el gas natural. Esto ha resultado en una tasa de 7:1 que favorece el consumo de gas natural, incentivo que se estima solo sería de 2:1 si el precio del gas natural no fuera controlado. Buena parte del atractivo de la propuesta de valor de Gas Natural BAN para los SBI surge de esta diferencia de precios generada por el ente regulador. La intervención pública incentiva la demanda, pero también genera el efecto pernicioso de ahorcar la oferta. El abismo entre el precio político y el precio de mercado ayuda a entender por qué Gas Natural BAN no consideró a su iniciativa como una línea de negocio, y por qué el número de beneficiados todavía está lejos de llegar a los seis dígitos, a diferencia de otros de los casos estudiados.

La lentitud del aparato regulatorio en adaptarse a la innovación también frena algunos desarrollos de las empresas privadas. Dentro de los proyectos piloto de AES-EDC, el promisorio sistema prepago fue dejado de lado porque no consiguió la aprobación legislativa[16]. Por otro lado, en Caracas el Estado ha subsidiado parcialmente las pérdidas no técnicas de energía. Aunque en ocasiones AES-EDC realizó inversiones en infraestructura para disminuir las pérdidas por robo, las inversiones en la red no las hacía la empresa sino el Estado. En cuanto al servicio, el gobierno promovió la movilización ciudadana para exigir mejores servicios de acueducto y energía eléctrica. Luego de que el mismo Presidente Hugo Chávez pidiera mejoras en el servicio de energía, durante su programa de televisión dominical, surgieron las denominadas Mesas Técnicas de Energía. Durante 2005 fueron celebradas en Caracas 24 "mesas eléctricas", nombre con el que eran más conocidas. Además de AES-EDC, participaban la empresa estatal de electricidad CADAFE, representantes de la correspondiente alcaldía, asociaciones vecinales y otros grupos interesados en mejorar el servicio de energía en la zona, y el Fondo de Inversión para el Desarrollo, que financiaba las obras de infraestructura requeridas para ampliar el tendido eléctrico. Cada mesa requería un anteproyecto con el correspondiente relevamiento técnico y un presupuesto estimado de las instalaciones necesarias. En muchos de los barrios donde fueron celebradas esas mesas, la empresa ya tenía preparado este anteproyecto y en otros se comprometía a prepararlo en pocos días. La empresa presentaba, entonces, su concepto de "barrio eléctrico" con un énfasis social antes que técnico. Las "mesas eléctricas" sirvieron, en el cargado clima político del país, como un mecanismo más para vincular a la empresa con el mercado de los SBI y para fortalecer su relación con las alcaldías (que habían solicitado proyectos para alumbrado público aun en zonas sin permiso de construcción) y otras unidades de gobierno local. Estos antecedentes fueron útiles para la empresa cuando negoció con el Estado su compra a principios de 2007.

Argumentos para aumentar la escala de las iniciativas

Las iniciativas estudiadas aportaron tanto a la **generación de valor social como a la generación de valor económico**. Empresas y comunidades se beneficiaron. Al reconocer los clientes de las tres empresas de energía eléctrica un mejor servicio, aumentó su disposición a pagar por este, y las innovaciones en los sistemas empresariales permitieron un nivel de consumo relacionado con la capacidad de pago de los clientes. Acto seguido, disminuyeron las pérdidas para las empresas. En el caso de las dos empresas de gas estudiadas, ambas crearon un mercado para sus productos. Aunque el gas tiene varios sustitutos, compite con estos gracias a su bajo costo unitario. Sin embargo, muchos SBI no lo tenían como opción porque no contaban con capacidad de pago ni financiación para sus altos costos de instalación. Para enfrentar esta barrera, Aguaytía incluyó este costo en el precio del gas, mientras que Gas Natural BAN ha buscado distintas formas de financiación para cada uno de sus proyectos.

El **aumento del ingreso disponible** es uno de los beneficios que reciben los SBI, en particular los consumidores de gas. Además de menores costos, los SBI se beneficiaron de la valorización de sus propiedades por el hecho de contar con un servicio público legal, ya sea de electricidad o gas. El acceso a los servicios públicos domiciliarios hace más habitable una propiedad e incrementa su precio de mercado. En cuanto al gas vehicular, también hay un menor desgaste de los motores y requieren menor cantidad de aceite para funcionar.

Cuando una empresa de servicios públicos atiende a los SBI parece haber beneficios aun si esta atención significa, para el ciudadano, adquirir nuevos compromisos de pago por instalaciones y consumo de los servicios. Para el usuario hay un valor intrínseco al acceder de manera legal a los servicios públicos pues recibe o puede exigir servicios de mejor calidad, por el ahorro al disminuir la frecuencia de daños en los electrodomésticos o por el acceso a combustibles más baratos. Hubo notorias mejoras en la calidad de los servicios, la que a su vez **incrementó la calidad de vida**, tanto de la comunidad —en general—, que ganó seguridad y cohesión, como de los hogares —en particular—, que obtuvieron acceso a electricidad y gas. El presidente de Gas Natural BAN, Pedro Sáenz, comentó:

> Hay afortunadamente más empresas que perciben que puedes realizar tu negocio con personas de bajos recursos a quienes les aportas un beneficio y de quienes también obtienes un beneficio. A otros les parece inmoral venderle cosas a la gente con bajos recursos, pero creo que si les aportamos un beneficio, no tiene nada de inmoral; nosotros vamos con toda la transparencia, sin engaños, y con un esfuerzo muy grande para explicarles que deben gastar menos; creo que eso mejora su nivel de vida.

En ciertos casos, el acceso a los servicios puede incluso **legitimar su condición de ciudadano** frente a otras entidades; en algunos países, por ejemplo, presentar el recibo de pago de un servicio público es la puerta de entrada a sistemas como el financiero o a la economía formal. Como reconocen Rufín y Arboleda, "tener un recibo de pago de servicio público es una prueba legal de residencia que da el derecho de reclamar por otros servicios como educación y, en algunos casos, los derechos sobre la tierra"[17].

La experiencia de AES-EDC ilustra los beneficios de un mejor servicio para los SBI. Los riesgos de accidente disminuyeron porque la manipulación de la conexión pasó a manos técnicas, y la reducción de la sobrecarga en las redes eléctricas permitió tener un servicio con menos interrupciones y con mayor potencia. Los costos de un servicio de energía eléctrica inestable e inseguro no solo comprometían la integridad física de los SBI, sino su presupuesto, ya que los cambios drásticos de voltaje dañaban los electrodomésticos. También hubo cambios estéticos al eliminar las conexiones ilegales que formaban las "marañas" y aumentó la seguridad de los barrios gracias al mejoramiento del alumbrado público (por ejemplo, el promedio semanal de muertes violentas en el barrio 23 de Enero bajó de 18 a 3).

Los beneficios de los productos adicionales al servicio público también han sido notorios. El crédito ofrecido por Codensa tenía menores requisitos que los del sistema financiero tradicional a tasas de interés competitivas. El préstamo podía ser hasta tres veces el salario del cliente y el estudio de crédito tardaba máximo 48 horas. El 97% de los clientes de Codensa Hogar, según un análisis hecho por la empresa, pertenecía a los tres estratos socioeconómicos más bajos. La calidad de vida de estos clientes mejoró al tener un mayor acceso a distintos productos y poder ser incluidos en el sistema financiero. Una de las clientas de los créditos afirmó:

> Mi marido y yo queríamos sacar un televisor grande y siempre ahorrábamos. No podíamos; algo pasaba. Fui al punto Codensa, pasé los papeles y a los dos días me llamaron. Me dijeron que me habían aprobado el crédito, que podía ir ya a escoger mi televisor. Entonces me di cuenta de que mi cupo fue más de lo que yo imaginé. Decidí sacar dos equipos. Ahora veo mis novelas, cuando mi hija sale del jardín ve los muñequitos y en el equipo de sonido le coloco sus canciones para que aprenda las tablas de multiplicar. Me parece cheverísimo pagar el recibo de la luz y del electrodoméstico al mismo tiempo sin tantas vueltas.

Los individuos de menores recursos han adquirido —en su mayoría— lavadoras, televisores y computadores. Los bienes adquiridos pueden clasificarse en tres categorías: aquellos que tienen un efecto positivo sobre el ingreso (por ejemplo, computador y lavadora), los que tienen efecto directo sobre el bienestar (nevera) y el resto de los bienes. Por otro lado, en Bogotá solo el 40% de sus habitantes tiene **acceso a servicios financieros**[18]. Del total de beneficiarios de los créditos de Codensa Hogar, el 66% nunca había tenido un crédito formal ni acceso al sistema financiero; luego del crédito con la empresa de energía, 45% tuvo acceso a otros servicios financieros[19].

Un último argumento para buscar el crecimiento de las iniciativas que involucran a los SBI tiene relación con los sistemas que utilizan las empresas de servicios públicos. El alcance e impacto de un programa como Codensa Hogar ejemplifica cómo estas empresas pueden ser **plataformas** para alcanzar enormes grupos poblacionales. Llegar a estos grupos es invaluable, tanto para quien busca ese acceso como para la empresa que —al ofrecerles algo más a sus clientes— también gana. Pensando en temas como la salud, la iniciativa Oportunidades para la Mayoría del Banco Interamericano de Desarrollo está estudiando las experiencias de los servicios públicos[20]. El ejemplo de la telefonía móvil como plataforma para servicios financieros ofrece muchas lecciones para otros servicios públicos; entre otras, una que tiene relación con diversos aspectos es la transformación de la industria al romper con la dependencia de las redes de infraestructura física.

Lecciones para la inclusión

Al aumentar su participación en el mercado una empresa puede generar más empleo, más ingresos y más impuestos. Cuando su actividad se concentra en un segmento del mercado que no está adecuadamente atendido, como es el caso de los SBI, hay una transformación en sus condiciones de vida. Al atenderlo de acuerdo a sus características peculiares, los resultados económicos son positivos y —a la vez— hay generación de valor social. El potencial transformador de las iniciativas estudiadas en este capítulo tiene relación con la importancia de la electricidad y el gas en la vida de las personas. Es importante anotar que la mayor parte de los cambios estudiados provino de mejorar la calidad de vida de los SBI en su condición de consumidores de electricidad o gas. Los efectos de ser un cliente pleno incluyeron beneficios tan distintos como tener acceso a información, aumentar el ingreso disponible y contar con una carta de ciudadanía.

A lo largo de este capítulo hemos examinado las características de las distintas iniciativas empresariales que vinculan a ciudadanos de bajos ingresos como clientes en el sector de servicios públicos. Las empresas estudiadas han demostrado que es posible atender con la misma calidad a clientes de bajos y altos ingresos. El reto para las empresas de gas estudiadas era abrir un mercado. La situación para las empresas distribuidoras de electricidad era distinta. Dado que la energía eléctrica tiene pocos sustitutos, las empresas de energía eléctrica tienen algo diferente de las de otros sectores económicos: no pueden cortar con facilidad las relaciones con sus consumidores. Aunque la empresa no quiera proveer su producto a una población específica, esta población va a adquirirlo así sea ilegalmente. Por lo tanto, para las distribuidoras de electricidad es importante hacer claras las ventajas de ser un cliente formal y mantener una oferta de valor suficientemente atractiva para sus clientes (por ejemplo, aumentar la cartera de servicios, premiar la cultura de pago), en especial para aquellos con mayores restricciones de acceso al servicio. Para llegar con éxito a los SBI, diversas actividades son necesarias en cada etapa de la comercialización de sus productos y dan una clara señal de la importancia del marketing para las empresas de energía eléctrica y gas. Sin esas alternativas que han ajustado los servicios a las características de los SBI, las relaciones con estos grupos poblacionales son problemáticas y deterioran la legitimidad de las empresas de servicios públicos.

Una aproximación que no considere el alto costo de oportunidad de los recursos económicos de los SBI tiene problemas. La disposición a pagar de los SBI y las facilidades para realizar los pagos son dos elementos esenciales. Las empresas pueden trabajar en ambos.

Una mayor oferta de valor por parte de las empresas consigue que los SBI tengan una mayor disposición a pagar. Las ofertas de las empresas pueden incluir desde las directamente relacionadas con el servicio ofrecido hasta las que disminuyen barreras de acceso a otros bienes y servicios. Gas Natural BAN, por ejemplo, ha ofrecido algo más allá de lo netamente material y económico: "desde [relaciones exteriores] se les da a los vecinos todo tipo de clases, de charlas sobre el consumo eficiente, se les crea conciencia y, a la par, vamos con el sector comercial: se llega con conexión, con factura, y con todos los programas de RSE en estos barrios que requieren algo más que la simple gasificación". Como dicen Rufín y Arboleda[21]: al aumentar la satisfacción de los clientes también aumenta su voluntad de pago.

El segundo elemento crítico es dar facilidades para el pago, adaptar el modelo de prestación del servicio a la capacidad económica de los SBI. Las empresas pueden adaptar sus sistemas a los niveles y al irregular flujo de ingresos de sus clientes de bajos ingresos mediante múltiples alternativas, como períodos más cortos en sus sistemas de facturación, aumento en la red de recaudo, capacitación a los consumidores en el uso eficiente y racional de la energía, innovaciones en la forma en que puede comprarse el servicio, o flexibilidad en sus condiciones de pago.

Una iniciativa que no aumente la disposición a pagar y las facilidades para el pago no logrará incorporar a los SBI como clientes. Para mantenerlos como tales y pensar en aumentar la escala de la iniciativa, la propuesta de valor de la empresa ha de conservar su atractivo para los SBI y la empresa ha de salvar diversos obstáculos, unos internos y otros externos. Al nivel más interno, las empresas han de acoger cambios en sus culturas y en sus sistemas operativos. La financiación y la organización de la demanda son parte de los retos en un entorno en el cual la legislación puede crear condiciones favorables o erigir barreras adicionales. A pesar de lo complejo del camino, los resultados económicos para las empresas y las mejores condiciones de vida para sus consumidores bien valen la pena. Algunos de los protagonistas de los casos estudiados ven esto con claridad. Jaime Tupper, vicepresidente de AES-EDC, lo sintetizó de la siguiente manera:

> Primero, el modelo pasa siempre por estar muy cerca de la comunidad. Pasa también por tener proyectos paralelos: además de la electrificación formal de las casas, tiene que haber proyectos formales de alumbrado público. Tercero, la gente quiere pagar y muchas veces hay un problema de educación y un problema de incomodidad para hacerlo; entonces, el modelo pasa también por tener mecanismos de pago a través de la misma comunidad y por adaptarnos a esa economía del barrio. Cuarto, algo que quizá no hemos explorado lo suficiente, los paquetes de servicios: ofrecer un valor agregado que diferencie el servicio de lo que es un producto básico, lo cual exige garantizar que el cliente tenga un valor adicional que mejore su calidad de vida.

Notas

1. Naciones Unidas-Hábitat, *El estado de las ciudades en el mundo 2006/2007* (Nueva York: Programa de las Naciones Unidas sobre Asentamientos Urbanos, 2007).
2. Carlos Rufin y Luis Fernando Arboleda, "Utilities and the Poor: A Story from Colombia" (documento presentado en la Harvard Business School Conference on Global Poverty, Boston, MA, 1al 3 de diciembre de 2005).
3. El estudio de esta empresa considera el período que se inicia en 2000, cuando fue adquirida por la multinacional AES, y termina cuando fue nacionalizada.
4. USAID, "Innovative Approaches to Slum Electrification" (Washington, DC: Bureau for Economic Growth, Agriculture and Trade, diciembre de 2004).
5. Ibíd.
6. Conavi, "Consejo Nacional de la Vivienda, Programa II: habilitación física de zonas de barrios", http://www.conavi.gov.ve.
7. A efectos de la definición de tarifas de servicios públicos y de algunos impuestos, la población colombiana es oficialmente clasificada en seis estratos

socioeconómicos; el estrato 1 corresponde a las personas más pobres de la población. Los estratos 1, 2 y 3 son beneficiarios de subsidios en los servicios públicos, mientras que los estratos 5 y 6 pagan un sobrecosto.

8. USAID, "Innovative Approaches to Slum Electrification" (Washington, DC: Bureau for Economic Growth, Agriculture and Trade, diciembre de 2004).

9. Las "marañas" están constituidas por múltiples cables que se cuelgan de un poste de luz con el fin de obtener el servicio de energía. La baja calidad del servicio y el alto riesgo de accidentes forman parte del costo de esta alternativa.

10. En AES-EDC eran particularmente conscientes de las dificultades de los SBI para permanecer como clientes. Los esfuerzos realizados por técnicos y trabajadores sociales combinaron diferentes iniciativas ya descritas; iban desde dar a los pobladores explicaciones de la tarifa aplicada a su vivienda hasta revisar su cableado interno para determinar si el consumo estaba siendo afectado, por ejemplo, por la puerta de una nevera cuyas gomas estaban en mal estado. Las visitas a los barrios eran anunciadas de antemano y abarcaban información sobre tarifas, talleres sobre optimización en el uso de energía, atención al cliente, captación de nuevos clientes y cobranzas.

11. Estas son particularidades del sistema adoptado en Argentina. En ciertas naciones las cifras son impactantes: en Sudáfrica hay seis millones de prepagos porque, desde 1988, la empresa estatal ESKOM implementó el programa Electricidad para Todos y lo dirigió a barriadas pobres sin cobertura; desde finales de la década de 1970 en el Reino Unido el sistema prepago ha conseguido cuatro millones de clientes, la mayoría de ellos con bajos ingresos (son el 16% de los clientes de electricidad registrados y el 9% en el caso del gas aproximadamente).

12. Allen L. Hammond et al., *The Next 4 Billion: Market Size and Business Strategy at the Base of the Pyramid* (Washington, DC: World Resources Institute y Corporación Financiera Internacional, 2007).

13. Aun con su personal técnico, una empresa como Aguaytía se esforzó en la sensibilización social y en incrementar el conocimiento entre sus empleados acerca de los rasgos culturales de los usuarios de bajos ingresos.

14. Henry Gómez, Patricia Márquez y Michael Penfold, "Cómo AES-EDC generó relaciones rentables en los barrios pobres de Caracas", *Harvard Business Review América Latina* (diciembre de 2006).

15. En un caso de articulación directa por parte de la empresa, Edenor coordinó a empresas de telecomunicaciones para la transmisión de datos, a empresas recaudadoras y a distintos puntos de venta de tarjetas prepagas. Codensa Hogar es otro caso de articulación de toda una red de valor.

16. Una demora similar afectó al sistema prepago de Edenor.

17. Carlos Rufín y Luis Fernando Arboleda, "Utilities and the Poor: A Story from Colombia" (documento presentado en la Harvard Business School Conference on Global Poverty, Boston, MA, 1al 3 de diciembre de 2005), 4.

18. A. Manroth y T. Solo, "Access to Financial Services in Colombia: The 'Unbanked' in Bogotá," *Policy Research Working Paper* nro. 3834. Washington, DC: Banco Mundial, 2006.

19. M. A. Arbeláez, F. García y C. Sandoval, *El "Crédito fácil para todos" de Codensa: un programa de impacto social para Bogotá* (Bogotá: Fedesarrollo, 2007).

20. F. Díaz, "Platform Strategies for Scaling". Disponible en http://www.nextbillion.net/blogs/2008/05/15/guest-post-platform-strategies-for-scaling.

21. Ibíd.

7

Gestión de residuos sólidos: inserción de la población de bajos ingresos en la cadena de valor

Rosa Maria Fischer, Mônica Bose, Paulo da Rocha Ferreira Borba, Graziella Maria Comini

> *Las "minas" del siglo XXI serán aquellos productos que hayan llegado al final de su ciclo de vida[1].*

En América Latina, es creciente la presencia de emprendimientos constituidos por personas de bajos ingresos que se dedican a la recolección de residuos sólidos en la basura urbana. Muchos de ellos están insertados en movimientos de organización política que dan soporte institucional a la inclusión social de esas personas. Tales emprendimientos buscan inserción en la cadena productiva de gestión de residuos sólidos, que está convirtiéndose en un pujante sector de la economía moderna.

Este capítulo presenta y analiza los elementos constitutivos de este tipo de emprendimiento y de su participación en las cadenas de gestión de residuos sólidos. Su objetivo es analizar cómo esas iniciativas surgen, se desarrollan y se consolidan a partir de la superación de obstáculos y de la creación de oportunidades en el medio adverso en que están insertadas.

Casi todas las personas que participan de estas iniciativas son extremamente pobres, con niveles mínimos de educación formal y suelen vivir en condiciones precarias o hasta en las calles. En varias regiones, se han organizado en grupos como forma de superar las limitaciones y los riesgos de un trabajo individual que carece de apoyo. Muchos de esos grupos tienden a establecer organizaciones más estructuradas, como asociaciones y cooperativas, que se configuran como emprendimientos sociales. Pueden ser definidos como iniciativas de propiedad colectiva —que adoptan modelos incipientes de gestión, con características participativas— cuyo objetivo es atender las necesidades sociales y económicas de personas desprovistas de condiciones para ingresar en el mercado de trabajo formal.

Aun cuando adoptan otras personalidades jurídicas, conforme la legislación específica de cada país, estos emprendimientos presentan características que remiten a las formas cooperativistas de organización del trabajo y de las relaciones económicas de producción[2]. O sea, son emprendimientos de propiedad colectiva, dirigidos democráticamente, formados por personas que se unen para satisfacer necesidades económicas, sociales y culturales comunes[3]. Tales semejanzas no son casuales: reflejan la tendencia a la creación de organizaciones más en línea con el paradigma de la economía solidaria[4] que con la arquitectura empresarial de la economía de mercado. Estas iniciativas se construyen a partir de los valores de democracia, igualdad, equidad y solidaridad, y el objetivo central en cada una de ellas no es solo la generación de riqueza, sino también la elevación de la autoestima y de la dignidad de esos trabajadores.

Las personas en situación de calle y las que trabajan por su cuenta en la recolección de residuos sólidos de la basura urbana viven en condiciones de pobreza, exclusión y marginalidad que limitan su productividad y apropiación de la renta, además de su capacidad de desarrollo personal y social. Por lo tanto, el modelo de organización por el cual se pretende estructurar sus actividades y su producción debe ofrecer las condiciones para que compartan valores, responsabilidades y oportunidades, y distribuyan equitativamente recompensas, a los efectos de intensificar la sociabilidad, lo que propiciará su emancipación como ciudadanos.

Dadas esas condiciones, el emprendimiento puede no solo generar valor económico a partir de la organización más racional de los recursos y del incremento de productividad que resulta del trabajo colectivo, sino también crear y consolidar el capital social de esos segmentos de bajos ingresos. El capital social puede ser definido como aquel que resulta del establecimiento de redes de colaboración horizontal, basadas en la confianza y en la convivencia regulada por normas y códigos de comportamiento. Los ambientes que fortalecen el capital social, al no estar limitados exclusivamente a la obtención de resultados económicos, crean tejidos productivos que refuerzan lazos de cohesión social. La ciencia política resalta que esos contextos sociales son fundamentales para el funcionamiento eficiente de las instituciones democráticas, por asegurar y estimular la participación de los ciudadanos en la construcción de activos colectivos[5].

La experiencia de las iniciativas sociales Cooperativa El Ceibo, (Argentina), Asociación de los Recolectores de Papel, Cartón y Material Reciclable (Asmare, Brasil) y Cooperativa Porvenir (Colombia) propició un aprendizaje significativo sobre el emprendedorismo social en el sector de reciclaje de residuos sólidos. En términos generales, los casos estudiados revelan que la institucionalización de las actividades de recolección, tratamiento y venta de residuos sólidos a través de la organización de los recolectores posibilita la transformación de las condiciones sociales y económicas de esas personas, sea por la generación de renta donde antes no existía o por la construcción de condiciones más dignas de vida y de acceso a los derechos de ciudadanía. Además, cuanto más articulada y más diversificada sea la participación de esas organizaciones en las diferentes etapas de la gestión de residuos sólidos, más oportunidades de transformación social serán proporcionadas a los recolectores y mejores serán las condiciones de sostenibilidad de los emprendimientos en que participan. Estos emprendimientos pueden ofrecer importantes contribuciones para el desarrollo local en la medida en que incrementen la generación de renta y fortalezcan las relaciones sociales.

Contexto y retos para la gestión de residuos sólidos

El reciclaje de residuos y la actuación espontánea de recolectores de basura[6] no son fenómenos recientes, pero la magnitud y la visibilidad de esas actividades se han evidenciado en los últimos años en función de varios factores convergentes. Entre ellos, se destacan las dificultades encontradas en todos los países del mundo en la búsqueda de soluciones para la gestión de los residuos generados por el consumo creciente. En determinados momentos, estos desafíos se cruzan con la intensificación de los problemas económicos y sociales, provocada por periódicas crisis económicas que acentúan el desempleo y la miseria, y que redundan en la exclusión social de una parte de la población.

A partir de la segunda mitad del siglo XX, el acelerado crecimiento poblacional de América Latina y su concentración en áreas urbanas, sumado al desarrollo industrial y a los cambios de los patrones de consumo, ha provocado el aumento de la cantidad y de la variedad de residuos sólidos generados por la población en el continente. En 2001, la población urbana de la región alcanzó la cifra de 406 millones de personas, que representan el 78,4% de un total de 518 millones de habitantes, con una producción urbana de residuos sólidos estimada en 369.000 toneladas por día. Para 2015, está proyectada una población de 627 millones de habitantes, de los cuales cerca de 501 millones serán urbanos (80%). Si se mantuvieran las tasas actuales de generación y producción de residuos, su volumen llegaría a 446.000 toneladas por día[7].

La recolección y la disposición final de los residuos domésticos son actualmente grandes problemas en la región, pues las actividades a ellas dedicadas son poco efectivas. Las soluciones son inviables por varios factores que actúan concomitantemente: la inercia del poder público tanto en lo que concierne a la definición de políticas como de prácticas específicas; la desinformación y el desinterés del público en general en comprometerse con la recolección selectiva de la basura, y los conflictos de intereses entre las diversas empresas y organizaciones que integran la cadena productiva del reciclaje. En ese escenario, las iniciativas de emprendimientos sociales, como las analizadas en este capítulo, despuntan como propuestas innovadoras que concilian la generación de valor económico, la solución para las fases iniciales del proceso de recuperación de los residuos y la agregación de valor social para los grupos de bajos ingresos involucrados. Se calcula que solo se recupera el 2,2% (1,9% inorgánicos y 0,3% orgánicos[8]) del total de residuos sólidos generados en América Latina, lo que muestra el desperdicio de recursos naturales aprovechables y la pérdida de oportunidades de generar trabajo y renta.

La recolección de residuos realizada por recolectores organizados en estos emprendimientos podría sustituir una forma de supervivencia de las personas más pobres de la población, que constituye un dramático problema social en los países latinoamericanos desde hace más de 60 años. Se estima que más de 120.000 familias, desprovistas de fuentes de ingresos mínimos, se dedican a la recolección de basura en condiciones insalubres y de alto riesgo[9]. En algunos países del continente, en las últimas décadas fueron implantados algunos pocos programas que se proponen reducir depósitos y basureros a cielo abierto, donde esas personas se dedican a la recolección informal y degradante. No obstante, tales iniciativas tienden a solucionar los problemas ambientales y, generalmente, no privilegian los aspectos sociales.

La recolección de residuos sólidos realizada por recolectores —sean ellos asociados o no— genera evidentes resultados positivos para la sociedad y el ambiente, pero no es reconocida ni valorizada. Esta actividad contribuye considerablemente a la minimización de impactos ambientales negativos causados por la presencia física de residuos sólidos, entre ellos: a) la contaminación del suelo por sustancias químicas resultantes de la descomposición de la basura y b) la contaminación del aire, debido a los contaminantes originados en la incineración de basura.

Los recolectores de residuos sólidos, así como las cooperativas y asociaciones en las cuales organizan sus actividades, surgen y se multiplican en contextos sociales en los cuales el Estado tiene presencia precaria; no hay garantía de derechos básicos; los índices de pobreza, exclusión y desigualdad son elevados y perennes, preponderantemente en zonas urbanas. La cantidad de recolectores aumenta, aun más, durante crisis económicas que resultan en el crecimiento de las tasas de desempleo y pobreza. En México, la devaluación del peso en 1994 y la consecuente crisis económica llevaron a un acelerado aumento en la actividad de recolección informal. En Argentina, la crisis económica de inicios de la década de 2000 provocó un notorio crecimiento del número de personas que trabajan en las calles de Buenos Aires, en busca de alternativas para su supervivencia[10]. La formación de esta nueva categoría de trabajadores parece constituir un terreno fértil para el surgimiento de iniciativas de lucha contra la pobreza, aunque no haya incentivos para su fortalecimiento y para que constituyan un segmento institucionalizado del mercado de trabajo.

La organización de los recolectores, generalmente bajo la forma de cooperativas y asociaciones, se evidenció en diversas partes de América Latina en las últimas décadas del siglo XX; totalizaron, en 2005, más de 200 organizaciones de recolectores, separadores, cartoneros, gancheros, pepenadores y recicladores[11]. Esas iniciativas organizacionales les permiten mejorar las condiciones de trabajo, eliminar el estatus de ciudadanos de "segunda clase", coordinar sus actividades con órganos sanitarios municipales y negociar en mejores condiciones con los comerciantes y las industrias componentes de esa cadena productiva[12].

Datos preliminares sobre basura y residuos sólidos producidos en Argentina, Brasil y Colombia señalizan el potencial de transformación económica, social y ambiental del mercado de reciclaje de residuos sólidos. En Argentina, se producen 12.325.000[13] toneladas de basura por año, y solamente 2% de los residuos sólidos producidos son reciclados. En Buenos Aires, 4.500 toneladas de basura son generadas por día, propiciando trabajo para cerca de 7.000 cartoneros[14]. En Colombia, se producen diariamente 23.000 toneladas de basura, 6.000 de ellas en Bogotá. En ese país, son recicladas 300.000 toneladas de papel y cartón por año, y 50.000 recolectores de basura están en actividad, de los cuales 18.000 actúan en Bogotá, donde el porcentaje de residuos recuperados llega al 10%[15]. En Brasil, son producidas 129.000 toneladas de basura por día, pero se recicla solamente el 2% del 40% de residuos sólidos encontrados en la basura urbana[16]. Las estimaciones indican que 400.000 personas recolectan material reciclable para sobrevivir o generar ingresos regular o eventualmente; que 26.000 recolectores viven en los basureros y en las calles, y que solo 10.000 de ellos están organizados en cooperativas y asociaciones[17], las cuales totalizan de 400[18] a 500[19] emprendimientos.

Barreras enfrentadas por las iniciativas

Las poblaciones de recolectores de residuos sólidos, estudiadas en los casos de Argentina, Brasil y Colombia, presentan características socioeconómicas distintivas que justifican su inserción en la cadena productiva en condiciones precarias, que los emprendimientos sociales investigados pretenden superar. Un mapeo[20] reciente realizado entre los recolectores que viven en Minas Gerais, estado de Brasil donde se localiza la iniciativa Asmare, confirma que los recolectores de residuos sólidos son personas que viven las consecuencias de la falta de trabajo formal reconocido y acumulan pérdidas sucesivas, a lo largo de generaciones. El bajo grado de escolaridad, la ausencia de cualificación profesional y el empleo de mano de obra infantil son características predominantes de esa población. Muchas familias encuentran en la basura una fuente de ingresos y también de acceso a bienes básicos para la supervivencia, como restos de alimentos, ropa, calzado y otros materiales. Desprovistos de información y acceso a los derechos sociales, los recolectores se someten a diversas formas de explotación y, a veces, practican el trueque de los residuos recolectados, fruto de su trabajo, por alimentos, bebidas alcohólicas y drogas. Hasta el precario carrito que usan para transportar el material les es concedido a veces bajo formas extorsivas, que reducen sus posibilidades de lucro.

Es alta la incidencia del uso de alcohol y otras sustancias tóxicas, aunque se verifique su reducción entre los recolectores que están organizados, que tienden a adquirir hábitos de vida de menor riesgo. Los casos de agresión física y abuso sexual también son corrientes en los ambientes frecuentados por estos trabajadores, como depósitos de materiales, basureros y las calles de la ciudad. Aunque haya aumentado la divulgación sobre las actividades de los recolectores, lo que propició alguna valorización del papel que desempeñan, no es raro que todavía sean confundidos con mendigos, delincuentes o dementes y sean considerados incapaces para la convivencia social.

Los recolectores que integran Asmare, El Ceibo y Porvenir componían un grupo excluido socialmente, cuya principal actividad —recolección de residuos sólidos— nunca fue reconocida como trabajo. Son personas que viven en extrema pobreza desde hace generaciones, a las cuales se sumaron aquellas que sufrieron una repentina pérdida de empleo y poder económico, y que encontraron en la recolección de residuos sólidos una alternativa para la supervivencia. Si bien unos pocos son completamente analfabetos, la gran mayoría no terminó los estudios primarios o secundarios. El porcentual de mujeres es un poco mayor en Asmare (55%) y en Porvenir (60%), y se mantiene proporcional en El Ceibo. Las edades varían mucho, pues hay jóvenes, adultos y ancianos en las tres iniciativas estudiadas. En Asmare, la edad media de los participantes oscila entre 35 y 40 años; en El Ceibo, entre 30 y 35 años, aunque haya personas de 18 a 60 años, y en Porvenir hay mayor concentración de personas de 45 a 60 años, pero también se observa la presencia de ancianos con más de 65 años.

Además de tener que superar situaciones de miseria, informalidad y condiciones precarias de trabajo para sobrevivir, la trayectoria de los recolectores de residuos sólidos está marcada por el prejuicio y por la violencia practicados por la sociedad y por el propio poder público. En la década de 1980, con el agravamiento de las crisis económicas y sociales, aumentaron los índices de exclusión y los casos de conflicto. En Belo Horizonte, capital del estado brasileño de Minas Gerais, el propio gobierno local protagonizó las denominadas "operaciones limpieza", acciones de extrema violencia contra personas que vivían en las calles o que en ellas obtenían su sustento. En la capital colombiana, Bogotá, esa población era el blanco de las acciones de "limpieza social", en las cuales cuadrillas armadas mataban a personas de grupos marginalizados. En ambas ciudades, los recolectores se unieron para transformar esa realidad, hicieron visibles los problemas que enfrentaban, reasumieron una condición de dignidad y ciudadanía y lucharon por el reconocimiento de la sociedad respecto del valor de su trabajo. Además de ese carácter de rescate del estatus social, la organización de los recolectores contribuyó al aumento de los ingresos de los trabajadores, al propiciar la acumulación de cantidades de material suficientemente grandes para negociar mejores precios con los intermediarios[21], en el caso brasileño, y con las industrias, en el caso colombiano.

Modelos innovadores para la inclusión

La organización de los recolectores de residuos sólidos fue la forma para hacer frente a las barreras sociales y económicas que los privaban de condiciones dignas de vida, una solución aparentemente simple, pero que no ocurrió de forma espontánea, y difícilmente habría ocurrido de ese modo. Las condiciones de exclusión social, carencia de recursos y baja autoestima no permitían a los recolectores articularse y organizarse por sí mismos. La intervención de actores externos, con profundo conocimiento de los problemas enfrentados por los recolectores, demostró ser fundamental en su concienciación y movilización.

Una vez constituidos los emprendimientos que congregan recolectores, su inserción en la cadena de gestión de residuos sólidos también fue solo posible a través de la articulación con diferentes actores con influencia política y económica. La habilidad de construir redes de aliados con instituciones públicas, organizaciones no gubernamentales y empresas privadas se ha mostrado decisiva para la consolidación y la sostenibilidad de esas iniciativas a través de la generación de valor.

Organización de los SBI

La organización de recolectores de Belo Horizonte, que culminó con la creación de Asmare, se dio en un contexto caracterizado por una cultura fuertemente asociativista, moldeada por los movimientos de resistencia a la dictadura militar y que dieron origen a muchas iniciativas destinadas a la reducción de las injusticias sociales. Un importante papel fue desempeñado por la Pastoral da Rua[22] (pastoral de la calle), entidad vinculada a la arquidiócesis de dicho municipio, cuya actuación está orientada hacia la movilización de personas que estuvieron o están en situación de calle. La Pastoral estimuló la creación de Asmare al apoyar al movimiento de los recolectores en conjunto con movimientos sociales locales y Cáritas, entidad relacionada con la Iglesia católica cuyo objetivo es promover el desarrollo de áreas con altos índices de pobreza. El trabajo coordinado por la Pastoral da Rua comenzó por la aproximación para conquistar la confianza de los recolectores, tratando de valorizar su trabajo y de mostrarles la posibilidad de reconquistar su autoestima y dignidad a través de la organización de su trabajo. Como resultado, 10 recolectores decidieron organizar un grupo para trabajar conjuntamente, con el fin de superar las limitaciones de la actividad individual. Después de la realización de diversas reuniones, ese grupo ideó Asmare y la estructuró mediante la movilización de otros recolectores y la articulación con diferentes actores sociales y organizaciones aliadas en el esfuerzo de crear el emprendimiento.

La Fundación Social, organización colombiana de asistencia, desempeñó un importante papel en la organización de los recolectores en Colombia. Creada por padres jesuitas con la misión de promover los derechos humanos y el desarrollo de base, esta organización tiene gran capacidad de inversión, por ser propietaria de importantes empresas del sector financiero. Al funcionar como un catalizador externo, contactó grupos de recolectores y los apoyó para que instituyeran las primeras cooperativas y trataran de consolidar redes interorganizacionales. Con el apoyo de la Fundación Social y de algunas entidades gubernamentales, creció el número de cooperativas de recolectores entre 1980 y 1990 en el país. Porvenir, creada en 1989, fue uno de los primeros emprendimientos resultantes de esa movilización. La Fundación Social patrocinó el Primer Encuentro Nacional de Recicladores en 1990, que originó la propuesta de creación de la Asociación Nacional de Recicladores, la cual entró en funcionamiento en 1991, y se tornó otro importante aliado de Porvenir[23].

Pero no son solo estas organizaciones las que influyen decisivamente en la movilización de recolectores con la intención de estructurar el trabajo colectivo. En esos grupos de trabajadores también hay emprendedores que, dotados de visión y sentido de oportunidad, pueden desempeñar un significativo papel de catalizadores internos. Cristina Lescano fue la principal articuladora del grupo de recolectores que creó la cooperativa argentina El Ceibo (árbol y flor nacional de Argentina), con apoyo financiero del Instituto Movilizador de Fondos Cooperativos, entidad dedicada al fomento y al fortalecimiento de cooperativas. Aunque perteneciera a la clase media y tuviera una buena formación profesional, Lescano fue empujada por las circunstancias a vivir en casas abandonadas y ocupadas por personas sin techo, y a sobrevivir de la venta de residuos sólidos que recolectaba en las calles de Buenos Aires, ciudad empobrecida por la crisis económica. En esa época, participó de la creación del grupo "trabajo barrial" de El Ceibo, formado por mujeres que vivían en esas casas ocupadas y se dedicaban a acciones sociales relacionadas con la salud reproductiva. Posteriormente, la iniciativa pasó a dedicarse también a acciones políticas con foco en la demanda de vivienda para la población pobre. Paralelamente, Lescano identificó la oportunidad de organizar a las personas que trabajaban en forma individual en la recolección de residuos sólidos de la basura urbana. Con el objetivo de aumentar la cantidad de material y así obtener mejores precios, Lescano incentivó a las personas a organizarse e instituir la cooperativa de recuperadores urbanos El Ceibo.

El apoyo y la participación de actores externos e internos fueron fundamentales para la creación y el fortalecimiento de las iniciativas estudiadas. La posterior articulación de dichos emprendimientos con otros aliados y colaboradores continúa siendo importante para el éxito de las actividades desarrolladas, contribuyendo a revertir la situación de precariedad y explotación a que los recolectores de residuos sólidos estaban sujetos cuando se dedicaban al trabajo solitariamente y sin organización. Sin embargo, la valorización de esta categoría de trabajadores ocasionó problemas en la relación con otros actores, lo que exigió el constante fortalecimiento de su capacidad de articulación y reivindicación. La iniciativa privada descubrió que la gestión de residuos sólidos también puede ser un buen negocio, y muchas empresas entraron en este sector con el objetivo tradicional de rentabilidad, sin ninguna vinculación con la búsqueda de resultados socioambientales. Se configuró, entonces, un cuadro de competencia desleal, dada la enorme diferencia de poder de negociación entre los actores involucrados: empresas y gobiernos locales confrontaron muchas veces los intereses de los recolectores, con reacciones que fueron desde la desconsideración inicial hasta el boicot en licitaciones públicas. En ese contexto, el empeño de los recolectores fue beneficiado por cambios en la gestión de la recolección y destinación de la basura; por ejemplo la brasileña Asmare y la argentina El Ceibo construyeron nuevos vínculos con el poder público, creando alianzas relevantes y necesarias para la sostenibilidad de los emprendimientos. En el caso colombiano, no obstante, todavía no se advierten indicios de evolución en esas relaciones, y el gobierno coloca restricciones que desvalorizan el potencial de las cooperativas de recolectores, las cuales encuentran en las alianzas con empresas privadas la mejor estrategia de sostenibilidad.

Inserción en la cadena de gestión de residuos sólidos

Los recolectores de residuos sólidos construyen redes de aliados —organizaciones sociales, empresas privadas y organismos públicos—, como forma de ganar espacio y legitimidad en la cadena de gestión de dichos residuos. Esa articulación se ha mostrado fundamental para incrementar sus lucros y propiciarles algunas condiciones de movilidad social, así como para desarrollar y proveer sostenibilidad a sus asociaciones y cooperativas. Las iniciativas exitosas de organizaciones de recolectores parecen articularse sobre una base constituida por el capital social del grupo y por formas estructuradas de funcionamiento, que anteceden a la propia constitución de sus asociaciones y cooperativas en la condición de organizaciones con personalidad jurídica y estructura administrativa.

En Argentina, las primeras cooperativas de recolectores se formaron entre 1999 y 2000. Uno de los grupos pioneros fue el que constituyó la cooperativa El Ceibo. Los cartoneros —los pioneros en Buenos Aires— hallaron, en la recolección de papeles y cartones, una actividad que les permitió salir de la indigencia. Hoy son fundamentales para cumplir la ambiciosa Ley Basura Cero, cuyo objetivo es erradicar totalmente la basura urbana para 2020, obligando al gobierno y a los 3 millones de habitantes de la capital a reducir la generación de basura y promover su separación, recuperación y reciclaje[24].

En Brasil, la primera cooperativa de recolectores de residuos sólidos de que se tiene noticia fue constituida en São Paulo, en 1989: la Cooperativa de los Recolectores Autónomos de Papel, Recortes y Materiales Reaprovechables (Coopamare). Aunque en los últimos años la recolección de basura haya crecido un 38% en Brasil, se realiza en apenas el 6% de las ciudades del país y está fuertemente concentrada en las regiones sur y sudeste. El 85% de los programas estructurados de recolección selectiva son iniciativas del poder público local y se restringen a los cinco estados con mayor número de ciudades involucradas en ese tipo de recolección (São Paulo, 114; Rio Grande do Sul, 40; Paraná, 39; Santa Catarina, 33 y Minas Gerais, 28). Del total de esos programas, el 43,5% mantiene relación directa con cooperativas, alianzas que vienen creciendo en el país por ofrecer mejores condiciones de operación a los recolectores y reducir el costo de la recolección para las municipalidades. En 1994, el costo medio de la recolección selectiva de una tonelada de basura era de US$240 y, en 2006, de US$151. No obstante, ella todavía es cinco veces más cara que la recolección convencional, pues implica una logística específica, con volúmenes menores de recolección y el uso de camiones especiales que no compactan la basura[25].

Los casos argentino y brasileño ilustran cómo los programas gubernamentales de gestión de residuos sólidos son importantes para el desarrollo de las organizaciones de recolectores, sea para resolver las cuestiones ambientales, como en Argentina, sea por motivaciones económicas y sociales, como en Brasil. Para que eso ocurra, son cruciales el fortalecimiento y la actuación política de recolectores organizados, además del apoyo de otras entidades sociales, que pueden funcionar como aliadas en el desarrollo de los recolectores y de sus organizaciones en la respectiva condición de trabajadores y emprendimientos[26].

En Colombia, las cooperativas de recolectores de residuos sólidos surgieron de la necesidad de una estrategia económica y social. El esfuerzo conjunto de grupos de recolectores, organizaciones no gubernamentales y algunas entidades gubernamentales nacionales y locales dio origen a la rápida proliferación de cooperativas, entre el final de la década de 1980 y el inicio de la de 1990. A lo largo de 20 años, esos actores consiguieron fundar e impulsar 94 cooperativas de trabajadores, además de redes regionales y nacionales de cooperativas, con el objetivo de transformar las condiciones de la gestión de residuos sólidos, crear un mercado de trabajo para los recolectores y mejorar su calidad de vida. Estos eran explotados, a pesar de obtener en sus actividades los ingresos necesarios para sobrevivir, y enfrentan hasta hoy una fuerte discriminación social, ya que muchas veces son tratados como "desechables", a semejanza del material con que trabajan[27].

A pesar de las peculiaridades descriptas en la constitución de las cadenas de reciclaje, su flujo presenta semejanzas en los casos de El Ceibo, Porvenir y Asmare. La recolección puede ser accionada informalmente por los recolectores, o formalmente por empresas y cooperativas contratadas por el poder público local para prestar ese servicio. Los flujos de recepción de residuos por parte de las industrias pueden incluir o no el trabajo de los recolectores, pues los propios generadores de basura pueden vender directamente el material a empresas encargadas de la recolección y destinación, o la empresa contratada para la recolección de los residuos puede encargarse exclusivamente de su comercialización. Por lo tanto, en cualquiera de los casos, las organizaciones de los recolectores enfrentan una competencia feroz cuando no establecen alianzas con los agentes públicos y privados presentes en la cadena productiva.

Organizaciones de recolectores: características y estrategias

Las organizaciones constituidas por recolectores de residuos sólidos asumen características peculiares y diversas, conforme las especificidades del contexto en que surgen y los objetivos que se proponen. Tales características son encontradas en los formatos organizacionales y en los modelos de negocio. Su amplia variedad permite evaluar sus respectivas influencias en la efectividad de los emprendimientos, es decir delinear los principales aspectos que conducen al buen desempeño.

Configuraciones organizacionales

En la cadena productiva de la gestión de residuos sólidos, la población de bajos ingresos responde predominantemente por la recolección y separación de los insumos, de forma individual u organizada. Cuando están agrupados, los recolectores pueden ser participantes de varios tipos de organización, que incluyen desde movimientos sociales con poca formalización hasta grandes asociaciones y cooperativas estructuradas en torno del concepto de colaboración y suma de esfuerzos. Los tres casos estudiados se caracterizan como emprendimientos sociales fuertemente focalizados en la mejoría de la calidad de vida de los recolectores y de sus familias; en ellos la inclusión económica y la generación de valor social ocurren simultáneamente, aseguran inserción social y económica, fortalecen la ciudadanía y preservan el medio ambiente.

La formalización jurídica de las organizaciones de recolectores de material reciclable es necesaria para la celebración de contratos comerciales y de prestación de servicios, y se caracteriza como un paso necesario en el proceso de institucionalización de las iniciativas colectivas que se dan, inicialmente, de manera informal. Como mejor configuración para mantener el equilibrio en la división de la renta generada y asegurar la participación de los recolectores en la gestión del emprendimiento, la institución de cooperativas de trabajo se ha destacado como la forma organizacional predominantemente adoptada. Pero este tipo de organización también presenta limitaciones de orden gerencial y administrativo que requieren ajustes o nuevos modelos, como la creación de asociaciones y de empresas privadas.

A pesar de que las organizaciones estudiadas presentan tamaños diferentes, enfrentan dilemas y desafíos gerenciales comunes. La colombiana Porvenir y la argentina El Ceibo son organizaciones pequeñas, con menos de 50 miembros, pero padecen problemas semejantes a los de la brasileña Asmare, que cuenta con 250 miembros. En las tres se destaca la dificultad para formar liderazgos y gestores entre los cuadros de recolectores, lo que dificulta el ejercicio de la autogestión[28], uno de los principales pilares del modelo de organización cooperativa. Esa situación se agrava, en los casos argentino y brasileño, por la fuerte centralización de informaciones y decisiones en los principales gestores de cada organización, aunque haya estructuras semijerárquicas diseñadas para garantizar la transparencia y la gobernanza de los emprendimientos. En términos generales, el espíritu emprendedor y la competencia demostrada por los recolectores para la realización de actividades operacionales no garantizan que hayan desarrollado las habilidades requeridas para la gestión de los emprendimientos.

Porvenir tiene un equipo de 31 personas que recolectan el material reciclable y nueve que realizan actividades de apoyo, como transporte en camiones y organización del depósito, además de tareas administrativas. Esas personas participan de asambleas y sus intereses están representados en tres comités (educación, vigilancia y comunicación). La dificultad para formar líderes se atribuye a la baja escolaridad y autoestima de los recolectores, así como a la preferencia por permanecer dedicados a las actividades operacionales que les son más familiares, además de estar directamente relacionadas a su lucro. El emprendimiento presenta elevadas tasas de rotación de personal, lo que refuerza la dificultad para que los cooperativistas asuman responsabilidades de gestión. En 2004, una grave crisis interna, provocada por elevados gastos administrativos, débil control financiero, pérdidas en la producción y una operación ineficiente y cara, demostró la fragilidad de la organización. Para revertir esa situación, la cooperativa optó por la contratación de una administradora profesional externa a la organización, cuya gestión cuenta con el apoyo y asesoramiento de la Asociación de Recicladores de Bogotá (ARB).

El Ceibo es una cooperativa de tamaño semejante a Porvenir, pero con un tipo de operación que determina funciones especializadas: de las 41 personas que trabajan en la organización siete realizan actividades administrativas y 34 trabajan en la operación, de las cuales 15 son recicladores, 10 promotores ambientales y 9 trabajan en el galpón, almacenando los materiales recolectados. Cuenta con instancias decisorias formalizadas, como el consejo de administración, que es representativo de los cooperativistas y cuyos miembros se reúnen esporádicamente de manera estructurada, como está previsto en el estatuto de la cooperativa. Los demás participantes de la organización se reúnen cuando hay cuestiones puntuales para debatir. No obstante, la cooperativa se caracteriza por la centralización de decisiones e informaciones en la figura de su gestora y fundadora, lo que pone obstáculos al desarrollo organizacional, a la formalización de procesos y políticas, así como a la delegación de responsabilidades y autonomía a otros miembros. A pesar de esa característica, existe la intención de profesionalizar la administración de la organización, orientada hacia modelos empresariales, y se estudia transformarla en una empresa comercial, con vistas a asegurar su sostenibilidad económico-financiera.

Aunque no haya asumido la personalidad jurídica de cooperativa y sí de asociación, Asmare adoptó una estructura organizacional horizontal, con el objetivo de compartir decisiones e informaciones en un modelo de autogestión. Sin embargo, las ineficiencias gerenciales resultantes de esa forma de gestión, intensificadas por el crecimiento que la organización experimentó durante los últimos años, obligaron a rever su funcionamiento y a recurrir a una estructura semijerárquica, para facilitar y agilizar la toma de decisiones. Sus 250 asociados están distribuidos en cuatro funciones: los recolectores de reciclables, los seleccionadores (responsables por la separación del material donado), los prensadores (responsables por el prensado y enfardado del material) y los jornaleros (que realizan actividades de apoyo). El equipo de administración cuenta con cerca de 40 integrantes. Para mantener la representación de los intereses de sus asociados en la gestión de la organización, la coordinación está dividida en siete comisiones: prensa y divulgación, finanzas, infraestructura, medio ambiente, religiosidad, salud y educación, cultura y esparcimiento. Un representante de cada comisión integra el consejo directivo, responsable por tomar las decisiones necesarias para el funcionamiento diario de la organización. Trimestralmente, se realizan asambleas con todos los asociados. Existe, también, una coordinación colegiada de apoyo a la administración: el consejo de orientación estratégica, que tiene carácter consultivo y está compuesto por los aliados de la organización, entre ellos la Pastoral da Rua y la Municipalidad de Belo Horizonte, por medio de la Secretaría Municipal de Asistencia Social y de la Secretaría Municipal de Limpieza Urbana.

Alianzas y colaboraciones

Las alianzas y colaboraciones con otras organizaciones y actores han sido importantes en la trayectoria de los emprendimientos estudiados, ya sea al propiciar el aprovechamiento de nuevas oportunidades o al promover el fortalecimiento y la generación de valor de esas iniciativas. Distintas formas de relación con aliados son identificadas en los casos estudiados, moldeadas de acuerdo con los objetivos y resultados esperados en cada relación de colaboración.

La apertura que Asmare mantiene para integrar las alianzas en su gestión resultó en la creación de un ecosistema diferenciado, caracterizado por la colaboración entre aliados en las decisiones estratégicas y en la división de responsabilidades por el desempeño de la organización. La ampliación y mantenimiento de alianzas intersectoriales son otro diferencial de Asmare, que contaba con más de 400 instituciones aliadas en 2006, incluidas organizaciones públicas, privadas (empresas y ONG) y personas físicas. En la esfera estatal, interactúa esencialmente con la Municipalidad de Belo Horizonte, que le proporciona recursos financieros y residuos sólidos que se juntan en los puestos de recolección. En el tercer sector, se destaca la alianza con la Pastoral da Rua de la arquidiócesis de Belo Horizonte, importante organización religiosa que, desde el inicio, orientó a los asociados de Asmare en el proceso de organización y capacitación, fortaleciendo su autonomía e independencia en la gestión de la iniciativa. Actualmente, la Pastoral participa de la coordinación colegiada de apoyo a la administración y encamina a las personas en situación de calle a la asociación. Además, Asmare cuenta con el apoyo financiero de otras organizaciones del tercer sector y de empresas para realizar proyectos especiales.

Integrar una red de cooperativas con el objetivo de reivindicar y garantizar mejores condiciones de trabajo y de vida a los recolectores de residuos sólidos también es la estrategia adoptada por la colombiana Porvenir, que mantiene una estrecha alianza con la Asociación de Recicladores de Bogotá y con la Asociación Nacional de Recicladores. Esas organizaciones desempeñan importantes papeles en la articulación de actores e instituciones y en el direccionamiento de esfuerzos para eliminar las barreras y prejuicios que distancian a la sociedad de los recolectores. Sin embargo, la articulación con actores que pertenecen al ecosistema de la cooperativa, como el gobierno, se muestra extremamente difícil, lo cual reduce el impacto y alcance de las acciones emprendidas a través de redes de cooperación. De ese modo, en determinadas cadenas productivas, como la de reciclaje del plástico, los recolectores no tienen la posibilidad de actuar, lo que configura una reducción de las oportunidades de participación en la cadena productiva. Aun considerando las condiciones poco favorables enfrentadas por las cooperativas colombianas en lo que concierne al apoyo gubernamental y a la competencia con empresas privadas del sector de limpieza urbana y reciclaje, el emprendimiento viene obteniendo resultados que aseguran su sostenibilidad y que fortalecen el movimiento de presión para ampliar su actuación.

La argentina El Ceibo, a su vez, no prioriza el establecimiento de alianzas de larga duración con otras organizaciones e instituciones, públicas o privadas. Con un abordaje más pragmático, establece alianzas puntuales para acciones y proyectos específicos, orientados a la mejoría del posicionamiento estratégico y al acceso a recursos. Pero la cooperativa enfrenta un gran desafío que caracteriza el contexto argentino: la articulación de los recolectores, de sus grupos y cooperativas, en el nivel local y nacional. La crisis económica de 2001 provocó un crecimiento acelerado del contingente de personas que sobreviven como recolectores. Este proceso, por ser más reciente, no ha tenido tiempo de experimentar la evolución observada en los casos brasileño y colombiano. Probablemente por esta razón, el asociativismo y la articulación de redes son fenómenos incipientes y las iniciativas en este sentido han sufrido dilación y algunos conflictos, por lo cual el movimiento todavía tiene poca capacidad reivindicatoria y es un eslabón frágil en la cadena productiva.

Modelos de negocios

Las tres iniciativas estudiadas emergieron en la década de 1990, con una propuesta de rescate de la dignidad y la ciudadanía de una población marginalizada y excluida del mercado formal de trabajo. A pesar de las semejanzas en su constitución, su misión y sus objetivos, la forma de actuación y funcionamiento de cada una de las organizaciones presenta peculiaridades que determinan ventajas y limitaciones. Las diferencias observadas en el modelo de negocio de las tres iniciativas pueden ser sistematizadas en dos procesos críticos: el de obtención de la materia prima y el de venta del material recolectado y seleccionado.

En los tres casos, se verificó que hay un fuerte empeño de las cooperativas en obtener beneficios de logística y de escala para obtener la materia prima, mediante el establecimiento de alianzas con grandes generadores (condominios residenciales, empresas públicas y privadas, hospitales), que ceden grandes volúmenes de material reciclable para ser recolectado, separado y vendido. La colombiana Porvenir se centra exclusivamente en este tipo de estrategia. Mantiene 20 contratos fijos con 3 hospitales, 5 empresas privadas y 12 conjuntos residenciales. En un contexto de políticas públicas inadecuadas que no privilegia a las organizaciones de recolectores, esa forma de establecer alianzas, independientes de articulaciones políticas y de acciones gubernamentales, despunta como la estrategia de sostenibilidad más adecuada para esa organización. Tal estrategia exige un esfuerzo de capacitación continua, aplicada a la identificación de oportunidades que residen en la responsabilidad social empresarial, así como al compromiso con los objetivos de Porvenir.

La brasileña Asmare también invierte en el establecimiento de alianzas con generadores de grandes volúmenes de residuos sólidos y trabaja actualmente con 22 organizaciones. Pero no concentra su actuación únicamente en esa estrategia: también mantiene con el gobierno local alianzas que favorecen los beneficios de escala y de logística. La Municipalidad de Belo Horizonte, a través de políticas de recolección selectiva de basura, entrega el material reciclable recolectado por los camiones de limpieza pública directamente en el galpón de la cooperativa. Ese material representa el 15% de la materia prima de la organización. En este modelo, la sostenibilidad resulta del reconocimiento y del fortalecimiento del papel desempeñado por cooperativas y asociaciones como agentes en la cadena de gestión de residuos sólidos, roles previstos en las políticas públicas que integran a esos agentes en los procesos de preservación ambiental y desarrollo socioeconómico.

La cooperativa argentina El Ceibo no mantiene alianzas o convenios con el gobierno local, como hace Asmare. No obstante, su actuación en la cadena de valor es fortalecida por la legislación local. Aunque la recolección de basura de Buenos Aires sea tercerizada a empresas privadas, hay una legislación que establece que dichas empresas construyan rellenos sanitarios llamados centros verdes, que deberán ser operados por cooperativas. De esa forma, la ley da subsidios implícitos a El Ceibo y a otras cooperativas, a los efectos de valorizar los precios de los materiales recogidos por los recolectores y, así, contribuir a mejorar su calidad de vida. El Ceibo se beneficia de esa condición, utilizando el terreno de su galpón como centro verde provisorio para una de las empresas concesionarias de la recolección de basura. La estructuración del terreno de su galpón como centro verde definitivo posibilitará la obtención de crecientes beneficios de escala, aumentando el número de personas que trabajan en el proceso de selección del material recolectado.

En un área previamente delimitada de la ciudad de Buenos Aires, la cooperativa se encarga de la recolección de los residuos. Esto posibilita el contacto directo con la población, que la cooperativa viene aprovechando para implementar una estrategia de convencimiento y concienciación sobre preservación ambiental, a través de acciones realizadas por promotores ambientales de la cooperativa. Este paso antecede a la recolección del material, y se realiza en las casas en días y horarios preestablecidos. De esa forma, la cooperativa tiene una logística diferenciada que le permite trabajar con donantes esparcidos en 900 domicilios, un mercado todavía poco explotado compuesto por 56.000 viviendas en el área de actuación de El Ceibo. Esa alternativa es relevante en términos de sostenibilidad, puesto que no hay en esa área generadores de grandes volúmenes de residuos.

El segundo proceso relevante en los modelos de negocios estudiados es el de la venta del material recolectado. La participación en toda la cadena de gestión de residuos sólidos, con el dominio de todo el proceso productivo, parece ser el modelo ideal para potenciar la generación de valor económico por parte de las cooperativas y asociaciones de recolectores de residuos sólidos. El valor económico de un emprendimiento social es definido en función de los beneficios recibidos por sus beneficiarios, que recompensan con el pago del precio, en la medida en que el precio excede al costo de producir esos beneficios. En el caso de cooperativas y organizaciones sin fines de lucro, es mensurado en términos de sostenibilidad financiera de la organización, o sea, su capacidad de operar indefinidamente, como se presenta en el capítulo 10 de este libro.

Porvenir estableció una estrategia de actuación destinada a reducir costos y obtener beneficios de escala, a través de una logística que concentra la recolección en proveedores fijos, generadores de grandes volúmenes de residuos. Direcciona la comercialización de sus productos directamente a industrias de varios tamaños, que utilizan residuos específicos como cartón, papel, plástico y vidrio. Además, los clientes son responsables por el transporte de los materiales comprados a Porvenir, lo que redunda en reducción de costos y menor inversión en logística.

La obtención de escala en la producción, la eficiencia en la separación, el procesamiento, el enfardado y el transporte del material, además del respeto a los patrones de calidad y requisitos legales para la comercialización de los productos generados, son desafíos para las organizaciones que pretenden participar de todas las etapas de la cadena productiva y vender directamente a las industrias. No obstante, la mayoría de las organizaciones de recolectores de residuos sólidos no posee condiciones para desarrollar todas esas etapas del trabajo y tiene, como principales clientes, a empresas que actúan como intermediarias en el proceso: galpones, recorteras[29], chatarreros[30] y terceras personas. La desventaja es la reducción del valor económico generado y, consecuentemente, de la renta obtenida por los trabajadores y de la propia expectativa de perennidad del emprendimiento.

Se estima, por ejemplo, que el valor final del plástico es 200% mayor en comparación al valor pago a las asociaciones por los chatarreros. Como alternativa para la generación de renta, Asmare construirá en conjunto con otras organizaciones de recolectores una planta de reciclaje de plástico con la cual pretende eliminar la acción de intermediarios y controlar toda la cadena productiva: desde la recolección hasta la comercialización, pasando por la transformación de botellas y envases en nuevos productos de plástico. El Ceibo, a su vez, vislumbra la oportunidad de actuar en el ramo de artesanía y artículos de decoración como fuente adicional de renta para los recolectores.

A pesar de la especificidad de los condicionantes de cada caso en términos de modelo de negocios, puede decirse que desde su concepción Porvenir fue orientada por un modelo sostenible de negocio, que incluyó la construcción de un depósito para ampliar la capacidad de almacenamiento y facilitar la logística de transporte. También realizó un estudio para identificar potenciales clientes y precios de mercado, a fin de definir su logística y obtener beneficios de escala. Para incorporar las características del modelo tuvo que superar la barrera de la informalidad, que caracterizaba el trabajo de los recolectores, y eliminar los prejuicios recíprocos que separaban a la población de bajos ingresos de los empresarios clientes. Es la única iniciativa que contrató un profesional externo para que se responsabilizara por la administración, lo que demuestra su preocupación por promover cambios en las políticas y prácticas, con el fin de obtener mayores beneficios económicos para sus asociados. Considerando que el mayor margen de renta proviene del papel reciclado, que representa solo el 30% del material total, la cooperativa ha ofrecido otros tipos de servicios, tales como la utilización del terreno de su galpón para funcionar como relleno sanitario[31] de los residuos descartados por hospitales. Su estrategia de sostenibilidad está orientada a la ampliación de alianzas con grandes generadores, lo que permite beneficios de escala de producción y reducción de costos de logística.

Asmare desarrolló estrategias dirigidas al establecimiento de alianzas y al crecimiento de la recolección con vistas a obtener mejores precios por los beneficios de escala. Pero no se limita a ser un puente de relaciones comerciales entre la población de bajos ingresos y las industrias, pues también desarrolla actividades destinadas a mejorar las condiciones de trabajo de los recolectores, concienciar a la sociedad con respecto a la importancia de esta actividad y facilitar el acceso a educación, salud y vivienda para los recolectores. Obtiene beneficios de escala y de logística al no restringir su operación exclusivamente a la recolección realizada en las calles, pues también recibe el material recogido por los camiones de la municipalidad y por camiones alquilados por la asociación, que retiran las donaciones hechas por grandes generadores. Ese material es seleccionado, prensado y comercializado en los dos galpones que la asociación mantiene en el centro de Belo Horizonte, lo que reduce el costo de logística y agrega valor al producto.

El Ceibo ha buscado desarrollar estrategias consistentes de trabajo y negocios. No obstante, persisten en la organización rasgos de informalidad, inmediatismo y gestión poco profesionalizada. Su sostenibilidad financiera resulta del uso del terreno de su galpón como centro verde, de otros subsidios gubernamentales a la recolección de reciclables, de donaciones para mantener la infraestructura y de financiaciones para proyectos específicos. Aun así, esas alianzas se manejan con pragmatismo; existe la intención de consolidar la sostenibilidad de la organización por medio de la ampliación de la recolección de residuos y una mayor eficiencia en la producción, factores cruciales para la transformación de la cooperativa en empresa capitalista.

Aunque sea posible imaginar que las innovaciones tecnológicas —aplicadas a la operación de recolección y selección, así como a la racionalización de las planificaciones tácticas, operacionales y administrativas— pudiesen apalancar drásticamente la eficiencia de gestión de este tipo de emprendimiento, el hecho es que los tres casos estudiados todavía se mantienen como figuras organizacionales muy simples, con modelos de gestión poco sofisticados. En ellos, dos variables influyen principalmente en la eficiencia, los costos y la productividad: la escala (o sea, la cantidad de material recolectado y la capacidad de almacenarlo) y la logística (es decir, el costo de transporte, el radio geográfico de actuación, las fuentes de recolección y los medios de su distribución). Manejar esos factores con visión táctica y sentido de oportunidad es fundamental para que el emprendimiento logre sostenibilidad financiera, entendida como la capacidad de generar renta suficiente para mantener sus operaciones, remunerar a los cooperativistas y asegurar su expectativa de vida.

Sostenibilidad económico-financiera de los emprendimientos

Los registros contables son poco frecuentes en emprendimientos de colaboración, como asociaciones y cooperativas. La confianza mutua, el foco en la actividad principal y el bajo grado de profesionalización gerencial de esas organizaciones llevan a registros y proyecciones frágiles. Ninguno de los tres emprendimientos estudiados escapa a esta regla, a pesar de que todos presentan algunos indicadores que explican cómo han generado y potencializado el valor económico en sus actividades productivas.

Existe una fuerte tendencia a la influencia del poder público local sobre las actividades de los recolectores de residuos sólidos, por la definición de marcos regulatorios para la actuación de esos trabajadores y de sus cooperativas. Esa influencia puede ser muy promisoria para las dos partes involucradas, ya que la recolección y la destinación de la basura urbana están bajo la responsabilidad de los gobiernos locales y constituyen la actividad principal de los emprendimientos creados por recolectores. En vista de ese escenario, aumentar la base de clientes, ajustarse a la legislación vigente, y mejorar la infraestructura y la logística son metas fundamentales para que las organizaciones de recolectores avancen en la cadena de valor, alcanzando mejores resultados financieros y garantizando la alianza con el poder público.

Como fue discutido en la sección anterior, el perfeccionamiento de los procesos operacionales destinados a la ampliación de la escala de producción y a la reducción del costo de logística es esencial para la sostenibilidad de dichos emprendimientos. No obstante, para ampliar y consolidar los resultados económico-financieros, es necesario invertir también en el desarrollo organizacional, agregando cambios internos que ofrezcan soporte técnico a las operaciones. Con esa estrategia, la colombiana Porvenir viene mejorando considerablemente su desempeño financiero por medio de acciones que incluyen: reducción de gastos administrativos; exclusiones de socios que no se adaptaron al modo de trabajo de la organización; disminución de pérdidas de material; intervención en varias líneas de operación para hacerlas más eficientes y productivas; reducción significativa de los gastos de mantenimiento de vehículos y combustible, y perfeccionamiento del sistema contable para que sea más preciso y confiable. Estas medidas redujeron en un 20% los costos fijos anuales y en un 15% los costos variables. Con un margen promedio de contribución agregada de los residuos recolectados de US$42 por tonelada, Porvenir tuvo un superávit de US$9.682 en 2006.

Fuertes indicadores de sostenibilidad refuerzan la generación de valor económico de Porvenir. Su evolución organizacional y las mejorías en la forma de trabajo propiciaron el establecimiento de relaciones estrictamente comerciales entre la cooperativa y las organizaciones más poderosas e influyentes de la cadena productiva: los compradores finales. Además, privilegia el mantenimiento y el desarrollo de alianzas fijas con grandes generadores de residuos, una estrategia importante, pues la regulación ambiental local para los residuos orgánicos (Plan Maestro de Residuos Sólidos) representa una amenaza para los recolectores cuyo trabajo no proviene de fuentes fijas. Además de reducir esta amenaza, la iniciativa propicia el crecimiento de los beneficios financieros, asegura mayor estabilidad en la producción y una renta más elevada para los recolectores organizados.

Evitar la dependencia de recursos gubernamentales es un importante factor para la sostenibilidad de estos emprendimientos sociales. La brasileña Asmare intenta fortalecer la tendencia de crecimiento de su renta total a través del aumento de las ventas de material reciclable a industrias. La renta de la organización creció 17% entre 2001 y 2005, período en el cual la venta de residuos sólidos a empresas —la principal línea de negocios de Asmare— creció 28%. Del total de recursos aportados por la Municipalidad, que corresponden al 50% de la renta anual de la organización, solamente el 10% proviene de la Superintendencia de Limpieza Urbana y son destinados a su actividad principal. El 90% restante proviene de la Secretaría de Asistencia Social y es destinado a las actividades de carácter social de Asmare, lo que la diferencia de los demás emprendimientos estudiados, cuyas actividades son exclusivamente económicas. En términos de sostenibilidad, la reducción del nivel de endeudamiento asociada al control contable más riguroso y a la inversión en máquinas y equipamientos que aumenten la capacidad productiva son factores que permiten suponer que Asmare se mueve en dirección a un mejor desempeño en un futuro próximo.

El análisis de la sostenibilidad económica de los tres emprendimientos permite identificar los factores que son determinantes para aumentar la productividad, mejorar el desempeño económico-financiero e intensificar la creación de valor económico:

- Fortalecimiento de la capacidad de organizar y estructurar las actividades de los recolectores y las operaciones de las cooperativas y asociaciones.
- Perfeccionamiento de los controles y formalización de los registros contables, operacionales y gerenciales.
- Reducción de la dependencia de donaciones y subsidios, asociada al aumento de generación de renta a través de la comercialización de residuos sólidos y productos derivados.
- Foco en beneficios de escala en la adquisición de materia prima y en la venta de los residuos sólidos y productos derivados.
- Mejoría de la calidad de los materiales recolectados y seleccionados, asociada a procedimientos que aumenten el valor agregado del material comercializado.
- Optimización de las rutas de recolección y de la entrega de materiales para mejorar la relación costo–beneficio a través de la racionalización de la logística de las operaciones.
- Elaboración de una planificación estratégica que conciba la consolidación del emprendimiento y fortalezca su efectiva inserción en la cadena productiva.
- Construcción de relaciones de confianza y de formas de negociación directa con industrias que operan en la cadena, para restringir la presencia de intermediarios.

Se observa también que la relación con el poder público local debe ser manejada de acuerdo con el contexto sociopolítico de inserción de la iniciativa. Si este contexto fuera mínimamente favorable, como en los casos brasileño y argentino, es importante construir alianzas y procurar ejercer influencia en la formulación de políticas públicas destinadas a la gestión de residuos sólidos. En contextos más hostiles, el caso colombiano indica la importancia del fortalecimiento de la generación de valor económico por vías estrictamente comerciales. En todos los contextos, sin embargo, es fundamental mantener una flexibilidad organizacional suficiente que propicie anticipación y rápido ajuste a los cambios, en los marcos regulatorios y en los arreglos de la cadena productiva que influyen en la actividad de las cooperativas y asociaciones de recolectores.

Inclusión económica de los recolectores

Además de resultados económicos, la profesionalización y el aumento de eficiencia de los emprendimientos constituidos por recolectores generan impactos significativos sobre las oportunidades de trabajo y los niveles de renta de los recolectores asociados, como menor vulnerabilidad social y económica, y mejores condiciones de seguridad e higiene para el trabajo de los recolectores; economías de escala, que aumentan el poder de negociación de los asociados en las relaciones comerciales; disminución del poder de los intermediarios, lo que permite que el recolector se apropie de una renta mayor; aumento del poder adquisitivo, y mejoría de la calidad de vida de los recolectores.

El análisis de la generación de valor económico a lo largo de la cadena de gestión de residuos sólidos, no obstante, demuestra que esa cadena se caracteriza por la desigualdad en la distribución de lucros, ya que la apropiación del valor agregado es considerablemente desproporcional.

La observación del caso de la cadena de reciclaje de cartón de la cual Porvenir forma parte ilustra cómo ese proceso se da en América Latina[32].

Los recolectores de cartón, que forman el primer eslabón de la cadena (E1), recolectan un producto de valor cero para la sociedad, por ser material descartado como basura. En el caso de que no sea destinado a reciclaje, ese material es llevado al relleno sanitario por uno de los consorcios de limpieza urbana, a un costo de US$0,05[33] por kilo. O sea, cuando es descartado en la basura por los ciudadanos, el cartón tiene valor negativo para la sociedad. Este valor comienza a convertirse en positivo cuando el recolector modifica el valor de uso, aportando su mano de obra, recuperándolo y vendiendo el kilo por aproximadamente US$0,13, en el caso de que esté asociado a una organización como Porvenir.

El corredor constituye el segundo eslabón de la cadena (E2). Porvenir agrega valor a este nivel, al embalar el material y dejarlo listo para la venta por US$0,20 por kilo al tercer eslabón. La empresa Cartón de Colombia es el agente de este eslabón (E3), un mayorista responsable por almacenar grandes cantidades de material y transportarlo a la fábrica Smurfit Cartón de Colombia, a quien vende el kilo del material, todavía bruto, por un valor medio de US$0,36. Esa fábrica es el cuarto eslabón de la cadena (E4) y vende el kilo del material transformado a un promedio de US$0,57.

Aunque los márgenes de ganancia de cada eslabón no sean conocidos, es posible conocer el valor económico agregado por cada uno y calcular un "porcentaje de apropiación"[34], como se ejemplifica en el cuadro 7.1.

Cuadro 7.1
Apropiación de valor en la cadena de reciclaje

Eslabón		Valor agregado	Acumulado	Porcentaje de apropiación
E1[1]	Recolector	0,18	0,13	32,7%
E2	Corredor	0,07	0,20	53,3%
E3	Mayorista	0,15	0,36	73,9%
E4[2]	Fábrica	0,21	0,57	60%

1 Valor teórico: el valor agregado por el recolector resulta de la suma del valor obtenido en la venta del material (0,13) y el valor economizado en la recuperación del material (0,05), que resulta en un valor agregado total de 0,18 por kilo. Las estimaciones indican que el recolector invierte un tiempo por kilo que equivale a 0,09 (en términos de costo de oportunidad), para recibir 0,13. O sea, se apropia de 32,7%.

2 El eslabón 4 agrega valor mezclando el material con celulosa virgen o partes de fibras, usando un 40% de cartón reciclado en cada kilo vendido. Como no se conocen los costos internos de ese proceso de mezcla, la apropiación fue calculada sobre este 40%. No obstante, la apropiación agregada para los eslabones 3 y 4 es de 134%.

Esos valores indican que los recolectores son responsables por 30% del valor agregado total del producto generado por la cadena de reciclaje. No obstante, se apropian de apenas 32,70% del valor que agregan, en contraste con lo que ocurre con los mayoristas, que contribuyen con 24% del valor agregado total, mientras se apropian de 73,9% del valor que generan. El corredor, eslabón entre los recolectores y los mayoristas, es responsable por 11% del valor agregado total de la cadena y se apropia de 53,3% del valor que genera. La industria de reciclaje, responsable por 35% del valor agregado total de la cadena, se apropia de 60% del valor que genera.

Al analizar estos datos se concluye que los recolectores componen el eslabón que se apropia del menor valor generado, a pesar de ser el que asume mayor grado de incertidumbre y de riesgo. Sin embargo, cuando los recolectores asociados constituyen también una cooperativa de intermediación pasan a actuar también en el segundo eslabón de la cadena y se apropian, conjuntamente, de 80% del valor que generan, lo que fortalece su posición económica en la cadena. Aun así, no superan al tercer y cuarto eslabones —mayoristas e industrias de reciclaje—, los cuales responden, respectivamente, por 75% y 60% del valor generado. Además, las cooperativas no acostumbran dedicarse solamente a la industria de cartón y muchas veces subsidian otros materiales menos rentables, buscando viabilizar la generación de una renta mínima para los recolectores asociados, lo que revela otro matiz de su posición económica desfavorable ante los otros eslabones de la cadena productiva. Los eslabones de la cadena constituidos por los depósitos y la industria de reciclaje presentan relaciones económicas más favorables que las de los recolectores (y el depósito está en situación todavía más ventajosa que la industria).

La cadena de gestión de residuos sólidos también puede ser comprendida como un círculo que parte de las industrias generadoras de los residuos (envases de papel, vidrio y plástico), pero que no termina en el consumidor final, pues continúa en dirección al recolector. En ese sentido, el recolector es el miembro de la cadena que, efectivamente, genera más valor económico y ofrece mayor contribución a la preservación ambiental, aunque sea el eslabón que tiene el menor retorno, si se lo compara principalmente con las ganancias de los intermediarios y de los grandes depósitos. Estos, por su lado, son los que menos contribuyen a la generación de valor económico de la cadena y, no obstante, son los que se apropian de la mayor parte del valor generado, configurando una situación de desequilibrio de la cadena productiva.

La renta media de los recolectores asociados a la argentina El Ceibo (US$240) es 12,7% inferior al salario mínimo definido por ley en ese país (US$275). En la colombiana Porvenir, esa diferencia es de 30,7%, pues la renta media del recolector corresponde a US$133 y el salario mínimo es de US$191,82[35]. Por otro lado, la renta mensual del recolector asociado a Asmare (US$360) es 116% mayor que el salario mínimo definido por ley en Brasil, que es de US$166,67[36]. Sin embargo, la renta mensual de este recolector es 51,7% menor que el costo de vida brasileño (US$745[37]), mientras que en el caso de El Ceibo esta relación es 20% inferior, con un costo de vida de US$300; y en el caso de Porvenir es 21% inferior, con costo de vida de US$168,38. Aunque la renta familiar pueda igualar o superar los niveles mínimos del costo de vida por medio de actividades remuneradas realizadas por más de un miembro de la familia, en ninguno de los tres casos analizados la renta obtenida por el recolector es suficiente para mantener una familia, de acuerdo con los indicadores de costo de vida de cada país.

Otro indicador que demuestra la disparidad económica entre la renta obtenida por los recolectores y el resto de la población es la relación entre renta mensual del recolector asociado y renta per cápita de cada país, en bases mensuales (US$493,52 en Brasil[38], US$478,77[39] en Argentina y US$242,08 en Colombia[40]). También en ese caso, la renta obtenida por los recolectores es siempre menor que la renta per cápita: 27% menor en Brasil; 49,9% menor en Argentina y 45% menor en Colombia, lo que revela la desigualdad socioeconómica que caracteriza a esos países y regula las condiciones de vida de los trabajadores de la recolección de residuos sólidos.

Aunque la renta media de los recolectores asociados a los emprendimientos estudiados sea muy inferior al costo de vida y a la renta per cápita en cada país, es importante observar que estos trabajadores obtienen ganancias siempre mayores que la renta media del recolector no asociado. En Porvenir, la renta del recolector asociado es 118% mayor que la renta del recolector no asociado; en Asmare es 100% mayor y en El Ceibo, 25% mayor[41]. En este último caso se observa que el emprendimiento adiciona menos valor al trabajo de los recolectores, probablemente como consecuencia de su poca amplitud en la cadena de gestión de residuos sólidos y de la poca madurez gerencial. Aun así, estos valores indican que la situación financiera de los recolectores asociados tiende a ser mejor que la de los no asociados, que trabajan de forma autónoma e independiente.

Así, a pesar de las mejorías relacionadas con el beneficio económico de los recolectores en los tres casos analizados, es importante resaltar que estos enfrentan muchas dificultades para lograr su inclusión económica. El beneficio obtenido todavía es insuficiente para asegurar los patrones mínimos de calidad de vida, por lo que el recolector asociado se encuentra en una especie de estadio intermedio, que lo libera de la miseria pero todavía no lo incluye en la estructura de la sociedad.

Generación de valor social para los recolectores

Aunque la perspectiva de mejores condiciones de vida haya motivado la organización y la formalización de las actividades de los recolectores de residuos sólidos, los años vividos al margen de la sociedad dificultan compartir responsabilidades y la efectiva colaboración en las relaciones sociales y de trabajo. Esas características hacen más difícil mantener el compromiso de los asociados con la organización y exigen cambios de comportamiento y actitud que causen impacto directo sobre la productividad y la calidad del trabajo y que, sobre todo, promuevan la generación de valor social[42]. Para promover esos cambios, uno de los primeros pasos adoptados por Asmare y por Porvenir fue el establecimiento de criterios para el ingreso y la permanencia de los recolectores en la organización.

La brasileña Asmare solo acepta como asociados a personas que recolectan residuos sólidos para su supervivencia. La formalización del ingreso a la organización es hecha por medio de la adhesión a los términos del estatuto y, consecuentemente, implica obediencia a los derechos y deberes definidos. Para ser un asociado, el recolector debe también participar de los cursos de capacitación ofrecidos por la organización, ya que en Asmare los recolectores pueden actuar en las diversas fases del proceso (recolección, selección, prensa) y son preparados para emanciparse y convertirse en emprendedores y gestores de su propio negocio. Esta estrategia se concretó a partir de enero de 2003, cuando los trabajadores asumieron la administración de la asociación, apoyados por dos técnicos administrativos contratados y por su ex coordinador, proveniente de la Pastoral da Rua.

Para ingresar a Porvenir, los criterios son más rígidos: los recolectores deben presentar buenas referencias o pasar por un período de experiencia, además de no haber tenido problemas legales anteriormente. Los trabajadores también son capacitados y deben cumplir las reglas definidas por la organización. Como en el caso de Asmare, algunos tienen dificultad para adaptarse a las reglas de la cooperativa y mantener niveles altos de productividad, lo que puede provocar su salida de la organización. Además, a algunos les cuesta comprometerse con la organización y su misión, pues están habituados a un comportamiento individualista, con la obtención de resultados a corto plazo y la búsqueda de beneficios unilaterales. Aparentemente, este problema fue solucionado por Asmare mediante la consolidación y el reconocimiento de la organización a lo largo del tiempo. Aun así, por estar organizados, los recolectores colombianos se sienten diferentes de los recolectores informales, y desarrollan características de emprendedores o "pequeños empresarios".

Los recolectores asociados a El Ceibo actúan apenas en el inicio de la cadena, recolectando y almacenando el material reciclable, lo que diferencia a este emprendimiento de los otros dos. Aun así, el valor social generado por la iniciativa se asemeja en los tres casos estudiados, especialmente en lo que respecta a la conquista de mejores condiciones de vida, por medio de la realización de actividades productivas que generan renta, de la reducción de la exclusión social y del uso de drogas, del desarrollo del sentimiento de pertenecer a un grupo y compartir un sentido colectivo de trabajo. Asmare y Porvenir, al participar activamente de otras etapas de la cadena productiva, también proporcionan la capacitación en nuevos papeles, como los requeridos en la negociación y en el liderazgo, y el fortalecimiento en espacios participativos, además del fomento a la actitud empresaria. En el caso brasileño, se destaca también el incentivo a la educación formal de los recolectores y de sus hijos, los cuales, además de gozar de los cambios resultantes de la mejor condición económica de la familia, encuentran más oportunidades de ingreso al mercado de trabajo formal que sus padres. Tal perspectiva de movilidad social para las futuras generaciones también es observada en Colombia, donde la recolección de residuos sólidos es una actividad que incluye a todos los miembros del núcleo familiar. Los recolectores se organizan para pasar de una economía de subsistencia a un proyecto productivo sostenible. A pesar de ello, la expectativa de los adultos que participan de esas iniciativas es que sus hijos no tengan que dedicarse a la recolección de residuos sólidos. Ellos trabajan con el objetivo de proporcionarles estudio a sus hijos y darles la posibilidad de que busquen otras profesiones.

Las organizaciones de recolectores y los movimientos regionales se proponen ampliar su participación en la producción de reciclables por medio de la articulación de alianzas entre empresas, gobiernos y recolectores, con vistas al fortalecimiento social y político de estos últimos. Es el caso, por ejemplo, de la organización no gubernamental Fundación Social de Colombia que, desde 1986, apoya a los recolectores en la formación de cooperativas por medio de la concesión de recursos financieros y asesorías en los ámbitos legal, administrativo y comercial.

La formación de movimientos y asociaciones regionales y nacionales busca, sobre todo, dignificar el trabajo de los recolectores informales y educar a la sociedad en lo que se refiere a los beneficios sociales y ambientales de su trabajo. Es el caso de la Asociación de Recicladores, de Bogotá; del Movimiento Nacional de Trabajadores Cartoneros, Recicladores y Organizaciones Sociales, de Argentina; y del Movimiento Nacional de Recolectores de Materiales Reciclables (MNCR), de Brasil.

A fin de conquistar el reconocimiento y la valorización de la categoría, el MNCR busca influenciar la formulación y el cumplimento de políticas públicas para que la recolección de residuos sólidos sea hecha prioritariamente por recolectores, para que ellos sean remunerados por el servicio con valores coherentes y para que, cada vez más, participen de todas las etapas de la cadena productiva de residuos sólidos. En la esfera social, se propone conquistar mejores condiciones de vida —vivienda, salud y educación— para los recolectores y sus familias. En un plano más abarcador, el MNCR reivindica el fin de los "basureros"[43] y su transformación en rellenos sanitarios, y el traslado de los recolectores que trabajan en esos basureros a galpones con mejores condiciones de trabajo, que proporcionen reducción de los riesgos a su salud y supervivencia.

Como muestran esas iniciativas, ha habido grandes avances en la generación de valor y en la consecuente inclusión social de los recolectores. Pero todavía restan muchos desafíos por superar en la cadena productiva de la gestión de residuos sólidos para que se realice todo su potencial de beneficios sociales, económicos y ambientales.

Lecciones para la inclusión

Es cierto que los principales efectos positivos generados por los emprendimientos constituidos por recolectores de residuos sólidos residen en la reducción de las condiciones de exclusión social en que vivían antes de organizarse. La posibilidad de inclusión económica, que genera la mejoría de las condiciones de vida y la perspectiva de disfrutar de las libertades sustantivas[44], es un resultado perceptible en los casos estudiados. Estar asociados a una organización formal les propicia a los recolectores y a sus familias la recuperación de la autoestima y de la dignidad, además de contribuir al incremento del capital social de la comunidad que integran.

Los cambios provocados por la generación de valor social en estos emprendimientos son más evidentes cuando se consideran las condiciones de profunda miseria, exclusión social, carencia de recursos y baja autoestima que marcan la historia de vida de estas personas. Salir de esta condición requiere un enorme esfuerzo de recuperación de la dignidad y de la capacidad de inserción en grupos estructurados en torno de objetivos comunes. La influencia de organizaciones de apoyo como organizaciones de la sociedad civil u otros emprendimientos sociales es fundamental para que eso suceda. La actuación de organizaciones no gubernamentales y de emprendedores sociales con contacto directo con la realidad vivida por los recolectores demostró ser fundamental para apalancar la organización de los primeros grupos que originaron los emprendimientos estudiados. Es importante que los programas sociales —públicos o privados— consideren ese factor, bajo pena de acabar siendo programas asistencialistas con baja capacidad de transformación social.

El poder público tiene una actuación relevante en la cadena de gestión de residuos sólidos y, por eso, posee los medios para crear condiciones que favorezcan la creación y el desarrollo de cooperativas de recolectores. Algunos de los casos estudiados demuestran que la actuación del gobierno local puede ser decisiva en la creación y en el fortalecimiento de estos emprendimientos, favoreciéndolos al elaborar e implantar políticas y leyes de gestión de residuos o al establecer convenios y alianzas para recolección y destinación de la basura urbana. En otras situaciones, cuando la actuación estatal se mostró poco colaboradora, la unión de esfuerzos entre los recolectores, con el apoyo de entidades no gubernamentales, ha sido un terreno fértil para la institución de cooperativas formales.

Las empresas privadas también desempeñan un importante papel en la cadena de gestión de residuos sólidos, asumiendo diversos roles: como generadoras de grandes volúmenes de residuos; como recolectoras de la basura urbana, contratadas por la administración pública local; como compradoras de residuos para procesamiento del reciclaje, entre otros. Sea cual fuere la posición de la empresa en la cadena de gestión de residuos sólidos, el establecimiento de alianzas estratégicas con cooperativas y asociaciones de recolectores puede traer innumerables ventajas para ambos: forzar el rediseño de la cadena de generación de valor y el reposicionamiento de intermediarios; reducir costos de almacenamiento, transporte o materia prima; promover la concienciación de funcionarios, clientes y proveedores acerca de los impactos sociales y ambientales de las actividades de recolección y reciclaje de residuos, además de potenciar acciones afirmativas de inclusión social.

La cadena de gestión de residuos sólidos también se caracteriza por la constante interacción entre poder público, intermediarios, empresas y cooperativas de recolectores. Las cooperativas actúan en diversas fases de la cadena, entre las cuales la más común y frecuente es la actividad inicial de recolección de residuos. En esa instancia, los requisitos en cuanto a la calificación del trabajador y a la utilización de equipamientos de trabajo son mínimos. A medida que los emprendimientos se desarrollan, la intervención en otras fases como separación, almacenamiento, prensado y hasta comercialización final van siendo absorbidas por los recolectores, lo que propicia mejores condiciones de sostenibilidad para los emprendimientos y de generación de renta para los asociados. Pero las relaciones entre los actores que participan en la cadena de generación de valor están, muchas veces, marcadas por conflictos con órganos públicos locales y por la dificultad de superar la influencia de intermediarios que fomentan relaciones desleales de competencia, las cuales limitan la actuación y el crecimiento de las cooperativas y desequilibran la distribución del valor generado en el proceso. La construcción de redes de aliados y la constitución de movimientos locales y regionales de recolectores han sido los medios encontrados por los emprendimientos para superar esas dificultades, legitimando y fortaleciendo su actuación. Ese contexto se muestra favorable al establecimiento de alianzas estratégicas, sea para la realización de proyectos puntuales, sea para la conducción del propio negocio, a condición de que se basen en la colaboración y en la justa distribución de poder y de valores generados.

Internamente, las organizaciones de recolectores presentan enormes dificultades para operar según los principios cooperativos que orientan su creación. La toma de decisiones en estructuras horizontales tiende a ser lenta y poco participativa, fruto de la carencia de liderazgos naturales o desarrollados en el seno de estos grupos. Consecuentemente, la gestión de los emprendimientos queda centralizada en una o pocas personas, tendiendo a modelos semijerárquicos con bajo desarrollo organizacional y empoderamiento restringido de los participantes. Desarrollar competencias internas para la realización plena de la autogestión, alineada a las demandas de proactividad, agilidad y transparencia impuestas por el mercado y por aliados, es un desafío que ha conducido a la profesionalización de la gestión de estos emprendimientos.

La generación de valor económico por los emprendimientos de recolectores deriva de la construcción de modelos de negocios adaptados a las oportunidades identificadas en el ambiente de actuación. Los beneficios de logística en la obtención de la materia prima pueden ser alcanzados con la recepción de grandes cantidades de residuos residenciales o de grandes generadores, como empresas y condominios; también, por la venta directa del material recolectado y seleccionado a las industrias que los utilizan como materia prima, reduciendo la actuación de intermediarios para generar mayor valor económico para el emprendimiento. Obtener eficiencia y calidad en la recolección y comercialización de los residuos sólidos es el principal desafío que la cadena de generación de valor impone a la sostenibilidad de las cooperativas de recolectores.

Posibilitar la inclusión económica de los recolectores por el incremento en la renta obtenida es el factor impulsor de muchas iniciativas y jamás deja de ser uno de sus objetivos. El aumento del número de cooperativas y asociaciones es visible en América Latina, donde se observa la simultánea consolidación y ampliación de estos emprendimientos, como lo demuestran los casos estudiados. A pesar de ello, todavía es bajo el reconocimiento económico que recibe la actividad de los recolectores, quienes obtienen rentas inferiores al costo de vida y a la renta per cápita, además de tener condiciones precarias de trabajo, higiene y seguridad. Por esta razón, el desarrollo de cooperativas de recolectores no ha sido orientado, exclusivamente, hacia la creación de negocios eficientes desde el punto de vista económico-financiero. La actuación política de esas organizaciones por la unión de esfuerzos y la creación de movimientos organizados ha sido fundamental para el reconocimiento y la valorización del papel desempeñado por estos trabajadores en la gestión de residuos sólidos.

A pesar de las grandes diferencias existentes en América Latina en lo que respecta a la destinación de residuos, al reciclaje, a la intervención del Estado y al papel del recolector, este capítulo resaltó la existencia de tendencias y desafíos comunes para la consolidación de un nuevo sistema de gestión de residuos sólidos. Estas tendencias y estos desafíos pueden resumirse en la búsqueda de alternativas que incentiven, reconozcan y valoricen la participación de la población de bajos ingresos en la cadena de generación de valor, lo cual redunda en la ampliación de oportunidades de inclusión económica y social de los recolectores de residuos sólidos.

Notas

1. Heloisa V. de Medina, "Reciclagem de materiais: Tendências tecnológicas de um novo setor", CETEM (Centro de Tecnologia Mineral), Ministerio de Ciencia y Tecnología, véase http://www.cetem.gov.br/tendencias/agenda/parte_III/Reciclagem%20de%20materiais.pdf.

2. Los valores y principios del cooperativismo tienen raíces históricas en el socialismo utópico, cuyo precursor fue el inglés Robert Owen (1771–1858), con la propuesta de creación de las aldeas cooperativas, en 1817.

3. "What Is a Cooperative?" International Cooperative Alliance, http://www.ica.coop/coop/index.html.

4. Paul Singer, *Introdução à economia solidária* (São Paulo: Perseu Abramo, 2002).

5. Robert D. Putnam, *Making Democracy Work: Civic Traditions in Modern Italy* (Princeton, NJ: Princeton University Press, 1993).

6. Los cálculos del Banco Mundial sugerían que en 2004 el número de personas en el mundo que trabajaban como recolectores podía superar los 60 millones. Martín Medina, "Ocho mitos sobre el reciclaje informal en América Latina", BIDAmérica, véase http://www.iadb.org/idbamerica/index.cfm?thisid=3074&lanid=2.

7. Información proveniente del Taller Internacional de Gestión Integrada de Residuos Sólidos, realizado en São Paulo entre el 16 y el 18 de noviembre de 2005, organizado por la Facultad de Salud Pública.

8. Ibíd.

9. Ibíd.

10. "Ocho mitos sobre el reciclaje informal en América Latina", BIDAmérica, véase http://www.iadb.org/idbamerica/index.cfm?thisid=3074&lanid=2.

11. "Gestão Integrada de Resíduos Sólidos", Asociación Interamericana de Ingeniería Sanitaria y Ambiental, véase http://www.aidis.org.br/eng/ftp/polis_aidis.pdf.

12. "Ocho mitos sobre el reciclaje informal en América Latina", BIDAmérica, http://www.iadb.org/idbamerica/index.cfm?thisid=3074&lanid=2.

13. Pablo Schamber,"No se presta atención a los cartoneros como engranaje de un sistema económico", Página 12, véase http://www.pagina12.com.ar/imprimir/diario/sociedad/3-87058-2007-06-24.html.

14. Maricel Drazer, "El poder de los recolectores informales," Tierramérica, véase http://www.tierramerica.info/nota.php?lang=esp&idnews=178.

15. Asociación Nacional de Recicladores (ANR).

16. Pólita Gonçalves, "A reciclagem integradora dos aspectos ambientais, sociais e econômicos," DP&A / PHASE. Rio de Janeiro, 2003.

17. Intersectorial Relations Studies Group, "Movimento Nacional dos Catadores de Materiais Recicláveis (MNCR). Database of the record for sampling of the survey on the Workstation" (Salvador: GERI-Pangea/UFBa [Universidad Federal de Bahía], 2005).

18. Ministerio de Trabajo y Empleo, "Atlas da Economia Solidária no Brasil", véase http://www.mte.gov.br/Empregador/EconomiaSolidaria/conteudo/atlas.asp.

19. Entrevista con Roberto Laureano, del Movimiento Nacional de los Recolectores de Materiales Reciclables, 29 de agosto de 2006.

20. Términos de referencia para el monitoreo de derechos humanos, Instituto Nenuca de Desarrollo Sostenible (INSEA), diciembre de 2005.

21. Los intermediarios son personas que compran residuos sólidos (papel, metal y plástico) de pequeños y medianos generadores (tiendas, bancos, supermercados, residencias, escuelas, organismos públicos, etc.), así como de recolectores. Esos materiales son almacenados en depósitos, donde son seleccionados, enfardados y vendidos a las industrias recicladoras.

22. Las pastorales son estructuras organizadas dentro de las arquidiócesis, que trascienden los límites parroquiales, buscando promover la solidaridad y la ciudadanía, además de rescatar la dignidad humana donde ella se encuentra amenazada. La Pastoral da Rua de la ciudad de Belo Horizonte tuvo un importante papel en la movilización de los recolectores de dicho municipio y en la consecuente creación de Asmare, como se detalla en la sección 4 de este capítulo.

23. César Rodríguez, "À procura de alternativas econômicas em tempos de globalização: o caso das cooperativas de recicladores de lixo na Colômbia", Centro de Estudos Sociais, Faculdade de Economia da Universidade de Coimbra, véase http://www.ces.uc.pt/emancipa/research/pt/ft/rescatar.html.

24. Maricel Drazer, "El poder de los recolectores informales", Tierramérica, véase http://www.tierramerica.info/nota.php?lang=esp&idnews=178.

25. Thiago Guimarães, "Coleta seletiva de lixo cresce 38% no país", FolhaOnline, véase http://www1.folha.uol.com.br/folha/cotidiano/ult95u124738.shtml.

26. En Brasil, se destaca la actuación de la propia arquidiócesis de Belo Horizonte, que colabora con la capacitación de los recolectores participantes de Asmare.

El INSEA, que actúa en el ámbito nacional, es una organización sin fines de lucro que ofrece asesoría técnica en la creación y en el desarrollo de modelos de gestión ambiental con el presupuesto básico de la inclusión social. Aunque no tenga relación con la muestra de casos estudiados, también tiene importante actuación la entidad peruana Ciudad Saludable, que realiza actividades de desarrollo y capacitación, uniendo el trabajo de organizaciones de la sociedad civil, entidades públicas y empresas privadas en la región andina.

27. Rodríguez, César "Solidarity Economics, Globalization and the Struggle for Social Inclusion: A Study of the Cooperatives of Informal Garbage Pickers in Colombia." En: Boaventura de Sousa Santos, ed. *Another Production is Possible.* London: Verso, 2006.

28. La autogestión es una forma de administración democrática, en la cual las decisiones son tomadas en asambleas con la participación de todos los miembros de la organización o de representantes por ellos denominados. En esas asambleas son definidas las directrices que deben ser cumplidas por los gestores de la organización. Se opone, de esta forma, a la heterogestión, modelo tradicional de administración jerárquica, formada por niveles sucesivos de autoridad. Véase Paul Singer, *Introdução à economia solidária* (São Paulo: Perseu Abramo, 2002).

29. Las recorteras son personas o empresas que compran recortes de papel a empresas y particulares, los envían a su depósito, donde el papel es seleccionado, enfardado, y luego lo venden a las industrias de papel.

30. Los chatarreros son personas o empresas que recolectan, reciben y almacenan variados tipos de residuos sólidos y los comercializan.

31. Los rellenos sanitarios son áreas preparadas para recibir la basura, con tratamiento para los gases y líquidos resultantes de la descomposición de los materiales, a los efectos de evitar la contaminación del suelo, del agua y del aire.

32. Franklin Luis Combariza y Roberto Gutiérrez, "Apropiación de valor en la cadena de reciclaje del cartón", *Responsabilidad & Sostenibilidad,* 2008.

33. Según la Unidad Ejecutiva de Servicios Públicos. Se calcula que un domicilio medio genera 120 kilos de basura por mes. Las actividades costeadas son: recolección, transporte y disposición final.

34. El porcentaje de apropiación es resultado de la sustracción del valor de venta por el valor de compra, comparando este resultado proporcionalmente al valor de compra de cada eslabón.

35. "Salario Mínimo Legal Diario (Col $)", Banco de la República de Colombia, http://www.banrep.gov.co/estad/dsbb/srea_020.xls.

36. "Salário mínimo nominal e necessário", Departamento Intersindical de Estatística e Estudos Socioeconômicos, véase http://www.dieese.org.br/rel/rac/salmindez07.xml.

37. Ibíd.
38. Banco Central de Brasil, véase https://www3.bcb.gov.br/sgspub/consultarvalores/telaCvsSelecionarSeries.paint
39. Fondo Monetario Internacional, *World Economic Outlook Database*, septiembre de 2006, véase http://www.imf.org/EXTERNAL/PUBS/FT/WEO/2006/02/DATA/INDEX.ASPX.
40. Fondo Monetario Internacional, *World Economic Outlook Database*, abril de 2008, véase http://www.imf.org/external/pubs/ft/weo/2008/01/weodata/index.aspx.
41. Los recolectores no asociados a cooperativas o asociaciones reciben un promedio de US$180 en Brasil, US$192 en Argentina y US$61 en Colombia.
42. El valor social es definido como: "la búsqueda del progreso social, mediante la remoción de barreras que dificultan la inclusión, la ayuda a aquellos temporalmente debilitados o que carecen de voz propia y la mitigación de efectos secundarios indeseables de la actividad económica". SEKN, ed. *Gestión efectiva de emprendimientos sociales. Lecciones extraídas de empresas y organizaciones de la sociedad civil en Iberoamérica* (Washington, DC: Banco Interamericano de Desarrollo y David Rockefeller Center for Latin American Studies, Universidad de Harvard, 2006), 296.
43. Los basureros son lugares donde la basura recogida por la recolección pública es depositada sin ningún tipo de tratamiento.
44. De acuerdo con Sen, las libertades sustantivas están relacionadas con el aumento de la capacidad de opción de los individuos en cinco esferas instrumentales: libertades políticas, facilidades económicas, oportunidades sociales, garantías de transparencia y seguridad. El acceso a esos derechos y oportunidades contribuye a promover la capacidad general de una persona. Amartya Kumar Sen, *Development as Freedom* (Nueva York: Oxford University Press, 1999).

8

Los agronegocios y los sectores de bajos ingresos

John C. Ickis, Francisco Leguizamón,
Juliano Flores y Michael Metzger

El estudio de casos sobre los agronegocios que integran de forma innovadora al sector de bajos ingresos puede aportar nuevos conocimientos para combatir la pobreza en América Latina. Durante más de 40 años, Mellor y otros han señalado, con datos convincentes, que "es el crecimiento agrícola y solamente el crecimiento agrícola el que produce una reducción de la pobreza en países de bajos ingresos con un sector agrícola sustancial"[1]. Esta conclusión fue reiterada recientemente: "Cualquier incremento del ingreso rural tiene un impacto desproporcional sobre la pobreza mundial, que es mayoritariamente rural"[2]. Austin ha señalado que los proyectos agroindustriales generan demanda para que el sector agrícola produzca mayor cantidad y variedad de cultivos y, que cuando esto ocurre, el empleo agrícola generalmente crece[3], así que los agronegocios ofrecen la promesa de estimular el crecimiento agrícola y la reducción de la pobreza rural.

En este capítulo examinamos nueve casos de investigación[4] sobre agronegocios que han incorporado a los SBI en actividades de creación de valor. La motivación principal de los agroempresarios es económica; pero esto no significa que la creación de riqueza entre los SBI no sea relevante. Independientemente de las motivaciones, las preguntas clave que analizamos en este capítulo son: ¿cómo incorporan los agronegocios a los SBI en la cadena de valor, de forma distinta al pasado? ¿De qué manera estas iniciativas de mercado aumentan el potencial para generar valor económico y social? ¿Cuáles son las barreras a la incorporación de los SBI y cómo superarlas?

Para responder a estas preguntas, utilizaremos el marco analítico de la cadena agroindustrial, descrito en la siguiente sección de este capítulo, para identificar los roles que los SBI han desempeñado en los agronegocios estudiados. A continuación examinaremos cómo la incorporación de los SBI en estos roles ha influido en los modelos de negocios de las empresas, y evaluaremos si ha contribuido a su habilidad de competir. Hay barreras a la incorporación exitosa de los SBI, desde logísticas hasta sociales y culturales. En la siguiente sección analizaremos estas barreras y algunas prácticas usadas para superarlas. Finalmente, presentaremos algunas conclusiones a nuestras preguntas iniciales.

Contexto y retos para la cadena de valor agroindustrial

La cadena de valor agroindustrial incluye no solo la etapa de procesamiento sino cualquier actividad, desde la producción de insumos agrícolas hasta la entrega del producto final al consumidor. Los productos agroindustriales varían ampliamente según su grado de transformación, desde limpieza y empaque hasta la alteración química, pero todos se distinguen por tres cualidades de sus materias primas: en primer lugar, son perecederos y no pueden almacenarse por largos períodos, especialmente en el caso de las frutas y verduras. Segundo, la cosecha de la mayoría de los productos es estacional, mientras que la demanda de productos alimenticios generalmente varía poco de un mes a otro. Tercero, la calidad de los productos del campo, a diferencia de los productos manufacturados, es muy variable. Estas características presentan desafíos logísticos y operativos para la gestión del agronegocio y crean oportunidades para la incorporación de los SBI como socios.

Los desafíos logísticos y operativos de los agronegocios fueron estudiados por primera vez por Ray Goldberg[5], quien desarrolló un marco de sistemas para su análisis conocido como "la cadena agroindustrial", luego aplicado por generaciones de estudiantes de la Harvard Business School en el análisis de casos. En los países en desarrollo, James E. Austin demostró el poder analítico de esta herramienta y elaboró su propio marco para el análisis de proyectos agroindustriales[6]. Usaremos este último para examinar las estrategias de incorporación de los SBI en los agronegocios.

En la cadena, Austin identifica tres eslabones principales: la adquisición (campo), la transformación (fábrica) y la comercialización (mercado)[7]. El primero de estos eslabones se refiere a los procesos de siembra, cultivo y cosecha de los productos. En el eslabón de fábrica se transforma la materia prima y se resuelven los asuntos relacionados con el empaque, almacenamiento y transporte de los productos finales hacia los distribuidores. En el eslabón de mercado se abordan cuestiones relativas a las preferencias del consumidor, la segmentación del mercado, la previsión de la demanda, la fijación de precios, los canales de distribución y el análisis y la gestión de las fuerzas competitivas. Las actividades en cada eslabón son desempeñadas por los actores primarios: agricultores, procesadores, distribuidores y otros que manejan directamente el producto. Además hay actores de apoyo que prestan servicios de asistencia, crédito y otros, y elementos de coordinación que facilitan el flujo eficiente de los productos. La coordinación estrecha entre los eslabones de campo, fábrica y mercado se vuelve crítica debido a la estacionalidad e índole perecedera de los productos del agro.

El poder de este marco analítico reside en que no solo nos permite identificar las actividades de valor desempeñadas en cada eslabón de la cadena, sino también precisar quién tiene el poder de negociación y por qué. En este sentido es un complemento al modelo de análisis estratégico introducido por Michael Porter: las fuerzas competitivas entre rivales, proveedores, compradores, recién llegados y productores de sustitutos[8], y la cadena de valor con sus actividades primarias y de apoyo[9]. Utilizados en su conjunto, estos modelos pueden ayudarnos a entender cómo es que la integración de los SBI en los agronegocios puede crear valor económico y social.

Modelos innovadores para la inclusión

Los nueve casos estudiados revelan una gama de roles desempeñados por los SBI en los agronegocios, casi siempre en el eslabón de campo, a veces en el procesamiento y con menor frecuencia en el eslabón comercial. Solo hay un caso, los supermercados Palí, que muestra el ejemplo de los SBI como consumidores finales en la cadena agroindustrial. Fue precisamente este papel de los SBI, como clientes rentables, lo que inspiró a C. K. Prahalad para investigar el tema de los negocios con la base de la pirámide y producir su obra sobre la fortuna que encierra este segmento de la población. En contraste, en los casos que estudiamos, salvo uno, los clientes pertenecen a los segmentos medios y altos.

En Tierra Fértil, un programa de Hortifruti, y Cativen, los participantes de los SBI son proveedores de productos frescos y perecederos a cadenas de supermercados. En otros dos casos, también son proveedores de productos perecederos, pero estos son destinados a algún procesamiento posterior: los cereales orgánicos que recibe Irupana de los campesinos bolivianos son procesados en forma natural y los capullos que recibe CRES de los criadores costarricenses son clasificados, empacados y exportados a exhibidores de mariposas. En los dos casos sobre la palma, el grado de elaboración es mayor, con la producción de aceites vegetales y sus derivados, pero hay una diferencia fundamental entre los dos: en Agropalma los participantes de los SBI siguen siendo productores del campo; en Palmas del Espino es la misma asociación de productores la que promueve la integración hacia el procesamiento y que participa en los beneficios del eslabón de la fábrica. Inclusive muchos de los productores agrícolas se convierten en empleados de la fábrica, y aunque su sindicato reclama mejores condiciones salariales, ganan el doble que un jornalero agrícola.

En Apaeb y Recolectores del Bío-Bío, vemos la participación plena de los SBI en las actividades de transformación más complejas, en tapices y alfombras de sisal natural en el primer caso, y en la elaboración y comercialización de frutos silvestres deshidratados en el segundo, en el que compradores de Suecia acuden directamente a la asociación de recolectores para la adquisición de hongos, así que participan hasta en el eslabón de comercialización.

A primera vista, estos roles de los SBI no son tan distintos a aquellos tradicionalmente desempeñados por los pequeños productores: el de vender el producto de sus labores del campo a actores en la cadena comercial o a plantas procesadoras, o el de trabajar como empleado en una fábrica agroindustrial. No obstante, solo cuando examinamos los modelos de negocio y cómo se transformaron con la incorporación de los SBI, podemos apreciar la verdadera diferencia.

Comencemos con Palí, porque este caso ilustra claramente lo que entendemos por "modelo de negocio", y es además el único caso en que los SBI desempeñan el papel propuesto por Prahalad: el de cliente rentable. El modelo de negocios revela cómo las actividades están diseñadas para producir valor; es decir cómo los ingresos generados por la libre elección de los clientes superan los costos implicados en aquellas actividades. El modelo de negocios de la tienda de barrio es brindar servicios de conveniencia y crédito a cambio de precios unitarios altos, así que los SBI tradicionalmente pagan más, como ha destacado ampliamente C. K. Prahalad en sus investigaciones sobre la base de la pirámide[10]. En cambio, Palí vende a precios aún más bajos que otros supermercados, y vende mucho menos productos que un supermercado típico. Según estimaciones realizadas por la empresa, aproximadamente el 90% de sus clientes en Nicaragua y el 70% de sus clientes en Costa Rica corresponden a los segmentos socioeconómicos D y E[11], o sea a los SBI.

¿Cómo lo hace? Sus supermercados ofrecen a sus clientes un ambiente agradable y digno, pero austero, donde los productos, generalmente de segunda marca, son exhibidos en sus cartones de empaque originales. No venden frutas y legumbres que requieren refrigeración y que los SBI compran en mercados públicos. Originalmente no vendían leche ni carne, para ahorrar energía. Los clientes traen sus propias bolsas o las compran en el supermercado porque Palí no las regala. Su personal está capacitado para realizar múltiples tareas, lo cual aumenta la flexibilidad y productividad de sus recursos humanos. Consistente con esta estrategia de liderazgo en costos, Palí ha construido su principal competencia a partir de una eficiencia operativa general.

Este modelo de negocios es altamente innovador en Costa Rica y Nicaragua, donde los supermercados tradicionales compiten por los segmentos de mayores ingresos. Está inspirado en el modelo de los supermercados Aldi, un formato de tamaño pequeño y variedad limitada de productos, que surgió en Alemania en tiempos de la posguerra[12]. El primer Palí abrió en Costa Rica en 1979, en el distrito de bajos ingresos de Desamparados durante un momento de crisis económica, y el modelo tuvo una gran acogida desde el inicio. Hasta mediados de 2007 los puntos de venta de Palí crecieron en forma acelerada, sin perder el foco en sus clientes meta de bajos ingresos. Actualmente los supermercados Palí representan más del 60% de las ventas de todos los supermercados operados por la corporación CSU-CCA. Según estimaciones de la empresa, las visitas mensuales en Costa Rica ascienden a 1,5 millones de clientes (aproximadamente el 30% de la población de este país), y a 1,2 millones de clientes en Nicaragua.

Los supermercados Palí no solo son los que más ventas generan en su grupo corporativo sino los que registran el mayor retorno sobre la inversión. El promedio de tiempo para recuperar la inversión efectuada en un supermercado Palí es de tres años, mientras que en los otros formatos de supermercados sobrepasa los cinco años. Refiriéndose a la rentabilidad de los Palí, el gerente de asuntos corporativos de la multinacional que luego adquirió una posición mayoritaria en el grupo CSU-CCA dijo: "Nuestra corporación no admite proyectos o nuevas aperturas donde la rentabilidad no esté demostrada"[13].

El modelo de negocios de Tierra Fértil y Cativen es totalmente distinto. No se basa en bajos precios, bajos costos y alto volumen sino en actividades que generan un valor que es percibido por los clientes y por el cual están dispuestos a pagar precios más altos. Estos supermercados venden a clientes de los segmentos medio y medio-alto, quienes desean comprar todo en un solo lugar y cuyas dietas incluyen frutas, ensaladas y otros alimentos saludables. Estos agronegocios entienden que una de las pocas formas de diferenciarse de sus competidores, que venden las mismas marcas de productos alimentarios, es con la variedad y frescura de sus frutas y verduras. Los costos adicionales en los que se incurre para lograr esta diferenciación incluyen capacitación para los productores, refrigeración, transporte y manejo, que son compensados no solo por los mayores precios sino por la decisión de los clientes de hacer todas sus compras en estos supermercados y no en los de la competencia.

En Cativen, vemos un ejemplo de cómo la incorporación de los SBI en las actividades de valor altera la estructura del modelo de negocios. Mediante el desarrollo de pequeños proveedores de productos agrícolas y pescado, fue posible eliminar los intermediarios y así ahorrar su margen del 20%. Además, el trato directo de esta cadena con los pequeños productores permitió eliminar la corrupción en el departamento de compras. Bajo el modelo anterior, los intermediarios, quienes comercializaban grandes volúmenes, frecuentemente sobornaban a los compradores de Cativen con la finalidad de asegurar la compra de sus productos. De este modo, la eliminación de los intermediarios permitió también mejorar las prácticas del negocio.

El modelo de negocios de Irupana también se basa en los altos precios que los clientes están dispuestos a pagar por sus productos orgánicos, abastecidos por campesinos indígenas de un área geográfica extensa, que cubre los Andes, la Amazonía y el Chaco boliviano. Pero el modelo difiere de los casos anteriores en dos aspectos: primero, Irupana opera en el eslabón de fábrica y no de mercado minorista; segundo, vende no a todos los segmentos de determinados estratos socioeconómicos sino solo a aquellos segmentos, tanto en el mercado nacional como en los mercados de exportación, que valorizan las cualidades diferenciadas de sus productos.

En Costa Rica, unos 100 trabajadores del campo e incluso algunos indigentes se han convertido en criadores de mariposas para proveer de capullos a CRES, la cual exporta estos capullos a exhibidores de mariposas en Europa y Estados Unidos. Este modelo de negocios también se basa en la realización de algunas actividades de transformación (clasificación, empaque y exportación) que son valoradas por los clientes. Este modelo es también innovador pero es imitable, y en este caso vemos la amenaza por el ingreso de nuevos competidores. El éxito del modelo ha descansado en una demanda creciente de los clientes en el exterior, pero el aumento de la oferta pone en riesgo este modelo y plantea la necesidad de una estrategia para competir.

En los modelos de negocio de Agropalma y Palmas del Espino las actividades de fábrica son mayores y más complejas. Los frutos de la palma son transformados en productos industrializados: el aceite vegetal y sus derivados. Esto da a los SBI la oportunidad de participar en la cadena agroindustrial no solo como agricultores sino como procesadores, porque abre nuevas fuentes de empleo. Pero ¿qué es lo nuevo en estos casos? Lo que ha cambiado son las prácticas gerenciales que reconocen el valor del capital humano. Estas prácticas son evidentes en las aceiteras, donde el incremento en la productividad que resulta de las inversiones en capital humano genera valor económico para estas empresas. Este mismo hallazgo fue documentado en el libro anterior de SEKN[14], y más tarde, en una publicación del Banco Interamericano de Desarrollo (BID)[15].

Apaeb, una asociación sin fines de lucro fundada en 1980 por un grupo de productores de sisal, es otro agronegocio, como Cativen, que ha alterado su modelo de negocios mediante la eliminación de intermediarios. Fue establecida con la finalidad de obtener precios más justos para los agricultores de la región, a través de una venta directa de las fibras de sisal a las empresas textiles. Con este fin Apaeb organizó a los productores para el acopio conjunto y la realización de ventas colectivas. Una vez consolidada esta primera etapa, los directores de Apaeb orientaron sus esfuerzos para la integración vertical hacia adelante mediante la construcción de una fábrica de tapices y alfombras elaboradas a partir de la fibra del sisal. En 2006, el 60% de la producción de esta fábrica era exportada a Estados Unidos y Europa, lo cual reportaba beneficios para todos los participantes.

El modelo de negocio de Recolectores del Bío-Bío, como el de Apaeb, abarca actividades en toda la cadena agroindustrial, desde la producción (o en este caso la recolección) de materia prima hasta la comercialización. En estos modelos los SBI están plenamente involucrados no solo en las actividades del campo y de fábrica, sino también del mercado, rasgo que los convierte en modelos de negocio innovadores. Los pequeños productores tradicionalmente han sido incluidos en los agronegocios como proveedores indirectos —vinculados a través de intermediarios—, y por tanto no involucrados directamente en el abastecimiento, ni en las actividades de fábrica y de comercialización. La profundidad en el grado de compromiso de los pequeños productores en los modelos de negocio de Apaeb y de Recolectores del Bío-Bío ha hecho posible para estos grupos la generación de beneficios superiores a los que históricamente han percibido, comúnmente circunscritos a la adquisición de un empleo o a la obtención de rentas mínimas. Los pequeños productores y recolectores presentados en estos dos casos no solo han mejorado su nivel de ingresos y su calidad de vida, sino que también han logrado desarrollar nuevas capacidades y destrezas. La mejora en la capacidad técnica de estos pequeños agricultores y recolectores, producto de la capacitación y el acompañamiento que han recibido, ha sido notoria, y por tanto marca la diferencia en relación con aquellos modelos de agronegocios en los que los pequeños productores aparecen en forma periférica, como proveedores indirectos o proveedores eventuales.

Uno de los agricultores beneficiados por la gestión de Apaeb recordaba las dificultades que tuvo que enfrentar en la década de 1980 para hacer producir sus 17 hectáreas:

Antes no conseguía ganar lo suficiente para dar lo básico a mi familia (...) antes de Apaeb no había ninguna información técnica para coexistir con la sequía. No había frutas, no había forraje para alimentar a los animales, no había ni un tanque para almacenar agua potable.

Con el auxilio de Apaeb este agricultor logró hacerse de un patrimonio; con la crianza de cabras y el cultivo de sisal, entre otros productos, logró mejorar sus ingresos y hacer mejoras importantes en su finca. Pudo construir tanques de concreto para almacenar agua para irrigación y agua potable para el consumo de su familia. Apaeb lo ayudó a acceder a financiamiento y le brindó capacitación para mejorar sus técnicas de cultivo y de crianza de animales.

Otra de las variables que es importante destacar en los modelos de negocio de Apaeb y de Recolectores del Bío-Bío es la forma organizativa que utilizaron. La utilización del esquema cooperativo y de comités para organizar a los pequeños productores y recolectores funcionó bastante bien en estos casos, y permitió sentar las bases para la ejecución de otras actividades clave como capacitación, apoyo financiero y desarrollo de capacidades técnicas. La forma en la que se organizaron los recolectores de frutos silvestres se expone más adelante.

Los SBI y la ventaja competitiva

En la sección anterior vimos que la incorporación de los SBI se ha dado en todos los eslabones de la cadena agroempresarial y que los modelos de negocio han sido innovadores. También vimos que los modelos de negocios difieren: algunos están enfocados en actividades que disminuyen los costos y otros más bien en actividades que aumentan el valor percibido por los clientes. Estas son decisiones sobre cómo competir y corresponden a las estrategias genéricas de liderazgo en costos y diferenciación propuestas por Michael Porter[16]. La dinámica competitiva no fue el foco de la investigación de los casos reportados en este libro; sin embargo, varios de los nueve casos estudiados brindan información sobre las fuerzas competitivas y nos permiten afirmar que efectivamente la incorporación de los SBI ha contribuido a la ventaja competitiva de estos agronegocios.

La ventaja competitiva de Palí ha sido construida a partir de actividades operativas que le han permitido tener los costos más bajos de su industria. Opera con menos productos de mayor rotación, menos personal y personal multifuncional, anaqueles más sencillos y consumos de energía y agua relativamente bajos. La contribución de los SBI a esta ventaja competitiva es la más obvia porque el modelo de negocios fue diseñado, desde el principio, para servir a este segmento. El modelo no funciona sin los SBI. En Costa Rica y Nicaragua, Palí no tiene un competidor cercano. Su rápido crecimiento, con retornos positivos, tiende a confirmar la tesis de Prahalad: los SBI pueden ser clientes rentables.

El programa Tierra Fértil surgió en Costa Rica por presiones competitivas, que crearon la necesidad de la cadena de supermercados perteneciente al mismo grupo (CSU) de asegurar el abastecimiento continuo de productos agrícolas que se distinguían de la oferta de sus competidores por la alta calidad, la frescura, la amplia variedad y las condiciones de higiene e inocuidad. La incorporación de los SBI fue clave, puesto que la variedad solo se podía obtener mediante la adquisición de productos de pequeños productores independientes dispersos en diferentes regiones y microclimas del país. La variedad por sí sola no es una fuente de ventaja competitiva; puede obtenerse comprando en el mercado mayorista. La ventaja viene de la combinación de atributos que busca el cliente. Esta combinación es difícil de imitar porque requiere inversiones en la capacitación y construcción de relaciones a largo plazo con los SBI.

CRES, como Tierra Fértil, introdujo un nuevo modelo de negocios que favoreció la incorporación de una red de proveedores de los SBI. La demanda por parte de los exhibidores de mariposas para una mayor diversidad de especies fue lo que condujo a este agronegocio a reclutar a criadores independientes de microclimas diversos. Pero a diferencia de grandes cadenas minoristas como Palí, Cativen y CSU, las barreras de ingreso eran menores y surgieron competidores que imitaron el modelo. Ahora, CRES ha orientado sus esfuerzos a ofrecer a sus clientes información detallada sobre los lugares geográficos y microclimas de donde provienen sus capullos. Esto requiere una relación de confianza y estrecha colaboración con sus proveedores, quienes reportan la información.

Irupana, empresa pionera en la producción y comercialización de productos orgánicos, ampliamente reconocida por organizaciones como el Foro Económico Mundial[17], ha seguido una estrategia de alta segmentación, enfocada hacia un nicho de mercado. Ofrece a sus clientes en Europa y Estados Unidos alimentos orgánicos elaborados con base en productos agrícolas como la quinua, el amaranto, la cañawa, la soya, el trigo y variedad de frutas, cultivados por campesinos indígenas de los Andes, la Amazonía y el Chaco boliviano. En un mercado dominado por grandes monocultivos dirigidos a mercados masivos, Irupana sigue esta estrategia orientada al nicho de consumidores dispuestos a pagar sobreprecios por productos orgánicos con un impacto social y ambiental positivo. Elabora más de 80 productos, distribuidos en cinco líneas: cereales, productos apícolas, panadería integral, frutas y café.

Como en los casos de Tierra Fértil y CRES, esta gran variedad de cultivos orgánicos se hace posible por una extensa red de proveedores de los SBI, en los microclimas más inhóspitos para la agricultura mecanizada, que se concentra en el oriente de Bolivia. Los esfuerzos de varios gobiernos de promover la producción agrícola en estas regiones montañosas y rocosas habían fracasado. En este caso se puede observar una paradoja: que la ausencia o deficiencia de los recursos naturales o básicos, que inhibe el desarrollo agrícola y constituye un factor disuasivo para la competencia, creó una oportunidad para Irupana en la industria de los alimentos orgánicos. Como en los casos de Tierra Fértil y Cativen, el terreno quebrado se convirtió en una ventaja para la producción de una gran variedad de cultivos, a través de la diversidad de microclimas. La dispersión geográfica de los campesinos indígenas, además de sus antiguas técnicas de cultivo limpio, han sido fuentes de ventaja competitiva para el segmento del mercado que Irupana ha escogido: europeos y norteamericanos interesados en la salud, en la sostenibilidad ambiental y en el apoyo a la cultura indígena.

La labor social de Irupana le ha permitido a esta empresa proyectar una imagen internacional positiva, lo cual le ha facilitado la atracción de entidades cooperantes y socios de calidad, generando así nuevas oportunidades de negocio. Irupana, con el apoyo y la financiación de la cooperación internacional y la OSC boliviana Prorural, ha desarrollado un programa de proveedores, el cual ha sido de vital importancia para el incremento de la capacidad productiva de sus proveedores, y en consecuencia, un factor clave para el aumento de sus exportaciones.

Al conectar a las comunidades indígenas de Bolivia con los mercados demandantes de productos orgánicos, Irupana ha mejorado la calidad de vida de los productores campesinos, ha logrado que mantengan su cultura ancestral y sus cultivos, ha evitado el impacto negativo en el medio ambiente, y ha transformado a muchos campesinos bolivianos, antes dependientes de la caridad del gobierno y de las agencias de desarrollo, en microempresarios.

Las descripciones de las fuerzas competitivas en algunos de los casos nos permiten afirmar que no hay una sola forma de competir para los agronegocios que incorporan a los SBI de una manera que les permite captar valor. Tierra Fértil y CRES buscaron productos altamente valorados por sus clientes, ya sea por calidad, variedad o confiabilidad de entrega. Irupana enfocó la comercialización hacia un segmento dispuesto a pagar más por productos orgánicos. Palí eligió los bajos costos mediante un modelo de negocios innovador para la región. Las tres formas de competir beneficiaron a los SBI.

Barreras enfrentadas por las iniciativas

La incorporación de los SBI en la cadena agroindustrial no ocurre por sí sola. Los nueve casos ilustran que la relación entre los SBI y los agronegocios suele estar plagada de barreras logísticas, organizacionales, de calificación y culturales que dificultan la ejecución exitosa de los modelos de negocio. Superar cada tipo de barrera requiere recursos y capacidades distintas.

Barreras logísticas. Las barreras logísticas se concentran en el eslabón del campo y, en mucho menor grado, en el mercado. La dispersión geográfica de los pequeños productores, que puede ser ventajosa para obtener amplias variedades de frutas y verduras de distintos microclimas, como es el caso de los proveedores de la empresa Irupana en el Altiplano de Bolivia, constituye una barrera para su integración comercial, por la dificultad de llevar las materias primas a su destino. En varios de los casos estudiados, la dispersión geográfica dificultaba la comunicación y el acceso a la información y podía elevar los costos de transacción. La precariedad de los caminos rurales y el desconocimiento de las condiciones en que operaban los distintos intermediarios contribuían a hacer de la tarea de recolección una labor aislada y solitaria. En este contexto, las empresas comercializadoras de los frutos necesitaban la figura del intermediario para garantizar el acopio de los productos y su traslado a las plantas procesadoras.

La dispersión geográfica se ve agravada por la falta de infraestructura de transporte, energía, agua y salud en el eslabón del campo. La falta de caminos de acceso es una barrera significativa para la adquisición de insumos. En el caso de Irupana, en un país con una extensión territorial de 1,1 millones de kilómetros cuadrados, el proveedor más próximo a las instalaciones de la empresa se encontraba a siete horas en automóvil debido a la pobre infraestructura de caminos de la región. El programa de Tierra Fértil tuvo que enfrentar una barrera similar en Nicaragua y Honduras. Esta barrera adquiría mayor intensidad debido a la índole perecedera de los productos.

Además de la pobre infraestructura de caminos, los compradores de Tierra Fértil experimentaron una barrera de comunicación con los pequeños agricultores nicaragüenses y hondureños por la falta de servicio telefónico. Debido a que los pequeños productores no tenían acceso a servicios telefónicos, los compradores tenían como única opción de comunicación la reunión presencial, a través de una visita de campo, difícil por la condición de los caminos rurales. En un sistema de abastecimiento continuo como el exigido por este programa, la comunicación constante para coordinar los envíos, negociar precios, o tratar aspectos de calidad, entre otros temas, constituye un factor clave.

Barreras organizacionales. La falta de organización y coordinación entre pequeños productores dificulta la venta de la cosecha, pues hace que la empresa deba negociar con cada productor individualmente. Cativen tuvo que enfrentar la falta de organización tanto de los pequeños productores agrícolas como de los pescadores artesanales. Aunque en Venezuela ya existían algunos intentos de agrupar a estos pequeños productores, estas organizaciones no eran muy funcionales, por lo que la empresa formó asociaciones de productores encargadas de facilitar los procesos de asesoría técnica y negociación de precios. En contraste, CRES mantenía relaciones con cada proveedor. El fundador había intentado organizarlos pero hubo poco interés, por las pocas barreras logísticas que existen en Costa Rica. Mantener relaciones individuales se facilitaba por el pequeño territorio del país y por la ubicación de los criadores de capullos, cerca de carreteras o caminos de acceso todo el año.

Barreras de calificación. El bajo nivel de escolaridad y de preparación técnica es una barrera recurrente en los casos estudiados y ocurre principalmente en los eslabones de campo y fábrica. Los agricultores pertenecientes a los SBI carecen de los medios para educarse o completar su escolarización básica, por las deficiencias del sistema educativo en muchas zonas rurales de América Latina. La necesidad de trabajar desde muy temprana edad para lograr su subsistencia, la falta de escuelas próximas a sus viviendas y la falta de materiales de estudio adecuados a la realidad de estas personas dificultan la educación de los SBI en cobertura y en calidad, y en consecuencia limitan sus oportunidades para poder acceder a trabajos mejor remunerados.

Barreras culturales. Las barreras culturales que dificultan las relaciones comerciales entre las empresas y los SBI surgen principalmente del desconocimiento de las diferencias entre la cultura del mundo empresarial y la de las poblaciones rurales de bajos ingresos. El desconocimiento se manifiesta en la frecuente indiferencia del sector empresarial hacia los SBI, aunada a la ausencia de iniciativa por parte de unos y otros para proponer una relación mutuamente satisfactoria. La superación de esta barrera puede complicarse debido a diferencias en creencias, valores, ideas o patrones de conducta[18].

La distancia cultural entre los agroempresarios y los SBI se manifiesta en todos los eslabones de la cadena, pero es más evidente cuando los SBI son proveedores. Al describir esta relación, un agroempresario la resumió afirmando "es como el acercamiento entre dos mundos". Los casos estudiados nos ofrecen información valiosa sobre el proceso de aproximación y conocimiento entre estos dos grupos disímiles en el campo. Veamos dos ejemplos: de acuerdo con Verónica Salas, líder de la Red de Acción Cultural, "el diálogo entre las recolectoras y los empresarios líderes de la zona trajo un acercamiento entre dos mundos desconocidos entre sí. Las recolectoras pasaron a tener cara e historia para los empresarios y viceversa".

De manera similar, los pobladores de la comunidad José Carlos Mariátegui podían sentirse identificados con Ruperto Raygada, ya que conocía y compartía ambas culturas, por lo que sirvió de nexo entre la empresa Palmas del Espino y los pequeños agricultores de la comunidad.

Si bien el desconocimiento entre los agroempresarios y los SBI es más evidente en el eslabón del campo, ocurre en toda la cadena agroindustrial. En la fábrica hay problemas de adaptación a la cultura de la compañía, al ritmo del proceso de conversión, y a las nuevas tareas que pueden requerir conocimientos especializados. En el eslabón de mercado hay desconocimiento de las prácticas tradicionales de compra de estos segmentos.

Superación de las barreras

Inversiones dirigidas. El caso de Tierra Fértil ilustra que, a pesar de haber barreras físicas inmutables o deficiencias de infraestructura irreparables con los recursos disponibles, se puede agilizar la logística y reducir los costos de transacción mediante inversiones modestas en centros de acopio y tecnología[19]. Además, si bien los problemas de comunicación y transporte no se resuelven con la organización de los productores de bajos ingresos, los casos demuestran cómo la organización facilita las transacciones entre productores geográficamente dispersos. Este es un ejemplo de los mecanismos de coordinación horizontal, en el marco analítico de la cadena agroindustrial. Cabe mencionar que Nestlé, el más grande productor del mundo de derivados de la leche, ha desarrollado una estrategia de inversiones focalizadas para sortear barreras logísticas. Esta compañía construye "distritos de leche" donde invierte en centros de recolección y refrigeración de leche para la producción de pequeños granjeros, que luego es transportada a los centros de procesamiento[20].

Capacidades organizacionales. La organización de pequeños agricultores facilitó también el contacto con trabajadores ya jubilados de Palmas del Espino quienes les brindaron asesoría técnica. Irupana cooperó con una entidad de la sociedad civil para la organización de numerosas familias del altiplano boliviano —geográficamente dispersas— con la finalidad de que recibieran apoyo técnico y financiero a fin de fortalecer su capacidad para abastecer de productos orgánicos a Irupana.

En el caso de Recolectores del Bío-Bío, se realizaron encuentros mensuales para facilitar el establecimiento de redes entre quienes desempeñaban estas labores de recolección y, a la vez, brindar elementos técnicos de capacitación. Producto de estas reuniones, se lograron formar ocho comités en comunidades pequeñas, los cuales se unieron para conformar una mesa coordinadora para negociar directamente sus productos con las empresas que compraban los frutos silvestres a los intermediarios. El hecho de estar organizados, les abrió la oportunidad a estos recolectores de vender en forma directa sus productos a los grandes compradores a través de ferias y muestras campesinas y redes de "comercio justo".

El desarrollo de nuevas capacidades organizacionales para la incorporación de los SBI parece ser una de las fuentes de ventaja competitiva en varios de los casos estudiados. Las experiencias de Tierra Fértil, Palmas del Espino y Recolectores del Bío-Bío muestran relaciones genuinas y profundas con los SBI y una formación de redes únicas que son difíciles de imitar.

Preparación técnica. Para superar las barreras de capacidad y calificación, varias de las agroempresas que han integrado a pequeños productores de bajos ingresos como sus proveedores han implementado programas de apoyo dirigidos a mejorar la preparación técnica y el nivel educativo de estos agricultores. La iniciativa de Cativen con los SBI, en su mayoría con escasa escolarización y preparación técnica, ha incluido el suministro de asesoría técnica, la supervisión del proceso de producción, y la planificación de la cosecha. Así, Cativen ha pasado de "compradora a desarrolladora", según la gerente de asuntos corporativos. De este modo, la empresa pasó a conocer la realidad de los SBI, y de la agricultura misma. Con este propósito tuvo que sellar algunas alianzas. Una de estas fue con la facultad de agronomía de la Universidad Central de Venezuela, que ayudó a diseñar un plan de asesoría técnica.

Acercamiento y diálogo. La superación de la barrera del desconocimiento cultural, citada en la sección anterior, comienza con el diálogo entre productores y empresas, que a veces es facilitado por una OSC, como fue el caso de los recolectores y el Taller de Acción Cultural. Un estudio realizado por esta organización permitió conocer mejor la realidad del grupo de mujeres recolectoras. En el caso de Palmas del Espino, este papel de facilitación fue desempeñado por un interlocutor, el señor Raygada, quien sirvió de vínculo entre ambas partes. En el programa de Tierra Fértil, el desconocimiento de los potenciales proveedores también fue superado a través de la incorporación de compradores, quienes no solo debían tener conocimientos comerciales sino además agrícolas para poder asesorar y acompañar a los productores de bajos ingresos en las distintas etapas del cultivo. Una figura similar se dio en la cadena de supermercados Cativen. El nuevo perfil de comprador que contrató la empresa para llevar adelante su programa de integración comercial directa era más parecido al de un extensionista agrícola. Estos compradores tenían mayores conocimientos técnicos, voluntad para dejar el escritorio e ir al campo, habilidades para relacionarse con pequeños agricultores y pescadores artesanales, y disposición para vivir en el interior del país, cerca de los centros de acopio.

En algunos casos la superación de esta barrera de desconocimiento se consiguió mediante la observación de las prácticas tradicionales de compra de estos segmentos o a través de la utilización de encuestas. En Palí, una fuente de información valiosa para conocer mejor los gustos y preferencias de sus clientes han sido los mercados tradicionales y las ferias del agricultor. En estas ferias aproximadamente un 90% del espacio es asignado a la venta de verduras y frutas frescas, y la información obtenida por Palí en ellas es muy valiosa pues ayuda a crear nuevas ofertas, hacer ajustes en la forma de empaquetar sus productos, y en general a aprender de su segmento objetivo. Además, Palí complementa esta información con encuestas a sus clientes, dirigidas a conocer sus gustos y preferencias, así como su grado de satisfacción con la oferta de la empresa.

Los casos de desconocimiento citados arriba generalmente fueron resueltos mediante el mayor contacto y diálogo entre personas. Es más difícil abordar situaciones de desconfianza, que a veces se ven agravadas por valores muy distintos con relación a aspectos tales como el tiempo, el trabajo manual, las relaciones interpersonales, la ley y la lealtad[21]. Estas barreras culturales pueden darse no solo entre empresarios y SBI sino también entre los mismos agricultores. En Recolectores del Bío-Bío, la baja estima que se tenía hacia las actividades de recolección fue una barrera cultural en los recolectores de frutos silvestres de la región. Esta tarea era considerada una ocupación netamente femenina, y algunos hombres se negaban a desempeñar tal función, por cuanto implicaba un reconocimiento público de desempleo y falta de otras oportunidades. La desvalorización de la recolección por parte de los varones también se explicaba porque los ingresos generados por las mujeres a través de esta actividad eran muy bajos, ya que la mayor parte se la llevaban los intermediarios que compraban los frutos para revenderlos a las grandes empresas distribuidoras y exportadoras. En ese caso, el TAC logró rescatar la dignidad del trabajo de recolección y situarlo en las raíces ancestrales de los pueblos originarios de la zona. Con la finalidad de legitimar la actividad de recolección como una fuente laboral estable y sostenible, el TAC trabajó junto con los recolectores para expandir la cartera de productos silvestres, de manera que no existieran meses de ocio. Esto permitió incrementar el ingreso de los recolectores y a la vez superar la baja estima con que era vista esta actividad.

Precios justos. Una práctica para facilitar el acercamiento y la generación de confianza en los agricultores de bajos ingresos ha sido la instauración de políticas de precios justos. Estas políticas se pueden ver en varios de los casos estudiados. CRES promovió una política de precios justos entre sus proveedores y entre sus clientes del exterior, pero ante las condiciones de sobreoferta en el mercado no pudo frenar la caída de precios internacionales. Para contrarrestar esta tendencia a favor de sus proveedores, la empresa cambió su política de ventas, ofreciendo a sus clientes un 30% de capullos adicionales "por el mismo precio", lo cual permitió aumentar el volumen de compras y así mantener los ingresos totales de los criadores de capullos. Además, CRES intentó diferenciar su oferta a clientes mediante una mezcla óptima de variedades, en un esfuerzo por mantener precios de mercado más altos. En el modelo de negocios de Irupana también se aplicó la práctica de precios justos. Irupana paga a sus proveedores un sobreprecio de 20% para premiar la calidad de los productos entregados.

Integración de los SBI y cambio social

Las prácticas usadas para superar las barreras a la incorporación de los SBI descritas en la sección anterior frecuentemente producían cambios en los ecosistemas en los cuales estaban insertadas las cadenas agroempresariales. Estos ecosistemas tienden a ser complejos, como se muestra en el gráfico 8.1. Hay muchos actores en el ecosistema que pueden alentar o detener la incorporación plena de los SBI en la cadena agroindustrial. Como hemos indicado en nuestra descripción de las cadenas agroindustriales, los SBI muchas veces están geográficamente aislados, con desventajas de acceso a servicios y mercados, lo que los hace vulnerables a la marginalización o explotación.

Gráfico 8.1
Participantes en el ecosistema agroindustrial

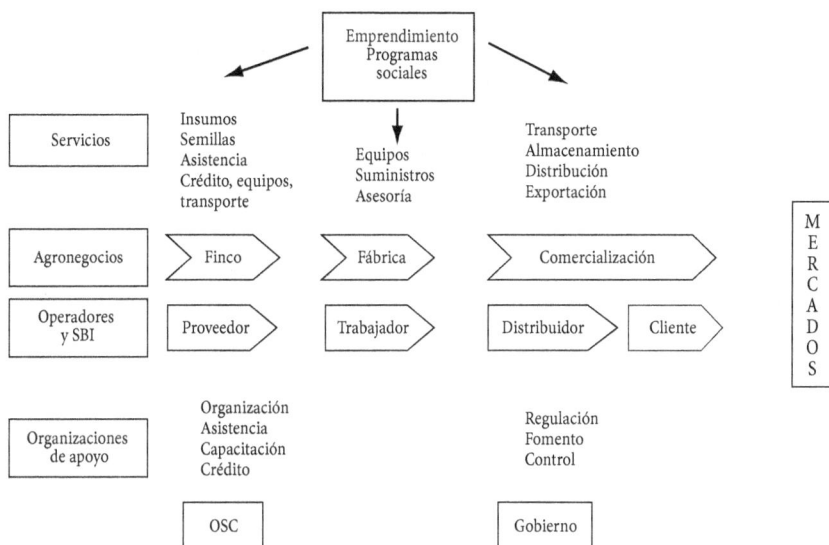

La implicación es que para superar las barreras se requieren, además de las acciones descritas en la sección anterior, habilidades en el manejo del cambio social. Veamos el programa de Tierra Fértil: al momento de crearlo, el ecosistema de la industria de frutas y verduras en Costa Rica se caracterizó por la presencia de intermediarios, llamados "coyotes", quienes compraban y luego vendían los productos en mercados tradicionales o ferias. Esta empresa inicialmente se insertó en la cadena agroindustrial, comprando productos a través de estos canales tradicionales para distribuirlos a los supermercados. Este ecosistema cambió con el ingreso de nuevos actores, las OSC, que se desempeñaron como elementos de apoyo, proporcionando capacitación, información sobre precios y apoyo técnico a los productores de bajos ingresos. Al mismo tiempo, Tierra Fértil se acercó a los productores, y comenzó a comprar directamente, lo cual eliminó dos eslabones de la cadena: el coyote y el mercado mayorista. Además, los agricultores cuentan con el apoyo de organizaciones de la sociedad civil para servicios de capacitación, información y apoyo técnico. Tierra Fértil dialoga directamente con los SBI sobre expectativas de calidad y precio.

Una experiencia similar en el cambio de estructura ocurrió en el caso de Irupana. El ecosistema original de esta agroempresa solo contaba con agricultores de los SBI dispersos, aislados y vulnerables a la explotación por parte de intermediarios. La empresa dependía de miles de familias campesinas, con capacidad limitada de productividad y baja calidad de producto. Así como en Tierra Fértil, el ecosistema cambió con el ingreso de Prorural, que además de capacitación y apoyo técnico proporcionó financiamiento y ayudó en la organización. El resultado fue el acercamiento de Irupana a los productores organizados de bajos ingresos y una mayor eficiencia en la logística general del proceso.

La transformación del ecosistema de las mariposas de Costa Rica fue aún más drástica. Antes del desarrollo del negocio por parte de CRES, la actividad de cría de capullos no existía. Los actuales criadores trabajaban en labores agrícolas. Con la exportación de los capullos a exhibidores en Estados Unidos y Europa, ha crecido una nueva actividad económica y una oportunidad para los pobladores rurales de bajos ingresos. Actualmente tienen una relación estrecha, como proveedores, y los beneficios fluyen por la cadena agroindustrial en ambas direcciones. Además, el ecosistema se ha enriquecido con la inclusión de actividades de ecoturismo en las cuales participan los SBI.

En todos estos casos hubo un cambio en la estructura y/o en las relaciones entre los actores en el ecosistema en que residen los SBI, como resultado de su acercamiento a la actividad agroempresarial. Los cambios más destacados incluyen un esfuerzo para llevar a los SBI de una posición de aislamiento geográfico, económico, social y cultural a una posición de conexión y organización; un esfuerzo para llevarlos de una situación de desinformación a un estado de información, y para hacerlos más activos en vez de pasivos en cuanto a su participación en la cadena agroindustrial.

Estos casos también nos permiten ver el rol crucial de los agentes de apoyo y los mecanismos de coordinación, parte esencial del modelo analítico de Goldberg y Austin que presentamos al inicio[22]. Los actores de apoyo incluyen las OSC que trabajan en áreas tales como asistencia técnica, capacitación y financiamiento, y que impulsan y facilitan la integración de los SBI al ecosistema. Las mismas OSC pueden desempeñarse como coordinadores, construir acuerdos y convenciones, y servir como intermediarios honestos. Otros mecanismos son las asociaciones para la coordinación horizontal entre productores y organizaciones reguladoras, que pueden legitimar los contratos y mercados de futuros. La regulación ambiental ha sido un factor clave en varios proyectos en los cuales participan los SBI, como Irupana. El gobierno costarricense, mediante el Ministerio del Ambiente, ha intentado jugar el papel regulador para asegurar que las prácticas de los criadores de capullos sean compatibles con la sostenibilidad ambiental.

En el ecosistema de los SBI, el actor de apoyo también puede desempeñarse como agente para la inclusión social. InBio, un centro de investigación bien conocido en Costa Rica, sirvió como una organización de servicio que facilitó la inclusión de los SBI como proveedores de CRES mediante la capacitación de los trabajadores agrícolas en la crianza de capullos. Las OSC muchas veces también funcionan como impulsoras de la inclusión. Las organizaciones de la sociedad civil que brindan asistencia técnica o capacitación constituyen una categoría especial de organizaciones de servicio por sus motivaciones, que van más allá de una relación comercial, y por lo estrecho de sus relaciones con los SBI. Las OSC abundan en el entorno tanto de Hortifruti como de Irupana y juegan un rol importante en el acercamiento entre los agronegocios y los SBI.

A través de los ejemplos de las numerosas empresas estudiadas, podemos examinar las significativas barreras superadas como en el caso de los pequeños productores asociados con Apaeb, lo cual no solo permitió a los productores incrementar sus ingresos a través de las mejoras en el proceso productivo, sino que además desarrollaron nuevas destrezas y habilidades, y mejoraron así su estándar de vida. El modelo de Apaeb es sustancialmente diferente de la práctica tradicional de incorporar pequeños productores en la actividad productiva como meros proveedores marginales. En prácticamente todos los casos mencionados en este capítulo, los beneficios alcanzaron no solamente a los productores de los SBI, sino también a las comunidades circundantes.

Los ejemplos de sostenibilidad económica, social y ambiental de los casos estudiados son sobresalientes en términos de su impacto en el sector de los SBI. Estos modelos han impulsado simultáneamente el crecimiento de los negocios, reducido la pobreza y la exclusión social, y en varias ocasiones, como en el caso de Irupana, han hecho contribuciones significativas a la conservación del ambiente y la biodiversidad en las regiones donde operan.

Lecciones para la inclusión

Regresemos entonces a las preguntas que planteamos en la introducción de este capítulo.

¿Cómo incorporar a los SBI en la cadena agroindustrial en forma distinta al pasado? La respuesta a esta pregunta está en las innovaciones que vimos en los modelos de negocios. Algunos, como el de Palí, son transferencias de modelos exitosos de otras partes del mundo (caso Aldi). Otros modelos representan cambios en la relación tradicional entre actores, como en Cativen. Otros, como CRES, Tierra Fértil, Apaeb y Recolectores del Bío-Bío, constituyen modelos nuevos.

La transformación de los SBI de "proveedores indirectos" a "proveedores directos" de las cadenas agroindustriales aparece también como un elemento distintivo en la operación tradicional de muchos agronegocios. Este cambio es visible en varios de los casos estudiados (por ejemplo Cativen, Recolectores del Bío-Bío y Tierra Fértil), y aunque puede parecer sutil tiene gran trascendencia debido a las nuevas prácticas e innovaciones que se generan a partir de la integración directa.

Segunda, ¿de qué manera estas iniciativas de mercado aumentan el potencial para generar valor económico y social? Como vemos en las conclusiones, efectivamente hay casos de agronegocios documentados en este capítulo que han logrado el éxito en ambas dimensiones. ¿Cómo lo han hecho? Primero, con un modelo de negocios consistente con el rol que los SBI desempeñan dentro de la cadena agroindustrial. Los agronegocios exitosos han aprovechado tanto sus recursos internos como sus recursos externos para fomentar ventajas competitivas. Los recursos externos han incluido comúnmente el aprovechamiento de recursos naturales y de recursos o capacidades provenientes de organizaciones aliadas como ONG y entidades del gobierno.

Tercera, ¿cuáles son las barreras a la incorporación de los SBI y cómo superarlas? Con respecto a esta pregunta, los casos son instructivos. Podemos concluir que son numerosas e incluyen barreras logísticas, sociales y culturales. Las barreras logísticas, a pesar de ser difíciles o imposibles de cambiar, pueden reducirse mediante inversiones modestas en tecnología y mediante la organización de los productores para facilitar el transporte y la comunicación. Las barreras causadas por deficiencias en los servicios sociales, como la educación pública, pueden ser abordadas por programas de preparación técnica. El desconocimiento entre empresarios y los SBI puede ser superado a través del cambio de percepciones distorsionadas. Se puede abordar la desconfianza mediante el uso de las políticas de precios justos. En algunos casos se aplicaron varias de estas prácticas simultáneamente: en el caso de Recolectores del Bío-Bío, se puede observar la mediación de un interlocutor válido, TAC, la instauración de una política de precios justos, la organización de los recolectores en varios comités, la capacitación de los mismos, y el apoyo logístico para conectar a estos recolectores con las empresas agroindustriales compradoras de sus frutos.

Podemos señalar cinco conjuntos de conclusiones que surgen del análisis de los casos de incorporación de los SBI en los agronegocios:

1. Alto potencial de beneficio social y económico

La incorporación de los SBI en los agronegocios tiene un significado especial porque estos negocios operan en áreas rurales, donde según las estadísticas socioeconómicas, existen los mayores bolsones de pobreza. En algunas de estas áreas, por su aislamiento geográfico, la incorporación de los SBI, de una forma u otra, es inevitable. Las características de las materias primas de la actividad agroindustrial —su índole perecedera, su estacionalidad y la variabilidad de los productos— hacen perentoria la estrecha coordinación entre los eslabones de la cadena. Entonces, existe una oportunidad de integrar a los SBI que potencialmente puede beneficiar a ese sector y favorecer los resultados del negocio.

2. Múltiples puntos de participación

La participación de los SBI puede darse en cualquier eslabón de la cadena agroindustrial. Si bien los roles desempeñados se asemejan a los tradicionales, los casos ilustran innovaciones en la incorporación de los SBI en los modelos de negocios. Las mayores innovaciones ocurrieron en las experiencias que incorporan a los SBI como proveedores de materia prima. Estas innovaciones incluyen actividades que contribuyen al valor percibido de los productos y otras que incrementan la productividad y eficiencia de la empresa.

3. Obstáculos como oportunidades

Para complementar el punto anterior, la dispersión geográfica y las condiciones a veces inhóspitas para la agricultura presentan obstáculos a la eficiente coordinación de la cadena, pero a la vez ofrecen oportunidades para la incorporación de los pequeños productores de los SBI. Tierras montañosas y quebradas, aparentemente desfavorables para la agricultura, y la dispersión de los pequeños agricultores permiten la captación de una amplia variedad de productos de distintos microclimas, como se ilustra en los casos de Irupana, Tierra Fértil, CRES y Cativen.

4. Cambios en ecosistemas clave

La incorporación de los SBI es acompañada, en todos los casos, por cambios en la estructura y/o en las relaciones entre los actores de los ecosistemas. Si estos cambios —que van desde el ingreso de una OSC hasta la eliminación de eslabones en la cadena de suministro— no ocurren, difícilmente se puedan lograr los resultados esperados. Un resultado importante de la incorporación de los SBI en los agronegocios es precisamente el cambio en el ecosistema hacia un mejor equilibrio, un mayor acercamiento y una nueva oportunidad para captar valor compartido. Además, las relaciones construidas en los nuevos ecosistemas son difíciles de imitar por competidores.

5. Los SBI como fuente de ventaja competitiva y social

La incorporación de los SBI en la cadena agroindustrial puede contribuir a la ventaja competitiva de los agronegocios. Esta es a la vez la más importante y más atrevida conclusión de nuestro estudio, y no la podemos afirmar en todos los casos. La evidencia es más clara en el caso de Palí, cuya estrategia de liderazgo en costos se basa en los SBI como clientes, y en el caso de Hortifruti, cuyo programa Tierra Fértil le ha permitido obtener un diferencial competitivo con base en la ampliación de su gama de productos, abastecimiento continuo, y mejoras notables en calidad e inocuidad. La contribución a la creación de valor para el negocio de Tierra Fértil ha motivado la decisión de reproducir el programa en toda Centroamérica. También hay evidencia convincente de que la inclusión de los SBI como proveedores ha sido clave para el éxito de la estrategia de alta segmentación de Irupana.

Notas

1. Esta bibliografía se resume en John W. Mellor, "Faster, More Equitable Growth: The Relation Between Growth in Agriculture and Poverty Reduction Agricultural Policy." Development Project Research Report 4, Abt Associates Inc. Cambridge, MA: octubre de 1999.
2. "The End of Cheap Food," *The Economist,* 8 de diciembre de 2007.
3. James E. Austin, *Agroindustrial Project Analysis: Critical Design Factors*, 2nd ed. (Baltimore, MD: Johns Hopkins University Press, 1992).
4. Los casos que han servido como insumos en la elaboración de este capítulo son: Tierra Fértil (Centroamérica), CRES (Costa Rica), Cativen (Venezuela), Palmas del Espino (Perú), Agropalma (Brasil), Apaeb (Brasil), Recolectores de Frutos Silvestres (Chile), Irupana (Bolivia), Palí (Costa Rica y Nicaragua). Incluimos en el análisis el caso Pantaleón (Guatemala), que fue objeto de estudio de SEKN en un ciclo anterior, para ilustrar el rol de los SBI como empleados.
5. Ray Allan Goldberg, *Agribusiness Coordination: A Systems Approach to the Wheat, Soybean, and Florida Orange Economies* (Boston, MA: División de Investigación, Graduate School of Business Administration, Universidad de Harvard, 1968).
6. James E. Austin, *Agroindustrial Project Analysis: Critical Design Factors*, 2da ed. (Baltimore, MD: Johns Hopkins University Press, 1992), 19.
7. Estos eslabones operacionales aparecen en ibíd., en la edición anterior (1981), páginas 14–20.

8. Michael E. Porter, *Competitive Strategy: Techniques for Analyzing Industries and Competitors* (Nueva York: Free Press, 1980), capítulo 1.

9. Michael E. Porter, *Competitive Advantage: Creating and Sustaining Superior Performance* (Nueva York: Free Press, 1985), capítulo 2.

10. Prahalad, C.K. and Allen Hammond. "Serving the World's Poor, Profitably," *Harvard Business Review* (2002), 5.

11. Entrevistas realizadas en Palí por el profesor Francisco Leguizamón y el investigador Juliano Flores, marzo de 2007.

12. Para una descripción de este modelo, véase Dieter Brandes, *Bare Essentials: The Aldi Way to Retail Success* (Francfort: Cyan-Campus, 2004).

13. Aquileo Sánchez, gerente de asuntos corporativos de Wal-Mart Centroamérica, entrevista realizada el 27 de marzo de 2007 por Francisco Leguizamón y Juliano Flores, de INCAE.

14. Este ha sido uno de los hallazgos de las investigaciones de SEKN, publicado en *Gestión efectiva de emprendimientos sociales. Lecciones extraídas de empresas y organizaciones de la sociedad civil en Iberoamérica* (Washington, DC: Banco Interamericano de Desarrollo y David Rockefeller Center for Latin American Studies, Universidad de Harvard, 2006).

15. Francisco Leguizamón y Julio Guzmán, "Caso Ingenios Pantaleón: el argumento empresarial de la responsabilidad social", INCAE-BID, 2007. Pantaleón, la empresa productora de azúcar más importante de Centroamérica, se ha beneficiado de una política agresiva de desarrollo humano e invierte fuertemente en beneficios laborales. Por cada dólar de planilla, Pantaleón paga US$0,72 adicionales, que incluyen prestaciones legales, alimentación, servicio médico y educación, entre otros.

16. Michael E. Porter, *Competitive Strategy: Techniques for Analyzing Industries and Competitors* (Nueva York: Free Press, 1980), capítulo 2.

17. El Foro Económico Mundial eligió al gerente propietario de la empresa como emprendedor social en 2002 y lo invitó a formar parte de la Fundación Schwab de Suiza y al Foro Económico Mundial por dos años consecutivos.

18. Para una discusión del análisis cultural, véase Vijay Sathe, "¿Qué es cultura?" INCAE 13292 (1981), 3-6.

19. Tierra Fértil suministró teléfonos celulares a los productores de los SBI.

20. Ray A. Golberg y Kerry Herman, "Nestlé's Milk District Model: Economic Development for a Value-Added Food Chain and improved Nutrition," en *Business Solution for the Global Poor: Creating Social and Economic Value*, ed. Kasturi Rangan et al. (San Francisco, CA: Jossey-Bass, 2007).

21. Vijay Sathe, "¿Qué es cultura?" INCAE 13292 (1981).

22. James E.Austin, *Agroindustrial Project Analisys: Critical Design Dactors*, 2da ed. (Baltimore, MD: Johns Hopkins University Press, 1992), 15.

9

Iniciativas de mercado con sectores de bajos ingresos y generación de valor económico

*Josefina Bruni Celli y Rosa Amelia González**

C. K. Prahalad[1] insta a las empresas a atender el mercado de consumidores pobres con el argumento de que allí hay un poder de compra no explotado que podría generarles gran fortuna. Sin embargo, para otros, la "fortuna en la base de la pirámide" es, en el mejor de los casos, una ilusión, y en el peor de ellos, una manera peligrosa de engañarse[2]. Lo cierto es que la investigación empírica sobre la rentabilidad de iniciativas de mercado con SBI sigue siendo escasa, salvo en el área de iniciativas de microcrédito[3].

Este capítulo busca contribuir al debate agregando datos empíricos provenientes de 33 casos en los cuales se hizo un intento explícito de recolectar información relevante para responder los siguientes interrogantes: ¿hasta qué punto generan valor económico las iniciativas de mercado con SBI para las organizaciones estudiadas? ¿En qué situaciones observamos mayores logros o dificultades? ¿Qué podemos aprender de estas experiencias sobre los alcances y limitaciones de este tipo de iniciativas de mercado para generar valor económico?

Las organizaciones estudiadas son de diversos tipos: empresas, OSC y cooperativas. Pertenecen a diversos sectores económicos y pueden incorporar a los SBI como clientes, proveedores o empresarios. Por ello, en este capítulo se analiza cómo varían las respuestas a las preguntas planteadas de acuerdo con estas variables.

Dado que estamos hablando de diferentes tipos de organizaciones, algunas más orientadas hacia el lucro y otras a generar un cambio social, ¿cómo analizar el valor económico generado para la organización? Las empresas privadas tienen formas muy claras de definirlo; para ellas, valor económico significa rentabilidad. En estas organizaciones, una iniciativa de mercado debe generar ingresos suficientes para pagar todos los factores de producción y el costo de oportunidad (el valor de la mejor alternativa disponible para los inversionistas). Por otra parte, en el caso de las empresas sociales (cooperativas y OSC), hay creación de valor económico a favor de la organización cuando los flujos de recursos generados por la iniciativa de mercado contribuyen a su capacidad de operar de manera sostenida. Trátese de empresa privada, cooperativa u OSC, podemos decir que hay creación de valor económico a favor de la organización cuando los flujos de recursos generados por la iniciativa de mercado contribuyen al logro de su sostenibilidad financiera, como se muestra en el cuadro 9.1.

Cuadro 9.1
Definiciones de valor económico desde la perspectiva de la organización

Empresa comercial	Rentabilidad: el retorno sobre la inversión hecha por los accionistas es mayor a su costo de oportunidad.
OSC	La utilidad neta de la iniciativa es positiva y reduce la dependencia de donaciones de la organización.
Cooperativa	Los excedentes de explotación menos la retribución a los asociados es suficiente para asegurar que no se deteriore el fondo rotatorio y que tampoco se deterioren los activos productivos[1].

[1]"Excedente de explotación" en una cooperativa es análogo a lo que sería una utilidad neta en una empresa comercial. "Fondo rotatorio" en una cooperativa es análogo a lo que sería capital de trabajo en una empresa comercial.

En el caso de las empresas, si la organización no fuese rentable los accionistas extraerían su capital y lo invertirían en otro lugar (según el costo de oportunidad). En cambio, la rentabilidad no es importante para la sostenibilidad financiera de las cooperativas y las OSC porque en esos casos no hay inversionistas que buscan un retorno.

El presente capítulo tiene la siguiente estructura. En la sección que sigue se considera la operacionalización de los conceptos de valor económico, así como algunos de los desafíos enfrentado s durante el proceso de medición. Las secciones siguientes presentan los resultados por tipo de organización. Se incluyen en estas secciones balances de creación de valor económico y consideraciones sobre factores críticos para el desempeño económico de las iniciativas de mercado analizadas. Finalmente se presenta un resumen de los principales hallazgos del estudio.

Medición de valor económico

Aun con un significado claro del concepto de creación de valor económico y sus componentes en los tres tipos de organización estudiados, lograr una respuesta empírica a esta pregunta ha constituido un verdadero reto. A continuación discutimos algunos de los obstáculos enfrentados en el proceso de operacionalización y las decisiones que en consecuencia fueron tomadas por los investigadores para realizar las estimaciones de creación de valor económico en la práctica.

Fueron dos los tipos de empresas comerciales estudiadas en términos de sus relaciones con los SBI. Por una parte, se estudiaron empresas que nacieron dirigidas a los SBI y, por ende, cuyos clientes o proveedores son exclusivamente SBI. Por otra parte, se analizaron empresas cuyos clientes o proveedores han sido históricamente otros y que empiezan a incorporar a los SBI dentro de su ámbito de intercambio en años más recientes[4]. En cada uno de estos grupos la unidad de análisis, esto es, la iniciativa de mercado estudiada, se operacionaliza de manera distinta. En el primer grupo, las empresas mismas constituyen la "iniciativa de mercado"; por ende, en este grupo el valor económico de la iniciativa se establece calculando la rentabilidad de la empresa como un todo. En el segundo grupo de empresas, la "iniciativa de mercado" es un proyecto de inversión específico llevado a cabo para incorporar a los SBI como clientes o proveedores; por ende, en este grupo el valor económico se establece calculando la rentabilidad de ese proyecto de inversión. En lo sucesivo, llamaremos a las iniciativas de mercado del primer grupo empresas-iniciativa, y a las iniciativas del segundo grupo proyectos-iniciativa.

En el caso de las empresas-iniciativa escogimos como indicadores de rentabilidad a los retornos sobre los activos (ROA)[5] y el patrimonio (ROE)[6]. El cálculo de los indicadores de valor económico (ROA y ROE) pudo hacerse en la mitad de los casos, porque las otras empresas no mostraron sus balances.

En el caso de los proyectos-iniciativa se seleccionaron como indicadores de rentabilidad la tasa interna de retorno (TIR) y el valor presente neto (VPN) del proyecto. Para calcular estos dos indicadores es necesario contar con información sobre montos invertidos y flujos de fondos a lo largo de la vida útil del proyecto. Para calcular el VPN se requiere, además, conocer cuál es el costo de oportunidad del capital para los inversionistas, información que ninguna de las empresas develó. En la práctica, encontramos que la mayoría de las empresas no llevan sistemáticamente una contabilidad de las inversiones que hacen en relación con los SBI. En el mejor de los casos logramos conocer si los ingresos del proyecto superaban sus costos. Del resto, obtuvimos informaciones sin respaldo contable tales como las siguientes: contribución del proyecto a la rentabilidad de la empresa, período de recuperación de la inversión (*payback*), reducción de costos o ahorros para la empresa, aumento de ingresos para la empresa. El bajo nivel de sistematización en la contabilidad de las inversiones podría atribuirse a la ausencia de sistemas de contabilidad por proyecto, al tamaño pequeño de estas iniciativas o al hecho de que se perciben como actividades cercanas al ámbito de la responsabilidad social empresarial.

Para analizar la creación de valor económico de las cooperativas, la unidad de análisis utilizada fue la organización misma, ya que en estos casos la organización es igual a la iniciativa de mercado. Como primer paso para evaluar la sostenibilidad de estas organizaciones se consideró su habilidad para operar sin subsidios. Luego evaluamos si los resultados económicos de la operación aseguran que no se deteriore el fondo rotatorio y que tampoco se deterioren los activos productivos. La suma de la utilidad neta más la depreciación reportada en los estados de ganancia y pérdida es un indicador de la capacidad de la cooperativa para mantener o mejorar sus activos productivos. Partiendo del balance general, el indicador de la capacidad de la cooperativa para mantener el fondo rotatorio vendría dado por: el efectivo en banco o caja, más las cuentas por cobrar a la vista, menos las cuentas por pagar a la vista, más el inventario. En la práctica ninguna de las cooperativas proporcionó estados financieros que cumplieran con los principios contables generalmente aceptados, por lo que en el mejor de los casos apenas se pudo conocer una aproximación rudimentaria a la utilidad bruta. La utilidad bruta es igual a las ventas menos el costo de la mercancía vendida. La mayoría de las cooperativas estudiadas reportaron las ventas, los costos de mano de obra y los costos de materia prima; pero pocas contaban con información sobre otros componentes del costo de la mercancía vendida, como la depreciación, el cambio en inventario, y los costos de servicios de agua o electricidad y de uso de infraestructura directamente relacionados con la operación productiva. Fue aún más errática la provisión de información sobre gastos administrativos, por lo que las aproximaciones a la utilidad neta de estas organizaciones son poco confiables. Como veremos más adelante, esto es indicativo de una capacidad gerencial limitada en algunas de estas organizaciones.

Entre las OSC, la unidad de análisis utilizada fue la organización cuando esta última era igual a la iniciativa, y el proyecto cuando la iniciativa había sido tomada posteriormente por la OSC. El indicador que se utilizó fue la utilidad neta de la iniciativa descontados los subsidios recibidos, a fin de identificar de manera más precisa el aporte real de la iniciativa a la sostenibilidad de la organización. Las cuatro empresas-iniciativa estudiadas proveyeron información financiera suficiente para el cálculo y análisis de estos indicadores. Por razones similares a las empresas, en los casos de los proyectos-iniciativa, la información financiera resultó insuficiente.

Cabe aclarar que para clasificar las organizaciones estudiadas en las categorías empresa, cooperativa u OSC se empleó un criterio funcional antes que uno legal. Así, se clasificó como empresa comercial a Comunanza a pesar de que legalmente adopta la forma de una fundación, ello en razón de que los socios fundadores tienen la intención de convertir a la organización en una empresa comercial tan pronto las operaciones alcancen la escala suficiente para cubrir los costos de adecuación al marco regulatorio. Igualmente, todas las organizaciones productivas en las cuales los SBI participan en carácter de trabajadores y socios a la vez se clasificaron como cooperativas aun cuando su forma legal fuera de cualquier otro tipo. Tales fueron los casos de Apaeb (Brasil), Central Interregional de Artesanos del Perú (CIAP, Perú) y Recolectores del Bío-Bío (Chile).

Creación de valor económico en iniciativas empresariales con consumidores de bajos ingresos

En esta sección haremos un balance del valor económico generado por las 13 iniciativas empresariales con consumidores de bajos ingresos, tomando en cuenta si se trata de una empresa-iniciativa o un proyecto-iniciativa, así como también el impulsor principal del negocio. En el gráfico 9.1 se clasifican las iniciativas en estas dos dimensiones y se agrupan según patrones observados.

Gráfico 9.1
**Creación de valor económico en iniciativas de mercado
con consumidores de bajos ingresos**

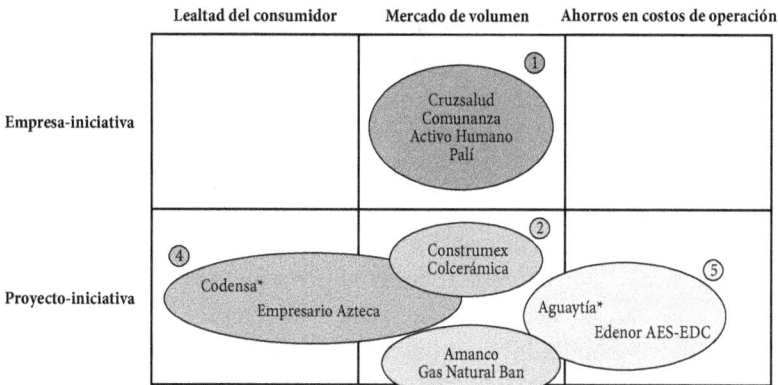

Todas las empresas-iniciativa (grupo 1) están orientadas a generar valor económico a través de mercados de volumen y todas son rentables o proyectan serlo muy pronto, aun cuando la mayoría constituye iniciativas muy jóvenes (fundadas en 2005). Los casos de Cruzsalud y Comunanza muestran que estas empresas han generado utilidad desde su primer año de operación, hecho notable en cualquier circunstancia de negocio. Asimismo, hay evidencia sólida de que Comunanza también ha sido rentable (ROE mayor que el costo de oportunidad) desde su primer año de operación. Activo Humano todavía no genera utilidad, pero el interés de la multinacional Working Links de invertir en el negocio es indicativo de su potencial como creador de valor para sus accionistas[7]. Finalmente, Palí[8], la empresa más antigua de la muestra, ofrece indicios de prosperidad desde su primer año de operación, así como una sólida consolidación en Costa Rica, donde cuenta con un 45% de participación de mercado. Se estima que la tasa interna de retorno (TIR) de cada nueva tienda de Palí es del 15%, y que su recuperación es de un año en Costa Rica y entre uno y dos años en Nicaragua.

No es tan evidente, en cambio, que los nueve proyectos-iniciativa analizados estén generando valor económico. Solo dos de ellos son claramente rentables en la actualidad. Los demás o todavía no son rentables, o su contribución marginal a la rentabilidad total de la empresa no ha sido claramente cuantificada.

Los únicos dos proyectos-iniciativa que son claramente rentables (Codensa y Aguaytía, identificados con asteriscos en el gráfico) tienen una característica en común: ambos maximizan el uso de un recurso que la compañía ya tenía, por lo cual aprovecharon inversiones preexistentes; esto sin duda ayuda a obtener cifras positivas al calcular la rentabilidad. Codensa, la empresa colombiana de distribución de electricidad, montó un sistema de crédito para la venta de electrodomésticos a SBI a un costo marginal muy bajo utilizando la plataforma de facturación y cobranza de electricidad ya existente. Por otra parte, el gas licuado vendido por Aguaytía a los SBI es un subproducto del negocio principal de la empresa (gas seco), que no es posible comercializar en zonas urbanas a precios competitivos por los altos costos que implica sacarlo de la selva donde se ubica el campo de extracción de gas.

Colcerámica y Construmex (grupo 2) proyectan ser rentables en los próximos años. En tal sentido, hay que tener en cuenta que todos los proyectos-iniciativa estudiados son bastante jóvenes (todos iniciados entre 2001 y 2004), y como ha sido descrito en otros capítulos, los proyectos exigen tiempo para madurar. Un modelo de negocio se desarrolla lentamente, el aprendizaje se basa en el ensayo y el error, sobre todo cuando no se tiene experiencia previa con un mercado de bajos ingresos. Por ejemplo, Colcerámica tuvo mucho que aprender. Cuando inició el proyecto, su gerencia pensó que la iniciativa generaría ganancias en el plazo de un año. Luego se dio cuenta de que un modelo efectivo de distribución con SBI no era tan sencillo de lograr, y tuvo que tomarse el tiempo necesario para rediseñarlo. Podríamos decir que casi todas las empresas de la muestra pasaron por un proceso similar.

Amanco y Gas Natural Ban (grupo 3) han sido lentos en arrancar porque no generan valor económico para la empresa, a menos que la inversión inicial sea costeada por terceros, es decir, los propios clientes de bajos ingresos que aportan su mano de obra, los gobiernos y organismos multilaterales con aportes no reembolsables, o los organismos del Estado, que otorgan préstamos blandos a los SBI. Ello ocurre sobre todo en casos en los que la prestación del servicio requiere la instalación de una costosa infraestructura física de distribución, como las redes de riego y gas. Por ejemplo, entre 2001 y 2006, Amanco no había logrado poner en marcha su primer proyecto de riego debido a la gran cantidad de actores (terceros y clientes) que debían ser movilizados y articulados para participar en el financiamiento de la infraestructura. En esas circunstancias, la empresa requiere tiempo y destrezas de negociación para alinear a todos los actores. El caso Gas Natural BAN, por su parte, muestra que los modelos de articulación de múltiples actores no son enteramente reproducibles y deben ser reinventados cada vez que se realiza un nuevo proyecto, lo que exige mucho tiempo de movilización y negociación. En su primer proyecto de gasificación (Cuartel V), los diversos actores (banca multilateral, vecinos organizados, banca gubernamental, empresa y OSC) se articularon alrededor de un fideicomiso llamado Redes Solidarias. Se pensó que sería posible reproducir este modelo de articulación en proyectos subsiguientes, pero las particularidades de cada realidad local condujeron a desarrollos completamente diferentes en cada caso. Por ejemplo, en el segundo proyecto (La Juanita) no se constituyó el fideicomiso y la articulación se hizo entre la empresa, la comunidad organizada y una empresa constructora. En un tercer proyecto (Los Tábanos) hubo un importante aporte financiero del municipio, por lo que la articulación se realizó entre el gobierno local y la empresa.

Es posible que algunos proyectos-iniciativa parezcan poco rentables, o que por tratarse de proyectos muy pequeños, su contribución pecuniaria a la rentabilidad de la empresa luzca baja. Pero si se contabilizaran adecuadamente los beneficios generados por estos proyectos, en términos de lealtad y ahorros, a la rentabilidad global de la empresa, posiblemente el resultado sería otro (grupos 4 y 5). Por ejemplo, en el caso de Codensa[9] el móvil inicial de la iniciativa (venta a crédito de electrodomésticos) era lograr que los clientes no cambiaran de proveedor de electricidad en una situación de apertura a la competencia. Si efectivamente la iniciativa logró su propósito de asegurar la lealtad de los clientes, el cálculo de valor económico debería ser la suma de la utilidad del proyecto (contabilizada) más el valor de los clientes no perdidos (no contabilizado). Una situación similar se da en aquellos proyectos-iniciativa cuyo principal propósito es generar ahorros en costos para las empresas. Tal es el caso de las empresas eléctricas (Edenor y AES-EDC) en las que es posible que la rentabilidad de los proyectos sea mayor de lo que está reportado. Por ejemplo, en Edenor están contabilizados la utilidad operativa de la iniciativa así como los ahorros por pérdidas técnicas (costos de desconexión y reconexión); pero algunos beneficios adicionales no han sido contabilizados: los ahorros por pérdidas no técnicas (robos de energía) y los ahorros por reducción de accidentes por conexiones ilegales.

Por último, cabe resaltar la diferencia observada entre las empresas-iniciativa y los proyectos-iniciativa en cuanto a rentabilidad. Las empresas-iniciativa muestran rentabilidad rápida; en cambio, la mayoría de los proyectos-iniciativa todavía se encuentra en fase de experimentación y se maneja en una escala muy pequeña. Hay una importante razón detrás de esta diferencia. La supervivencia misma de las empresas-iniciativa depende de que sean rentables, pues de no serlo no existirían. En cambio los resultados de los proyectos-iniciativa no afectan de manera significativa la situación financiera global de las empresas que los promueven. Otro factor que podría explicar esta diferencia es que las empresas nuevas innovan desde que nacen, para sacarle provecho a oportunidades de mercado, mientras que las empresas grandes tienen una inercia que las hace más resistentes a la innovación y al cambio una vez que emprenden sus iniciativas con SBI.

Creación de valor económico en iniciativas empresariales con proveedores de bajos ingresos

De manera similar a lo referido en la sección anterior, los patrones de creación de valor económico de las iniciativas empresariales con SBI como proveedores se clasificaron para el análisis, teniendo en cuenta el impulsor principal del negocio y la diferencia entre empresas-iniciativa y proyectos-iniciativa (véase el gráfico 9.2).

La búsqueda de prima de precio es el motor del negocio en las dos empresas-iniciativa analizadas: Irupana y CRES (grupo 1). Estas empresas están dedicadas a la exportación y ambas buscan obtener una prima en el

Gráfico 9.2
Creación de valor económico en iniciativas de mercado con proveedores de bajos ingresos

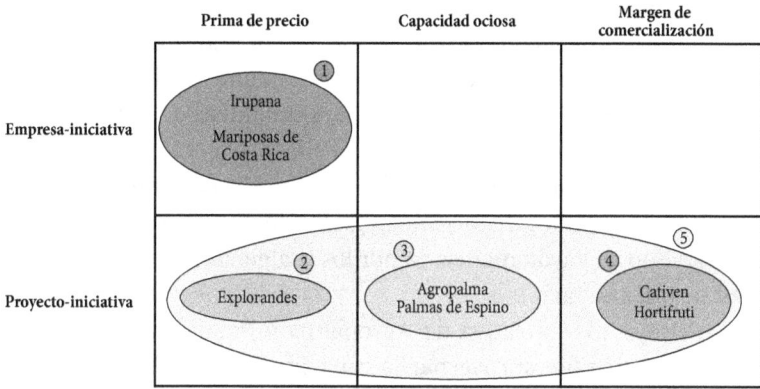

mercado internacional por la venta de un producto exótico: quinua y otros alimentos orgánicos del altiplano andino (Irupana) y mariposas tropicales (CRES). Llama la atención, sin embargo, que estas empresas no se encuentren en una buena situación económica. Actualmente Irupana no es rentable (ROA y ROE negativos), aunque proyectaba serlo a partir de 2008. La gerencia de la empresa afirma haber dejado de ser competitiva localmente como consecuencia de su formalización, pues en Bolivia el mercado de alimentos tradicionales como la quinua es informal y no paga impuestos. Su única oportunidad para prosperar es la exportación, pero lograr los volúmenes exigidos y penetrar los mercados internacionales ha tomado tiempo y ha requerido nuevas inversiones de magnitud significativa. Por ejemplo, la empresa pidió prestados a la banca privada US$550.000 en 2006 a fin de construir la infraestructura de acopio para servir mejor al mercado internacional. Por su parte, CRES sí genera utilidad, pero la rentabilidad de la empresa ha bajado de manera continua desde 2001 hasta 2005. Esta empresa enfrenta, por un lado, un mercado de compradores pequeño y un precio inelástico, y por el otro un mercado de proveedores de bajos ingresos que tiende a sobreproducir debido a que el negocio tiene bajas barreras de entrada, lo cual permitió que fuera imitado por multitud de pequeños agricultores que producen lo mismo con un poco menos de calidad, pero aceptan precios mucho más bajos. Esto ataca la base del negocio. A pesar de los esfuerzos de la empresa para controlar la sobreproducción de mariposas en Costa Rica, esta situación ha reducido la capacidad de CRES para cosechar la prima de precio por producto exótico.

Entre los proyectos-iniciativa, se observó uno cuyo motor también es la prima de precio: el proyecto Titikayak de la empresa Explorandes. Al igual que en los casos anteriores, Explorandes ofrece un producto exótico: el turismo de aventura con experiencia vivencial en comunidades indígenas. Llama la atención que, en contraste con los casos anteriores, este proyecto sí es sólidamente rentable. Por su pequeño tamaño, podría pensarse que este proyecto no es muy relevante para la rentabilidad de Explorandes; sin embargo, es posible que el proyecto genere más valor que el reflejado por el tamaño de la operación, por cuanto le ha permitido a la empresa posicionarse como un operador de turismo ambientalmente sostenible, y también porque el paseo en kayak manejado por los indígenas representa una oportunidad de diferenciación.

En los proyectos-iniciativa de Agropalma y Palmas del Espino el impulsor del negocio fue aprovechar la capacidad ociosa de producción de la empresa (grupo 3) en momentos de altos precios internacionales para sus productos. Las plantas productoras de aceite de estas organizaciones tienen una capacidad instalada mayor a la producción de materia prima en las tierras de su propiedad, por lo que ambas se ven en la necesidad de comprarles a productores independientes. La decisión de trabajar con SBI obedece en parte a la cercanía de estos proveedores, lo que significa un importante ahorro en costos de transporte. También obedece a que en esos espacios remotos los gobiernos nacionales y locales están interesados en consolidar su presencia y, por lo tanto, tienen interés en apoyar a las empresas, tanto financiera como institucionalmente, en sus esfuerzos de poblamiento y desarrollo. Por la suma de estos factores estas dos iniciativas son vistas como buenos negocios por sus promotores. Otro beneficio no contabilizado es el mejoramiento de la convivencia entre la empresa y los vecinos de la zona, el cual no es trivial y va más allá de las relaciones públicas. En el caso de Palmas del Espino las relaciones eran francamente hostiles, con episodios de ocupación ilegal de propiedades de la empresa. Integrar a miembros de las comunidades adyacentes convierte a un observador indiferente u hostil en un socio con interés en el éxito de la iniciativa. Esto redefine la relación entre empresa y entorno.

Cativen y CSU-CCA, el grupo empresarial del cual forma parte Hortifruti (grupo 4), poseen cadenas de supermercados en los cuales se expenden frutas y hortalizas frescas. Al interiorizar la función de comercialización, comprándoles directamente a los agricultores de bajos ingresos, estos grupos económicos ganan de varias maneras. En primer lugar, captan un margen del 20% que antes obtenían los intermediarios. Con el margen captado pueden ganar más, pagar mejor a los proveedores de bajos ingresos e inclusive vender a menor precio a SBI, tal cual ocurre en la relación entre Hortifruti y Palí. En segundo lugar, cuando existen intermediarios, la merma de los productos frescos en los supermercados es entre 25% y 30% mayor que cuando logran abastecerse del proveedor bajo un esquema de planificación de cosecha. Por último, como efecto de segundo orden, al entablar una relación directa con el proveedor de bajos ingresos, los gerentes de estos grupos económicos dicen garantizarse productos de mejor calidad y apariencia que apalancan la rentabilidad en sus puntos de venta (supermercados). Si bien la gerencia de ambos grupos aseguró que estas iniciativas son rentables, también reportó que su implementación es lenta y compleja, entre otras razones porque hay que organizar a los productores a fin de reducir costos de transacción en la compra de los productos, capacitarlos técnicamente e insertarlos en un esquema de planificación de cosecha del cual desertan con cierta facilidad.

A diferencia de los casos de SBI como consumidores, en las experiencias con proveedores las empresas-iniciativa no son o no proyectan ser tan sólidamente rentables como los proyectos-iniciativa. Estos últimos son llevados adelante por empresas grandes que tienen un alto nivel de control sobre la cadena de valor (transformación y comercialización) de los productos. Por el contrario, las empresas-iniciativa son pequeños emprendimientos que carecen de tal control, lo que las hace más vulnerables frente al mercado. Se halló una segunda diferencia entre las empresas-iniciativa y los proyectos-iniciativa en este grupo de casos. Las primeras crean valor económico a través de un solo mecanismo: la prima de precios. En cambio, en todos los proyectos-iniciativa las empresas crean valor económico, no solo a través de los mecanismos ya mencionados (prima de precio, capacidad ociosa y margen de comercialización), sino mediante un mejor posicionamiento frente a sus partes interesadas (grupo 5). Por ejemplo, a través de su proyecto, Explorandes se posiciona como una empresa socialmente responsable por ser respetuosa de la naturaleza y la cultura indígena. Palmas del Espino y Agropalma se posicionan como agentes de desarrollo de sus comunidades ante los gobiernos y el entorno local. Finalmente, Hortifruti y Cativen se posicionan no solo como empresas socialmente responsables, sino como comercializadoras de productos más frescos y de mejor calidad.

Factores críticos para el valor económico en las iniciativas empresariales

Si la generación de valor económico es un desafío en cualquier negocio, en casos como los estudiados los retos son mayores porque aprender a trabajar con los SBI lleva tiempo. De hecho, la impaciencia constituye una de las principales amenazas al éxito, porque puede derivar en el abandono de la iniciativa antes de que se materialicen los beneficios económicos posibles. El caso de Construmex muestra que el conocimiento del SBI como cliente requiere tiempo. La empresa pretendía inicialmente servir a la totalidad del mercado de emigrantes mexicanos en Estados Unidos que enviaban remesas a su país, al ofrecerles la opción de comprar directamente los materiales de construcción y garantizar su entrega en cualquier lugar de México. Sin embargo, sobre la marcha se dieron cuenta de que el mercado no solo era más pequeño en volumen, sino que existía únicamente un segmento relevante: el *paisano dream*, es decir, hombres nacidos en México, con familia en Estados Unidos, con una residencia formalizada y cierta capacidad de ahorro. También se dieron cuenta de que la estrategia inicial de marketing del producto, mediante el uso del concepto de remesas, generaba antipatías entre los familiares de los clientes en México, porque se percibía a la empresa como un competidor por los fondos repatriados. Cemex tuvo que modificar su estrategia y aclarar que la compra de materiales de construcción no sería pagada con remesas sino con los ahorros de los "paisanos". Si la empresa no hubiese sido paciente y perseverante y no hubiese introducido sucesivos ajustes basados en su proceso de aprendizaje, no habría obtenido ningún beneficio de su iniciativa.

Colcerámica tampoco conocía al cliente de bajos ingresos. Consciente de ello, buscó el apoyo de un intermediario social, pensando que de esa manera resolvería el problema en muy corto plazo, tal cual lo evidencian sus proyecciones iniciales de rentabilidad. Sin embargo, al comenzar a trabajar en las comunidades de bajos ingresos la empresa se dio cuenta de que penetrar ese mercado no era tan sencillo. Hubo que vencer la desconfianza de los potenciales clientes que no entendían por qué un extraño quería entrar en sus casas y venderles cerámicas cobrando por adelantado. Le llevó tiempo a la empresa descubrir que no era posible la venta prepagada, y tuvo que implementar un mecanismo para hacer ventas a crédito. Una vez vendido el material, no quedaba claro cómo entregarlo, dados los pequeños volúmenes y el difícil acceso a las viviendas; por fin se encontró como solución hacer despachos consolidados en las sedes de las organizaciones comunitarias. La empresa nunca anticipó estos inconvenientes y el proceso le implicó mucho más tiempo del esperado.

Identificar exactamente cómo organizarse internamente para atender el mercado de bajos ingresos también insume tiempo y está sujeto a procesos de experimentación. En Colcerámica y Construmex los proyectos destinados a impulsar el mercado de bajos ingresos cambiaron varias veces de forma y lugar dentro de las empresas antes de encontrar la fórmula correcta.

Colcerámica comenzó como un proyecto piloto de marketing, luego pasó a ser un programa formal manejado conjuntamente por marketing y ventas, y finalmente fue asumido por ventas como un nuevo canal de distribución. En el caso de Construmex, el proyecto fue asignado en sus inicios a la dirección de desarrollo de mercado de autorregulación que dependía de la vicepresidencia comercial, pero como esta no supo darle el impulso que necesitaba, se decidió en 2006 pasarlo a la dirección de atención y proyectos sociales, en la vicepresidencia de relaciones institucionales y comunicación, creada en 2005.

Mediante el análisis de las experiencias se identificaron varios factores críticos para la generación de valor económico en iniciativas de mercado con SBI (véase el cuadro 9.2). Si estos son debidamente atendidos por la gerencia tanto en la fase de diseño como en la implementación, se abreviará el tiempo de aprendizaje y aumentará el retorno de la inversión.

Cuadro 9.2

**Factores críticos para la generación de valor
económico en iniciativas de mercado con SBI**

SBI como consumidores	SBI como proveedores
• Costos de transacción	• Costos de transacción
• Asimetrías de información	• Conocimiento técnico y de mercado
• Inestabilidad de la estructura de gastos de los SBI	• Riesgo de deterioro de la relación con SBI
• Inversión en infraestructura (en prestación de servicios públicos)	• Inversión para desarrollo de nuevos proveedores

Los SBI como consumidores

Costos de transacción

Casi todas las empresas que les venden bienes o servicios a SBI usan sistemas de pago fraccionados. El gran número de pequeños intercambios multiplica los costos asociados con cada cliente. La empresa debe ingeniárselas para reducir estos costos puesto que ni es factible transferirlos vía aumento de precios a los consumidores, ni puede reducir los márgenes de ganancia que de por sí son estrechos.

Innovaciones tecnológicas tales como los medidores y máquinas expendedoras de tarjetas prepagas para la compra de electricidad son una vía para reducir los costos de transacción. La empresa de electricidad Edenor coloca estas máquinas expendedoras en sitios de fácil acceso para los SBI. Una sola máquina puede procesar una gran cantidad de operaciones de compra y transmitir automáticamente, por vía electrónica, la orden de activar el servicio cuando el cliente introduce su código de compra. Si bien tecnologías como estas reducen los costos asociados con cada transacción, la inversión inicial es alta. Por ejemplo, el medidor especial que utiliza Edenor es seis veces más caro que el normal (aproximadamente US$94 en Argentina, contra unos US$15–US$17 que cuesta un medidor convencional), y su costo es afrontado por la empresa. Esto determina que el período de recuperación de la inversión de un cliente prepago sea mayor que el de uno normal. Por otra parte, el costo de captación de un cliente es sustancialmente superior (oscila en torno a US$140) por ser personalizado. Por último, el cliente prepago consume menos, lo cual incrementa los costos de administración: mientras el costo de administración de los clientes normales es el 1% de su consumo promedio, en los prepagos es entre 5% y 7%. Este costo superior solo se amortiza si se logra un volumen crítico de clientes. Por ejemplo, si las máquinas se colocan en zonas de baja densidad poblacional el modelo no genera valor económico para la empresa.

Las innovaciones institucionales son otra vía para reducir costos de transacción. Una consulta médica presencial acarrea un determinado costo fijo. Para abaratar su oferta, y teniendo en cuenta que muchas consultas sencillas pueden realizarse telefónicamente, los gerentes de Cruzsalud agregaron la figura del *call-center*, ampliamente utilizada en otros negocios, a su paquete de servicios. Esta innovación, conocida como "Centro de atención integral 24 horas" (0-800-Cruzsalud), redujo los costos fijos asociados con cada transacción, lo que garantizó un margen de ganancia razonable sin comprometer la calidad de la atención primaria al paciente.

Finalmente, la experiencia de la compañía eléctrica AES-EDC muestra que la organización de la comunidad y el logro de una buena relación con líderes comunitarios influyentes ayudan a reducir costos de transacción. En los sectores populares de difícil acceso, una manera de hacer rentable la regularización del servicio a los SBI es mediante medidores colectivos. Estos últimos reducen los costos asociados con la amortización del medidor, así como el sueldo y los gastos de transporte y seguridad de la persona responsable de la lectura. Sin embargo, el caso de AES-EDC muestra que el uso exitoso de un medidor colectivo depende de la participación activa de un líder con amplio reconocimiento y legitimidad en sus comunidades, que pueda organizar a los suscriptores de cada medidor y lograr que lleguen a un acuerdo sobre el consumo y la responsabilidad de pago de cada uno.

Asimetrías de información

Para vender bienes y servicios a los SBI con frecuencia se hace necesario recurrir a la figura del crédito, lo cual conlleva un problema de asimetría de información porque no es fácil para las empresas conocer el perfil de riesgo crediticio de estos clientes. Los pobres solo pueden pagar en pequeños montos, lo que impone en muchos casos el pago fraccionado. Para ello pueden utilizarse mecanismos de prepago o de postpago. El prepago, empleado con éxito por empresas proveedoras de servicios públicos como la telefonía y la electricidad, no acarrea ningún riesgo de insolvencia para la empresa porque la entrega del bien o servicio solo se realiza una vez que este ha sido cancelado. Pero el prepago no siempre es factible de implantar. Las experiencias estudiadas demuestran que todos los intentos de establecer mecanismos de prepago en las ventas de bienes durables fracasaron. Por tal razón, las empresas han tenido que recurrir al crédito.

Un aprendizaje de la gerencia en las empresas estudiadas es que solo pueden atraer a los clientes SBI si reducen la cantidad de requisitos exigidos para aprobar los créditos, ya que la informalidad y la baja bancarización hacen imposible que estos cumplan con las exigencias tradicionales. Pero en tales situaciones la empresa conoce menos al prestatario, lo que incrementa el riesgo de insolvencia y compromete la rentabilidad de la iniciativa. ¿Cómo resolver el dilema?

El caso de Colcerámica ilustra que una manera de hacerlo es con mecanismos no convencionales para conocer al cliente. Esta empresa descubrió que la mejor manera de asegurar clientes solventes era empleando a vecinas de cada comunidad como promotoras de ventas. Por su carácter de vecinas, estas promotoras sabían qué esperar de la conducta crediticia de muchos de los potenciales clientes o podían informarse fácilmente sobre ello. Empresario Azteca emplea otro mecanismo no convencional más formalizado para conocer a su cliente. Recurre a una empresa llamada Círculo de Crédito, especializada en hacer calificación crediticia de prestatarios de bajos ingresos en México. Al igual que Empresario Azteca, el Círculo de Crédito es una iniciativa del Grupo Salinas. Como todas las empresas del grupo comparten la información generada por el Círculo, se logran las economías de escala requeridas para darle viabilidad económica a ese servicio.

Cuando Codensa entró en el mercado de venta a crédito, inicialmente subcontrató la evaluación de riesgo crediticio a una empresa que utilizaba las técnicas habituales de la industria. Los resultados fueron decepcionantes y las ventas se mantuvieron estancadas. En ese momento decidieron crear un sistema ad hoc que utilizara técnicas estadísticas (análisis discriminante) y el conocimiento que ya tenían del mercado de bajos ingresos.

Con ese sistema, su cartera de clientes ha venido creciendo a un promedio de 170% anual. Codensa aprueba el 85% de las solicitudes de crédito que recibe, en un plazo de 48 horas, y la morosidad se mantiene por debajo del 2%.

Una fuente adicional de riesgo, muy parecida al riesgo crediticio, se observa en el caso de Activo Humano, empresa dedicada a la identificación y colocación de recursos humanos de SBI en puestos de trabajo. El riesgo consiste en que la organización empleadora no tiene suficiente información sobre las credenciales y antecedentes de quienes aspiran a trabajar por su intermedio. La manera en que Activo Humano ha minimizado ese riesgo, y logrado en consecuencia un excelente posicionamiento de mercado, ha sido recurriendo a líderes comunitarios que dan fe de la buena reputación de los candidatos.

Inestabilidad de los gastos de los SBI

Como el ingreso disponible de los SBI es tan limitado, les resulta difícil hacer reservas presupuestarias para determinados gastos corrientes, con excepción de la comida. Si surge un gasto eventual, como la compra de útiles escolares o una olla para la cocina, este puede consumir buena parte del presupuesto disponible y limitar los recursos para cubrir los gastos corrientes. Por ejemplo, cada vez que un cliente de Cruzsalud tiene que hacer el pago para mantener su afiliación, tiene que escoger entre un bien contingente y abstracto como el tratamiento de una eventual enfermedad y otros gastos más perentorios. Por tal razón, la empresa enfrenta un riesgo permanente de deserción de los clientes. Para lidiar con este tipo de riesgo, Cruzsalud ha recurrido a cobradores domiciliarios que cumplen un doble papel: el de recordar y el de facilitar el pago. Por otra parte, la recuperación de créditos otorgados a microempresarios también se ve amenazada por la inestabilidad de su estructura de gastos. A fin de minimizar este riesgo, Comunanza ha enriquecido sus productos crediticios con pólizas de gastos funerarios, las cuales son altamente valoradas por los clientes debido a que los protegen frente a posibles contingencias que pueden descalabrar el presupuesto de la familia y la microempresa.

Inversión en infraestructura

En ciertos casos de prestación de servicios públicos a los SBI (gas o riego, por ejemplo) es necesario hacer una cuantiosa inversión en infraestructura que la empresa no puede recuperar. Esto se debe principalmente a la baja capacidad de pago de estos clientes, pero también en ocasiones a su baja disposición a pagar, tal como se observa, por ejemplo, en el caso de los clientes de AES-EDC, quienes consideran este servicio un derecho adquirido. Por ello, a fin de garantizar la generación de valor económico, se hace imprescindible convocar a otros actores, como organismos multilaterales, el gobierno o la misma comunidad, para que aporten recursos para la construcción de estas obras. La evidencia indica que en situaciones como estas, la participación organizada de los SBI es clave para la viabilidad de las inversiones por el rol legitimador que juega en el proceso de obtención de fondos.

Los SBI como proveedores

Costos de transacción

Los SBI que actúan como proveedores directos a empresas dentro de una cadena de valor son pequeños productores. Para la empresa compradora esto significa que debe intercambiar con muchos pequeños proveedores a fin de obtener una determinada cantidad de insumos.

Para empresas agroindustriales como Cativen, Hortifruti, Agropalma y Palmas del Espino, la organización de los productores en cooperativas o asociaciones ha constituido un mecanismo clave para reducir los costos de transacción asociados con una política de compra directa a SBI. Sin embargo, organizar a los productores constituye un verdadero desafío para las empresas, ya que esta tarea no forma parte del repertorio usual de sus funciones gerenciales. Por ello, en la fase de arranque, ha sido fundamental para las empresas estudiadas contar con personas con experiencia previa y gusto por el trato con campesinos, entre ellos agrónomos con trayectoria como consultores agrarios.

También puede darse el caso de empresas como Explorandes, que capitalizan la organización previa de las comunidades para reducir costos de transacción. Esta empresa identificó el tejido social preexistente y desarrolló una relación directa con un líder local respetado en la zona donde la empresa quería operar. Para lograr la motivación de ese líder, la empresa tuvo que ganarse su confianza y convencerlo de las bondades del proyecto para su comunidad. La horizontalidad en la relación con este líder y el sincero respeto por la cultura y estructura social local también jugaron un papel importante en el éxito de la iniciativa.

Conocimiento técnico y de mercado

La incorporación de los SBI como proveedores directos solo tiene sentido económico si estos les agregan valor a los productos y los hacen más atractivos para el consumidor. Por tanto, una clave de éxito para las empresas es conocer bien su mercado de consumidores, estar en capacidad de transmitir sus requerimientos técnicos a los SBI y asegurarse de que estos los pongan en práctica. Por ejemplo, en el caso de CRES, la empresa conoce bien las preferencias de un nicho de consumidores muy especializados: personas que quieren ver mariposas exóticas salir de sus capullos. Su dueño-gerente conoce técnicamente el proceso de cría de la mariposa y les ha brindado a los pequeños productores la formación requerida para satisfacer las demandas de ese mercado.

Los casos de Cativen y Hortifruti muestran que el conocimiento técnico y de mercado no solo posiciona mejor a la empresa, sino que asegura una optimización de beneficios en toda la cadena. Aparte de captar el margen de comercialización que antes obtenía el intermediario, al trabajar directamente con SBI estas empresas lograron una oferta de hortalizas más variada y de mejor calidad porque pasaron a planificar siembra y cosecha con los productores, ofrecerles asistencia técnica, y contratarles servicios de lavado y empaque de los productos. Todo esto se traduce en ahorros adicionales por reducción de la merma y disminución de costos asociados con la preparación del producto para su presentación en el anaquel.

A diferencia de los casos anteriores, la empresa Irupana ha tenido dificultades para darle viabilidad a su proyecto de exportar productos tradicionales de los altiplanos andinos a un nicho de mercado naturista en países desarrollados. Ello se debe en parte a que esta iniciativa nació de una persona que quería ayudar a mejorar las condiciones de vida de los campesinos, pero no conocía el negocio ni tenía la infraestructura para desarrollarlo. Esto contrasta con las iniciativas más exitosas, donde trabajar con SBI constituye una extensión de una actividad que la empresa ya realiza y conoce bien.

Riesgo de deterioro de la relación con SBI

Cativen y Hortifruti, ambas compradoras de hortalizas a SBI, enfrentan un problema no resuelto de deserción de proveedores. Las dos se manejan con un sistema de bandas de precio y planificación de cosecha: le garantizan al productor estabilidad en precio y cantidad, a cambio de lealtad. Sin embargo, si el productor tiene una visión de corto plazo, se sale del acuerdo cuando los precios de mercado están por encima de la banda. Las empresas se ven en la necesidad de reclutar nuevos proveedores, lo que les resulta costoso particularmente si la deserción es inesperada; por lo tanto van cultivando cada vez más su relación con los productores más confiables. Esto asegura la generación de valor económico, pero tiende a favorecer a los proveedores menos pobres, los cuales suelen tener una visión de más largo plazo.

CRES enfrenta un riesgo de sobreproducción que pone en peligro la estabilidad de precios y la calidad del producto en el largo plazo. Los proveedores, tanto los que venden a la empresa como otros independientes que han copiado la tecnología, tienen el incentivo individual a aumentar la producción para ganar más, pero esto genera una sobreoferta que presiona hacia abajo los precios, lo cual a su vez induce a los proveedores a bajar la calidad del producto a fin de disminuir las pérdidas. Esta reducción en la calidad amenaza la viabilidad del negocio en el largo plazo. La empresa intenta en todo momento convencer a sus proveedores de no sobreproducir, pero no siempre tiene éxito.

Irupana también enfrenta un riesgo de sostenibilidad del negocio en el largo plazo asociado a un problema ambiental. El aumento en la cantidad demandada de quinua para exportación por empresas como Irupana ha inducido a los productores de bajos ingresos a la monoproducción, lo cual aumenta la incidencia de plagas en los altiplanos andinos. Esta situación crea el incentivo para aumentar el uso de pesticidas, lo cual entra en contradicción con el posicionamiento de la quinua a nivel mundial como producto orgánico ambientalmente sostenible.

En todos los casos hasta aquí descritos la formación del productor se torna imprescindible para asegurar la creación de valor económico. Sin embargo, pareciera que todas las empresas estudiadas apuestan a que los productores aprendan de la relación comercial misma. Pero es posible que esto no sea suficiente y que la ausencia de una inversión sistemática en formación termine sacando a los SBI de la relación. De hecho, se observó que cuando varias de las empresas empiezan a trabajar con grupos muy vulnerables, estos desertan o las empresas los van descartando; esto es, ocurre un proceso de selección en el cual la relación que finalmente se consolida es aquella que existe con los menos pobres de los pobres, ya que los proveedores más vulnerables están menos dispuestos a mantenerse dentro de una banda de precios. Los productores vulnerables también son los menos confiables en términos de disponibilidad y calidad de sus productos, debido a la brecha entre las exigencias del mercado y sus propios estándares de producción y a la carencia de recursos para costear ciertas inversiones mínimas para garantizar determinados niveles de calidad.

Otra categoría de riesgo observada en los casos estudiados es consustancial a los enclaves (Palmas del Espino y Agropalma) donde las empresas y los SBI deben convivir en un mismo espacio geográfico circunscrito. En esas circunstancias la relación entre la empresa y los productores de bajos ingresos es asimétrica debido al poder monopsónico de la primera. Cualquier abuso de ese poder crea las condiciones para una reacción violenta de las comunidades locales, lo que pone en riesgo el funcionamiento de la empresa. Así, la viabilidad del negocio depende de la construcción de una convivencia armónica, que exige de la empresa una inversión significativa en el fomento de una relación de confianza y respeto mutuo.

Inversiones para el desarrollo de nuevos proveedores
Al igual que cuando los SBI son consumidores, se observaron dos situaciones en las que la inversión requerida para convertir a los SBI en proveedores no podía ser hecha por la empresa si la iniciativa había de ser rentable para esta: Agropalma y Palmas del Espino. En estos casos, la empresa no puede recuperar la inversión requerida para el desarrollo de las siembras a menos que pague precios inferiores a los del mercado a los proveedores, hecho inaceptable para las partes. Como los SBI no cuentan con los recursos para hacer la inversión, se hace imprescindible convocar a otros actores, como el gobierno, para que contribuyan al financiamiento de estas inversiones a través de donaciones o créditos blandos. De lo contrario, el valor económico generado no es suficiente para asegurar el interés de la empresa en la iniciativa.

En situaciones como estas, la organización de los SBI también es clave. No solo por el rol legitimador que juega en el proceso de obtención del financiamiento, sino porque ello facilita la negociación y reduce los costos de transacción relacionados con la administración de los créditos.

Además de los factores críticos ya mencionados, el entorno regulatorio de las empresas también puede constituir una amenaza en iniciativas de mercado con SBI al comprometer su rentabilidad. En el caso de las empresas eléctricas estudiadas, el mismo modelo de negocio con SBI ha sido rentable para Edenor pero no para AES-EDC debido a la obligación de esta última de cobrar tarifas sociales que no cubren los costos de prestación del servicio. En 2007 el gobierno venezolano compró AES-EDC y reforzó la política de tarifas sociales, lo cual hace inviable el proyecto de venta prepagada de electricidad a los SBI. Por su parte, la iniciativa de prepago de Edenor fue un proyecto piloto; para llevarla a escala, la empresa debería invertir US$10 millones. El organismo regulador de la energía eléctrica (ENRE) autorizó la prueba piloto, pero hasta la fecha no se ha autorizado su ampliación a gran escala.

Creación de valor económico de empresas sociales en iniciativas de mercado con SBI

Todas las iniciativas de mercado de las OSC y cooperativas tienen entre sus finalidades generar recursos económicos para asegurar la sostenibilidad de esas organizaciones. Sin embargo, la mayoría de las iniciativas estudiadas no genera suficiente valor económico para lograr ese objetivo, posiblemente porque asume un importante propósito social adicional: conseguir la inserción económica de grupos vulnerables, una tarea difícil y costosa de lograr. El cuadro 9.3 clasifica a las iniciativas estudiadas según sus principales propósitos y ofrece una visión general de sus resultados económicos.

Cuadro 9.3
Iniciativas de mercado con SBI de las empresas sociales
de la muestra, según su propósito

	Generar excedentes para financiar misión social	Inserción de SBI en mercados exigentes	Inserción de SBI en mercado de trabajo
Cooperativas (SBI es trabajador y socio)	*Casos: proyectos-iniciativa de mercado de los grupos cooperativos CIAP y Apaeb*	*Casos: Coopa-Roca, Recolectores del Bío-Bío*	*Casos: El Ceibo, Asmare, El Porvenir*
	Resultados: buena generación de valor	Resultados: varían según vulnerabilidad de SBI	Resultados: varían según exposición a disciplina de mercado
Organizaciones de la sociedad civil (SBI es beneficiario)	*Casos: Ejército de Salvación*	*Casos: Corporación Oro Verde, Inacap*	*Casos: Fundación Futur, Andròmines, Grupo La Fageda*
	Resultados: buena generación complementaria de valor	Resultados: varían según vulnerabilidad de SBI	Resultados: buena generación complementaria de valor

Algunas de las iniciativas de mercado llevadas adelante por unidades de negocio dentro de grupos cooperativos (como CIAP y Apaeb) y OSC funcionan como centros de rentabilidad desde el punto de vista comercial (columna 1). Estas unidades son gerenciadas con criterios estrictamente empresariales y operan de manera independiente dentro de organizaciones de mayor tamaño. Sus excedentes, usualmente amplios, son utilizados para financiar los servicios de asistencia y seguridad social que constituyen la misión de la organización. Por ejemplo Intercraft, una comercializadora internacional de artesanía peruana, subsidiaria de CIAP, se ha posicionado hábilmente en el circuito de comercio justo. Con sus excedentes financia otros servicios provistos por CIAP, tales como un centro cultural, programas de formación y capacitación de artesanos y programas de asistencia técnica y organizacional para grupos de base. Sus excedentes también son utilizados para financiar el desarrollo de nuevos negocios de ese grupo cooperativo tales como Pachamama (una empresa de turismo alternativo) y Bazar Perú (una tienda virtual de artesanías).

La OSC Ejército de Salvación de la Argentina también tiene una unidad de negocio rentable llamada Escudo Rojo que genera excedentes para financiar, al menos parcialmente, sus servicios asistenciales. Sin embargo, Escudo Rojo no tiene la misma importancia para la sostenibilidad del Ejército de Salvación que las unidades de negocio en el caso de los grupos cooperativos como Apaeb y CIAP, donde las iniciativas de mercado se constituyen como conglomerados de negocios interrelacionados que en su conjunto son la fuente principal de financiamiento del grupo y sus servicios sociales. En cambio, para OSC como el Ejército de Salvación, las donaciones siguen siendo una importante fuente de financiamiento y sus iniciativas de mercado son esfuerzos comerciales aislados cuya rentabilidad es insuficiente para garantizar la sostenibilidad financiera de la organización.

Un segundo grupo de iniciativas tiene por finalidad construir el acceso de SBI a mercados exigentes (columna 2). Por ejemplo, el Instituto Nacional de Capacitación (Inacap) de Chile prepara a jóvenes usualmente excluidos de las universidades para competir en el exigente mercado laboral de profesionales y técnicos. Coopa-Roca conecta a un grupo de artesanas que viven en favelas con diseñadores encumbrados de Brasil y el resto del mundo. Igualmente, Oro Verde intenta conectar mineros artesanales muy pobres con compradores de oro ecológico en el mercado internacional. Los resultados económicos de estas iniciativas fueron diversos. Los mejores han sido los de Inacap y la cooperativa de artesanas Coopa-Roca. Inacap presentó en 2006 una utilidad neta de US$7,8 millones, monto que ha sido usado por la organización para invertir en su expansión geográfica. Coopa-Roca obtuvo utilidades por varios años y sus ventas han seguido creciendo (aun cuando viene experimentando pérdidas contables desde 2005 asociadas con el reconocimiento de pasivos laborales antes no registrados).

Los casos con menor valor económico generado corresponden a la Coordinadora Regional de Recolectores y Recolectoras del Bío-Bío (Recolectores del Bío-Bío) y la Corporación Oro Verde. Recolectores del Bío-Bío es una pequeña operación con un crecimiento interesante; sin embargo, la organización está lejos de ser autosostenible. Sus asociados tienen un nivel de formación muy bajo y por ende son altamente dependientes de una OSC que les proporciona de manera gratuita la totalidad de los servicios de administración y comercialización internacional. Oro Verde, organización colombiana fundada en 2000 para darles acceso a mineros artesanales de subsistencia al mercado internacional de minería responsable, aún no presenta excedentes de explotación; según proyecciones de la gerencia, se esperaba que ello ocurriera en 2009. La organización aún financia su déficit de operación (todos sus gastos administrativos) con fondos de la cooperación técnica internacional. Hay una importante diferencia entre Coopa-Roca e Inacap por un lado, y Recolectores del Bío-Bío y Oro Verde por el otro, que posiblemente explique el contraste en sus resultados económicos: las dos primeras organizaciones trabajan con SBI urbanos que son menos pobres, menos vulnerables y más educados que los SBI rurales de Recolectores del Bío-Bío y Oro Verde.

Entre las organizaciones dedicadas a la inserción de SBI en el mercado de trabajo (columna 3), se observaron dos patrones: organizaciones cuyos resultados económicos dependen del apoyo recibido de los gobiernos (las cooperativas Asmare y El Ceibo, ambas dedicadas al reciclaje, y las OSC españolas Andròmines, Futur y La Fageda), y otra que demuestra ser independiente en este sentido (la cooperativa El Porvenir, también dedicada al reciclaje).

Los ingresos de las tres OSC españolas han crecido de manera sostenida todos los años y su utilidad neta no ha sido alta pero ha sido siempre positiva. Cabe destacar, sin embargo, que una parte importante de los ingresos de estas organizaciones (entre el 12% y el 28%) corresponde a subvenciones que por ley y de manera regular otorga el gobierno español a las llamadas empresas de inserción social. En todos los casos, los ingresos por subvenciones son determinantes para que se registre utilidad neta. En contraste con las OSC españolas, las utilidades netas de las cooperativas latinoamericanas Asmare y El Ceibo no han sido siempre positivas ni estables. Asmare muestra una alta volatilidad en sus resultados (los cuales fueron tanto positivos como negativos), producto de cambios en la política de apoyo de la prefectura. El Ceibo presentó leves pérdidas en 2006, pese a que cuenta con un subsidio del gobierno local para el pago de autoempleos. Es posible que la mayor formalidad del marco institucional que rige la relación entre las OSC y el gobierno español explique su mejor desempeño económico.

A diferencia de las organizaciones anteriores, todos los ingresos de la cooperativa El Porvenir provienen de ventas al sector privado. Esta organización tuvo pérdidas entre 2003 y 2005. Sin embargo, luego de la contratación de una gerencia profesional en 2005, la cooperativa empezó a obtener ganancias, aunque con menores niveles de venta.

A fin de entender mejor los resultados que se acaban de exponer, en la siguiente sección se analizan con mayor profundidad factores críticos que parecen afectar la capacidad de las cooperativas y OSC para generar, a través de iniciativas de mercado, los recursos necesarios para asegurar su sostenibilidad financiera.

Factores críticos para el desempeño económico de empresas sociales

Antes mencionamos que uno de los principales retos para las empresas que implementan iniciativas de mercado con SBI es tener suficiente paciencia para conocerlos y aprender a trabajar con ellos; de lo contrario, se corre el riesgo de abandonar la iniciativa antes de que madure y dé frutos. En el caso de las cooperativas y OSC, el reto común a todas las organizaciones es asumir una lógica de eficiencia en la asignación y el uso de recursos sin renunciar a objetivos sociales, tales como atender a una población vulnerable específica.

Es común que los gerentes de las OSC y miembros de las cooperativas no valoren la eficiencia económica o inclusive la censuren[10]. Pero ese prejuicio puede hacer más difícil el logro de los objetivos sociales buscados, pues si no se aseguran recursos económicos con eficiencia, hay menor disponibilidad presupuestaria para lo social. Quizá el rechazo al uso del criterio de eficiencia económica se deba al temor de que este se convierta en un fin y no en un medio para generar recursos destinados a la misión social. Este riesgo siempre existe. Por ejemplo, la OSC española de reinserción laboral Futur (dedicada al catering) muestra que al tratar de hacer cada vez más eficiente el negocio, fue incorporando progresivamente camareros calificados en sustitución de los ex presidiarios y otras personas socialmente excluidas que debía reinsertar.

¿Cómo ser eficientes sin desviarse de la misión social? Los casos demuestran que las organizaciones deben tener muy claro dentro de qué límites están dispuestas a generar valor económico. Estos límites vienen dados por una clara definición de lo que se considera irrenunciable en términos de generación de valor social. Por ejemplo, CIAP tiene muy claro que no quiere renunciar a apoyar y fortalecer a los artesanos más vulnerables. Estos últimos, clasificados como de nivel C mediante la aplicación de un sistema de indicadores de desempeño, no están preparados para competir con éxito con sus artesanías en el mercado internacional. Aunque Intercraft, la subsidiaria comercial de CIAP, vende principalmente los productos elaborados por los artesanos más capacitados (niveles A y B), ello no significa que excluya a los artesanos del nivel C; con los excedentes obtenidos por la venta de los productos elaborados por los primeros, la organización financia actividades de formación y asistencia técnica necesarias para ayudar a los más vulnerables a prepararse para ingresar al negocio de la exportación. En tal sentido, CIAP se rige por el criterio de eficiencia económica en su manejo del negocio internacional sin desviarse de su misión social.

En ocasiones no existe una clara definición de lo que se considera irrenunciable o central en términos de generación de valor social, y ello puede atentar contra la creación de valor económico. Por ejemplo, históricamente Escudo Rojo ha sido concebido como una unidad destinada a generar excedentes económicos para financiar un conjunto de servicios que constituyen la misión social del Ejército de Salvación. Durante los primeros años de su funcionamiento en Argentina, Escudo Rojo asumió adicionalmente la función de reinsertar a personas difícilmente empleables. En consecuencia, la productividad de la operación era muy baja y generaba pérdidas. En 1994, con la llegada de un nuevo gerente, se decidió rescatar la función original de Escudo Rojo. Se profesionalizaron sus procesos productivos y comerciales y la iniciativa comenzó a generar los excedentes requeridos para financiar los servicios sociales del Ejército de Salvación en ese país.

En suma, la clave yace en no confundir los ámbitos económico y social dentro de cada organización. Llevar buenos registros contables es crítico para lograr esto, porque al tenerlos la organización puede, por un lado, evaluar si está generando excedentes económicos y, por el otro, determinar cuánto le cuesta producir los servicios sociales. Esto le permite a la organización establecer si tiene necesidades adicionales de financiamiento. También le proporciona la transparencia y legitimidad necesarias para solicitar donaciones y subsidios, de ser ello preciso.

Mediante el análisis de las experiencias, se identificaron otros factores críticos para asegurar la sostenibilidad de las cooperativas y la generación de valor económico en las OSC que realizan iniciativas de mercado con SBI.

Acogerse a la disciplina de mercado

Someterse a la disciplina del mercado o asumir una orientación al mercado es un medio para asegurar la eficiencia y la eficacia de una organización. La cooperativa de reciclaje El Porvenir, a diferencia de los otros casos de reciclaje analizados, no recibe subsidios y mantiene un contrato comercial con clientes del sector privado. A finales de 2004, la cooperativa registraba pérdidas debido al comportamiento desleal de sus socios, a la disminución de capital, a los altos costos asociados con la recolección nocturna, y a una contabilidad dudosa. A fin de asegurar su viabilidad, y siguiendo la sugerencia de uno de los clientes de la cooperativa, contrató a un gerente profesional para que revisara sus procesos y buscara la manera de reducir sus costos operativos. En 2005 se desmontó la ruta nocturna, se revisaron las líneas de producción, se implementó un nuevo sistema contable, se empezó a pagar por resultados en vez de por tiempo trabajado y se eliminó la política de tolerancia al comportamiento desleal de los socios (quienes mezclaban basura con material de desecho o mojaban el cartón). Los resultados económicos no tardaron en mejorar.

La líder de la recicladora El Ceibo es consciente de que la vulnerabilidad de esta cooperativa argentina se debe, en parte, a la inestabilidad de los subsidios que recibe del Estado. Sabe también que para venderles directamente a las empresas y no a los intermediarios, cosa que mejoraría significativamente los ingresos para sus miembros, la cooperativa tiene que automatizar el proceso de separación de basura, lograr mayor volumen, tener facturación legal y sistemas administrativos-contables, así como medios de transporte adecuados. Sin embargo, a diferencia de El Porvenir, el liderazgo de El Ceibo no ha acogido esta orientación al mercado por considerarla costosa y difícil de lograr; en consecuencia, sus miembros se mantienen con ingresos de subsistencia. (Vale recordar que esta organización nació como movimiento político orientado al logro de reivindicaciones sociales y no como una organización económica.)

Se puede tener una orientación al mercado aun cuando no se aspire a cubrir con ingresos propios todos los costos de una iniciativa de mercado. Por ejemplo, las OSC españolas de reinserción social reciben subsidios para compensar el hecho de que la productividad de sus trabajadores, por ser personas vulnerables, puede ser inferior a la de quienes serían empleables por una empresa puramente mercantil. No obstante, con la excepción de la contratación del personal, el resto de sus prácticas no se diferencian de las observadas en otras empresas competitivas. Por ejemplo, la Fageda es una OSC especializada en insertar a discapacitados mentales con trastornos psíquicos a través de la fabricación de productos lácteos. No obstante, la organización tiene una sofisticada estrategia de marketing y ha desarrollado productos diferenciados que la posiciona competitivamente en el mercado. Su "yogurt natural de granja La Fageda" ocupa el tercer lugar en participación de mercado en Cataluña, después de las multinacionales Danone y Nestlé.

La orientación al mercado parece estar íntimamente relacionada con la presencia de una gerencia profesional. Un factor común a las OSC estudiadas, y que podría explicar sus buenos resultados económicos, es que en todas ellas los fundadores y líderes son gerentes profesionales. Por otra parte, también parece haber una relación entre la presencia de una gerencia profesional y el desempeño económico de las cooperativas. El Porvenir, Apaeb y CIAP, las organizaciones más sólidas y cuyos miembros obtienen los mayores ingresos, también son las que cuentan con una gerencia profesional.

Contar con recursos para la formalización

El deseo de someterse a la disciplina de mercado no es suficiente para lograrlo, puesto que es necesario contar con recursos (capital) para hacerlo posible. Por ejemplo, El Porvenir perdió un importante contrato con un hospital porque no tenía el dinero para pagar la certificación ISO 9000, aun cuando la cooperativa cumplía con los estándares de calidad de procesos requeridos para obtenerla. Por otra parte, algunos líderes de El Ceibo atribuyen la precariedad de su contabilidad a los altos costos de poner en marcha un sistema auditable.

Liderazgo interno

La presencia de un líder en la organización, capaz de activar procesos endógenos de cambio y mejora, es una constante en las cooperativas con más potencial de independencia. Recolectores del Bío-Bío y Asmare carecen de tales líderes, lo que hace a estas organizaciones altamente dependientes de OSC o gobiernos dispuestos a apoyarlas. En cambio, organizaciones con líderes dinámicos como Apaeb y CIAP muestran mayor capacidad para tallar su propio destino. La capacidad de tales líderes no se basa solo en su carisma, sino en sus competencias (se caracterizan por ser personas escolarizadas) e identificación con el bienestar de los asociados.

Vulnerabilidad de los SBI

No todos los SBI son igualmente vulnerables. El contraste en los resultados de Oro Verde e Inacap suscita una reflexión sobre la dificultad de generar valor económico cuando los SBI son extremadamente pobres o vulnerables. Oro Verde, al igual que las cooperativas recicladoras, las OSC españolas de "inserción social" y Recolectores del Bío-Bío, dependen de manera prolongada de subsidios y donaciones. Es que insertar a indigentes, campesinos de subsistencia y personas con discapacidades es una tarea compleja y costosa. En cambio, organizaciones que como Inacap trabajan con "los menos pobres de los pobres", esto es, SBI con aspiraciones de movilidad social, tienen ante sí una tarea menos costosa ya que sus clientes de bajos ingresos están dispuestos y pueden pagar por los servicios prestados. El caso de El Porvenir muestra que no siempre es posible seguir trabajando con los SBI más vulnerables y aspirar a generar valor económico. Los miembros de esta cooperativa mostraban cierta variación en cuanto al nivel de pobreza: algunos pertenecían a los estratos bajos, otros se ubicaban por debajo de la línea de pobreza, y otros por debajo de la línea de indigencia. Cuando los líderes de la organización decidieron contratar una gerencia profesional y asumir una orientación al mercado, cerca de la mitad de los socios no aceptó adecuarse a las nuevas reglas y decidió salir de la organización porque no querían someterse a reglas ni estructuras. Preferían trabajar por su cuenta para la mera subsistencia.

Costos fijos por la provisión de servicios sociales

Cumpliendo con su misión solidaria, el conglomerado cooperativo Apaeb provee una diversidad de servicios sociales (casa de la cultura, escuela de la familia agrícola, centro de aprendizaje, escuela de informática, servicio de acceso a Internet, club social, radio, programa de televisión). Estas cargas suponen una cantidad de costos fijos que difícilmente pueden ajustarse en períodos de dificultad económica causados por variables exógenas tales como la apreciación del tipo de cambio. En la medida en que tales cargas superen el excedente generado por las iniciativas de mercado, se pondría en jaque la sostenibilidad del conglomerado. Por ejemplo, se podría correr el riesgo de consumir los fondos rotatorios o de posponer inversiones necesarias en los centros de creación de excedentes, a fin de continuar financiando los servicios sociales prestados.

Finalmente, cabe destacar el impacto que tiene el entorno institucional sobre la capacidad de las OSC y cooperativas para hacerse sostenibles. Muchas de las iniciativas estudiadas, en particular las recicladoras Asmare y El Ceibo y las OSC españolas dedicadas a la reinserción social (Andròmines, Futur y La Fageda), prestan servicios que de otro modo tendrían que brindar los gobiernos: atender personas con retardo mental como lo hace La Fageda, ofrecer educación ambiental como lo hace la cooperativa El Ceibo, o capacitar en oficios y ofrecer asesoría legal a recolectores de basura como lo hace la cooperativa Asmare. Por tal razón, cuando los gobiernos financian a estas organizaciones por la vía de convenios, en la práctica están contratando un servicio social.

Generalmente, entre el gobierno y un proveedor externo de servicios sociales media un contrato que las partes deben honrar. En el caso de las cooperativas latinoamericanas como El Ceibo y Asmare, pese a la existencia de convenios formales, con frecuencia el subsidio no es entregado oportunamente, o incluso es suspendido unilateralmente. Por el contrario, en España las reglas de juego que rigen los subsidios dirigidos a atender el problema de inserción social están claramente establecidas en leyes y existen instituciones que garantizan su cumplimiento. Esto último explica en gran parte la estabilidad financiera de las OSC españolas dedicadas a la inserción social, en contraste con la alta volatilidad financiera observada en las cooperativas latinoamericanas dedicadas al mismo fin.

En suma, los retos asociados con el logro de la sostenibilidad de las cooperativas y OSC variaron de acuerdo con su principal orientación (reinserción social, acceso a mercados exigentes o generación de excedentes). En el caso de las organizaciones orientadas a la reinserción, resulta importante para la sostenibilidad que exista un contrato creíble entre la organización y el Estado. En el caso de las organizaciones centradas en darle acceso a los SBI a mercados exigentes, el logro de la sostenibilidad depende de la capacidad de la organización para realizar labores de "inteligencia de mercado", esto es, labores de identificación de compradores, de sus exigencias y preferencias, y de llevarles las especificaciones técnicas a los productores de bajos ingresos. En la medida en que la organización no haya institucionalizado una competencia interna para la realización de "inteligencia de mercado" mediante una gerencia profesional orientada a la aplicación de una lógica económica, mayor será su dependencia de agentes externos o individualidades, y mayor su vulnerabilidad (y mayores también sus posibilidades de desaparición) ante la eventual ausencia de ese agente. En el caso de las organizaciones que tienen por finalidad generar excedentes para financiar iniciativas sociales, la clave del éxito yace en la clara separación de las funciones comerciales de las funciones sociales.

Discusión y conclusiones

Iniciativas empresariales con los SBI como consumidores
Prahalad[11] y Weiser et al.[12] usan datos sobre el poder de compra o la capacidad de consumo de los grupos demográficos de bajos ingresos para argumentar que la fortuna en la base de la pirámide existe. Sin embargo, no evalúan la rentabilidad de las iniciativas que estudian; simplemente suponen que son rentables. Nuestros resultados indican que la rentabilidad no es tan clara en las iniciativas empresariales en las que los SBI son consumidores.

El análisis de la creación de valor económico entre las empresas estudiadas arrojó resultados mixtos. Solo las iniciativas de mercado realizadas por empresas-iniciativa de modesto tamaño mostraron ser rentables desde muy temprano. En los casos de los proyectos-iniciativa, usualmente llevados adelante por empresas grandes (muchas de ellas multinacionales), los resultados fueron exactamente opuestos: salvo dos excepciones, ninguna es todavía rentable, aun cuando se proyecte que algún día lo serán. Otro aspecto que se destaca es que todos los proyectos-iniciativa, sean estos rentables o no, representan una fracción minúscula de la facturación total de las empresas que los llevan a cabo. De hecho, en la gran mayoría de los casos no han pasado de ser experiencias piloto.

Las dificultades que enfrentan las empresas grandes estudiadas yacen en el hecho de que sus capacidades tradicionales y experiencia en el mercado no siempre son útiles a la hora de construir una relación con consumidores de bajos ingresos, al menos no en los casos de empresas que comercializan bienes durables y prestan servicios públicos. La evidencia indica que venderles con rentabilidad a los SBI depende en muchos casos de que la empresa haya desarrollado e implementado un sistema de micropagos o de pagos fraccionados de bienes indivisibles (como por ejemplo línea blanca o un lote de cerámica) o una plataforma de prepago para servicios. Un sistema de crédito o prepago que haga posible que un SBI compre tales bienes y servicios es una innovación tecnológica y no una extensión de lo que se hacía antes. Por tal razón, se podría plantear la hipótesis, a ser verificada en futuras investigaciones, de que en aquellas situaciones en que la empresa puede fraccionar los productos en vez de los pagos, su experiencia previa es más útil para abordar mercados de bajos ingresos. Sería el caso de bienes de consumo masivo (tales como jabón o champú) que pueden ser reempaquetados en presentaciones más pequeñas, o productos financieros que pueden ser reestructurados en pequeños préstamos (microcréditos) y combinados con esfuerzos de venta específicos. Esto, al menos en principio, parece coincidir con resultados de investigaciones previas sobre bienes de consumo masivo[13] y microfinanzas[14].

En la medida en que el pago fraccionado se hace más importante, el éxito económico de la iniciativa depende en mayor medida de la capacidad de la empresa para generar información sobre la confiabilidad de los clientes de bajos ingresos y estructurar un sistema de cobranza costo-efectivo, lo cual a su vez se sostiene —según nuestros hallazgos— en la realización e incorporación de diversas innovaciones institucionales. También depende de contar con relaciones efectivas con interlocutores comunitarios y del aprovechamiento que se haga de estructuras y organizaciones comunitarias preexistentes. Ninguna de esas habilidades forma parte del repertorio usual o tradicional de las empresas que comercializan bienes durables o proveen servicios públicos y deciden incursionar con proyectos en los mercados de bajos ingresos. Entonces, el aprendizaje lleva tiempo y demora la rentabilidad. Como señala Eliasson, se corre el riesgo de que las empresas se desilusionen o pierdan el entusiasmo y abandonen la iniciativa antes de que esta alcance su madurez, o inviertan cada vez menos recursos y esfuerzo, convirtiéndola en un proyecto piloto permanente, sin perspectivas de crecimiento[15]. De allí la importancia, como señala London[16], de que la empresa asuma el principio de la "innovación paciente" cuando decide incursionar en el mercado de bajos ingresos; esto es, asumir una perspectiva de mediano plazo.

Por otra parte, hay un grupo de iniciativas relacionadas con los servicios públicos (electricidad, gas o agua) en las cuales una variable que dificulta la generación de valor económico es la magnitud de las inversiones requeridas para armar los sistemas de distribución y cobranza. Encontramos que la rentabilidad de estas iniciativas depende de la posibilidad que se tenga de que gobiernos, organismos multilaterales o los propios usuarios (con su trabajo) carguen con inversiones que en la práctica no son recuperables dados los niveles de consumo y tarifas pagadas por los SBI. Esto coincide con lo ya señalado por Rufín y Arboleda y pone en evidencia la importancia que tiene para la empresa movilizar a otros actores dispuestos a invertir en la iniciativa[17].

Por último, cabe resaltar el hallazgo de que las empresas-iniciativa, todas de tamaño modesto, tuvieran una rentabilidad rápida, en contraste con los proyectos-iniciativa de las empresas grandes. Podríamos atribuir este resultado a un sesgo de "desgaste": la supervivencia misma de las empresas-iniciativa depende de que sean rentables, pues de no serlo no existirían (y por ende no se observarían). Según Karnani[18], las empresas pequeñas y medianas parecen estar mejor dotadas que las grandes para tratar con los SBI debido a que la ventaja competitiva al trabajar en estos mercados no son las economías de escala sino la capacidad de la empresa para atender las particularidades de los SBI (cultura y prioridades) en cada región o localidad. Un rasgo común en los casos estudiados, que complementa lo dicho por Karnani, es que las empresas-iniciativa analizadas, todas de tamaño modesto, ensayan y corrigen más rápido, y por ende logran adecuarse a las particularidades de los SBI, en contraste con las empresas grandes, que al emprender sus proyectos deben luchar contra su propia inercia. Sin embargo, experiencias de empresas grandes, como las mexicanas Farmacias Simis[19] y Elektra[20], las cuales son exitosas en su abordaje a los SBI, sugieren que más que el tamaño, posiblemente sea la centralidad del mercado de bajos ingresos para el negocio lo que constituye el principal determinante del desempeño. La implicación práctica de esto es que en las empresas donde el mercado de bajos ingresos no ha sido históricamente el negocio principal, los líderes de la iniciativa deben hacer un esfuerzo extraordinario para lograr que la gerencia se comprometa con esta iniciativa y esté dispuesta a invertir tiempo y creatividad en su desarrollo.

Iniciativas empresariales con los SBI como proveedores

Karnani[21] critica la bibliografía sobre la fortuna en la base de la pirámide por centrarse en los SBI como consumidores. Agrega que es necesario ver a los SBI como proveedores, ya que la mejor manera de aliviar la pobreza es elevando su nivel de ingreso. Sin embargo, convertir a los SBI en productores bien remunerados y a la vez garantizar la creación de valor económico para la empresa no es tan sencillo. Los resultados de esta investigación muestran que mientras mayor es la vulnerabilidad de los SBI, menos clara es la rentabilidad de las iniciativas.

El argumento de Karnani, inspirado en el caso de e-Choupal de ITC (documentado por Prahalad[22] y por Anupindi y Sivakumar[23]), se basa en la proposición de que las empresas ofrecen mercados más eficientes para los proveedores de bajos ingresos, y que en tales situaciones estos últimos captan más valor y por ende obtienen mayores ingresos. Varios de los casos aquí estudiados corroboran esto e incluso van más allá, porque muestran que al relacionarse con los SBI, las empresas también logran construir mecanismos de mercado más eficientes que les permiten a ellas mismas captar más valor (obsérvense los casos de Cativen y Hortifruti, por ejemplo). En suma, es posible construir una relación de beneficio mutuo. Sin embargo, también se encontró que cuando las empresas empiezan a trabajar con grupos muy vulnerables ocurre un proceso de "descreme", en el cual la relación que finalmente se consolida es aquella establecida con los menos pobres de los pobres.

Con base en los resultados obtenidos, podríamos plantear la hipótesis —a ser verificada en futuras investigaciones— de que cuando la fuente de valor económico para la empresa en su relación con los SBI es una mayor eficiencia en la cadena de valor, entonces hay una tendencia a la selección. Ese incentivo parece no estar presente en los casos donde la fuente de beneficio económico para la empresa es una mejora en su reputación. Weiser et al. señalan que hoy en día "activos intangibles como la reputación se han convertido en una fuente principal de valor para los accionistas"[24]; y destacan que por esta razón el uso de mecanismos de comercio justo, la compra a grupos desfavorecidos y la adopción de determinados estándares internacionales en su trato con proveedores se han hecho cada vez más importantes para las empresas. En Explorandes e Irupana, donde se perseguía activamente el beneplácito de los consumidores de los países desarrollados, se observó un esfuerzo explícito por incorporar a segmentos visiblemente excluidos.

Llama la atención que en otros dos casos en los que tampoco se observó el fenómeno de la selección, las empresas buscaban —al relacionarse con los SBI como proveedores— lograr una mejor reputación, pero esta vez, frente a la propia comunidad en la cual operan (Agropalma y Palmas del Espino). Este resultado también coincide con lo señalado por Weiser et al[25].

En contraposición a lo observado en las iniciativas de mercado con SBI como consumidores, cuando estos se incorporan como proveedores, las empresas-iniciativa de tamaño modesto tienden a tener mayores problemas para lograr o sostener su rentabilidad que los proyectos-iniciativa asociados con empresas de mayor tamaño. Adicionalmente, estas últimas parecen estar en mejor capacidad de garantizar el valor comercial de los productos de los SBI y en consecuencia asegurar mejoras en sus ingresos. Con excepción de las empresas de aceite de palma, un factor que podría explicar la ventaja de los proyectos-iniciativa es la integración de la cadena de valor —desde la compra al productor hasta el minorista— lograda por las empresas grandes. Por una parte, cuando hay integración de la cadena hasta el minorista, la empresa conoce mejor el mercado de consumidores, y por ello está en capacidad de ofrecer una asistencia técnica pertinente y ventajosa a sus proveedores de bajos ingresos. Por otra parte, esa integración hace menos vulnerable a la empresa con respecto a los ciclos de mercado, lo que permite planificar la producción de sus proveedores y asegurarles la cantidad y precio de compra. Por el contrario, los proveedores de las empresas de menor tamaño y que no están integradas hasta el minorista no son incorporados a procesos de planificación de cosecha y por ende tienen mayores incentivos para sobreproducir, lo cual presiona los precios a la baja y desestabiliza el mercado en detrimento de los SBI.

Iniciativas de mercado con SBI de empresas sociales

Al igual que en las empresas, entre las OSC y las cooperativas también se encontró que a mayor vulnerabilidad de los SBI, más complejo es el reto de generar valor económico y social con las iniciativas de mercado. Organizaciones como Recolectores del Bío-Bío y la Corporación Oro Verde, que involucran a grupos extremadamente pobres, han tenido muchas dificultades para generar valor para las organizaciones y proporcionarles un ingreso razonable a los SBI. Por otra parte, se observó en casos como los de El Porvenir y la Fundación Futur que, al tratar de generar mayor valor económico, las organizaciones incurrieron en procesos de selección parecidos a los registrados en las empresas que incorporan a los SBI como proveedores.

Marwaha et al.[26] destacaron que la capacidad productiva de los pobres es latente y que necesitan catalizadores externos para activarla. Sin embargo, en los casos de inserción analizados encontramos que cuando los SBI son muy vulnerables, no desarrollan fácilmente una capacidad productiva independiente con simples catalizadores. Por el contrario, necesitan el apoyo de agentes externos que los acompañen y asistan técnica y administrativamente de manera constante para generar valor económico para sí mismos. Aun así, el valor económico generado en esos casos apenas supera los niveles de subsistencia.

Foster y Bradach[27] dicen que a las organizaciones sin fines de lucro les falta perspectiva de negocio y mencionan, entre otros ejemplos, que no saben llevar contabilidad de costos. Este problema se encontró en aquellos casos que registraron los peores desempeños en términos de generación de valor económico. Por otra parte, entre las organizaciones que sí han asumido una perspectiva de negocio, las que tienen mayor conocimiento sobre los mercados de consumidores (inteligencia de mercado) son las que han sabido capitalizar las oportunidades ofrecidas por instituciones como las de comercio justo que favorecen el origen de los productos (CIAP-Intercraft vis-à-vis Corporación Oro Verde). Parece haber una clara relación entre el tamaño y la antigüedad de la organización, y su inteligencia de mercado. También parece haber una relación entre asumir una perspectiva de negocio, venderle directamente al comprador final (sin recurrir a los intermediarios) y obtener mayor valor comercial por los productos vendidos (el caso de El Porvenir, a diferencia de los de El Ceibo y Asmare).

Otro problema hallado, también mencionado por Foster y Bradach[28] y otros autores, es la facilidad con que entran en conflicto la misión social de las OSC o cooperativas con la generación de valor económico. Los casos de las OSC españolas resaltan la importancia que tiene el entorno institucional para minimizar el dilema planteado por ese intercambio: en ese país, a diferencia de América Latina, el Estado está dispuesto a otorgar subsidios estables para que las organizaciones puedan satisfacer armónicamente sus objetivos sociales y económicos.

Para cerrar, cabe destacar que los casos estudiados muestran que el intercambio con los SBI —sea como consumidores o proveedores— es más costoso que en otros mercados, debido a las asimetrías de información y los costos de transacción; también muestran que solo aquellas iniciativas que introdujeron innovaciones tecnológicas e institucionales que les permitieran superar esas barreras han logrado operar de una manera rentable o tienen la expectativa de hacerlo a corto plazo. Esto es consistente con los planteamientos de Prahalad[29] sobre la importancia de la innovación en el diseño de los productos y servicios, canales de distribución, transporte y educación del consumidor, para acceder con éxito al mercado en la base de la pirámide.

Notas

* Las autoras agradecen los invalorables aportes de Patricia Márquez y Ezequiel Reficco. También agradecen a Marguin Paradas, Norqui Peña y Juan Pablo Molina por el apoyo prestado como asistentes de investigación en este proyecto.

1. C. K. Prahalad, *The Fortune at the Bottom of the Pyramid: Eradicating Poverty through Profits* (Upper Saddle River, NJ: Wharton School Publishing, 2005).

2. Aneel G. Karnani, "Fortune at the Bottom of the Pyramid: A Mirage" (documento de trabajo nro. 1035, Universidad de Michigan, Stephen M. Ross School of Business, 2006), 16.

3. Michael Chu, "Microfinance: Business, Profitability and the Creation of Social Value," en *Business Solutions for the Global Poor: Creating Social and Economic Value*, ed. Kasturi Rangan et al. (San Francisco, CA: Jossey-Bass, 2007).

4. La única excepción en este grupo es el proyecto Empresario Azteca, del Grupo Salinas de México, cuyas unidades de negocio se dedican principalmente a servir el mercado de los SBI.

5. Calculado como la utilidad neta dividida entre los activos totales, incluida la inversión (en ocasiones, este índice es conocido también como ROI).

6. El ROA (utilidad después de impuestos entre activos) mide la eficiencia en el uso de los activos. El ROE (utilidad después de impuestos entre patrimonio) mide el retorno para el accionista.

7. Activo Humano es una empresa de reclutamiento y selección de personal especializada en recursos humanos de baja calificación. En 2006 Working Links, un conocido consorcio público–privado sin fines de lucro dedicado al reclutamiento y la selección de personas en situación de exclusión laboral, se incorporó como socio de Activo Humano.

8. Palí es una cadena de supermercados para SBI fundada en 1979 que opera en Costa Rica y Nicaragua. Forma parte del grupo CSU-CCA, propietario de otros negocios relacionados con la comercialización y venta de alimentos.

9. En el caso de Codensa el proyecto de venta de electrodomésticos a los SBI es rentable pero representa una fracción muy pequeña de la utilidad total de la empresa (2,2% en 2005 y 1,7% en 2006).

10. Gregory Dees, "Enterprising Nonprofits," *Harvard Business Review*, enero de 1998.

11. C. K. Prahalad, *The Fortune at the Bottom of the Pyramid: Eradicating Poverty through Profits* (Upper Saddle River, NJ: Wharton School Publishing, 2005).

12. John Weiser et al., *Untapped: Creating Value in Underserved Markets* (San Francisco, CA: Berrett-Koehler Publishers, 2006).

13. Kasturi Rangan,"The Complex Business of Serving the Poor," en *Business Solutions for the Global Poor: Creating Social and Economic Value*, ed. Kasturi Rangan et al. (San Francisco, CA: Jossey-Bass, 2007).

14. Michael Chu, "Commercial Returns at the Base of the Pyramid," *Innovations* (invierno-primavera 2007); "Microfinance: Business, Profitability and the Creation of Social Value," en *Business Solutions for the Global Poor: Creating Social and Economic Value*, ed. Kasturi Rangan et al. (San Francisco, CA: Jossey-Bass, 2007).

15. Gunnar Eliasson, "The Role of Knowledge in Economic Growth." Instituto Real de Tecnología, Estocolmo, TRITA-IEO-R (Estocolmo, 2000).

16. Ted London, "The Base od the Pyramid Perspective: A New Approach to Poverty Alleviation," *American Academy of Management Proceedings* (2008).

17. Carlos Rufín y Luis Fernando Arboleda, "Utilities and the Poor: A Story from Colombia," en *Business Solutions for the Global Poor: Creating Social and Economic Value*, ed. Kasturi Rangan et al. (San Francisco, CA: Jossey-Bass, 2007).

18. Aneel G. Karnani, "Fortune at the Bottom of the Pyramid: A Mirage" (documento de trabajo nro. 1035, Universidad de Michigan, Stephen M. Ross School of Business, 2006).

19. Michael Chu y Regina García-Cuellar, "Farmacias Similares: Private and Public Health Care for the Base of the Pyramid in Mexico," caso 9-307-092, Boston: Harvard Business School (2007).

20. David Arnold, Gustavo Herrero y Luis F. Moreno, "Grupo Elektra", caso 9-503-S39, Boston: Harvard Business School (2001).

21. Aneel G. Karnani, "Fortune at the Bottom of the Pyramid: A Mirage" (documento de trabajo nro. 1035, Universidad de Michigan, Stephen M. Ross School of Business, 2006).

22. C. K. Prahalad, *The Fortune at the Bottom of the Pyramid: Eradicating Poverty through Profits* (Upper Saddle River, NJ: Wharton School Publishing, 2005).

23. Ravi Anupindi y S. Sivakumar, "A Platform Strategy for Rural Transformation," en *Business Solutions for the Global Poor: Creating Social and Economic Value*, ed. Kasturi Rangan et al. (San Francisco, CA: Jossey-Bass, 2007).

24. John Weiser et al., *Untapped: Creating Value in Underserved Markets* (San Francisco, CA: Berrett-Koehler Publishers, Inc., 2006), 94.

25. Ibíd.

26. Kapil Marwaha et al., "Creating Strong Businesses by Developing and Leveraging the Productive Capacity of the Poor," en *Business Solutions for the Global Poor: Creating Social and Economic Value*, ed. Kasturi Rangan et al. (San Francisco, CA: Jossey-Bass, 2007).

27. William Foster y Jeffrey Bradach, "Should Nonprofits Seek Profits?" *Harvard Business Review* (febrero de 2005).

28. Ibíd.

29. C. K. Prahalad, *The Fortune at the Bottom of the Pyramid: Eradicating Poverty through Profits* (Upper Saddle River, NJ: Wharton School Publishing, 2005).

10
Negocios inclusivos
y generación de valor social

Felipe Portocarrero S., Álvaro J. Delgado*

Aun cuando existe un incipiente consenso en Iberoamérica sobre la necesidad de buscar una mayor articulación entre la generación de valor económico y de valor social en las iniciativas de mercado, todavía tiene cierta vigencia la idea de que la obtención de rentabilidad económica y el logro de una mayor inclusión social son objetivos contrapuestos e imposibles de integrar en una única propuesta de creación de valor. Una parte importante de la explicación de este fenómeno puede atribuirse al hecho de que las actuales iniciativas de mercado socialmente inclusivas recién han comenzado a ser estudiadas en forma sistemática[1]. No obstante, cada vez son más las organizaciones que tienen en cuenta, con mayor seriedad y profesionalismo, aunque en forma lenta y desigual, las consecuencias sociales de sus actividades económicas[2]. El foco de análisis de este capítulo se inscribe en el esfuerzo por precisar cuáles son los factores sociales que pueden ayudar a convertir este tipo de iniciativas de mercado socialmente inclusivas en proyectos sostenibles y, eventualmente, replicables en una escala más amplia.

¿Cuáles son las iniciativas de mercado que generan valor social y qué formas adopta este último? ¿Existen diferencias significativas entre las organizaciones que han incorporado a los sectores de bajos ingresos como proveedores o productores, y las otras que lo han hecho como clientes en la cadena de valor? ¿Cuán diferentes (o similares) son los patrones de generación de valor social entre las empresas con fines de lucro, las cooperativas y las organizaciones de la sociedad civil?

Dar respuesta a estas preguntas no es una tarea sencilla. Como se trata de un objeto de estudio reciente, salvo en el área de las microfinanzas, existe poca evidencia disponible sobre el impacto que dichas experiencias han tenido y/o están teniendo en la vida de los pobres y en la generación de valor social. Asimismo, la naturaleza elusiva del concepto de valor social hace necesario definir sus contenidos y alcances para evaluar cuán significativas son las transformaciones en el bienestar que producen las iniciativas de mercado socialmente inclusivas, teniendo en cuenta sobre todo las persistentes asimetrías estructurales de poder, información e influencia usualmente vigentes en los contextos en los que operan los SBI. El objetivo principal de este capítulo es responder a los interrogantes arriba plantea dos sobre la base de una muestra de 33 estudios de caso incluidos en esta investigación colectiva (véase el anexo 10.1).

El capítulo está organizado en siete secciones. La primera examina brevemente el concepto de valor social en función de cuatro dimensiones analíticas, que nos permiten clasificar y analizar los casos de la muestra en forma ordenada. La segunda presenta una visión de conjunto de los alcances y limitaciones que tienen los casos seleccionados para generar valor social. La tercera, cuarta, quinta y sexta secciones analizan los principales hallazgos obtenidos a partir de las características más precisas de cada uno de los vectores analíticos propuestos. Por último, concluimos con unas breves reflexiones.

El valor social: una aproximación conceptual y clasificatoria

Si bien el valor creado por una organización es, en lo esencial, indivisible, en la medida en que los valores económico, social y ambiental se encuentran entrelazados en una misma dinámica[3], su examen por separado cobra una especial relevancia para propósitos analíticos. Diversos autores han realizado aportes a la discusión acerca de los impactos sociales que tienen, para los SBI, las iniciativas de mercado, cuya fuente original de inspiración podría rastrearse en la publicación del artículo de Prahalad y Hart[4] y del libro de Prahalad[5] sobre la riqueza en la "base de la pirámide"[6]. En ambos casos, su principal interés es encontrar nuevos caminos para integrar formalmente al mercado a los SBI (la base de pirámide) y, de este modo, proveerlos de productos que, directa o indirectamente, puedan producir una ampliación de sus alternativas de consumo. En el punto de partida de esta perspectiva, se sostiene que los SBI poseen recursos económicos cuyo volumen agregado puede generar utilidades a las empresas que les vendan diversos productos y, simultáneamente, producir un impacto o valor social mediante su transformación en consumidores capaces de diversificar sus opciones de compra y, de esta manera, mejorar su calidad de vida y superar la pobreza en la que se encuentran atrapados. A diferencia del enfoque más asistencialista y tradicional, la perspectiva de utilizar mecanismos de mercado para que los SBI salgan de la pobreza reconoce que, a pesar de sus bajos recursos, estas poblaciones participan de actividades comerciales de diversa naturaleza, al menos entre quienes logran superar los niveles de subsistencia[7]. Más aún, los SBI no solo deben ser vistos como consumidores, lo cual conviene valorar adecuadamente, sino también como productores, pues pueden aportar alternativas para que los mercados se vuelvan más eficientes, competitivos e inclusivos y, como consecuencia de ello, les generen beneficios[8].

A la luz de los hallazgos realizados en trabajos previos, nuestro enfoque pretende ir más allá, pues entendemos el concepto de valor social como "la búsqueda del progreso social, mediante la remoción de barreras que dificultan la inclusión, la ayuda a aquellos temporalmente debilitados o que carecen de voz propia y la mitigación de efectos secundarios indeseables de la actividad económica"[9]. Desde esta perspectiva, la inclusión de los SBI en el mercado no se reduce únicamente al papel que pueden desempeñar como consumidores o productores, lo cual tiene efectos positivos que no deben ser subestimados[10]. Más bien, desde una concepción más amplia, esta inclusión puede ser entendida como un mecanismo que los integre como ciudadanos en ejercicio pleno de todos sus derechos, como actores de la economía formal, o como emprendedores de sus propios proyectos empresariales y sociales.

De hecho, esta es la situación ideal a la que se debería aspirar con el fin de avanzar en la superación de la fragmentación social que caracteriza a los países de América Latina y, en menor medida, a España. Sin embargo, independientemente de esta legítima preocupación ética, la participación activa de los SBI en la vida social y económica, así como el reconocimiento que los demás actores les brinden, es el camino para reforzar su sentido de pertenencia, fortalecer su identidad colectiva y acrecentar la legitimidad de sus iniciativas.

Con el fin de documentar con el mayor rigor posible la generación de valor social, examinaremos el concepto a partir de las siguientes cuatro dimensiones analíticas que permitirán clasificar y analizar los 33 casos de la muestra en una forma ordenada. Los dos primeros, aumento de ingresos y acceso a bienes o servicios, se refieren a los resultados tangibles que favorecen a los grupos de las iniciativas de mercado socialmente inclusivas estudiadas. La construcción de ciudadanía y el desarrollo de capital social corresponden a dimensiones intangibles igualmente críticas para mejorar las condiciones de vida de los SBI.

- **Aumento de ingresos.** Uno de los componentes más importantes de la inclusión social —y, en cierto sentido, una de las primeras etapas— pasa por lograr el acceso de los SBI a un mercado de trabajo que propicie la obtención de un empleo estable (que también puede ser un autoempleo a través de un pequeño negocio o el ejercicio de un oficio), el cual, a su vez, genere un mayor ingreso disponible en condiciones dignas para el ejercicio de su labor. El incremento en los ingresos va más allá del simple aumento cuantitativo de dinero —es decir, de valor económico— para convertirse en una fuente de valor social en la medida en que es sobre esta base que los SBI pueden ampliar la oferta de sus opciones vitales o, como las denomina Dahrendorf[11], sus "oportunidades de vida". No obstante, la creación de valor social no se restringe únicamente a la mejora de la capacidad de elección y compra de los SBI como consecuencia del acceso a un empleo estable. Otra forma de aumentar ingresos y generar valor social se produce a través de la integración de los SBI en cadenas productivas como proveedores de bienes o servicios, y ya no solo como consumidores. De ahí que el aumento de los ingresos no implique, exclusivamente, un nuevo estatus de consumidores para los SBI. La inclusión social también supone, en algunos casos, contar con los recursos necesarios para que florezca un espíritu emprendedor que los lleve a convertirse en generadores de riqueza. Este espíritu, o la actitud de reflexión crítica y compromiso para la toma responsable de decisiones, se promueven especialmente en aquellos casos en los que los SBI participan de la coordinación, concertación o cogobernanza de las iniciativas, como se indica en el capítulo 5.

• **Acceso a bienes o servicios.** La reducción o eliminación de barreras es concebida en este contexto como un mecanismo que permite el acceso a bienes o servicios que promueven la atención de necesidades insatisfechas. Usualmente estas barreras están asociadas a precios relativamente altos (respecto de los ingresos de los SBI), a problemas de distribución de bienes o servicios en zonas rurales y urbanas marginales, a la imposibilidad de los SBI para pagar al contado algunos productos durables, a su dificultad para convertirse en sujetos de crédito, o para asumir el costo que implica el tendido de redes de servicios públicos. Algunos ejemplos de cómo estas barreras pueden ser superadas se encuentran en la educación e información para mejorar la toma de decisiones, en la capacitación para el desarrollo de diversas competencias profesionales u organizacionales que permitan elevar la competitividad de la oferta comercial o incrementar la capacidad individual de ser empleado y la productividad del trabajo, en el desarrollo de nuevos modelos de negocio más eficientes en el control de costos, y en el acceso a mecanismos de crédito financiero para el desarrollo de microemprendimientos empresariales y personales.

- **Construcción de ciudadanía.** Existen otros obstáculos a la inclusión social y la superación de la pobreza con un carácter legal, simbólico y cultural que impide que una necesidad sea satisfecha o un derecho sea reconocido o ejercido. Además de la asimetría estructural de poder, influencia e información, uno de los más importantes obstáculos es la dificultad de los SBI para construir una identidad colectiva y un sentido de pertenencia con significado más allá de las estrechas fronteras de sus propias comunidades[12]. En un sentido similar, no debe olvidarse que en los países en desarrollo la participación directa en el mercado, especialmente para las poblaciones rurales de América Latina, puede ser una utopía o un objetivo de muy difícil realización. Con frecuencia, los productos que pueden ofertar los SBI no llegan a los mercados que los demandan, o lo hacen a través de intermediarios inescrupulosos que abusan de su posición de dominio y mantienen cautivos y pobres a los SBI. Asimismo, determinadas situaciones de exclusión social hacen muy complicado que, por ejemplo, grupos sociales marginados se inserten en el mercado laboral y ejerzan su derecho al trabajo. Igualmente importantes son, entre otras, las mejoras en la autoestima, así como el respeto y reconocimiento de las diferencias culturales. La pobreza y los vacíos educativos hacen difícil el pleno ejercicio de la ciudadanía en la medida en que debilitan las capacidades de informarse, organizarse y participar de manera autónoma y activa en la vida social. Las iniciativas de mercado socialmente inclusivas que reconocen la dignidad y los derechos de las personas involucradas generan los espacios requeridos para la superación personal y colectiva. Pueden promover, asimismo, la superación de los estigmas sociales asociados a la condición de pobreza en la que se encuentran los SBI.

- **Desarrollo de capital social.** En un sentido similar, la disponibilidad de recursos (afectivos, económicos, políticos, simbólicos, organizativos, etc.) para los SBI puede aumentar significativamente cuando conforman una red duradera sobre la base de la confianza, la reciprocidad y la cooperación mutua. De esta manera, los contactos y la interacción permanentes son los caminos a través de los cuales se accede a mayores recursos, cuya distribución desigual refuerza la exclusión de los menos favorecidos. Por lo tanto, la generación de capital social facilita los proyectos conjuntos, produce la sinergia de capacidades latentes y agrega los intereses individuales que, de otra forma, se encontrarían fragmentados y dispersos[13]. También son importantes la generación de liderazgos y el empoderamiento de los SBI que, entre otras cosas, permiten canalizar y expresar sus demandas; es decir, les proporcionan el derecho a disentir y, de esta manera, evitan que el sistema los margine, someta y excluya[14]. Como es de esperarse, por su naturaleza las iniciativas mercado socialmente inclusivas generan diversos tipos de capital social, a través del fortalecimiento de las relaciones sociales entre las personas que participan de estas iniciativas (*bonding social capital*), o mediante los vínculos que estos grupos establecen con nuevos grupos sociales diversos, con gobiernos locales, empresas, nuevos mercados o clientes (*bridging social capital*)[15].

Como se podrá advertir, en este intento por establecer las fronteras conceptuales de nuestro análisis algunas de estas dimensiones analíticas tienen atributos o componentes que se yuxtaponen y/o intersectan en medidas variables. ¿Se trata de un fenómeno insalvable en la construcción teórica de conceptos? La respuesta tiene que ver, en primer lugar, con el hecho de que el número de nuestras observaciones carece todavía de la masa crítica suficiente para definir concluyentemente cada una de nuestras dimensiones analíticas; y, en segundo lugar, por la presencia difusa de sus componentes en más de uno de los campos de análisis propuestos. Si esto es así, ¿quita validez o convierte en estéril el intento de construir una explicación del valor social que recoja los atributos más recurrentes de la muestra seleccionada? La respuesta es negativa, si no se pierde de vista que se trata de un intento preliminar que puede arrojar luz sobre las principales fuentes que generan valor social en las iniciativas de mercado socialmente inclusivas. Investigaciones posteriores seguramente refinarán nuestra propuesta y permitirán la construcción de un marco conceptual más completo.

Iniciativas de mercado y valor social: una visión de conjunto

¿Cuáles son las principales características de nuestra investigación colectiva que tienen una especial incidencia sobre la generación de valor social?

En primer lugar, cabe destacar la *heterogeneidad de los SBI y de los sectores de la economía involucrados*. Las iniciativas de mercado operan en una gran diversidad de escenarios geográficos de América Latina y España. El panorama incluye desde las más remotas regiones del Altiplano andino hasta las frondosas selvas amazónicas, pasando por los populosos barrios que proliferan en las zonas periféricas de las áreas urbanas o en los centros históricos de las mismas ciudades. Como consecuencia de esta diversidad espacial, las poblaciones de bajos ingresos desarrollan actividades económicas extremadamente variadas que apuntan a superar las barreras antes mencionadas e incidir sobre sus posibilidades de aliviar su situación de pobreza. En efecto, la muestra incluye, por ejemplo, usuarios de servicios eléctricos que formalizan su acceso a este servicio público, lo que les permite recibir beneficios tales como una mayor seguridad en su zona de residencia, un mejor trato y opciones de pago en función de su flujo de ingresos (sistema prepago), como en los casos de AES-EDC y Edenor; criadores de mariposas que son proveedores de estas especies para la exportación a Europa y Estados Unidos por intermedio de CRES; artesanos de la Central Interregional de Artesanos del Perú (CIAP), quienes con la venta de sus productos a través de mecanismos de comercio justo, buscan preservar su identidad cultural y mejorar su calidad de vida, y campesinos que dejan de lado el cultivo ilegal e inestable de la hoja de coca para convertirse en proveedores del lucrativo fruto de palma para la empresa Palmas de Espino en la selva del Perú.

En segundo lugar, observamos la presencia de *los SBI en diversas etapas de la cadena de valor*, desde consumidores y clientes hasta proveedores para empresas más grandes, pasando por dueños de sus propias empresas —personales, familiares o cooperativas—, y productores de bienes o servicios no solo para los mercados locales, sino también para la exportación a países y clientes diversos. De hecho, como se trata más extensamente en el capítulo 5, es claro que las estructuras y procesos de algunas de las organizaciones estudiadas experimentaron adaptaciones de diverso tipo para lograr la conexión con los SBI, sea a través de mecanismos de cooperación y co-gestión en red que dieron lugar a la creación de nuevas interacciones entre, por ejemplo, el supermercado venezolano Cativen y la comunidad de agricultores de bajos ingresos de la zona de Timotes, o mediante cadenas de valor gestionadas unilateralmente, como en el caso de la empresa transnacional mexicana Cemex, interesada en promover la autoconstrucción de vivienda a partir de un programa de ahorro y microcrédito materializado en la constitución de Construmex, iniciativa que canaliza los recursos de migrantes mexicanos en Estados Unidos hacia la compra de materiales para la construcción.

Finalmente, se advierte una notable *diversidad en los tipos y grados de valor social generado por estas iniciativas*. No todas las iniciativas de mercado aquí analizadas apuntan a generar los mismos tipos de valor y, de hecho, no todas logran sus objetivos. Algunas logran desarrollar una densa red de interacciones que promueve la creación de capital social en su ecosistema, sin producir un cambio significativo en el acceso a nuevos bienes o servicios; otras, en cambio, construyen ciudadanía y devuelven la dignidad a sus miembros sin conseguir mejoras significativas en las dimensiones más tangibles de su bienestar material. Volveremos sobre este punto más adelante, cuando examinemos las dimensiones intangibles en la generación de valor social.

La mayoría de las iniciativas de mercado socialmente inclusivas estudiadas se encuentran todavía en etapas muy tempranas de su desarrollo. Sin embargo, es importante analizar con mayor detalle sus avances en la generación de valor social en cada uno de los cuatro vectores mencionados. Las siguientes secciones están dedicadas a esta tarea.

Gráfico 10.1
Relación de los SBI con las iniciativas de mercado socialmente inclusivas y tipos de valor social producido

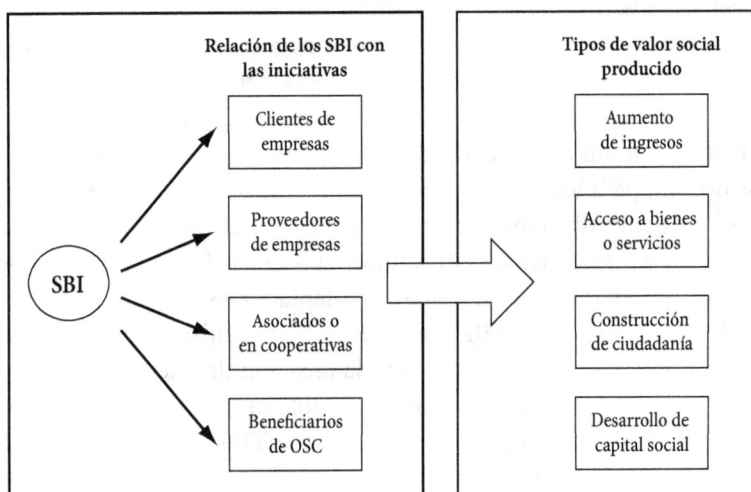

Relación de los SBI con las iniciativas	Tipos de valor social producido
Clientes de empresas	Aumento de ingresos
Proveedores de empresas	Acceso a bienes o servicios
SBI → Asociados o en cooperativas	Construcción de ciudadanía
Beneficiarios de OSC	Desarrollo de capital social

Aumento de ingresos: expandir las opciones de vida

En el largo plazo, la creación de valor social siempre tiene consecuencias económicas que favorecen a los SBI en mayor o menor medida[16]. Sin embargo, en esta sección solo se analizarán las distintas formas en que las iniciativas de mercado socialmente inclusivas de la muestra inciden en el aumento de ingresos de los SBI de manera directa, o como una consecuencia inmediata de dichas actividades. En más de la mitad de los casos, existe el propósito explícito de aumentar los ingresos de sus beneficiarios; no obstante, sus resultados han sido muy variados. En primer lugar, se presentarán los casos en los cuales los SBI han logrado superar su situación de pobreza, seguidos de aquellos otros en los que un horizonte similar es posible en el mediano o largo plazo. A continuación, se analizarán otros casos en los que, si bien el aumento de los ingresos no es suficiente para alcanzar la superación definitiva de la pobreza, sí contribuye a mitigarla en el corto plazo. Por último, se discutirán los casos de empresas que venden a los SBI bienes que ya consumen, o productos sustitutos a mejores precios, lo que les permite generar un ahorro que se traduce en un aumento de su ingreso disponible.

Existen tres casos emblemáticos en los cuales los grupos involucrados han logrado generar ingresos suficientes como para superar definitivamente la pobreza. En Agropalma, empresa agroindustrial brasileña que fabrica productos oleaginosos sobre la base de la palma aceitera, el 80% de las 150 familias que dejaron sus cultivos tradicionales y de subsistencia para participar como productoras y proveedoras de parte del fruto que Agropalma utiliza como materia prima, mejoró su ingreso mensual de aproximadamente US$27 en 2001 a US$345 en 2005. Esta notable mejoría se evidencia en el optimismo de uno de los beneficiarios del proyecto que estaba acostumbrado a las privaciones típicas de las zonas rurales de los países en desarrollo: "Mi familia no pasa más necesidades. Tenemos perspectivas de futuro".

De manera similar, en CRES los SBI participan como proveedores de las mariposas que exporta la empresa, lo que ha permitido que los casi 150 pobladores de bajos ingresos que se aventuraron a su crianza hayan podido, desde inicios de la década de 1990, duplicar y hasta triplicar sus ingresos durante un período de 15 años. Como relata uno de los criadores, el aumento de sus ingresos ha mejorado su calidad de vida: "Entré al negocio de las mariposas por mi suegro (…) De andar en bicicleta pasé a tener moto y celular, pude pagar una deuda que tenía, y luego pude hacer mi casa. No hace mucho vendí la moto y me compré un auto".

En ambos casos, el mecanismo común que permitió dejar la situación de pobreza ha sido la consolidación del vínculo comercial de los SBI como proveedores —sin intermediarios— de una empresa que constituye un mercado asegurado para sus productos y que los protege frente a la especulación de precios que se produce bajo un esquema de trabajo informal.

Algo parecido puede decirse de Apaeb, una asociación regional brasileña creada en 1980 por productores de sisal con el objetivo de eliminar a los intermediarios en la comercialización de sus productos. Este caso es particularmente interesante porque se trata de una organización conformada por los propios SBI, organizados sin la intervención de terceros. Los ingresos de sus asociados —que ahora superan los 700 miembros—, aumentaron entre 400% y 600% en los últimos 20 años, especialmente durante la década de 1990, como consecuencia de la industrialización y exportación de sus productos. Apaeb generó ingresos de US$8,7 millones en 2005, principalmente debido a la exportación de alfombras y tapices de sisal que se producen en una fábrica de su propiedad. Gracias a su éxito como productores de sisal y fabricantes de alfombras, los SBI han podido salir de la pobreza y promover el desarrollo de toda su localidad, beneficiando a más de 4.500 familias en una región caracterizada por la pobreza, el abandono, la sequía y la falta de oportunidades.

Aun cuando se trata de experiencias todavía embrionarias, un grupo menor de organizaciones, que se encuentran entre aquellos casos que buscan producir resultados económicos, también demuestra algún potencial para generar suficientes ingresos que permitirían a los SBI salir de su condición actual de pobreza en el mediano o en el largo plazo. El ejemplo más avanzado podría ser el de Palmas del Espino, una empresa agroindustrial que tiene un proyecto similar al de Agropalma en la selva de Perú, pero que todavía está planteado bajo la expectativa del aumento de ingresos proyectados hacia el futuro, pues la cosecha del fruto de palma de los SBI se inició recién a fines de 2007. El aumento de ingresos de las más de 50 familias del caserío José Carlos Mariátegui que abandonaron el cultivo de la hoja de coca para sembrar palma en 2003 y vender su producción a la empresa está ocurriendo desde hace muy poco tiempo —con la primera cosecha después de cuatro años de la siembra— pero será mucho más significativo una vez cancelado el crédito que se tomó para financiar el proyecto, es decir, a partir de 2013.

Existe otro grupo de casos en los que la generación de ingresos de los SBI alivia su precaria situación económica aunque, a diferencia de los ejemplos presentados hasta ahora, no favorece la superación de la pobreza. Dicho en otros términos, se trata de actividades que permiten generar un ingreso adicional limitado, estabilizar su flujo o asegurarlo de manera más permanente, pero sin que ello suponga dejar de formar parte de los SBI, ni siquiera en el mediano o largo plazo, o cambiar su situación de pobreza relativa.

En este grupo, la mayoría de los casos que exhiben los mejores resultados relativos corresponde también a iniciativas de empresas —como Cativen en Venezuela, Hortifruti en Costa Rica e Irupana en Bolivia— que se articulan con los SBI como proveedores agrícolas, constituyendo su principal y casi única fuente de ingresos. En efecto, Cativen y Hortifruti son dos cadenas de supermercados que comercializan productos perecederos y frescos comprados directamente a sus productores (SBI), entre los que promueven programas para mejorar sus procesos, ofrecer productos de mayor calidad y, por lo tanto, aumentar sus ingresos. La eliminación de intermediarios, la seguridad en el pago y el programa de nuevas técnicas de embalaje que reducen las mermas o la recolección directa de los productos a cargo de las empresas también han permitido una mejora notoria en los ingresos de los pescadores y los agricultores de hortalizas y frutas. Como lo recuerda el director de desarrollo agrícola de Hortifruti:

> Los agricultores estaban acostumbrados a usar la caja de madera que era poco duradera, antiséptica, antihigiénica y provocaba heridas a la fruta y las personas (...) A los tres años ya teníamos al 80% de los agricultores proveedores de Hortifruti trabajando con caja plástica, y hoy en día es un 100% (...). El mayor beneficio fue que para ese tiempo la merma que se provocaba entre la cosecha, la clasificación, el embalaje, el transporte, la llegada a la planta y la colocación en anaquel era de alrededor del 25%. Hoy día esa merma no llega al 5%; antes la fruta era tocada por 10 o 15 manos, ahora es tocada por 2 o 3. Esto permitió pagarle más al productor y recibir más cantidad de cosecha, porque ese 25% se botaba.

Irupana, a su vez, exporta productos agrícolas orgánicos que compra a pobladores rurales de Bolivia, y paga un 20% por encima del precio de mercado con el doble objetivo de fidelizar a sus proveedores, y promover la mejora continua y la estandarización de sus productos. Bajo denominaciones como "comercio justo" y "producto orgánico", que también le permiten obtener precios superiores a los de otros productos similares que carecen de estos atributos, sus productos están dirigidos a nichos de mercado que valoran las cualidades sociales y ambientales de los procesos productivos, así como el bienestar de los actores que intervienen en los mismos. Las familias proveedoras de Irupana obtienen, en promedio, la mitad de sus ingresos por vender su producción a esta empresa, por lo que sus ingresos globales han aumentado alrededor de 10%.

Un interesante caso de minería artesanal es el de la Corporación Oro Verde. Se trata de un modelo de negocio que busca articular la red de extracción artesanal del oro, propia de la comunidades de base de la región del Chocó, en Colombia, con los mercados nacionales e internacionales, incursionando en nichos de comercio justo y/o ambientalmente responsables, a través de una organización sin fines de lucro. Mediante la creación y estandarización de criterios económicos, sociales y ambientales, el oro y el platino son certificados como metales Oro Verde, por los cuales la Corporación paga a los mineros artesanales una prima de 2% sobre el precio internacional de cada metal. Pese a que se trataría de un modelo productivo en crecimiento, todavía demanda apalancamiento de recursos provenientes de la cooperación internacional y depende de subsidios, aunque se espera que estos disminuyan progresivamente en los próximos años.

La mayoría de los otros casos que permiten aliviar parcialmente la situación de pobreza de los SBI mediante la generación de ingresos corresponde a cooperativas o asociaciones de los propios SBI, ninguna de las cuales ha tenido el éxito de Apaeb, por razones que se explican en otros capítulos. De los seis casos que completan este grupo, la mitad comprende organizaciones de reciclaje cuyos miembros, en el mejor de los escenarios, logran generar un salario mínimo o hasta un 20% de ingreso adicional respecto de lo que percibe un recolector de residuos que trabaja por su cuenta. Otras dos organizaciones corresponden a grupos de artesanas y artesanos que producen otras formas de valor social con mayor impacto que el magro aumento de los ingresos que logran obtener sus miembros. Una mención aparte merecen los tres casos españoles de organizaciones sin fines de lucro (Andròmines, Fundación Futur y La Fageda) que se dedican a la reinserción laboral de personas en situación de pobreza relativa, exclusión sociolaboral o riesgo de exclusión, sobre cuyas particularidades volveremos más adelante. Si bien permiten que personas marginadas de la sociedad generen ingresos o los aumenten, el énfasis de estas iniciativas está asociado con otras formas de valor social.

Por último, cabe señalar que en la muestra existen 12 casos en los que los SBI son considerados como clientes o consumidores por las empresas. Estas iniciativas no producen un aumento nominal de los ingresos de los SBI, pero sí pueden aumentar sus ingresos disponibles si logran disminuir los precios de los bienes o servicios que compran habitualmente. Entre los casos más significativos figura el de los supermercados Palí, que operan en Costa Rica y Nicaragua. Su sistema de comercialización permite a sus clientes un ahorro promedio de 15% en compras de abarrotes respecto de los demás supermercados convencionales y, si se tiene en cuenta que la mayor parte del presupuesto familiar de los SBI corresponde al gasto en alimentos[17], este ahorro podría llegar a ser importante. De manera similar, la empresa Aguaytía ha permitido que los SBI tengan ahorros muy significativos en combustible para transporte y de uso doméstico gracias a su esfuerzo por cambiar la matriz energética en su zona de influencia, la selva peruana, al promover el consumo del gas licuado (GLP), cuyo precio equivale a casi la mitad del de la gasolina. Algunos estimados señalan que los SBI gastan más del 80% de sus ingresos solo en alimentos, vestido y combustibles[18].

En consecuencia, sobre la base de los 33 casos seleccionados para ejemplificar las diferentes formas que adoptan los negocios con o para los SBI en América Latina y España, se puede afirmar que el modelo que logra los mejores resultados en el aumento de ingresos de los SBI es el que los articula como proveedores de una empresa, particularmente desde el sector agrícola —o sectores vinculados— en zonas rurales. Estos hallazgos son consistentes con la tesis de que las estrategias más efectivas para aliviar la pobreza suponen una mejora del ingreso real de los SBI de manera directa, lo que puede lograrse ofreciéndoles oportunidades para desarrollar nuevas actividades y supone verlos no solo como consumidores sino fundamentalmente como productores[19]. En casi todas las demás iniciativas, el aumento de ingresos es tan exiguo que, de no producirse cambios en las otras dimensiones analizadas, el impacto que se generaría en las condiciones de vida de los SBI sería poco significativo.

Las propias empresas que compran como materia prima la producción de los SBI son, en su mayor parte, las responsables de impulsar estas iniciativas, de promover la organización de sus proveedores y de proporcionarles capacitación, asesoría técnica u otros servicios necesarios para mantener con ellos una relación funcional. Insertar a los SBI como proveedores de cadenas productivas eficientes y eficaces los obliga a alcanzar y mantener altos estándares de calidad y cumplimiento para seguir colocando sus productos. El aumento de ingresos es significativo porque los campesinos abandonan la agricultura tradicional o de subsistencia para dedicarse a cultivos o actividades mucho más rentables, o aprenden y aplican nuevas técnicas que mejoran su productividad de manera considerable. Asimismo, la relación directa de los SBI con las empresas que compran sus productos les permite aumentar y estabilizar sus ingresos gracias a la eliminación de intermediarios y al acceso a un mercado que, aunque es exigente, está prácticamente asegurado. No deja de ser interesante, además, considerar el factor geográfico. Que los productores estén ubicados o no en las zonas aledañas a dichas empresas parece no ser un factor determinante para el éxito de las iniciativas, a la luz de los resultados obtenidos por CRES, Irupana, Cativen y Hortifruti, que tienen proveedores en diferentes regiones de los países en los que operan. La dispersión y el aislamiento geográficos estarían superándose con la implementación de eficientes cadenas de comercialización desde las empresas. Sin embargo, Agropalma y Apaeb —dos de los tres casos más exitosos— así como Palmas del Espino, tienen a sus proveedores directamente en su zona de influencia. En todo caso, se necesitan mayores investigaciones para determinar la importancia relativa de la ubicación geográfica de las iniciativas y sus beneficiarios en el éxito de este tipo de proyectos.

En los demás casos de la muestra examinada, los mecanismos de mercado por sí solos no ofrecen un camino claro para salir de la pobreza a través del aumento de ingresos, ni tampoco para generar ingresos adicionales suficientes que mejoren significativamente la calidad de vida de los SBI. Esto no implica, sin embargo, que estas iniciativas no generen otros tipos de valor social que, como se verá más adelante, son esenciales en el esfuerzo de superar las profundas desigualdades y los distintos tipos de exclusión social que sufren estas poblaciones.

Acceso a bienes o servicios: mejorar la calidad de vida

Esta categoría es complementaria de la anterior, si consideramos solo los 15 casos de la muestra que tienen como objetivo explícito favorecer el acceso de los SBI a determinados bienes o servicios. En todos ellos, se alcanza el resultado de mejorar la calidad de vida de los SBI como consecuencia directa o inmediata de los diferentes negocios inclusivos o emprendimientos sociales analizados, aunque con diferencias notorias tanto entre los modelos de negocio como en el tipo y la importancia del bien o servicio ofrecido. En 13 de los 15 casos se trata de empresas que tienen clientes entre los SBI, a los que ofrecen desde servicios médicos o servicios públicos —como electricidad y gas— hasta materiales de construcción, alimentos y otros bienes de consumo como electrodomésticos, pasando por el microcrédito. De estas empresas, solo tres se orientan prioritariamente a los SBI: Cruzsalud y Comunanza de Venezuela, que brindan atención médica bajo la modalidad del prepago y microcrédito, respectivamente, y supermercados Palí, con operaciones en Costa Rica y Nicaragua.

A diferencia de los demás casos de organizaciones que también ofrecen sus bienes o servicios a los SBI, Cruzsalud se ha dirigido exclusivamente al mercado de bajos ingresos para cubrir una demanda insatisfecha de servicios de salud, volviendo más accesibles la atención médica y las medicinas, y fraccionando su valor a lo largo del tiempo, lo cual permite a los SBI planificar y anticipar estos gastos. La existencia de esta organización ha permitido el acceso de ambulancias a barrios urbanos marginales, así como la posibilidad de recibir visitas médicas domiciliarias en lugares donde antes no se contaba con estos servicios. Esta novedad ha tenido un claro impacto en la calidad de vida de los clientes de Cruzsalud, quienes han disminuido sus índices de morbilidad por la oportuna y efectiva atención médica que ahora reciben, lo que se traduce además, por ejemplo, en una reducción de las inasistencias al trabajo. Comunanza ofrece microcrédito para empresarios de subsistencia. Si bien cobra la tasa más alta del mercado formal —que en Venezuela equivale al 28% de interés anual más comisiones—, tiene clientes que antes solo podían acudir a prestamistas informales para satisfacer sus necesidades de financiamiento, y pagaban tasas de hasta 170% de interés anual. Si bien sus clientes no son necesariamente de bajos ingresos, la cadena de supermercados Palí atiende a grupos sociales localizados en zonas rurales que antes no compraban en supermercados porque no existía este tipo de oferta, y sus precios reducidos son más baratos o similares a los de las ferias y mercados tradicionales, pero con una calidad superior de servicio, que garantiza una mayor seguridad, higiene e inocuidad de los productos.

Los otros 10 casos que completan el grupo de empresas con fines de lucro que han integrado a los SBI en el último eslabón de la cadena productiva-comercial, es decir, como clientes finales, corresponden principalmente a grandes empresas con una antigua presencia en el mercado y cuyas actividades están principalmente dirigidas a públicos con mayor capacidad de gasto. Sin embargo, atienden también a los SBI como una forma de ampliar su mercado, crear nuevos nichos de consumo o corregir prácticas ineficientes de comercialización, pero sin descuidar sus objetivos de obtener rentabilidad y mantener la eficiencia. No debe de extrañar entonces que la principal inversión realizada por estas organizaciones sea la remoción de las barreras que impiden a los SBI acceder a sus productos o servicios.

Cuatro de los casos estudiados son empresas proveedoras de energía. AES-EDC y Edenor han expandido o formalizado la distribución de energía eléctrica mediante sistemas prepago y otras medidas que, en el último caso, implicaron la instalación gratuita de medidores. Un grupo de sus nuevos clientes, que formaban parte de SBI, accedió por primera vez al servicio público de energía eléctrica mientras que otro grupo se formalizó, liberándose del riesgo de accidentes por las conexiones ilegales y de los frecuentes desperfectos que sufrían sus artefactos eléctricos, además de racionalizar el uso del servicio. Gas Natural BAN, en Argentina, colaboró con la instalación de la red para atender a los SBI, quienes no podrían haber asumido su costo total, a pesar de que este sistema de distribución les permite acceder al gas natural a un menor precio. Si bien prima el interés comercial, ello no resta relevancia al impacto social generado por el acceso al mercado que estas iniciativas representan para los SBI. Como enfatiza el gerente de marketing y coordinación comercial de Gas Natural BAN: "Podríamos habernos quedado con los clientes que teníamos, pero fue una decisión estratégica para el crecimiento apuntar a sectores de menores recursos".

Del mismo modo, Aguaytía del Perú ha invertido recursos destinados a cambiar la matriz energética de su zona de influencia en la selva, con el fin de que los SBI consuman GLP en vez de gasolina para el transporte en taxis, moto-taxis y pequeñas embarcaciones, o en reemplazo de la leña, el principal combustible que utilizan los SBI para cocinar[20]. Para lograr este objetivo, la empresa ha asumido el costo de la conversión de motores a GLP, así como de la distribución de cocinas gratuitas o a precios subsidiados. Adicionalmente, para asegurar la continuidad de la demanda y la regularidad en el pago de los servicios recibidos, las empresas invierten en la fidelización de sus clientes, lo que puede traer consigo mayores beneficios adicionales para los SBI.

En los cinco casos restantes en los que los SBI son clientes de empresas, estos acceden a una diversidad de productos mediante el crédito. Si bien solo dos casos de toda la muestra se dedican específicamente a las microfinanzas (Empresario Azteca en México y la ya mencionada Comunanza en Venezuela), son varias las experiencias que han convertido a los SBI en sujetos de crédito de manera indirecta, como una llave de acceso a otros activos, entre ellos, por ejemplo, sistemas modernos de riego que mejoran la productividad de agricultores pobres, que serían proveedores de una cadena de supermercados, como en el caso de Amanco en México, o materiales de construcción para mejorar sus viviendas que, en el caso de la también mexicana Construmex, se pueden garantizar con el flujo de remesas enviadas desde el exterior por familiares de los beneficiarios. En dos casos colombianos también se recurre al crédito para la adquisición de productos de consumo como, por ejemplo, cerámicas de bajo costo para casas en Colcerámica, las que de otro modo no serían accesibles para los SBI, o productos electrodomésticos de Codensa, financiados con un crédito blando.

El impacto de estas iniciativas es narrado por uno de sus beneficiarios en los siguientes términos:

> Saqué un crédito en Codensa porque me pareció muy fácil, ya que en varias ocasiones estuve buscando en otros lados y no lo pude conseguir, me pedían muchos fiadores, cuota inicial y yo no tenía en ese momento la plata para darla. Necesitábamos una nevera en la casa. Con tres documentos me la entregaron. Cuando llegó la nevera mi mujer saltó de la dicha.

De igual manera, una beneficiaria del programa de microcrédito Empresario Azteca cuenta: "Obtuve un crédito para comprar dos máquinas de coser para que mis hijas me pudieran empezar a ayudar. Las máquinas se fueron pagando solas y más adelante pude comprar otra en efectivo. La verdad es que si no se hace a crédito, no se hace nada".

La idea de "vender bienes o servicios a los pobres", especialmente a quienes no cubren sus necesidades básicas, ha sido criticada y cuestionada desde perspectivas éticas[21], pero también fundamentada desde una perspectiva económica[22]. Sin embargo, como señalan Hammond et al.[23], es un hecho que prácticamente todas las familias —pobres o no— intercambian dinero o fuerza de trabajo para satisfacer sus necesidades. También es fácil comprobar que los SBI tienen importantes necesidades básicas insatisfechas y que frecuentemente pagan precios más altos que otros consumidores, debido a la llamada "penalidad para los SBI" que consiste en precios más altos, menor calidad o falta de acceso a diferentes bienes y servicios para esta población[24]. El ingreso de nuevas empresas en determinados mercados puede incentivar la competencia y bajar los precios pero, si bien esto mejoraría las condiciones de vida de los SBI, es improbable que los aleje de su situación de pobreza, con la excepción de algunos casos exitosos de microcrédito. Además, cabe señalar que la reducción de precios podría estar directamente vinculada con una disminución en la calidad de los productos o servicios ofrecidos —si es que no se reducen las ganancias y/o los costos o no hay una mejora tecnológica significativa—, aunque algunos autores advierten que, en determinados casos, el compromiso entre calidad y costo podría ser aceptable para los SBI, siempre que estén informados del mismo[25].

También existen organizaciones de la sociedad civil que tienen como objetivo que los SBI accedan a alguno de sus bienes o servicios. El Instituto Nacional de Capacitación Profesional (Inacap) de Chile ofrece educación superior de calidad, sin pruebas de admisión, para sectores que de otra manera no podrían recibirla debido a las grandes brechas que existen entre los servicios privado y público de educación escolar. De hecho, la gran mayoría de alumnos de escuelas públicas está excluida de otras alternativas de formación superior, profesional o técnica, puesto que es altamente improbable que superen los exámenes de admisión correspondientes. Para que el acceso no esté limitado por carencia de recursos, Inacap ofrece alternativas para que sus alumnos financien su educación a través de convenios para otorgar becas o créditos. Otra organización que permite el acceso de los SBI a bienes es el Ejército de Salvación en Argentina, que se dedica a la recolección de ropa, muebles, electrodomésticos y libros usados o de segunda mano, que luego ofrece a los SBI a precios muy reducidos y, en algunos casos excepcionales, mediante alternativas de pago flexibles. Un aspecto menor pero revelador de la cooperativa española La Fageda es que, además de realizar actividades productivas con sus socios y empleados, discapacitados mentales, ofreciéndoles una forma de terapia ocupacional, también brinda servicios asistenciales como la gestión de viviendas tuteladas.

Otro caso en el que se produjo una transformación visible en la calidad de vida de los SBI, evidenciada en el acceso a productos, es el de Apaeb, que se ha convertido en el principal actor económico del municipio de Valente (estado de Bahía) y se ha diversificado hasta abarcar diferentes actividades productivas agropecuarias, artesanales, educativas, culturales, de esparcimiento y de comunicación en su zona de influencia. Aunque los bienes y servicios a los que ahora accede esta población no eran un objetivo explícito de la organización, pues van mucho más allá de los directamente vinculados con el cultivo, la industrialización y la exportación del sisal y sus derivados, podría considerárselos en este grupo porque su origen se debe al éxito y a la diversificación de la iniciativa original, es decir Apaeb, que beneficia directamente a sus miembros y su comunidad. Finalmente, cabe mencionar que algunos otros casos que podrían haberse incluido en esta categoría no han sido considerados debido a que los bienes o servicios a los que acceden los SBI no se derivan directamente de las iniciativas sino, por ejemplo, del aumento de sus ingresos, de la sola presencia de una empresa en determinada región —aunque no hubiera interactuado directamente con los SBI— o son servicios vinculados con la producción, como la capacitación o asesoría técnica.

Las estrategias de productos de bajo costo, el pago fraccionado o por adelantado de los servicios, así como el crédito para adquirir diversos productos y servicios han permitido a los SBI mantener el control sobre su consumo. Podría afirmarse que el aporte de valor social más importante generado por las iniciativas de este grupo de empresas es la expansión en el acceso a productos y servicios, muchos de los cuales no estaban disponibles previamente, no podían ser adquiridos por los SBI o, como en el caso de la energía, se disponía de ellos de manera irregular. De todos modos, ahora más personas acceden a ellos gracias a que se ha encontrado la manera de abaratarlos, financiarlos o facilitar su acceso. La integración de los SBI al mercado y el aumento de sus posibilidades de elección como consumidores puede considerarse un beneficio[26] que supone una mejora en su calidad de vida, porque evita que recurran a alternativas informales, ineficientes, costosas, de mala calidad, en algunos casos ilícitas —como el uso clandestino de energía a través de la instalación de cables no autorizados—, e incluso perjudiciales para el medio ambiente y la salud, tal como ocurre con el uso de combustibles contaminantes o la exposición diaria a la combustión de leña.

Cabe precisar que en estos casos, quizás con algunas excepciones, todavía no se está llegando a los sectores más pobres sino a un segmento de los SBI que sufren menos privaciones[27]pues, por lo menos, deben tener la capacidad de pagar por los productos y/o servicios que adquieren, aunque lo hagan a precios reducidos, de manera fraccionada o con algún otro tipo de facilidades de pago. De hecho, los SBI no constituyen una población homogénea sino que también pueden clasificarse en diferentes estratos, razón por la cual hay autores que sostienen que para los segmentos más bajos de los SBI las alternativas de mercado para superar la pobreza no están disponibles o son insuficientes[28].

Otros cuestionamientos respecto de la aproximación hacia los SBI con intereses comerciales señalan que, dado que su ingreso no aumenta, la adquisición de nuevos productos implica necesariamente renunciar a otros y que, en consecuencia, podría desincentivarse el consumo de los bienes que satisfacen las necesidades básicas más importantes de nutrición, educación y salud[29]; o que, en vez de satisfacer demandas no atendidas, podrían estarse creando nuevas "necesidades" previamente inexistentes[30]. En todo caso, es claro que a los SBI les corresponde realizar sus propias decisiones de consumo, sin ser sometidos a ningún tipo de paternalismo[31]. No obstante, teniendo en cuenta que la adquisición de bienes o servicios compromete sus recursos, sería racional esperar que se priorice la cobertura de sus necesidades básicas insatisfechas o aquellas asociadas a la nutrición, salud y educación. Disponer de más opciones, sin duda, mejora el bienestar de los consumidores informados pero, en la práctica, el aumento de opciones no cambia significativamente la situación de pobreza de los SBI[32]. Si bien las preferencias de cualquier grupo pueden ser influenciadas, los pobres suelen ser más vulnerables debido a sus privaciones —educativas, económicas, etc.— y su limitado acceso a la información. En cualquier caso, las consecuencias de una mala decisión de consumo tendrán siempre peores consecuencias para los SBI[33].

Construcción de ciudadanía: restituir los derechos de los SBI

De manera sencilla, la ciudadanía podría definirse como el ejercicio pleno de los deberes y derechos de las personas en igualdad de condiciones; sin embargo, como veremos a continuación, pueden existir niveles desiguales en los diferentes aspectos de la ciudadanía: el político, el económico y el ambiental, entre otros. La ciudadanía política supone poseer un sentimiento de pertenencia a una comunidad de iguales y obtener el reconocimiento de la misma[34]. La ciudadanía económica, en cambio, está referida al derecho de todas las personas de gozar de un nivel de vida adecuado que satisfaga sus necesidades básicas de alimentación, vestido y vivienda[35]. Por último, la incorporación de las preocupaciones ambientales y sobre los recursos no renovables en el conjunto de deberes y derechos de las personas parece estar configurando una tendencia que algunos llaman ciudadanía ambiental[36]). Un tercio de los casos de la muestra tiene objetivos explícitos que apuestan por construir alguna de las formas de ciudadanía mencionadas de manera directa, pero un número importante de otros casos consigue resultados similares indirectamente.

La construcción de ciudadanía política más evidente es la que se registra en las cooperativas o asociaciones de recicladores de Colombia, Brasil y, en menor medida, Argentina. La organización de estos grupos fue necesaria inclusive para sobrevivir, pues durante la década de 1980 sus vidas estaban amenazadas por acciones de "limpieza social" contra los recicladores y habitantes de la calle que, en parte debido a la constitución de estas organizaciones, ya han sido erradicadas. Asmare es una asociación brasileña de recicladores que trabaja con poblaciones marginales y que, como parte de sus actividades, defendió a sus beneficiarios de las llamadas "operaciones limpieza" emprendidas por las autoridades para erradicar de las calles a las personas sin techo, empleando para ello métodos violentos, como se detalla en el dramático testimonio de uno de sus miembros:

> La policía nos atacaba de madrugada, llegaban para llevarse lo poco que teníamos —desechos, papel, etc.— (…) La Asociación fue creada por esa discriminación, ese sufrimiento, esa violencia contra nosotros (...) Asmare trabaja para las personas que perdieron todo, que están en la calle, no tienen vivienda o ni siquiera saben lo que es ser ciudadano. No porque no quieran, sino porque la sociedad se lo ha negado todo el tiempo.

En la muestra estudiada, una situación similar ocurría en Colombia antes de la creación de la Cooperativa de Recicladores Porvenir. Estos casos extremos, en los que la vida de los beneficiarios estaba en riesgo, ponen en evidencia la importancia del reconocimiento social de las personas menos favorecidas, cuya situación de pobreza y vulnerabilidad incluso les puede impedir el ejercicio de sus derechos ciudadanos más básicos. Actualmente, la Asociación de Recicladores de Bogotá, que incluye a Porvenir, ha organizado y capacitado a más de 3.000 recicladores, además de dedicarse a la incidencia política, representando a los recicladores y gestionando ante el Estado el reconocimiento de la legitimidad de su actividad. La organización de los recicladores permite, en algunos casos, una movilidad social ascendente en la forma de acceso a actividades o nuevos empleos considerados más dignos que el de reciclador.

Como el resultado económico de la recuperación de residuos no es muy significativo, a pesar de que los SBI se emancipan de intermediarios inescrupulosos, el valor social más relevante de las iniciativas de reciclaje, que es prácticamente exclusivo de las mismas —o, al menos, no es evidente en los demás casos—, corresponde a mejoras intangibles, es decir, al rescate de la ciudadanía y de la dignidad de las personas involucradas en esta actividad. El caso de los Recolectores del Bío-Bío es similar al de los recicladores aunque con mejores resultados económicos. En vez de trabajar con residuos sólidos lo hacen con frutos, vegetales y hierbas medicinales que recogen de los campos forestales al sur de Chile, y les añaden valor al deshidratarlos, envasarlos y comercializarlos sin intermediarios. El componente de visibilización y dignificación de este tipo de trabajo es también significativo; de hecho, gracias a su reconocimiento social es que obtienen la autorización para ingresar a los campos forestales donde trabajan. En la mayoría de los casos relevantes para esta categoría se destaca explícitamente la recuperación de la dignidad y la autoestima de los SBI involucrados, especialmente cuando se trata de organizaciones de la sociedad civil o cooperativas y asociaciones de los propios SBI. Como contrapartida, es revelador que los principales vacíos respecto de las mejoras intangibles se evidencien en los casos de las empresas que han incorporado a los SBI como clientes.

La visibilidad y el reconocimiento sociales también son importantes en otros casos. Por ejemplo, Cristóbal Colón, fundador y presidente de La Fageda, enfatiza uno de los logros más importantes de la organización que lidera: "Hemos dado visibilidad y normalidad a los enfermos mentales. Hemos demostrado que los 'tontos' del pueblo podemos dar un servicio a la comunidad". De esta manera, contribuye a la restitución de la dignidad humana para los discapacitados mentales que son comúnmente marginados de la sociedad. En un ámbito análogo, cabría destacar el cabildeo político de la CIAP para aprobar la ley del artesano tradicional, cuyo propósito es promover condiciones más favorables para esta actividad en Perú, la cual es principalmente realizada por micro o pequeñas empresas no siempre legalmente constituidas. La "voz" que le otorga su organización a nivel nacional le permite llegar a audiencias que, de manera atomizada, serían imposibles de alcanzar para los artesanos.

Se puede contribuir a la construcción de la ciudadanía económica, tal como ha sido definida, desde diversos ángulos. Un conjunto de casos lo hace a través del fomento y ejercicio del derecho al trabajo para grupos poblacionales marginados; en otros casos, los SBI indocumentados obtienen recibos o facturas por servicios que acreditan su identidad pública, lo que facilita su acceso al crédito. La ciudadanía económica también se construye, como contrapartida del acceso a bienes o servicios, cuando se vincula o conecta físicamente a los SBI y sus productos con los mercados en los que pueden venderlos.

A la primera categoría corresponden las iniciativas de inserción sociolaboral de personas vulnerables, marginadas o excluidas, destacándose los tres casos españoles: Andròmines (recolección y venta de ropa usada), Futur (servicios de alimentación) y La Fageda (producción de derivados lácteos). Si bien los beneficiarios de estas iniciativas no necesariamente son estrictamente pobres, en los dos primeros casos se trata de personas que se encuentran en una situación de pobreza relativa y exclusión social (ex presidiarios, personas con problemas de toxicomanías o alcoholismo, personas sin hogar, mujeres maltratadas o con carga familiar, gitanos, inmigrantes, desempleados de larga duración o de edad avanzada, entre otras), y en el último caso se trata de discapacitados mentales que en la práctica no tienen otra alternativa para generar ingresos. Con el fin de lograr sus objetivos, estas organizaciones tienen que superar los prejuicios y costumbres de los consumidores potenciales de sus productos o servicios, razón por la cual en la mayoría de los casos atienden a ONG o instituciones que valoran el componente social de sus esfuerzos.

La única iniciativa de la muestra orientada específicamente a la inserción laboral en América Latina sí está dirigida a los SBI típicos. En Chile opera la empresa Activo Humano, "el *headhunter* de los pobres", que suple las deficiencias de las oficinas municipales de intermediación laboral de ese país. Otros dos casos que suponen, indirectamente, la inserción al mercado laboral para personas previamente marginadas y consideradas poco o nada "empleables" son Coopa-Roca en Brasil y Explorandes en Perú. En el primer caso, se trata de una cooperativa que organiza el trabajo de mujeres con poca o nula calificación, de edad avanzada o madres que no pueden abandonar sus responsabilidades domésticas, y constituye para muchas de ellas la única alternativa laboral disponible. Como indica una de las artesanas: "Estoy separada hace dos años y antes el dinero era un complemento; sin embargo, hoy día intento sobrevivir con ese dinero", a pesar de la pequeña escala de la iniciativa y los limitados beneficios económicos que genera para sus beneficiarias. Explorandes, en cambio, es un gran operador de turismo de aventura involucrado en un proyecto de turismo ecológico con una comunidad tradicionalmente excluida del circuito turístico clásico a la que capacita y para la cual genera una alternativa de diversificación del ingreso.

Los tres casos de incorporación de los SBI a la red de distribución de energía (gas y electricidad) han dado como resultado indirecto la formalización de sus propiedades o que estos nuevos clientes accedan a créditos en el sistema bancario gracias a que ahora poseen una identidad verificada, y gracias también al cobro de los servicios mediante una factura que vincula al ciudadano, antes indocumentado, con su lugar de residencia. Esta externalidad positiva favorece el ejercicio de la ciudadanía económica de los SBI y se repite en varios otros casos, como el de los clientes de Codensa que, mediante la compra a plazos de un electrodoméstico, se han creado un historial crediticio que les permite acceder más fácilmente al resto de los servicios del sistema financiero. Comunanza ha ido aún más lejos ya que, por ejemplo, algunos de sus clientes que reciben microcréditos son inmigrantes indocumentados que, en cualquier otra institución financiera, tendrían barreras a la entrada para el ejercicio de sus derechos económicos. Como la mayoría de los SBI no está integrada al mercado y la economía globales tampoco se beneficia de ellos[37]. Por esta razón, el vínculo de los SBI con los mercados es una forma de favorecer el ejercicio de su ciudadanía económica. Varios casos promueven este tipo de ciudadanía (los supermercados Cativen y Hortifruti, las exportadoras Irupana y CRES, Amanco, CIAP, entre otras), conectando oferta y demanda en lugares remotos o marginados, y permitiendo que más personas de SBI puedan participar del mercado y la economía formales.

Por último, otro componente importante de las mejoras vinculadas con las iniciativas estudiadas es la mayor preocupación o conciencia ambiental, explícita en por lo menos ocho casos, así como la promoción de la biodiversidad y de los productos orgánicos. Por ejemplo, el uso del gas natural en las cocinas domésticas en reemplazo de otros combustibles más contaminantes, produce una mejora notable en la salud de sus usuarios al dejar de exponerse a la intoxicación directa del humo originado por la combustión de la leña. Asimismo, se raciona el consumo de la electricidad una vez que se ha formalizado su acceso, mejorando la eficiencia en el uso del recurso. Por otro lado, Futur, Oro Verde y Palmas del Espino se han sometido a certificaciones ambientales mientras que, en el caso de Agropalma, la empresa mantiene una importante reserva de bosque amazónico. Algunos de estos comportamientos responden a la existencia de normas formales que obligan a las compañías a ello, mientras que otros nacen como consecuencia de las exigencias del mercado, pero en todo caso contribuyen a construir y fortalecer lo que hemos llamado ciudadanía ambiental. De manera más directa, los hábitos de aseo personal que se fomentan, de forma explícita en el caso de Porvenir, producen un cambio cualitativo en la calidad de vida de estas personas, además de promover el ornato y la salubridad de la ciudad, como en los demás casos de recolección, reducción y gestión de residuos.

Desarrollo de capital social: construir redes y alianzas

El concepto de capital social, que ha suscitado una amplia producción bibliográfica desde diversas perspectivas teóricas[38], puede ser todavía más elusivo y de difícil operacionalización que el de valor social. De manera sintética, no obstante, puede afirmarse que su desarrollo está vinculado con el empoderamiento de las personas —entendido como la expansión en la libertad de escoger y actuar, además del aumento de la autoridad y el poder de los individuos sobre los recursos y las decisiones que afectan sus vidas[39]—, así como con la cohesión social de las comunidades —entendida como el "grado de consenso de los miembros de un grupo social sobre la percepción de pertenencia a un proyecto o situación común"[40]—, y la articulación con redes sociales para mejorar la utilización de todo tipo de relaciones (familiares, vecinales, de amistad, intra e interorganizacionales) y recursos (económicos, sociales, simbólicos, afectivos)[41].

Los casos cuyo impacto es mayor son los que combinan tanto el empoderamiento y la cohesión social de los SBI como su articulación con redes sociales más amplias *(bridging social capital)*, como ocurre en los casos de los recicladores de Asmare, El Ceibo y de Porvenir. En todos ellos se abre el camino a la inclusión social a través del fortalecimiento de las capacidades locales, la mejora en la eficiencia de la organización, la creación de un sentimiento de pertenencia a la comunidad, la profundización de los vínculos con los vecinos y gobiernos locales, al mismo tiempo que se expande su poder de negociación con los compradores de vidrio, plástico y cartón reciclado. Se trata de un impacto social considerable puesto que los recicladores provienen de una situación de exclusión extrema, de manera que cualquier pequeña conquista tiene un impacto relativamente significativo sobre su bienestar. Igualmente, es casi imposible que transformen su situación si no trabajan en forma coordinada, lo que explica el surgimiento y desarrollo de una mística especial de trabajo en equipo. Por último, teniendo en cuenta el tipo de actividad que realizan, no es complicado ni costoso introducir mejoras básicas en la gestión de sus organizaciones, así como en sus condiciones de vida y trabajo.

Otros casos emblemáticos de desarrollo de capital social son los que corresponden a las ya mencionadas iniciativas de inserción laboral de España y Chile. Estas organizaciones funcionan como puentes entre la inactividad y la incorporación laboral de colectivos excluidos o pobremente calificados después de, en algunos casos, un proceso de formación y acompañamiento. El papel determinante de este tipo de intermediación se evidencia en el testimonio de un empleador, cliente de Activo Humano, quien señala: "Me da confianza que no estoy contratando a cualquier desconocido, sino a alguien que viene con una recomendación confiable". De esta manera, se produce una mejora en la empleabilidad de los trabajadores de bajos ingresos vinculados con Activo Humano en la medida en que, a través de su estrecha interacción con la empresa, les es transferida la confianza que esta tiene ganada en el mercado.

Del mismo modo, Futur forma parte de un ecosistema en el que operan diversas redes de organizaciones con propósitos sociales afines a los suyos, lo que puede ser aprovechado por sus trabajadores-usuarios para ampliar sus posibilidades de inserción laboral y desarrollo posterior, o por lo menos les asegura una cartera de clientes que garantiza la marcha de la organización. En el caso de La Fageda, en efecto, los empleados con discapacidad mental han desarrollado vínculos tan sólidos con la organización que, a pesar de acceder a otras oportunidades laborales, muchas veces prefieren volver a desempeñarse en ella y, como es sabido, en un ambiente de confianza los entornos que ostentan mayores niveles de cohesión social potencian la productividad y el desarrollo económico[42].

Bajo una lógica comercial convencional, los SBI pueden tener algunas dificultades para organizarse de manera eficiente y eficaz. Asimismo, sus conocimientos y las habilidades necesarias para acceder al capital, a los recursos humanos y a otros recursos suelen ser limitados, al igual que sus contactos con personas clave de los sectores público y privado para gestionar sus iniciativas con eficiencia, generar valor y asegurar una permanencia exitosa en el mercado. Por ello, no debe de extrañar que la principal evidencia de generación de capital social en los demás casos se refiera principalmente al empoderamiento —potenciado por las mejoras en la autoestima— y a la organización de los SBI, particularmente de los proveedores de empresas que han recibido capacitación y asesoría para mejorar sus técnicas y procedimientos, o para cambiar de actividad a una más rentable. De hecho, tan importantes como los conocimientos técnicos específicos de cualquier actividad productiva son las habilidades para decidir cuál o cuáles son las mejores alternativas, así como para organizar los recursos disponibles para llevar a cabo dichas actividades[43], como se explica en el capítulo 5. La interacción entre las empresas y los SBI desarrolla la capacidad de gestión de estos últimos y, en algunas circunstancias, reafirma su identidad cultural y permite la recuperación de prácticas ancestrales que corrían el riesgo de perderse. En los casos en que además se consolida una comunidad cohesionada (*bonding social capital*), como entre las familias de palmicultores que venden su fruto a Agropalma y Palmas del Espino, el impacto es todavía más significativo. En cambio, la mayoría de los casos en los que no se evidencia el desarrollo de capital social corresponde a empresas que se vinculan a los SBI como clientes o consumidores finales.

Reflexiones finales

De la evidencia mostrada a lo largo de este capítulo se desprende con claridad que el concepto de valor social es, además de elusivo, multidimensional y complejo (véase el cuadro 10.1). Para reconstruir sus principales características a partir de los casos examinados en la muestra, hemos concentrado nuestra atención en los resultados tangibles e intangibles que benefician a los SBI como consecuencia de las iniciativas de mercado socialmente inclusivas que realizan diversas organizaciones. Si bien la mayoría de las iniciativas estudiadas tiene un desarrollo reciente, además de un alcance limitado, la muestra es también diversa y heterogénea en términos: i) del tamaño, la antigüedad, la estructura y el tipo de organizaciones (empresas, cooperativas o asociaciones de los propios SBI y organizaciones de la sociedad civil); ii) del papel de los SBI en su interacción con las mismas (clientes, proveedores, beneficiarios y socios-propietarios); y, por último, iii) del sector de la economía en el que operan.

Esta heterogeneidad lejos de representar un obstáculo para el análisis ha permitido identificar una amplia diversidad de tipos y grados de valor social generado. Las iniciativas de mercado socialmente inclusivas estudiadas en este capítulo demuestran, en efecto, que los SBI experimentan mejoras de distinta amplitud e intensidad en su bienestar cuando participan como consumidores, proveedores de materias primas o productores directos. No obstante, queda claro que los efectos de dicha participación van más allá de esas funciones, pues al aumentar su poder adquisitivo y diversificar sus alternativas de compra pueden fortalecer sus derechos como actores económicos y, por lo tanto, como ciudadanos plenos, lo que también es un factor crítico para mejorar sus condiciones de vida e, idealmente, superar definitivamente la pobreza.

Para identificar los principales elementos observados en la generación de valor social de las iniciativas de mercado socialmente inclusivas estudiadas, que se resumen en el cuadro 10.1, agrupamos las diversas expresiones del valor social producido en cada caso en cuatro dimensiones analíticas tanto tangibles (aumento de ingresos y acceso a bienes o servicios) como intangibles (construcción de ciudadanía y desarrollo de capital social). Su examen nos ha permitido llegar a las conclusiones que se resumen a continuación.

En primer lugar, se han identificado diversas alternativas para que los SBI generen ingresos adicionales o para que mejoren su aprovechamiento de los recursos de que disponen mediante un empleo digno y estable, su

Cuadro 10.1
Principales elementos observados en la generación de valor social en las iniciativas de mercado estudiadas

Aumento de ingresos	Acceso a bienes o servicios
• Producción de materias primas para empresas. Particularmente, productos agrícolas o de sectores vinculados, y en zonas rurales. • Organización y asociación de los productores o integración en cadenas productivas. • Aumento de productividad por capacitación y asesoría técnica. • Eliminación de intermediarios. • Certificación de productos diferenciados. • Mejores cadenas de comercialización. • Ahorro en compras habituales.	• Precios reducidos. • Pago fraccionado de bienes o servicios y sistemas de prepago. • Presencia física en zonas rurales y urbanas marginales. • Inversión privada en equipos, infraestructura y redes de distribución. • Flexibilización del acceso a mecanismos de crédito. • Eliminación de barreras para la educación.
Construcción de ciudadanía	**Desarrollo de capital social**
• Reconocimiento y ejercicio de derechos básicos (vida, trabajo, etc.). • Incidencia política. • Visibilización y dignificación de los SBI y los grupos marginales. • Intermediación laboral para discapacitados, grupos marginales y personas con muy baja o nula capacitación. • Identificación para personas indocumentadas. • Acceso físico a los mercados para vender la producción de los SBI. • Conciencia ambiental. • Promoción de hábitos de higiene, orden y racionamiento del consumo.	• Desarrollo de redes y fortalecimiento de vínculos y capacidades locales. • Creación de un sentimiento de pertenencia a la comunidad. • Articulación de redes sociales. Profundización de confianza, reciprocidad y cooperación. • Mayor disponibilidad de recursos propios y de terceros, a través del contacto y de la interacción. • Empoderamiento de los SBI para canalizar y expresar sus demandas. • Mejora de la autoestima. • Asociación de los intereses individuales. • Vinculación de grupos sociales dispersos con gobiernos locales, empresas, nuevos mercados o clientes.

integración en cadenas productivas, la venta de sus productos o la compra de bienes o servicios orientados a los pobres a precios reducidos o con facilidades de pago. Los mejores resultados se dan cuando, como consecuencia directa de las iniciativas, los SBI superan definitivamente la pobreza, aun cuando esta situación no es muy frecuente en los casos estudiados. Sin embargo, si se agrupan estos casos emblemáticos con aquellos en los que el alivio de la pobreza es más significativo aunque todavía sea insuficiente, se obtiene un grupo de iniciativas que representan la quinta parte de la muestra y comparten características similares. Los aumentos más importantes de ingresos para los SBI se producen cuando se articulan como proveedores o productores rurales de bienes agrícolas —o de sectores vinculados— para una organización. Esto es posible porque mejoran su productividad debido a que dejan de realizar sus actividades de subsistencia por otras más rentables, se organizan, eliminan a los intermediarios en la comercialización, y reciben asesoría o capacitación de una empresa interesada en sus productos para aplicar nuevas técnicas, reducir mermas o mejorar la calidad de sus productos. La consecuencia de todas estas adaptaciones genera mejores precios y el establecimiento de relaciones comerciales duraderas. Otros casos de alivio parcial de la pobreza corresponden principalmente a cooperativas o asociaciones de los propios SBI organizados que, a la luz de sus resultados económicos, difícilmente permiten suponer que superarán la pobreza. Sin embargo, producen otros efectos colaterales al favorecer el surgimiento de otras formas de valor social que pueden dar origen a mejoras significativas en las vidas de sus miembros.

En segundo lugar, la mayoría de las iniciativas que promueven el acceso a bienes o servicios para los SBI corresponde a empresas que los han incorporado como clientes. Su estrategia consiste en llegar físicamente a zonas rurales o urbanas marginales con servicios novedosos, productos de mejor calidad y precios reducidos o formas de pago flexibles. Estas iniciativas permiten superar la "penalidad para los SBI", al eliminar las barreras que impiden atender adecuadamente sus necesidades insatisfechas. Entre otros beneficios, se favorece un mayor acceso a bienes y servicios, muchos de los cuales no estaban a disposición de los SBI previamente, así como el control sobre el consumo. Del mismo modo, se evita que recurran a alternativas informales, ineficientes, más costosas, de mala calidad o, inclusive, perjudiciales para la salud y el medio ambiente.

Sin embargo, si bien se produce una mejora en las condiciones de vida de los SBI (consumidores, clientes o beneficiarios), la contribución de estos casos es marginal en el esfuerzo por salir de la pobreza, con la excepción de algunas iniciativas exitosas de microcrédito o capacitación laboral. Además, en la medida en que no se produce un aumento de los ingresos de los SBI —solo en los casos excepcionales, aunque de manera indirecta, y en el mediano o largo plazo—, se debe tener en cuenta que la adquisición de nuevos productos o servicios implica necesariamente la renuncia a otros y que, en este compromiso, no siempre se toman las mejores decisiones. Adicionalmente, estos esfuerzos no llegan a los estratos más bajos de los SBI, pues se debe poder pagar por los bienes o servicios ofrecidos. Por ello, las alternativas de mercado son insuficientes por sí solas para promover la superación de la pobreza en los estratos menos favorecidos de los SBI, es decir, aquellos que sufren la pobreza más extrema.

En tercer lugar, en aquellas experiencias de cooperativas o asociaciones conformadas por los propios SBI en las que no se evidencia un aumento significativo de sus ingresos, el valor social más destacado es el de la construcción de ciudadanía. Quizás los casos más emblemáticos sean los de los recicladores que tuvieron que organizarse para sobrevivir, adquirir visibilidad y reconocimiento sociales, logrando un cambio sustancial en su autoestima y sus condiciones de vida. La ciudadanía se refiere al ejercicio pleno de deberes y derechos de las personas, como el derecho al trabajo, que es promovido por las iniciativas de inserción laboral para personas marginales, discapacitadas o en riesgo de exclusión, aunque indirectamente en otros casos también se promueve el empleo de personas con capacidades limitadas. Del mismo modo, los clientes indocumentados de determinadas organizaciones pueden convertirse en sujetos de crédito de manera indirecta gracias a la expedición de recibos o facturas que sustituyen los documentos de identidad.

En otros casos, la organización de los SBI les otorga "voz" para expresar sus demandas, o les permite llegar a mercados donde ofertar sus productos (la contrapartida del acceso a bienes o servicios), a través de las cadenas de comercialización de supermercados o eficientes empresas acopiadoras y exportadoras, reduciendo el número de intermediarios. Asimismo, se produce un aprendizaje que resulta en una mayor preocupación y responsabilidad ambiental debido a las políticas que implementan algunas empresas y organizaciones que, en algunos casos, se refieren a asuntos tan básicos como el aseo personal, pero abarcan hasta la reducción y gestión de recursos, y el cuidado de la biodiversidad.

Finalmente, el desarrollo de capital social es evidente en las iniciativas de los propios SBI organizados, así como en las organizaciones de intermediación laboral y, en menor medida, en las empresas que tienen proveedores de bajos ingresos. Los principales vacíos, por otro lado, corresponden a los casos de empresas que han incorporado a los SBI como clientes o consumidores finales. Por ejemplo, en el caso de las iniciativas de reciclaje, se combinan el empoderamiento de los recicladores que aumentan su poder de negociación, el desarrollo de una mística compartida que contribuye a la cohesión social y su articulación con redes sociales para mejorar su acceso y disponibilidad a relaciones y recursos de todo tipo. De hecho, los beneficios intangibles (construcción de ciudadanía y desarrollo de capital social) son más frecuentes en las iniciativas de las organizaciones de la sociedad civil o de la propia organización de los SBI que en los casos de las empresas. Sin embargo, cabe señalar que cualquier iniciativa social —ya sea de una empresa, de una organización sin fines de lucro o de una cooperativa o asociación conformada por los propios SBI— que se rija por las leyes del mercado debe mantener un equilibrio entre su rentabilidad —o la producción de valor económico— y la generación de valor social, tangible e intangible, para lograr el mayor y más sostenible impacto posible en el bienestar y la dignidad humana de los SBI.

Notas

* Los autores quieren agradecer a Viviana Quea, Cynthia Sanborn, Elsa del Castillo, Martha Chávez, Miguel Bravo y César Flores, miembros del equipo SEKN de la Universidad del Pacífico (Perú), por los aportes realizados a este trabajo. Los posibles errores u omisiones son, sin embargo, responsabilidad exclusiva de los autores.

1. El proyecto Private Sector Mapping (PSM) representa un notable esfuerzo por documentar en varios países de América Latina y el Caribe (Argentina, Bolivia, Brasil, Chile, Colombia, Ecuador, Perú, y Trinidad y Tobago) las diversas iniciativas de negocios inclusivos en curso. "A Firm-Level Approach to Majority Market Business: Private SectorMapping (PSM) Project Final Report" (Washington, DC: SNV Netherlands Development Organization y Banco Interamericano de Desarrollo, 2008).

2. Nancy E. Landrum, "Advancing the 'Base of the Pyramid' Debate," *Strategic Management Review* 1, nro. 1 (2007), 4.

3. Jed Emerson y Sheila Bonini, "The Blended Value Map: Tracking the Intersects and Opportunities of Economic, Social and Environmental Value Creation" (www.blendedvalue.org, 2003), http://www.blendedvalue.org/media/pdf-bv-map.pdf.

4. C. K. Prahalad y Stuart Hart, "The Fortune at the Bottom of the Pyramid," *Strategy + Business* 1, nro. 26 (2002).

5. C. K. Prahalad, *The Fortune at the Bottom of the Pyramid: Eradicating Poverty through Profits* (Upper Saddle River, NJ: Wharton School Publishing, 2005).

6. Según Prahalad "los pobres no pueden participar de los beneficios de la globalización sin un compromiso activo de las compañías privadas con la base de la pirámide y por carecer de los productos y servicios que representan los estándares de calidad global. Necesitan estar expuestos a la gama y variedad de oportunidades que puede proporcionar la globalización incluyente. Los pobres constituyen un 'mercado latente' de bienes y servicios. El compromiso activo de las compañías privadas con la base de la pirámide es un elemento esencial para la creación de un capitalismo incluyente, en la medida en que la competencia del sector privado por dicho mercado fomenta la atención hacia los pobres como consumidores y crea opciones para ellos". Ibíd., 8.

7. Leonard, Herman B. "When Is Doing Business with the Poor Good—for the Poor? A Household and National Income Accounting Approach." En *Business*

Solutions for the Global Poor: Creating Economic and Social Value, editado por Kasturi Rangan, John Quelch, Gustavo Herrero y Brooke Barton. San Francisco, CA: Jossey-Bass, 2007.

8. Allen L. Hammond et al., *The Next 4 Billion: Market Size and Business Strategy at the Base of the Pyramid* (Washington, DC: World Resources Institute y Corporación Financiera Internacional, 2007), 21.

9. SEKN, ed. *Gestión efectiva de emprendimientos sociales. Lecciones extraídas de empresas y organizaciones de la sociedad civil en Iberoamérica* (Washington, DC: Banco Interamericano de Desarrollo y David Rockefeller Center for Latin American Studies, Universidad de Harvard, 2006), 296.

10. Herman B. Leonard, "When is Doing Business with the Poor Good—for the Poor? A Household and National Income Accounting Approach," en *Business Solutions for the Global Poor: Creating Social and Economic Value*, ed. Kasturi Rangan, et al. (San Francisco, CA: Jossey-Bass, 2007).

11. Ralf Dahrendorf, *Life Chances, Approaches to Social and Political Theory* (Londres: Weidenfeld and Nicolson, 1979).

12. SEKN, ed. *Gestión efectiva de emprendimientos sociales. Lecciones extraídas de empresas y organizaciones de la sociedad civil en Iberoamérica* (Washington, DC: Banco Interamericano de Desarrollo y David Rockefeller Center for Latin American Studies, Universidad de Harvard, 2006), 291; Tzvetan Todorov, *La vida en común. Ensayo de antropología general* (Madrid: Taurus, 1995), 35.

13. Felipe Portocarrero et al., *Capital social y democracia. Explorando normas, valores y redes sociales en el Perú* (Lima: Universidad del Pacífico, Centro de Investigación, 2006), 89.

14. Albert Hirschman, *Enfoques alternativos sobre la sociedad de mercado y otros ensayos recientes* (México DF: Fondo de Cultura Económica, 1989), 80–87.

15. Ross Gittell y Avis Vidal, *Community Organization: Building Social Capital as a Development Strategy* (Londres: Sage, 1998), 10.

16. SEKN, ed. *Gestión efectiva de emprendimientos sociales. Lecciones extraídas de empresas y organizaciones de la sociedad civil en Iberoamérica* (Washington, DC: Banco Interamericano de Desarrollo y David Rockefeller Center for Latin American Studies, Universidad de Harvard, 2006), 309.

17. Allen L. Hammond et al., *The Next 4 Billion: Market Size and Business Strategy at the Base of the Pyramid* (Washington, DC: World Resources Institute y Corporación Financiera Internacional, 2007), 14.

18. Aneel G. Karnani, "Fortune at the Bottom of the Pyramid: A Mirage" (documento de trabajo nro. 1035, Universidad de Michigan, Stephen M. Ross School of Business, 2006).

19. Herman B. Leonard, "When Is Doing Business with the Poor Good—for the Poor? A Household and National Income Accounting Approach," en *Business*

Solutions for the Global Poor: Creating Social and Economic Value, ed. Kasturi Rangan et al. (San Francisco, CA: Jossey-Bass, 2007); Aneel G. Karnani, "Fortune at the Bottom of the Pyramid: AMirage" (documento de trabajo nro. 1035, Universidad de Michigan, Stephen M. Ross School of Business, 2006), 28.

20. Allen L. Hammond et al., *The Next 4 Billion: Market Size and Business Strategy at the Base of the Pyramid* (Washington, DC: World Resources Institute y Corporación Financiera Internacional, 2007), 4.

21. Nancy E. Landrum, "Advancing the 'Base of the Pyramid' Debate," *Strategic Management Review* 1, nro. 1 (2007), 3; Aneel G. Karnani, "Fortune at the Bottom of the Pyramid: A Mirage" (documento de trabajo nro. 1035, Universidad de Michigan, Stephen M. Ross School of Business, 2006), 17–19.

22. Herman B. Leonard, "When Is Doing Business with the Poor Good—for the Poor? A Household and National Income Accounting Approach," en *Business Solutions for the Global Poor: Creating Social and Economic Value*, ed. Kasturi Rangan et al. (San Francisco, CA: Jossey-Bass, 2007).

23. Allen L. Hammond et al., *The Next 4 Billion: Market Size and Business Strategy at the Base of the Pyramid* (Washington, DC: World Resources Institute y Corporación Financiera Internacional, 2007), 6.

24. Ibíd., 6 y 30.

25. Aneel G. Karnani, "Fortune at the Bottom of the Pyramid: A Mirage" (documento de trabajo nro. 1035, Universidad de Michigan, Stephen M. Ross School of Business, 2006), 25.

26. Allen L. Hammond et al., *The Next 4 Billion: Market Size and Business Strategy at the Base of the Pyramid* (Washington, DC: World Resources Institute y Corporación Financiera Internacional, 2007), 25.

27. Nancy E. Landrum, "Advancing the 'Base of the Pyramid' Debate," *Strategic Management Review* 1, nro. 1 (2007), 4.

28. Ibíd.: 5.

29. Aneel G. Karnani, "Fortune at the Bottom of the Pyramid: A Mirage" (documento de trabajo nro. 1035, Universidad de Michigan, Stephen M. Ross School of Business, 2006), 17.

30. Nancy E. Landrum, "Advancing the 'Base of the Pyramid' Debate," *Strategic Management Review* 1, nro. 1 (2007), 3.

31. "Por cierto, el principal beneficio que genera una economía de mercado es que produce productos que los consumidores valoran, y su compra voluntaria y el uso de estos productos son el mejor indicador de que esos productos están efectivamente generando valor en la percepción del consumidor" (traducción de los autores). Herman B. Leonard, "When Is Doing Business with the Poor Good—for the Poor? A Household and National Income Accounting Approach,"

en *Business Solutions for the Global Poor: Creating Social and Economic Value*, ed. Kasturi Rangan et al. (San Francisco, CA: Jossey-Bass, 2007).

32. Aneel G. Karnani, "Fortune at the Bottom of the Pyramid: A Mirage" (documento de trabajo nro. 1035, Universidad de Michigan, Stephen M. Ross School of Business, 2006), 17.

33. Ibíd., 18–19.

34. Elizabeth Jelin, "Igualdad y diferencia: dilemas de la ciudadanía de las mujeres en América Latina", *Ágora. Cuaderno de estudios políticos* 3, nro. 7 (1997), 189.

35. IIDH y CEPAL, *La igualdad de los modernos. Reflexiones acerca de la realización de los derechos económicos, sociales y culturales en América Latina* (San José: IIDH, CEPAL, 1997), 20.

36. Grupo Técnico Nacional de Ciudadanía Ambiental, "Estrategia Nacional de Promoción de la Ciudadanía Ambiental", CONAM (actual Ministerio de Ambiente). Disponible en http://xa.yimg.com/kq/groups/15536342/1522190462 /name/Estrategia_Nacional_de_Promocion_de_la_Ciudadania_Ambiental__ Consulta_Publica.doc (fecha de acceso: mayo de 2010).

37. Allen L. Hammond et al., *The Next 4 Billion: Market Size and Business Strategy at the Base of the Pyramid* (Washington, DC: World Resources Institute y Corporación Financiera Internacional, 2007), 4.

38. Para reconstruir la "genealogía teórica" de este concepto puede verse Felipe Portocarrero et al., *Capital social y democracia. Explorando normas, valores y redes sociales en el Perú* (Lima: Universidad del Pacífico, Centro de Investigación, 2006).

39. Christiaan Grootaert y Thierry van Bastelaer, "Understanding and Measuring Social Capital: A Synthesis of Findings and Recommendations from the Social Capital Initiative" (Washington DC: Banco Mundial, 2001), 1–31.

40. CEPAL, *Cohesión social: inclusión y sentido de pertenencia en América Latina y el Caribe* (Santiago de Chile: CEPAL, 2007), 14.

41. Felipe Portocarrero et al., *Capital social y democracia. Explorando normas, valores y redes sociales en el Perú* (Lima: Universidad del Pacífico, Centro de Investigación, 2006).

42. CEPAL, *Cohesión social: inclusión y sentido de pertenencia en América Latina y el Caribe* (Santiago de Chile: CEPAL, 2007), 17.

43. Patricia Márquez y Ezequiel Reficco, "The Unsuspected Player: Small Firms in Business with Low Income Sectors," en *Small Firms, Global Markets: Competitive Challenges in the New Economy*, ed. Jerry Haar y Jörg Meyer-Stamer (Londres y Nueva York: Palgrave Macmillan, 2007).

Anexo 10.1. Iniciativas de mercado socialmente inclusivas según tipos de valor social producido y modalidades de participación de los SBI

CASO	Aumento de ingresos	Acceso a bienes o servicios	Construcción de ciudadanía	Desarrollo de capital social
1. Empresas con clientes SBI				
Activo Humano (agencia de empleo, Chile)	Provee de mayor estabilidad de ingresos a desempleados de baja calificación.		Ejercicio del derecho al trabajo.	La organización funciona como un puente entre diversos grupos sociales. Expectativas y movilidad social.
AES-EDC (electricidad, Venezuela)	Ahorro de costos por reparación de artefactos eléctricos y conexiones; disminución de accidentes.	Mejor y más extendido servicio eléctrico (prepago y otros proyectos) en zonas urbanas marginales.	Identificación para indocumentados (por factura de un servicio). Mayor seguridad por iluminación de áreas públicas.	Promoción de liderazgos comunales.
Aguaytía (gas natural, Perú)	Ahorros muy significativos (50%) por el cambio de combustible (GLP en vez de gasolina).	Combustible más económico y menos contaminante.	Sensibilidad ambiental.	
Amanco (sistemas de riego, México)		Sistemas modernos de riego por asociación y crédito.	Participación en el mercado de pequeños productores agrícolas.	Fortalecimiento de vínculos y capacidades locales. Organización y empoderamiento de los SBI.
Codensa (electrodomésticos, Colombia)		Crédito "blando" para comprar electrodomésticos.	Carta de "ciudadanía" para quienes no tienen acceso a mercados formales.	

Anexo 10.1. Iniciativas de mercado socialmente inclusivas según tipos de valor social producido y modalidades de participación de los SBI (continuación)

CASO	Aumento de ingresos	Acceso a bienes o servicios	Construcción de ciudadanía	Desarrollo de capital social
Colcerámica (cerámicos, Colombia)	Ahorro para SBI e ingresos para promotoras locales (medio salario) según su nivel de ventas.	Cerámicas para casas. Antes estaban excluidos del mercado.	Identificación para indocumentados e historial crediticio.	
Construmex (materiales de construcción, México)		Materiales de construcción, asesoría, planos, viviendas.		
Cruzsalud (servicios médicos, Venezuela)	Posibilidad de planificar y prever gastos médicos. Menor morbilidad reduce inasistencias al trabajo. Genera algunos empleos locales.	Atención médica y medicina más accesible mediante planes prepagos.	Visibilización y dignificación de los SBI.	
Edenor (electricidad, Argentina)	Ahorro de energía por uso racional.	Energía eléctrica prepaga, medidores gratis. Acceso a crédito.	Inclusión social. Identificación con facturas eléctricas.	
Empresario Azteca (microcrédito, México)	Crédito (y servicios) para microempresarios.	Financiamiento, asesoría, protección legal, capacitación.	Información sobre personas sin historial de crédito ni garantías.	
Comunanza (microcrédito, Venezuela)	Crédito con mejores tasas de interés que informales. Algunos empleos locales.	Crédito para empresarios de subsistencia. Cobran la tasa más alta del mercado formal, pero muy inferior a la del informal.	Inmigrantes ilegales como clientes. Gestión de riesgos (seguros de enfermedad y defunción).	Posibilidad de trabajo con horarios flexibles para madres.
Gas Natural BAN (Argentina)	Ahorro por cambio en el tipo de consumo de gas.	Gas natural por red (costo de instalación prohibitivo para los SBI).	Formalización de propiedades (a partir del cobro por factura).	Articulación de la empresa con el Estado, los municipios, las OSC y la comunidad.

Anexo 10.1. Iniciativas de mercado socialmente inclusivas según tipos de valor social producido y modalidades de participación de los SBI (*continuación*)

CASO	Aumento de ingresos	Acceso a bienes o servicios	Construcción de ciudadanía	Desarrollo de capital social
Palí (supermercados, Costa Rica y Nicaragua)	Ahorro de 15% en promedio en compras de abarrotes, respecto de otros supermercados.	Bienes más baratos o al precio de ferias y mercados tradicionales, pero con mejor servicio.		
2. Empresas con proveedores SBI				
Agropalma (palma aceitera, Brasil)	Aproximadamente de US$27 a US$345 mensuales por familia.	Infraestructura, bienes domésticos, crédito, atención médica, etc.	Trabajo asegurado. Protección ambiental y otros beneficios indirectos.	Empoderamiento y fortalecimiento de vínculos con autoridades locales y vecinos.
Cativen (supermercados, Venezuela)	Garantía de seguridad de pago, estabilidad en el flujo de ingresos.	Asesoría técnica, programación de la producción y control de calidad.	Formalización de productores. Acceso al mercado.	Organización de productores.
Explorandes (turismo, Perú)	Ingreso complementario a las actividades de autoconsumo, pero insuficiente para superar la pobreza.	Mejora de servicios básicos e infraestructura, capacitación.	Acceso al mercado. Mejores condiciones de autoempleo.	Empoderamiento femenino. Reducción de emigración y revaloración de tradiciones.
Hortifruti (supermercados, Costa Rica)	Nuevas técnicas determinan menores costos y mejora de ingresos.	Capacitación, acceso a centros de acopio.	Eficiencia permite llegada al mercado.	Inclusión social. Permanencia en el campo de los agricultores.
Irupana (productos orgánicos, Bolivia)	20% de sobreprecio para productos orgánicos, lo que representa el 50% del ingreso de las familias.	Alianzas estratégicas para asesoría a productores y financiamiento.	Participación en mercado: acceso a cadena minorista orgánica en Bolivia y mercado internacional.	Desarrollo comunitario, fomento de emprendedores sociales y PyME.

Anexo 10.1. Iniciativas de mercado socialmente inclusivas según tipos de valor social producido y modalidades de participación de los SBI (*continuación*)

CASO	Aumento de ingresos	Acceso a bienes o servicios	Construcción de ciudadanía	Desarrollo de capital social
CRES (Costa Rica)	Duplican sus ingresos y salen de la pobreza.	Acceso a bienes de consumo, producto de los mayores ingresos.	Llegada al mercado internacional.	Relaciones de confianza con proveedores y clientes. Seguridad reduce costos de transacción.
Palmas del Espino (palma aceitera, Perú)	Jornal agrícola hasta que la palma produzca frutos. Clara perspectiva de superación de pobreza.	Sujetos de crédito, propiedad formal de sus terrenos, asesoría técnica.	Legalidad (abandono del cultivo ilegal de hoja de coca).	Inclusión social, eliminación de conflictos.
3. Organizaciones de la sociedad civil que tienen iniciativas de mercado con SBI				
Andrómines (ropa usada, España)	Generación o aumento de ingresos para colectivos en riesgo de exclusión (pobres con trabajo).	Ropa y otros productos de segunda mano.	Ejercicio del derecho al trabajo. Cuidado del medio ambiente (reducción y gestión de residuos).	Puente entre inactividad e incorporación laboral. Formación y acompañamiento.
Corporación Oro Verde (minería artesanal, Colombia)	Mineros artesanales reciben "premio" de 2% sobre el precio internacional del oro.	Mayor consumo y comercio debido a los ingresos. Acceso a tecnologías de la información.	Monitoreo de impacto socioambiental.	Empoderamiento, fortalecimiento de las capacidades individuales y participación en los espacios públicos.
Ejército de Salvación (ropa usada, Argentina)	Ahorro en compra de bienes usados. Solo revendedores podrían salir de la pobreza.	Ropa, muebles, electrodomésticos, libros de segunda mano.	Obras de caridad y pastorales, atienden necesidades básicas.	Vínculo por confluencia de objetivos.

Anexo 10.1. Iniciativas de mercado socialmente inclusivas según tipos de valor social producido y modalidades de participación de los SBI (*continuación*)

CASO	Aumento de ingresos	Acceso a bienes o servicios	Construcción de ciudadanía	Desarrollo de capital social
Futur (servicios de alimentación, España)	Generación o aumento de ingresos para personas en situación de pobreza relativa y exclusión sociolaboral.		Derecho al trabajo para colaboradores-usuarios. Promoción de productos orgánicos, de proximidad y de comercio justo. Cuidado ambiental.	Vinculación con redes y organizaciones con fines sociales similares, aprovechada por sus colaboradores-usuarios.
Instituto Nacional de Capacitación Profesional (Chile)	Indirectamente, a través de la educación o capacitación recibida (después de culminar los estudios).	Educación superior de calidad, sin pruebas de admisión (para sectores que, de otra manera, no podrían educarse).	Inclusión social. Reposicionamiento de la educación técnica.	Convenios institucionales para otorgar becas o créditos. Movilidad social.
La Fageda (productos lácteos, España)	Generación o aumento de ingresos para personas con discapacidad psíquica y/o enfermedad mental y sus familias.	Servicio asistencial para discapacitados mentales (terapia ocupacional y gestión de viviendas tuteladas).	Acceso al mercado laboral (muy bajo nivel de rotación). Reconocimiento y dignidad.	Vínculos sólidos con la organización. Emplean a más del 20% de los discapacitados mentales de la localidad.
4. SBI organizados en cooperativas o asociaciones				
Apaeb (alfombras de sisal, Brasil)	Aumento muy significativo de ingresos. Superaron definitivamente la pobreza en la década de 1990.	Educación y varios otros servicios.	Dignidad. Ejercicio pleno de la ciudadanía.	Empoderamiento. Construcción de capacidad local.

Anexo 10.1. Iniciativas de mercado socialmente inclusivas según tipos de valor social producido y modalidades de participación de los SBI (*continuación*)

CASO	Aumento de ingresos	Acceso a bienes o servicios	Construcción de ciudadanía	Desarrollo de capital social
Asmare (reciclaje, Brasil)	Alcanzan, por lo menos, el salario mínimo.	Infraestructura, alimentación, salud.	Ciudadanía, autoestima, confianza, etc. Reinserción laboral (otras actividades), educación, vivienda.	Organización de los recicladores. Inclusión social.
CIAP (artesanía, Perú)	Cubren sus necesidades pero no salen de la pobreza. Otros emprendimientos empresariales se forman a partir de la experiencia.	Precios justos, crédito y mercado (formalización incompleta).	Creación de ley del artesano. Contribuye a superar la distancia geográfica y lingüística, etc.	Empoderamiento, revalorización de la mujer. Desarrollo de capacidades empresariales.
Coopa-Roca (artesanía, Brasil)	Artesanas estables (menos de 20) alcanzan el salario mínimo.	Trabajo en casa, estudios, viajes, etc.	Única opción laboral para mujeres mayores y madres.	Fortalecimiento de capacidades locales y seguridad.
Cooperativa de Recicladores Porvenir (Colombia)	No es significativo. No se reconoce todo el valor añadido.	Bienes de consumo básicos, conocimientos, etc.	Dignidad, autoestima, etc. Reconocimiento para recicladores. El 10% son adultos mayores.	Fortalecimiento de capacidades y poder de negociación. Participación pública.
El Ceibo (reciclaje, Argentina)	Ingresos variables pero debajo de la línea de pobreza. Se estiman en 20% más que los ingresos de un reciclador no asociado.	Empleo para población vulnerable (riesgo, pobreza extrema). Capacitación.	Trabajo, dignidad y reconocimiento. Mayor conciencia ambiental y limpieza pública.	Mejora de la capacidad organizativa. Creación de un sentimiento de comunidad. Mejor relación con vecinos y gobierno.
Recolectores del Bío-Bío (Chile)	Ingreso mensual estable. Ausencia de intermediarios y expansión de la cartera de productos eleva ganancia.	Capacitación en gestión y organización, acceso a tecnología.	Visibilidad de estos pobladores, rescate de dignidad, innovaciones.	Organización de los recolectores.

11

Conclusiones: aprendizajes sobre el desarrollo de negocios inclusivos

Patricia Márquez, Ezequiel Reficco y Gabriel Berger

Este libro comenzó relatando las historias de Marcela, recolectora de subsistencia de frutos silvestres y hongos en la región del Bío-Bío en Chile, y José, inmigrante mexicano que trabajaba en Estados Unidos. Los capítulos siguientes analizaron cómo, en menos de cinco años y con el apoyo de la organización sin fines de lucro TAC, el trabajo poco valorado de Marcela se convirtió en una empresa colectiva y pujante que realizaba transacciones comerciales con compañías chilenas y extranjeras. En esta y otras experiencias indagamos cómo los proveedores de bajos ingresos agregaron valor a productos y servicios y lograron obtener un ingreso justo al incorporarse a cadenas de valor dinámicas. Los resultados de estos emprendimientos se analizaron a nivel individual, social y organizacional.

En las páginas iniciales también describimos cómo Cemex implementó su iniciativa Construmex para atender las necesidades de los consumidores de bajos ingresos como José, que se ganaban la vida en Estados Unidos pero vivían pensando en la familia que habían dejado en México. Construmex le permite a una de las principales compañías de cemento del mundo atender a los consumidores de bajos ingresos en comunidades de emigrantes dispersas en Estados Unidos. Un estudio profundo de las necesidades de estos consumidores, basado en un esquema previo realizado para Patrimonio Hoy, hizo posible que Construmex cambiara la mentalidad de la compañía, cuyo objetivo consistía en vender cemento y materiales de construcción, para atender a los consumidores de bajos ingresos con una variedad más amplia de servicios, que incluye el envío de remesas y créditos. En total, los investigadores de SEKN estudiaron 33 iniciativas de mercado en las que distintos tipos de organizaciones diseñaron modelos de negocios innovadores para incorporar a los SBI como consumidores, proveedores o socios.

Los negocios inclusivos involucran a organizaciones e individuos en diversos roles. En los capítulos precedentes distinguimos los emprendimientos liderados por los pobres para atenuar o superar la pobreza ("SBI organizados como productores") de las iniciativas creadas por organizaciones formales para generar ganancias o cumplir su misión social ("organización para los SBI"). Los primeros funcionan en la base misma de la pirámide de ingresos, donde se encuentran los grupos indigentes de las áreas urbanas y los pobres rurales.

En este capítulo final, repasamos los hallazgos principales de cada uno de los capítulos anteriores y prestamos especial atención a los ejes temáticos que articularon nuestra investigación; a saber, la identificación de: a) las formas organizacionales, los modelos de negocios y las capacidades que resultan más efectivas para integrar a los pobres; b) las barreras que impiden esa integración y las estrategias que sirven para derribarlas, y c) las relaciones de colaboración que sustentan y posibilitan estas iniciativas. Para estructurar estos hallazgos, reproducimos los módulos que conforman este libro: actores, sectores y generación de valor. Luego, presentamos una visión integral de los factores críticos para modelos de negocios inclusivos y sostenibles. Nuestras observaciones buscan contribuir al logro de lo que se considera un tipo de capitalismo más inclusivo, que "distribuye la riqueza a medida que la crea" y "empodera a los pobres al tiempo que genera retornos para los inversores"[1].

Actores

En esta sección analizamos a los diferentes actores que participaron en las 33 experiencias estudiadas: compañías grandes y multinacionales, pequeñas y medianas empresas (PyME), y empresas sociales.

Compañías grandes y multinacionales

Gran parte de la bibliografía sobre la base de la pirámide sostiene que las compañías multinacionales cuentan con los recursos financieros, organizacionales y de infraestructura necesarios para atender a los pobres en forma rentable. Catorce casos de nuestra muestra fueron liderados por grandes firmas, algunas de ellas multinacionales. Los resultados de las iniciativas de negocios inclusivos de estas organizaciones variaron mucho de un caso a otro; pocas lograron que resultaran rentables y fáciles de implementar a mayor escala. Otras vislumbraron que algunas de sus iniciativas deficitarias hubiesen podido volverse rentables con una escala adecuada, aunque conseguir ese objetivo hubiera implicado compromisos profundos y transformaciones que no estaban preparadas para encarar. La creación de negocios inclusivos y viables parece requerir un período de gestación importante, para derribar una serie de barreras interrelacionadas de carácter gerencial, financiero, sociocultural, geográfico, e incluso político. Convertir estas iniciativas en realidad requirió delinear un curso de acción estratégico, seguido de un proceso de aprendizaje no siempre sencillo. Como demostró el capítulo 2, incluso las estrategias mejor planeadas requirieron modificaciones sucesivas hasta convertirse en modelos viables. Las probabilidades de éxito dependieron sustancialmente de la presencia de determinados facilitadores, tanto externos como internos.

Los facilitadores externos son las condiciones del entorno que posibilitan la superación de barreras. La presencia de comunidades organizadas preexistentes o de líderes locales ya reconocidos puede resultar un factor definitorio en el acceso a los clientes o en el establecimiento de canales de distribución viables. La existencia de innovaciones tecnológicas previas —como los dispositivos que le permitieron a la compañía de energía argentina Edenor ofrecer paquetes de electricidad prepaga a los clientes de SBI— ha resultado esencial para reducir significativamente los costos de transacción. La calidad de la regulación gubernamental también ha demostrado ser determinante. Como señala Rufín, en toda iniciativa de mercado con SBI, el gobierno "hará sentir su presencia, nos guste o no"[2]. Así se evidenció en los casos de las iniciativas de las compañías de servicios públicos Edenor y AES-EDC (Venezuela), donde las inflexibles normas vigentes han impedido el aumento de escala de los emprendimientos.

El desarrollo de estas iniciativas también fue condicionado por factores de facilitación internos. Entre ellos, se destacó la cultura organizacional. Cuando el compromiso de realizar iniciativas de mercado para atender a los pobres se encontró verdaderamente arraigado en las creencias y prácticas diarias de la organización, el cambio resultó posible. Amanco, parte del Grupo Nueva, fue fundada por un filántropo destacado, pionero del movimiento global por la sostenibilidad. En consecuencia, el concepto de ciudadanía corporativa y la creación de valor en una triple línea de resultados están en el centro de la cultura organizacional de Amanco. En forma acorde, esta cultura se reflejaba en metas insertas en su planificación estratégica: la gerencia de la empresa tenía el mandato de lograr un 10% de su facturación a través de las transacciones con los SBI para 2008.

Este tipo de cultura facilita la innovación en la práctica gerencial. A fin de comercializar cerámicos para los SBI, Colcerámica debió vincularse con la economía informal de los barrios pobres en zonas urbanas. Por lo tanto, la corporación tuvo que adaptarse para operar en un entorno en el que no tenía experiencia. Debió aprender a tratar temas que la gerencia jamás había considerado antes, seleccionar y capacitar a una clase diferente de recursos humanos, establecer colaboraciones en las que el control no siempre estaba en manos de la compañía, y trabajar en estrecha conexión con actores no convencionales: emprendedores sociales, organizaciones comunitarias y una fuerza de ventas formada por mujeres locales que trabajaban media jornada.

El cambio de las "prácticas establecidas" puede enfrentar una fuerte resistencia en las grandes corporaciones[3]. Consideremos el caso de las compañías de servicios públicos, donde la lógica predominante consistía en que la cobranza se realizara a través de un banco local o en las sucursales de la empresa. Los mecanismos para facilitar el pago, tales como los sistemas prepagos y las asociaciones comunitarias, iban en contra del ADN organizacional de estas compañías. A menos que el desarrollo de iniciativas que apuntan a los SBI se integre en el foco estratégico de la compañía, las probabilidades de que estos proyectos avancen más allá de la etapa de prueba piloto serán remotas.

Por último, pero no menos importante, un factor crítico que facilita el desarrollo de iniciativas para SBI por parte de las grandes compañías radica en la existencia de mecanismos para la gestión del conocimiento, es decir, para transformar los conocimientos tácitos surgidos de la experiencia en capacidad organizacional y en procesos efectivos para servir a los SBI. Los casos estudiados muestran que, en las firmas grandes, el proceso de aprender de la experiencia y convertir ese aprendizaje en conocimiento "accionable" se ve amenazado por discontinuidades en diversos puntos. Un grupo de profesionales que trabaja en una iniciativa piloto puede identificar aspectos clave, pero muchas veces las piezas del rompecabezas no consiguen integrarse dentro de un todo coherente, ya que se desempeñan en distintos departamentos, con diferentes miradas y prioridades. Incluso si el equipo gestor del piloto articula una propuesta integrada a partir de su experiencia de campo, esta puede empantanarse al llegar al próximo escalón gerencial, en donde caerá en manos de individuos con sensibilidad y percepciones muy diferentes sobre los sectores de escasos recursos. Valiosos hallazgos obtenidos de la experimentación con pilotos pueden caer en la nada en la transición hacia escalones superiores de toma de decisiones. Estas fallas ilustran las grietas en el circuito de aprendizaje de la organización. Prevenir estas fallas es vital: solo hace falta una sola discontinuidad en la gestión del conocimiento para condenar un proyecto.

En resumen, el éxito obtenido en la generación de valor económico y social por parte de las empresas grandes y multinacionales que han emprendido iniciativas de mercado para integrar a los SBI varía notablemente de un caso a otro. Nuestra muestra confirma el gran potencial de las grandes corporaciones para desarrollar emprendimientos inclusivos. Sin embargo, como observamos en el capítulo 2, en gran medida este potencial todavía no se ha hecho realidad, en particular cuando llega el momento de llevar a escala los pilotos exitosos. La inconsistencia en los resultados obtenidos por las grandes empresas en términos de rentabilidad (véase el capítulo 10 sobre creación de valor económico) ciertamente parece explicar por qué no se ha avanzado mucho en la expansión de estos emprendimientos. Los negocios inclusivos ponen a prueba las capacidades internas de las compañías, su cultura, su liderazgo y sus habilidades gerenciales. Estas exigencias tan demandantes pueden desalentar a las grandes compañías e impedir que amplíen sus iniciativas para SBI, segmento que por lo general no se considera esencial para la supervivencia de la empresa.

PyME y empresas nuevas

Las seis experiencias llevadas a cabo por PyME incluidas en la muestra —algunas de ellas, empresas nuevas— ejemplifican los requerimientos necesarios para iniciativas de mercado que generen ganancias y valor social: integración de los SBI en la misión de la organización, flexibilidad, cercanía y capacidad para innovar en la generación de valor económico y social. Las PyME que apuntan a atender a los SBI como consumidores han tendido a utilizar procesos más simples, ágiles y con costos fijos bajos, concebidos expresamente para ofrecer bienes y servicios a consumidores con escaso poder adquisitivo. Al comenzar de cero, no hay necesidad de modificar la forma en que opera la compañía. Las PyME y compañías nuevas que desarrollan negocios inclusivos tienden a encontrarse más cerca de los pobres que las grandes corporaciones. Por lo tanto, comprenden mejor sus necesidades y muestran mayor empatía. Las firmas pequeñas que ubican a los SBI en el centro mismo de su misión y de su modelo de negocios interactúan estrechamente con su segmento objetivo, y así mejoran sus probabilidades de éxito. Aun reconociendo lo reducido de nuestra muestra, las experiencias de las PyME y empresas nuevas analizadas sugiere que el desarrollo de soluciones "locales" puede resultar más prometedor que la búsqueda de soluciones macro a partir de un enfoque "global".

Los casos de PyME en nuestra muestra fueron liderados por emprendedores con un imperativo empresarial claro: crear un negocio rentable que al tiempo satisfaga necesidades sociales, con la visión del valor económico y social como complementarios. El compromiso de mejorar la sociedad a través de un negocio inclusivo fue una fuerza que impulsó la definición de la estrategia utilizada, incluso cuando en algunos casos ello implicó dejar de lado segmentos de mercado menos complejos. Sus modelos de negocios innovadores crearon mercados que hasta entonces no existían, y que debieron ser construidos prácticamente desde cero. Mientras otros solo veían el vaso medio vacío de la frustración y la escasez, estos emprendedores vieron el vaso medio lleno y detectaron oportunidades rentables y transformadoras. Algunas de estas iniciativas demostraron la viabilidad de un modelo de negocio, que otros reprodujeron. En todos los casos, el diseño de modelos de negocios innovadores implicó acometer prácticas nuevas mediante procesos de prueba y error, con el aprendizaje a través de la experiencia, y la determinación de derribar las barreras que impidieran el avance.

Hacer negocios en los vastos barrios pobres de América Latina constituye un desafío sobrecogedor. La multitud de consumidores de bajos ingresos que viven allí sufre una infinidad de aspiraciones insatisfechas de las que se sabe muy poco, en un contexto donde los crímenes violentos, el comercio ilícito y la falta de servicios públicos básicos son moneda corriente. Las PyME analizadas diseñaron modelos de negocios ad hoc para operar en un entorno tan difícil, y luego de identificar los segmentos de mercado relevantes, concibieron propuestas de valor para servirlos adecuadamente. Tal vez debido a su tamaño y sus características, estas organizaciones maniobraron con éxito en los mundos dispares (e inexorablemente vinculados) de las economías formal e informal. Su maleabilidad sugiere que esta forma organizacional encierra mayores posibilidades para llevar adelante negocios inclusivos rentables que las compañías grandes o las empresas sociales. Por supuesto, las iniciativas estudiadas son relativamente nuevas y todavía deben demostrar su capacidad para convertirse en empresas establecidas, con trayectoria de funcionamiento. Cuando llegue el momento de expandirse y aumentar de escala, estos emprendimientos deberán resolver importantes cuellos de botella gerenciales y hacer frente a las dificultades para la obtención de capital que comparten todas las PyME de la región. Aun así, hoy ofrecen lecciones valiosas para la búsqueda de la inclusión social.

Empresas sociales

Este estudio agrupó a las organizaciones de la sociedad civil y a las cooperativas bajo el título de "empresas sociales", en su carácter de organizaciones privadas impulsadas por una misión, que recurren, fundamentalmente, a las estrategias de mercado para recaudar los fondos necesarios a fin de generar valor social para sus miembros o comunidades. Con el propósito de cumplir sus misiones sociales, deben adoptar "una perspectiva comercial". La fortaleza de sus iniciativas de negocios inclusivos aumentó a medida que acumularon experiencia en la lectura correcta del mercado, lo cual, a su vez, impuso ajustes en sus prácticas de gestión y sus programas. Dichos ajustes incluyeron la capacidad de reinventar o redefinir el modelo de negocios de la organización, cambiar de industria, diversificarse hacia otros mercados, o adaptar la propuesta de valor del producto o servicio ofrecido. Un buen ejemplo de esta lectura aguda del mercado lo constituyen los emprendimientos que capitalizaron las oportunidades emergentes del comercio justo, en donde el carácter inclusivo de la iniciativa se convierte en ventaja comercial.

Las empresas sociales poseen ciertas capacidades para integrar a los pobres de las que suelen carecer las grandes empresas: paciencia, profundo conocimiento de su público objetivo, y la confianza de los SBI. En sus iniciativas de mercado, estas organizaciones aprovecharon estos activos, para fortalecer su fuente de legitimidad y lograr sostenibilidad financiera y autonomía. Sin embargo, en sus esfuerzos por orientarse al mercado, en algunos casos surgieron tensiones con sus misiones sociales. La Fageda, una organización española que trata de integrar a personas con discapacidades mentales a la fuerza laboral, ofrece un ejemplo ilustrativo. La organización intentó capitalizar oportunidades de negocios en el campo de las artesanías religiosas y los viveros, pero su falta de experiencia en la interpretación de la demanda la llevó al fracaso comercial. Luego, La Fageda se volcó a los productos lácteos y empezó a comercializar un yogur que, eventualmente, llegó a ser competitivo en un mercado superpoblado de corporaciones multinacionales. La experiencia de La Fageda demuestra que las empresas sociales que buscan apalancar el mercado necesitan más que una buena idea y un buen plan de negocios: sus ideas deben estar alineadas con capacidades y recursos organizacionales adecuados.

Algunas de las iniciativas de los SBI organizados como productores incluidas en este estudio fueron implementadas por personas muy pobres, incluso indigentes. Pese a sus carencias, su espíritu de supervivencia y habilidad emprendedora materializaron iniciativas de mercado con el apoyo de OSC y, en algunos casos, de gobiernos. Su crecimiento se vio favorecido por una combinación de circunstancias: los emprendimientos fueron intensivos en manos de obra (por ejemplo, recolección de frutos silvestres, recolección y selección de residuos, minería artesanal) y ofrecieron un sustento a personas con escasas alternativas de empleo; la disponibilidad de organizaciones de apoyo, y la existencia de una clara demanda de los bienes y servicios producidos. Las empresas sociales de SBI organizados como productores demostraron la capacidad de apalancar el trabajo como un recurso comunitario y la voluntad firme de trabajar en estrecha relación con OSC y organismos gubernamentales. Por otro lado, tendieron a carecer de las habilidades necesarias para agregar valor a sus productos, a través de la integración de la producción y la distribución, la focalización en nichos de demanda específicos, o la integración en cadenas de valor de grandes corporaciones. En algunos casos, las organizaciones "puente" contribuyeron para zanjar esos déficits, y permitir a las empresas sociales aprovechar las oportunidades de abastecimiento.

Como contrapartida, la mayoría de las iniciativas de SBI organizados como productores solo obtuvieron un nivel modesto de rédito económico, dadas las múltiples barreras que enfrentaron estos grupos para incrementar su producción y conseguir poder de negociación. A pesar de cierto grado de avance, sus prácticas internas continúan siendo informales, basadas mayormente en los vínculos personales y en una base de conocimientos relativamente débil. Sus existencias de capital han resultado insuficientes para expandir sus operaciones: a excepción de dos casos —Apaeb en Brasil y CIAP en Perú— las empresas sociales de SBI organizados como productores de nuestra muestra no han conseguido mucho éxito en el aumento de escala ni en la expansión de sus actividades.

Por otro lado, algunas de estas empresas sociales consiguieron revertir creativamente los estereotipos negativos tradicionalmente asociados con lo "hecho por los pobres", al capitalizar temáticas atractivas para los consumidores de mayor nivel, tales como "producción nativa", "creación en la favela" y "artesanías locales y legendarias". A pesar de que sus resultados económicos fueron insuficientes, estas empresas consiguieron vincularse con ecosistemas comerciales dinámicos y en el proceso obtuvieron mayor autonomía y autoestima, con un empoderamiento gestado desde abajo hacia arriba. Quienes suelen ver el vaso medio vacío argumentarán, legítimamente, que es poco lo que se ha logrado, ya que los grupos participantes continúan siendo pobres. Quienes están dispuestos a ver el vaso medio lleno reconocerán que el rol de los SBI ha cambiado: han pasado de esperar pasivamente la asistencia o la caridad ajena, a ayudarse a sí mismos. Dejar atrás la indigencia para convertirse en microemprendedores que luchan por mejorar sus vidas constituye, ciertamente, un paso notable en el tortuoso camino para salir de la pobreza y la desigualdad.

Ecosistemas

Nuestro estudio de iniciativas de mercado socialmente inclusivas confirmó que vivimos en una sociedad relacional, donde los límites de los esfuerzos independientes de distintas organizaciones resultan cada vez más evidentes. Ampliamos el análisis más allá de cada una de las organizaciones participantes para abarcar el trabajo de sus socios y, más allá todavía, para cubrir el contexto en el que operaba cada una de las alianzas estudiadas. Se definió como ecosistema a una comunidad económica sostenida por una base de organizaciones, que interactúan en torno a la producción de bienes y servicios. Se trata de un concepto más amplio que el de cadenas de valor o sistemas de valor, ya que abarca las interacciones no lineales que yacen más allá de la producción económica. Todos los integrantes comparten el interés por el bienestar de la comunidad, y contribuyen a él de distintas maneras: aportan capital intelectual, capacidad de gobernanza, o capital social, además de generar riqueza. Los participantes son interdependientes y sus destinos están entrelazados. Los ecosistemas organizacionales tienden a girar en torno al liderazgo de un actor central que desempeña el rol de conducción y alinea el comportamiento del resto de los actores con su propia estrategia, a través de incentivos positivos. Para hacerlo, se utilizan "plataformas": activos que el líder ofrece a los demás integrantes del ecosistema para que la interacción resulte fluida y efectiva. En nuestra muestra, las plataformas consistieron en normas y prácticas compartidas que contribuyeron a organizar y promover las actividades de los participantes. Las plataformas se destacaron en las iniciativas que integraban a los SBI como productores —como la que lideró la cadena minorista venezolana Cativen— pero también caracterizaron a algunas de las iniciativas que incorporaban a los pobres como consumidores, como Colcerámica en Colombia.

Las plataformas resultaron exitosas solo en el grado en que sirvieron para aportar beneficios continuos y sólidos para todos los integrantes de los ecosistemas. Al hacerlo, muchas organizaciones pivote lograron redefinir las relaciones con los principales grupos de interés, modificar sus entornos y, al mismo tiempo, mejorar sus resultados. Las plataformas también sirvieron para anclar las expectativas y ofrecer un punto de referencia estable en entornos turbulentos, donde ni el mercado ni el gobierno tenían una presencia fuerte. En muchos casos, las plataformas llenaron vacíos institucionales a través de la construcción de un sistema estructurado de convenciones, que ofreció a los participantes previsibilidad y permitió las interacciones sucesivas que generaron riqueza.

Las organizaciones "puente" o "pivote" se beneficiaron al posicionarse en el centro de esta red interdependiente. Al simplificar las interacciones, las plataformas disminuyeron los costos de transacción para todos los participantes, lo cual reviste una importancia crítica en los negocios inclusivos, que operan con márgenes bajos y necesitan tener escala para lograr la rentabilidad. En muchos de los casos de la muestra, el líder del ecosistema debió "construir un interlocutor válido", creando o fortaleciendo cooperativas o asociaciones de productores, que más adelante tendrían un lugar en la mesa como socios autónomos. Además, la utilización de plataformas compartidas permitió a las organizaciones centrales acelerar los retornos y captar economías de tiempo.

Más aún, la integración de todos los miembros de la comunidad económica puede constituir el primer paso hacia la creación de una red normativa de responsabilidades y obligaciones consensuadas. Esto es de particular importancia en contextos donde la presencia débil del mercado y el Estado hace poco efectiva la sanción legal de los contratos. Esta base consensual no reemplaza a un Poder Judicial efectivo, pero puede resultar una alternativa viable (*second best*) que dispare un proceso virtuoso de creación de riqueza e inclusión social. Nuestros casos muestran que esto se logra mejor con el aprovechamiento de las redes sociales y los líderes preexistentes en la comunidad, en especial cuando se les otorga una participación importante en el éxito del emprendimiento.

Por último, nuestro análisis demostró que comprometerse con el ecosistema puede resultar una manera efectiva de moldear el entorno de la organización y cambiar las "reglas del juego" bajo las cuales aquella debe funcionar, algo impensable para una organización que opera en forma aislada.

Algunas de las organizaciones analizadas recurrieron a actores externos con fines específicos —tales como crear nuevos canales de distribución o venta, o diversificarse a nuevos mercados— aunque conservando el control de la iniciativa. A estos emprendimientos los denominamos "cadenas de valor de gestión unilateral". Otros en cambio consideraron que la iniciativa de inclusión social debía contar con capacidades que solo podían construirse en forma colectiva. En estos casos, la organización que lideró la iniciativa aceptó distintos niveles de autoridad decisoria en sus socios. En algunos casos ello implicó la *coordinación* de las actividades entre la organización pivote y sus socios de bajos ingresos, aunque la primera retenía el control de las decisiones estratégicas. En otros casos se avanzó un paso más, con un *esquema de decisión consensuado* y más equitativo; finalmente, un tercer grupo de iniciativas estableció mecanismos de *cogobernanza*, en los cuales la compañía y sus socios externos negociaban todas las decisiones estratégicas de manera democrática.

La co-creación de valor requiere la implementación de estructuras y procesos específicos, y sobre todo la creación de un nuevo tipo de relación con los pobres. Nuestros casos sugieren los beneficios de avanzar más allá del marco de transacciones de mercado y establecer relaciones integrales de largo plazo. Este enfoque, definido antes como "amistad de negocio", tiene un fuerte componente humano, no económico. Se centra más en el potencial y las posibilidades que en los activos y en la asignación de recursos. Se trata de una relación que se basa en la paciencia y la voluntad de acompañar y empoderar, al tiempo que evita la explotación de las debilidades o una obsesión con la maximización sistemática de resultados de corto plazo. En cambio, trata de incorporar a la relación recompensas materiales que *satisfizan* ("satisfacen" + "alcanzan") a todos los participantes.

Por otro lado, este estudio destacó también las limitaciones implícitas en el desarrollo de relaciones de arraigo. Como señaló el capítulo 2, las relaciones arraigadas (*embedded*) constituyen activos específicos de un contexto particular, difíciles de transportar a otros contextos, con realidades diferentes. Pueden ser un mecanismo útil para derribar barreras de acceso y captar conocimiento tácito en entornos opacos (donde la información no fluye ni está sistematizada), pero no facilitan la estandarización y la producción en gran escala. Regresaremos a este tema más adelante, en el análisis de las tensiones recurrentes en los emprendimientos de negocios inclusivos.

Sectores

Varios casos de nuestra muestra pertenecen a tres sectores: agricultura y reciclaje, donde tradicionalmente los SBI han sido actores destacados, y servicios públicos (electricidad y gas), en los que los SBI han resultado invisibles o han recibido atención insuficiente. En las áreas de agricultura y reciclaje, los desafíos principales radicaron en la integración de los SBI a las cadenas de valores, mientras que, en los servicios públicos, las compañías involucradas enfrentaron dilemas gerenciales al tratar de ampliar sus servicios para atender a los consumidores de bajos ingresos.

Estos tres sectores difieren en forma sustancial, no solo porque incorporan a los SBI en roles distintos —productores, proveedores y consumidores— sino también porque los SBI participantes provienen de distintos contextos socioeconómicos. Por ejemplo, mientras que las iniciativas agrícolas integran a los pobres de las áreas rurales, en los emprendimientos de reciclaje participan indigentes de zonas urbanas, cuya supervivencia se basa en el manejo de residuos. Como explica el capítulo 8, ambos grupos exhiben diferencias marcadas y requieren abordajes específicos. Los casos de servicios públicos abarcan a los habitantes pobres de zonas rurales y urbanas. A continuación, analizamos los retos que enfrentaron estas iniciativas con el fin de extraer lecciones que sirvan para otras industrias.

Servicios públicos

Sin duda, mejorar el acceso de los pobres a los servicios básicos, como agua potable, electricidad y gas, tiene un impacto sustancial en sus condiciones de vida; de igual importancia, aunque menos reconocido, resulta su efecto en la generación de actividad económica y la promoción del cambio social. En gran parte de América Latina, la prestación de estos servicios en las comunidades pobres es deficiente, y a veces se encuentra cautiva de conflictos más amplios, sociales o políticos. La formulación de modelos de negocios que mejoren el suministro de servicios en la región constituye algo más que una simple oportunidad de crecimiento: para algunas compañías de servicios públicos, atender a los pobres se ha convertido en un imperativo estratégico, cuyo fracaso podría amenazar la inversión total de la empresa en el país en cuestión[4].

En los casos de las compañías de electricidad de este estudio, el desafío consistió en convertir a un gran número de hogares de bajos ingresos, acostumbrados a obtener energía gratis del tendido eléctrico, en clientes abonados y, más importante aún, persuadirlos de seguir pagando sus facturas de luz en forma sistemática y confiable. En esa búsqueda, las empresas competían con muchos otros productos y servicios por el bolsillo de ese consumidor de ingresos magros y erráticos. En el caso de las compañías de energía, los consumidores de bajos ingresos ya tenían de hecho acceso a la electricidad, aunque fuera ilegal y de calidad deficiente. Por ello, la decisión de convertirse en clientes pagos dependía de que el nuevo servicio agregara valor real. Las compañías de gas competían con otras fuentes de combustible, aunque más costosas por unidad de consumo. Por lo tanto, resultaba esencial comunicar claramente a los consumidores las ventajas y el ahorro que obtendrían a lo largo del tiempo si continuaban siendo clientes de la compañía.

La implementación de iniciativas de mercado para SBI en el sector de servicios públicos no solo requirió entender a los consumidores, sino también reinventarse internamente. Tres compañías de energía y electricidad llevaron a cabo importantes cambios internos para atender mejor a los consumidores urbanos: primero, al dejar atrás su mentalidad técnica para orientarse al consumidor y, segundo, al armar una propuesta de valor adecuada que despertara la "voluntad de pago" de estos nuevos consumidores.

Independientemente de que se tratara de compañías estatales o privadas, la mentalidad técnica o ingenieril había dominado históricamente la toma de decisiones gerenciales en estas empresas. Su conducción se encontraba en manos de ingenieros profesionales, que trataban a los consumidores de bajos ingresos de la misma manera en que manejaban el servicio para sus abonados más prósperos: a través de la revisión de solicitudes de servicio presentadas en las oficinas de la empresa, junto con la documentación pertinente, la instalación de medidores, la facturación y la interrupción del servicio cuando el pago no se recibía a tiempo. Pocos clientes de barrios pobres podían presentar la documentación correspondiente —en general, escritura de la propiedad o contrato de alquiler—, ya que muchas de las viviendas estaban construidas sin la habilitación pertinente. El trato directo de estas comunidades con el proveedor de energía eléctrica solo se producía cuando un equipo técnico de la compañía procedía a desarmar las conexiones ilegales y cortar el suministro de energía.

El primer paso fue el cambio en la escala de valores de la organización. La gerencia debió dejar de lado la actitud de "esperar a que la gente recurra a nosotros" para orientarse al cliente. El siguiente paso consistió en tratar de entender cómo se ganan la vida los SBI y por qué era necesaria una nueva propuesta de valor para convertir a los usuarios ilegales en clientes pagos. Se debieron modificar las prácticas de gestión para facilitar el pago a través de medios más flexibles e idear sistemas de pago orientados a los SBI. La comercialización de la electricidad debía pasar de la distribución de un producto básico a la venta de un servicio orientado al consumidor. Las tres compañías de energía y luz de la muestra tomaron medidas claras para atender mejor a los pobres. Sin embargo, solo Codensa, en Colombia, logró alcanzar una escala significativa. Todavía falta determinar si las experiencias de mercado de esta empresa con consumidores SBI evolucionan y se convierten en emprendimientos completos o pasan a formar parte de su cartera de responsabilidad social empresaria.

Las dos compañías de gas de la muestra comercializan su producto en competencia con otros sustitutos. El diseño de una propuesta de valor que atendiera las necesidades y carencias de los SBI resultó esencial para su éxito. Tanto Gas Natural BAN como Aguaytía debieron realizar inversiones de desarrollo de mercado a fin de aumentar su base de clientes. En última instancia, su éxito se basó en su capacidad para generar confianza y adaptarse a las peculiaridades de las distintas comunidades de bajos ingresos. En ocasiones, esto se logró mediante el trabajo estrecho con líderes comunitarios y actores locales.

Agronegocios
En América Latina, los campesinos pobres por lo general trabajan en minifundios, expuestos a intermediarios inescrupulosos, o como jornaleros en grandes plantaciones que pertenecen a empresas. En su mayoría, los pobres que viven en zonas rurales de la región carecen de los servicios públicos básicos y tienen pocas probabilidades de obtener educación o mejorar sus condiciones de vida. En las nueve iniciativas agrícolas analizadas en este estudio, se redefinió el rol de los SBI rurales como productores. Las organizaciones que lideraban estos emprendimientos buscaron gene-

rar valor económico y social a través del aprovechamiento de las ventajas de la integración vertical entre la fuente de abastecimiento y el consumidor final, el cambio en las relaciones entre los actores participantes y el desarrollo de nuevos modelos.

Empresas y cooperativas trabajaron con los productores de bajos ingresos para eliminar a los intermediarios, conseguir mayores ganancias y mejorar el potencial de mercado. Para ello, hicieron falta inversiones para mejorar la infraestructura, por ejemplo con la construcción de caminos o la instalación de centros de telecomunicaciones. También surgieron desafíos relacionados con el desarrollo de capacidades gerenciales y conocimientos técnicos, como mejorar la calidad y la consistencia de los productos, modificarlos para satisfacer las preferencias de los consumidores y adaptar los niveles de oferta y demanda. A fin de superar estos retos, las firmas debieron participar en nuevas alianzas y contribuir a la creación de organizaciones lideradas por los SBI para agrupar a los productores y potenciar sus capacidades productivas. Los nueve casos de negocios agrícolas aquí tratados demuestran que la integración directa de los SBI en cadenas de valor dinámicas generó oportunidades para los pequeños productores, que lograron relacionarse de manera más efectiva con mercados de gran escala. Esta integración posiblemente disminuya los riesgos que enfrentan los pequeños agricultores en todo el mundo, los más expuestos a cambios en las condiciones de mercado, desde la caída de precios de los productos básicos hasta las inclemencias climáticas. Apaeb, una empresa social brasileña, evolucionó hasta transformarse en una organización que exporta el 60% de su producción sisalera. Al agregar valor a un producto primario a través del procesamiento industrial de la fibra del sisal, Apaeb consiguió incrementar su escala y sostenibilidad. El apoyo recibido de organismos de desarrollo permitió a la organización reunir suficiente capital y consumar sus capacidades técnicas y empresariales.

Nuestro análisis sugiere que las compañías más grandes, gracias a sus mayores recursos de capital e inteligencia de mercado, probablemente tengan más éxito que las firmas pequeñas en la promoción de una cadena de valor que integre a pequeños productores. En estos casos, la integración vertical facilitó la adaptación de la producción local a las demandas de los consumidores. Las iniciativas más pequeñas, como Irupana en Bolivia, mostraron las consecuencias de contar con menos capital, conocimientos y capacidad para conectarse con las exigencias del mercado en el ámbito internacional. En contrapartida, las organizaciones más pequeñas de la muestra tuvieron éxito en captar oportunidades en nichos de mercado emergentes a través de negocios inclusivos. Los sectores rurales de bajos

ingresos demostraron ser proveedores confiables de productos no convencionales orientados a la exportación, tales como capullos de seda o productos andinos orgánicos.

Reciclaje de residuos sólidos

El capítulo sobre reciclaje confirmó el aporte de estas iniciativas a la superación de la exclusión social. Por un lado, es cierto que los resultados
económicos de estas iniciativas, generalmente manejadas por sus beneficiarios, no han sido impresionantes. Los beneficios repartidos entre los
trabajadores se mantienen por debajo del costo de vida de esos países: el
ingreso mensual de los recicladores de nuestra muestra sigue siendo equivalente al 20% del costo de vida en Argentina, al 21% del de Colombia y al
51,7% del de Brasil. Por el otro, cabe recordar que la creación de riqueza es
solo una de las metas de esos emprendimientos. Las mejoras logradas en el
nivel de autoestima y en la reinserción social son, por lo menos, igualmente importantes. En este caso, el valor económico solo constituye un medio
para lograr un fin distinto.

Nuestro estudio reveló una realidad dolorosa: los recicladores no logran captar la mayor parte del valor que generan como integrantes de la cadena de valor de los residuos urbanos. Tomemos el caso de la cooperativa
colombiana Porvenir. Si el valor creado[5] por cada eslabón de la cadena de
valor se divide por el precio que se paga por sus insumos, los recicladores
solo captan el 32,7% de ese valor; la compañía que almacena los residuos
para obtener escala capta el 53,3%; las empresas que transportan residuos
en grandes cantidades captan el 73,9%, y la industria que los procesa se
queda con el 60%. Según los autores de ese capítulo, las debilidades gerenciales de estas cooperativas atentan contra su poder de negociación, y les
impiden obtener mejores términos de intercambio o captar parte de ese
valor a través de la integración vertical.

Los márgenes de ganancia en el reciclaje de residuos urbanos dependen
de dos factores críticos: en el "flujo anterior" (*upstream*), la capacidad de
aumentar de escala en la recolección de residuos y el nivel de eficiencia
logística y operativa; en el "flujo posterior" (*downstream*), la capacidad de
agregar valor a esos insumos para mejorar los términos de intercambio.
La mayoría de las iniciativas analizadas han intentado aumentar su escala
a través de alianzas con grandes productores de residuos y están tratando
de racionalizar sus procesos con el fin de reducir los costos unitarios. Los
principales retos surgen cuando se trata de agregar valor. En su mayoría,
estas organizaciones carecen de las capacidades necesarias para realizar
una integración vertical, a pesar de que esta encierra las mayores oportuni-

dades de crecimiento. Este estudio también corrobora la importancia crítica de los factores externos de facilitación, tales como el marco regulatorio. Una buena regulación puede generar incentivos que estimulen el trabajo de estas cooperativas. Pero aún más importante para mejorar las condiciones de vida de los recicladores es la capacidad gerencial de estos emprendimientos. Las cooperativas de Brasil (Asmare) y Argentina (El Ceibo) gozaron de marcos regulatorios favorables, que concedían preferencias y subsidios implícitos o explícitos. Por otro lado, la cooperativa colombiana (Provenir) carece de apoyo estatal. Por diversas razones, tanto Asmare como Porvenir han avanzado más en el proceso de agregar valor a los insumos que El Ceibo, que se limita a recolectar residuos y venderlos a los intermediarios. En términos comparativos, las dos primeras distribuyen más beneficios entre sus miembros: duplican el ingreso de los recicladores informales (118% más alto en el caso de Porvenir y 100% en el de Asmare), mientras que, en el caso de El Ceibo, la cifra es solo un 25% superior.

La capacidad organizacional de estas cooperativas para aumentar de escala, mejorar su eficiencia y agregar valor todavía es insuficiente. Romper ese cuello de botella es un imperativo tanto económico como social. El reto consiste en atraer inversiones privadas a estos emprendimientos a fin de incrementar la productividad por trabajador y, en consecuencia, sus ingresos. Las organizaciones de apoyo tienen un rol importante que desempeñar a través de la provisión de capital semilla, capacitación técnica e ideas innovadoras para redefinir el modelo de negocio y estructurar relaciones beneficiosas para todos los integrantes de este ecosistema.

La generación de valor económico y social

Para tener éxito, toda iniciativa de mercado que integre a los SBI debe generar beneficios sostenibles a las organizaciones y personas participantes. A lo largo de este estudio, esos beneficios fueron analizados en términos del valor económico y social generado, como se definió en los capítulos 9 y 10. Los hallazgos obtenidos en nuestra muestra de 33 emprendimientos de mercado con SBI indican que las compañías y empresas sociales involucradas consiguieron resultados heterogéneos en ambas dimensiones. En líneas generales, los resultados parecen depender del grado de centralidad de los SBI en la misión de la organización y de las capacidades organizacionales del líder del emprendimiento, incluida la capacidad de aprender e innovar.

Una premisa fundamental de la bibliografía de la base de la pirámide es la necesidad de operar en gran escala para maximizar la creación de valor, tanto económico como social. Este acento prescriptivo en la escala se tradujo en una preferencia por las grandes corporaciones como protagonistas naturales de los negocios inclusivos. Este estudio, en cambio, sugiere una dirección diferente, aunque a partir de una muestra que se admite limitada. Pese a su potencial, las corporaciones grandes y establecidas no han estado a la altura de las expectativas creadas sobre su potencial. Como se analizó anteriormente, a estas empresas les resultó difícil dejar atrás sus prácticas arraigadas y reinventarse para atender con éxito a los SBI. En nuestra muestra, no fue tanto la escala lo que impulsó el impacto y el cambio, sino la posibilidad de replicación. Los emprendimientos pequeños y medianos basados en modelos innovadores han demostrado tener una capacidad de promover la inclusión económica y social que no puede subestimarse por cuestiones de escala. El fomento de este espíritu emprendedor, y la mayor integración de estos pioneros con los mercados convencionales comerciales y financieros, pueden tener un impacto inimaginable en las sociedades iberoamericanas.

Valor económico

No resulta fácil medir el valor económico generado por una muestra de organizaciones diversas, algunas orientadas a la captación de lucro y otras, al cambio social. Los indicadores utilizados para medir el éxito económico dependen de la misión de la organización. Mientras las compañías miden el éxito a través del nivel de ganancias, el retorno sobre activos o el retorno sobre la inversión, para las empresas sociales la sostenibilidad financiera es solo un medio que permite el cumplimiento de su misión social. El problema se complica aún más porque nuestra muestra abarcó una variedad de iniciativas con metas distintas, que involucraron a SBI en diferentes roles. Para algunas de esas firmas, atender a los SBI constituye su razón de ser; sus iniciativas se denominaron "empresas-iniciativa". Para otras, en cambio, los SBI conformaban solo un segmento de un mercado mayor, por lo que sus emprendimientos recibieron la calificación de "proyectos-iniciativa".

Cuando las empresas-iniciativa apuntan a los pobres como consumidores, deben generar volumen y ganancias a fin de sobrevivir. En cambio, los proyectos-iniciativa pueden sobrevivir arrastrando déficits si las organizaciones auspiciantes deciden mantenerlos. Al momento de culminar este estudio, todas las empresas-iniciativa excepto dos generaban ganancias o se encontraban a punto de hacerlo. Por otro lado, solo dos proyectos-iniciativa eran rentables al momento de escribirse estas líneas: Codensa y Aguaytía, ambos del sector de servicios públicos. La mayoría de los proyectos-iniciativa de nuestra muestra se encontraban en la etapa piloto y representaban una proporción muy pequeña de la facturación total neta de sus organizaciones.

Cuando los SBI fueron integrados como proveedores, las compañías grandes tuvieron mayor facilidad que las PyME en generar rentabilidad. Aquellas consiguieron apalancar su control de la cadena de distribución y asegurar, de esa manera, el valor comercial de la oferta. Por ejemplo, ayudaron a los productores de bajos ingresos a desarrollar productos con características que respondieran a las preferencias de los consumidores o a adaptar el volumen su producción a las fluctuaciones estacionales de la demanda. Estas prácticas no solo se tradujeron en mayores ganancias para las compañías grandes; también significaron mayores ingresos para los pobres.

En todos los casos examinados, un factor clave para el incremento del retorno sobre la inversión consistió en la implementación de mecanismos para reducir los costos de transacción. Ejemplos de esto fueron innovaciones tecnológicas o mecanismos crediticios ajustados al perfil de consumidores de bajos ingresos. Cuando las compañías integraron SBI como proveedores, un recurso habitual para disminuir los costos de transacción fue la creación o el fortalecimiento de la "asociatividad", a través de cooperativas o asociaciones de productores. Sin embargo, ello puede resultar una tarea compleja, ya que requiere habilidades que la mayoría de las empresas no tiene.

Como se indicó anteriormente, las empresas sociales buscan generar valor económico para cumplir su misión social. No obstante, muy pocas obtienen ingresos suficientes de sus iniciativas de mercado para lograr la sostenibilidad económica. Este hallazgo sugiere que la inserción de personas muy pobres y vulnerables en las cadenas de valor resulta difícil y costoso.

A pesar de las notables mejoras alcanzadas por las organizaciones orientadas a los SBI, como Recolectores del Bío-Bío, en Chile, y Corporación Oro Verde, en Colombia, las restricciones para acceder a los mercados convencionales dificultaron que estos emprendimientos generasen suficientes ingresos para que sus integrantes superaran la línea de la pobreza. En estos casos, las organizaciones se volvieron dependientes de actores externos que los apoyaron, como OSC y emprendedores sociales. En ocasiones, actores provenientes de la comunidad local desempeñaron un rol clave para vincular la economía tradicional o informal de los participantes con una economía más moderna, en la que operan las grandes compañías. Los SBI de regiones pobres se intimidan con facilidad y no se animan siquiera a entrar en un banco o una agencia crediticia. Otros casos más exitosos en términos de generación de valor económico, como Porvenir y Fundación Futur, utilizaron un proceso de "descreme": recurrieron a SBI menos pobres y vulnerables para facilitar su crecimiento o generar mayores retornos.

¿Existe realmente una fortuna que aguarda en la base de la pirámide de ingresos? Nuestro estudio no puede emitir un veredicto definitivo. La varianza entre los casos es, sencillamente, demasiado amplia para permitir una respuesta única a esa pregunta; las respuestas deben necesariamente ser específicas y cautas. Esto no significa que el valor económico generado haya sido mediocre o despreciable, sino que en nuestra muestra varias iniciativas de buen desempeño conviven con otras menos destacadas. Por supuesto, esta conclusión no necesariamente puede ser generalizada a todas las iniciativas relacionadas con la BOP, ya que surge de una muestra muy limitada. A pesar de ciertos logros innegables, en lo que respecta a este estudio, el jurado sigue deliberando y no se ha expedido sobre la existencia de la "fortuna" por captar en los segmentos más humildes.

Valor social

Entender cabalmente el valor social producido por las iniciativas de mercado que apuntan a los pobres es sumamente complejo, lo cual explica la escasez de estudios de investigación previos en esta área. Para empezar, los sectores de bajos ingresos no son homogéneos, como se señaló en la introducción. Sus características responden a influencias del contexto en el que viven —urbano o rural, en economías estancadas o en crecimiento, desarrolladas o de transición— y al tipo de recursos disponibles en sus comunidades.

Este estudio ha centrado su análisis del valor social generado en cuatro dimensiones básicas para la inclusión social: aumento del ingreso personal y familiar, mayor acceso a los bienes y servicios, fortalecimiento de la ciudadanía y desarrollo de capital social. Si bien estas cuatro dimensiones se distinguen con fines analíticos, las últimas tres tienen también un impacto indirecto en la generación de ingresos de los pobres.

El aumento del nivel de ingresos personales y familiares se transforma en una fuente de valor social en tanto amplía las opciones de vida y las oportunidades de los pobres. Varias experiencias de nuestra muestra de casos tuvieron un impacto positivo en la reducción de la pobreza a través de la generación de ingresos adicionales o la estabilización de flujos de fondos irregulares o inciertos. Estos casos incluyeron iniciativas en las que los pobres participaron como productores para nichos de demanda, como la producción de oro sostenible de la Corporación Oro Verde o el reciclaje de residuos urbanos. Sin embargo, si se evalúa a estas iniciativas por su capacidad para sacar a los SBI definitivamente de la pobreza, se observará que solo tres casos alcanzaron el éxito. Dos de ellas fueron iniciativas en las que los pobres se convirtieron en proveedores de grandes empresas, integrándose a cadenas de valor ya establecidas y rentables. En el tercer caso —Apaeb, organización creada y manejada por sus miembros de bajos ingresos— el ingreso generado para los 700 pobres que la integran aumentó un 333% en los últimos 20 años. Como se explica más adelante, esta mejora impresionante se logró a través de un proceso de integración hacia delante, implementado a lo largo de dos décadas, que agregó valor en forma constante a los productos fabricados por la organización y consiguió mejores precios para su producción. Una sola de sus iniciativas (Programa de convivência com o semi-árido) implementada entre 2000-02 logró que el ingreso de 40% de los campesinos participantes se duplicase. Quince de los 33 casos estudiados otorgaron a los SBI mayor acceso a bienes y servicios, desde atención médica hasta microcréditos, electrodomésticos y servicios públicos tales como gas y electricidad. Además de las mejoras en la calidad de vida que implica el acceso a algunos de estos bienes y servicios, se generó valor social a través de los beneficios adicionales que traen aparejados, tales como un nivel más alto de ingresos disponibles, mayor seguridad en los espacios públicos o el suministro más seguro de servicios públicos como la energía. Varias de estas iniciativas ofrecieron distintos tipos de micropréstamos, que en la mayoría de los casos constituyó la primera experiencia crediticia de los pobres. En líneas generales, el acceso a bienes y servicios hasta entonces inalcanzables brindó a los pobres un mayor control sobre sus opciones de consumo. Al mismo tiempo, cabe mencionar que las iniciativas que integraron a SBI como consumidores, tendieron a evitar a los más pobres entre los pobres. Más aún, en estas iniciativas debe evaluarse cuidadosamente y con base empírica si la nueva opción de consumo mejora la calidad de vida de los pobres o solo genera una mayor presión para sus ingresos limitados.

Un tercio de los casos estudiados intentó fomentar la ciudadanía política, económica o ambiental. Las organizaciones de reciclaje de residuos muestran avances claros en términos de ciudadanía e inclusión política para sus miembros, quienes recuperaron la dignidad y la autoestima a través del trabajo, a pesar de la naturaleza del empleo. Otros casos de la muestra generaron mayor visibilidad y reconocimiento social para los SBI. Uno de ellos, La Fageda, ilustra este punto, como lo expresó su fundador y líder, Cristóbal Colón: "Hemos demostrado que los 'tontos del pueblo' pueden prestar un servicio a la comunidad". Otras de las iniciativas analizadas convirtieron a los pobres en sujetos de crédito. Más allá de las ventajas materiales inmediatas, el acceso al crédito constituyó un aporte importante para la efectiva ciudadanía económica, ya que ofrece una forma de identidad legal que puede facilitar la realización de otras transacciones comerciales.

Otro aspecto expresado en por lo menos ocho casos es la promoción de una mayor conciencia y responsabilidad ambiental, lo que para algunos autores constituye otra manifestación ciudadana. Si la pobreza económica conduce a la exclusión social, los negocios inclusivos tienen el potencial de ayudar a los pobres a ejercer sus derechos y empoderarlos para el ejercicio de una ciudadanía plena.

Varios de los casos de la muestra empoderaron a los SBI e incrementaron su cohesión social a través de la vinculación de los pobres con redes sociales más amplias. Este vínculo fomentó la capacidad de comunidades para organizarse como grupo, obteniendo mayor poder colectivo de negociación y fortaleciendo sus organizaciones. Las iniciativas que integraron a los SBI como socios, proveedores o trabajadores fueron las que registraron un mayor nivel de generación de capital social entre las de la muestra.

En general, los resultados más prometedores en la creación de valor social para combatir la pobreza se produjeron en las iniciativas que integraron a los SBI como proveedores en cadenas de valor ya establecidas y manejadas por grandes organizaciones o redes. Nuestro análisis mostró que los beneficios se concentraron en SBI no indigentes. Para este último grupo, su extrema fragilidad condicionó el éxito de los emprendimientos, y la brecha entre las expectativas y la realidad resultó demasiado grande e imposible de superar. Los campesinos más pobres entre los pobres mostraron dificultad en cumplir las normas de calidad, cantidad y plazos de entregas requeridas por el mercado, y tendieron a desertar de las iniciativas que buscaron integrarlos. Su falta de educación formal y de capital en algunas experiencias los volvió proveedores menos confiables de productos de calidad, lo cual generó una brecha entre sus capacidades y las demandas del mercado.

Tensiones recurrentes

Tarde o temprano, las iniciativas de mercado socialmente inclusivas enfrentan ciertos desafíos que no tienen soluciones obvias. Uno de ellos surge por la tensión entre la creación de valor económico y social. Algunos emprendimientos decidieron aceptar retornos económicos inferiores para priorizar el impacto positivo que tenían en la comunidad, ya sea porque eran liderados por organizaciones con fines públicos, porque el mandato de lograr un beneficio social formaba parte de su estrategia corporativa, o porque se trataba de una alternativa táctica para asegurar la adhesión de la comunidad. Otros, en cambio, optaron por maximizar las ganancias privadas a fin de demostrar que la base de la pirámide puede ser un mercado comercial atractivo[6]. Quienes abogan por esta mirada sostienen que solo la perspectiva de beneficios superiores al promedio atraerá a la inversión privada, de modo de incrementar la escala y maximizar el impacto. Tarde o temprano, todos los gerentes que se aventuran en el terreno de los negocios inclusivos enfrentan este tipo de disyuntivas.

Se trata de un dilema nada trivial. Por un lado, uno de los méritos innegables del enfoque de la BOP ha sido su capacidad para sacudir al mundo corporativo. Plantear la posibilidad de ganar una "fortuna" con los pobres olvidados, consiguió captar la atención de las grandes corporaciones multinacionales. Estas solo movilizarán los recursos en la escala necesaria para combatir la pobreza ante la posibilidad de obtener ganancias sustanciales. Por otro lado, esas expectativas pueden resultar contraproducentes. Como se señaló anteriormente, es posible que quienes esperan encontrar una fortuna en la base de la pirámide se sientan desilusionados por los resultados de nuestro estudio. Nuestro análisis sugiere la importancia de balancear esas legítimas expectativas de retorno financiero con la voluntad de invertir en el desarrollo de mercados a largo plazo.

Otra contradicción recurrente surge entre los imperativos de eficiencia y de participación. Mientras que algunos emprendimientos priorizan el control vertical y la velocidad en la toma de decisiones, otros privilegian la generación de confianza, lo cual implicó desarrollar estructuras más horizontales. ¿En qué condiciones tiene sentido resignar parte del control de la cadena de valor a socios externos? En capítulos precedentes hemos sugerido respuestas tentativas a este interrogante, pero queda mucho por investigar en esa dirección.

Por último, existe una tensión recurrente entre la profundidad y la amplitud de las iniciativas. Se ha mencionado que los emprendimientos inclusivos deben tener paciencia, entablar vínculos de arraigo con las comunidades, y amistades de negocio. Las ventajas de la capilaridad y de contar con fuertes raíces locales son evidentes, pero al mismo tiempo pueden contradecir los imperativos de la expansión geográfica y el aumento de escala. Se trata de activos "hechos a medida", funcionales a un contexto específico, que no son fáciles de transferir a contextos diferentes. Una vez que una organización ha invertido recursos en construirlos, se convierten en un costo hundido que generará incentivos para aprovechar economías de alcance en la misma zona, en lugar de facilitar la expansión del modelo a otros sitios. Sin embargo, la captación de economías de escala resulta esencial para los negocios inclusivos, tanto por razones económicas como sociales. Todo modelo de negocios que funciona con márgenes escasos, como ocurre en la mayoría de las iniciativas de la BOP, necesita masa crítica para generar ganancias significativas. Tal vez solo a través de la obtención de escala podrán los negocios combatir la pobreza. Nuestro análisis no ha arrojado respuestas claras ni definitivas para estos desafíos, que deberán explorarse en futuras investigaciones.

Factores críticos

C. K. Prahalad comparó el proceso de diseño de innovaciones radicales para el desarrollo de negocios inclusivos con un "arenero", en alusión al movimiento de la arena que se da libremente en la exploración de formas sucesivas, dentro de los límites rígidos de una caja[7]. El aprendizaje obtenido de nuestro estudio de 33 experiencias realizadas en Iberoamérica confirma la metáfora de Prahalad. Todas las corporaciones, PyME y empresas sociales de la muestra interactuaron profundamente con sus consumidores, proveedores y socios de bajos ingresos en sus intentos por armar un modelo de negocio viable, experimentando en el desarrollo de prácticas de gestión adecuadas en todas las áreas de la política empresaria, desde el diseño de producto, la política de precios, hasta su distribución, promoción y relaciones con clientes. El repaso de estas lecciones sugiere que los siguientes factores son críticos para todo tipo de organización que acometa un negocio inclusivo en la región: llevar a cabo profundas transformaciones institucionales, reconsiderar el significado del valor, maximizar el aprendizaje organizacional, vincular el ecosistema de manera creativa y adoptar una perspectiva de largo plazo.

Profundas transformaciones institucionales

Para toda organización, las transformaciones institucionales necesarias para armar iniciativas exitosas de mercado con SBI requieren un esfuerzo considerable. Para las empresas, este proceso puede implicar el replanteo total de sus modelos de negocios, o desviarse sustancialmente de la "lógica dominante" en su industria, para conseguir adaptarse al poder de compra escaso de los SBI. Este proceso de reinvención es particularmente complejo, ya que debe realizarse a partir de una base de conocimiento empírico limitada, y enfrentando las formidables barreras descritas en los capítulos anteriores. En el caso de las empresas sociales, el desafío suele consistir en alinear la misión y las capacidades de la organización y formular la combinación adecuada de políticas y prácticas para operar de manera efectiva en el mundo de los mercados abiertos. Todos los casos de nuestro estudio muestran que las iniciativas exitosas de mercado con SBI implican internarse en un terreno desconocido.

El análisis de nuestra muestra indica que la implementación de cambios organizacionales amplios permitió la adaptación al limitado poder adquisitivo de los SBI, sus flujos de fondos inestables e irregulares, las asimetrías de información y la precaria infraestructura de su entorno. A modo ilustrativo, consideremos las innovaciones realizadas en el modelo de Cruzsalud: cuando la empresa descubrió que los altos costos de las visitas a domicilio amenazaban su viabilidad, concibió un centro de atención médica telefónica, herramienta de uso difundido entre las grandes corporaciones pero poco frecuente para las PyME. De hecho, este servicio incrementó la percepción de la calidad del servicio por parte de los pacientes, que podían recibir atención médica las 24 horas del día sin tener que salir de sus hogares, un beneficio valorado por gente que vive en colinas escarpadas, con un alto nivel de criminalidad.

Atender los requerimientos divergentes (en desarrollo de productos, comercialización o atención al cliente, por ejemplo) de los mercados convencionales y de segmentos de bajos ingresos en forma simultánea, representa un desafío formidable para las finanzas y la capacidad creativa de cualquier empresa. Sin embargo, intentar servir a los SBI siguiendo la lógica convencional, de *business as usual*, será prácticamente una garantía de fracaso. La incorporación de esquemas flexibles de pago o créditos de responsabilidad grupal puede resultar compleja, pero la alternativa de conceder créditos tradicionales a consumidores que carecen de historia crediticia, o enfrentar una seguidilla de incumplimientos por parte de clientes sin garantías, tampoco resulta prometedora. La reinvención profunda de estructuras y procesos para atender a este segmento nuevo suele ser el camino más costo-efectivo. La aplicación forzada de modelos convencionales a iniciativas de negocios inclusivos generará sobrecostos, y transferir esos costos al consumidor resultaría suicida. La misma mirada abierta y creativa también es imprescindible en iniciativas que integran a SBI como proveedores de cadenas de valor. La organización de los productores de bajos ingresos, su capacitación, la organización del trabajo y los procedimientos de compras y logística deberán ser repensados desde cero, si realmente se busca ensamblar modelos de negocios socialmente inclusivos y viables desde el punto de vista económico.

Reconsiderar el significado del valor

Como la belleza, el valor de una propuesta reposa en percepciones subjetivas. En ocasiones, los ejecutivos se preguntan por qué los consumidores de bajos ingresos reaccionan de manera negativa a un producto o servicio ofrecido a un precio excepcionalmente bajo o, por el contrario, muestran un marcado interés en los productos de consumo masivo de calidad y precio superior[8]. A otros les cuesta entender por qué los clientes de bajos ingresos consideran valiosa a una oferta inicial, pero pronto la dejan de lado o no repiten su compra, como ocurrió en el caso de los planes de servicios médicos prepagos ofrecidos por Cruzsalud. Solo cuando las organizaciones de la muestra comenzaron a interactuar estrechamente con sus segmentos objetivo, consiguieron comprender sus hábitos de compra aparentemente irracionales, y a intuir cómo y en qué medida sus propuestas serían valoradas. Por ejemplo, Cruzsalud cobró conciencia de que, para clientes con poco dinero en los bolsillos, el pago de un seguro médico mensual compite con la compra de útiles escolares. Los emprendimientos inclusivos deben medir los parámetros de valor de un producto o servicio ofrecido en términos de las percepciones de los SBI.

Pero descifrar lo que tiene valor para los pobres no es sencillo. Las organizaciones suelen ser dirigidas por profesionales provenientes de estratos sociales superiores, que difícilmente consiguen interpretar el complejo espectro de emociones que definen el valor en contextos de pobreza, donde las decisiones cotidianas a menudo tienen que ver con la supervivencia. Una salida intuitiva a ese dilema podría ser simplemente seguir un camino exploratorio de "ensayo y error". Sin embargo, este es un camino riesgoso, ya que puede erosionar la confianza de su público objetivo y blindarlo contra cualquier propuesta posterior de esa empresa. El éxito de los negocios inclusivos se construye sobre la credibilidad, y para ello hacen falta pequeñas victorias tempranas.

Llamativamente, nuestra investigación sugiere que el significado de valor para los miembros de cualquier grupo de SBI posiblemente amalgame necesidades personales y comunitarias. Para los pobres, ambas dimensiones se entrelazan en un razonamiento que puede reemplazar —o, por lo menos, complementar— la tradicional postura de "¿qué obtengo yo de esto?" con un "¿cómo nos beneficiará esto?". Medir la percepción de valor de un grupo específico de SBI respecto de una determinada propuesta resulta fundamental para lograr el éxito. Las iniciativas que buscaron seducir a SBI como consumidores, por lo general debieron redefinir o agregar valor a sus propuestas convencionales para hacerlas más atractivas para los pobres. En cambio, en muchas iniciativas de SBI organizados como productores, los pobres tuvieron dificultades para entender cómo debían agregar el valor "esperado" a los productos y servicios que ofrecían. En nuestra muestra, se comprobó que esta brecha se resolvía con mayor facilidad en los emprendimientos relacionados con prácticas de comercio justo o productos orgánicos, en donde las organizaciones podían lograr un mejor alineamiento entre su concepción de valor agregado —en función de lo que realmente podían hacer— y las expectativas o exigencias de los clientes. Estas organizaciones se destacaron por su diálogo con ambos extremos de la cadena y por sus aportes para achicar la brecha entre las expectativas y la realidad cada vez que los pobres se encontraron con cuellos de botella productivos.

Combos de valor

Ivar Pettersson, de AES Corporation, sentenció categóricamente: "En mi opinión, dentro de pocos años, la capacidad de atender a los SBI pasará de ser una 'buena acción' a ser algo indispensable en la provisión de servicios públicos; para hacerlo, la concepción de 'combos de valor' resultará esencial". Pettersson sabe de qué habla. Cuando AES–EDC entró en los barrios de escasos recursos, la compañía no se limitó a suministrar electricidad: la buena voluntad de la comunidad —y, lo que es más importante, su voluntad de pago— se logró a través de esfuerzos por mejorar no solo su experiencia como usuarios (mediante un suministro de energía más seguro y confiable) sino también los espacios públicos en los parques y las calles. Se enriqueció un servicio tradicional y básico con un bien público, no como un agregado filantrópico, sino como parte integral de la propuesta de valor.

El término "combo de valor" (*value bundling*) es un neologismo que deriva de la conocida estrategia de marketing de "combo de productos" (*product bundling*), que consiste en ofrecer varios productos combinados en uno solo para lograr lo que Mintzberg denomina "diferenciación por apoyo"[9]. Aplicada a los negocios inclusivos, la agrupación de valor en combos consiste en agregar capas adicionales a una propuesta de valor ya establecida. Cuando se acercó a los sectores de bajos ingresos con su iniciativa Patrimonio Hoy, Cemex se dio cuenta de que no podía simplemente "venderles cemento". En cambio, tendría que enriquecer su propuesta de valor con diseño, asesoramiento técnico y financiamiento. Construmex avanzó un paso más, ya que une comunidades separadas geográficamente (y unidas emocionalmente): emigrantes con capacidad de ahorro y las familias que ellos dejan atrás, con escaso capital y enormes necesidades de vivienda. De manera similar, Amanco cobró conciencia de que no podría limitarse a vender "sistemas de riego" a los pobres: su propuesta tradicional tendría que complementarse con servicios adicionales para todas las etapas del negocio agrícola de los SBI, desde la siembra hasta la venta minorista. Solamente una propuesta de valor integral respondería a las necesidades de los pobres. *La compañía solo sería exitosa si sus clientes campesinos pobres se volvían exitosos.* La interdependencia de estos ecosistemas explica por qué algunas tareas que tradicionalmente se consideraban filantrópicas ahora forman parte integral de los intentos por desarrollar mercados en la base de la pirámide de ingresos.

Como ilustró el capítulo sobre servicios públicos, el combo de valor resultó efectivo para atraer a los consumidores hacia un intercambio de valor sostenible con la compañía, dejando de lado las conexiones ilegales. La experiencia de Codensa muestra que si bien los "palos" (incentivos negativos) tienen un rol que jugar, las "zanahorias" (incentivos positivos) son mucho más efectivos para dejar atrás la cultura de ilegalidad irresponsable que varias décadas de populismo han creado en algunos sectores de bajos ingresos de América Latina. Luego de dedicar varios años a la reducción de las pérdidas técnicas (causadas por las conexiones ilegales), Codensa lanzó una iniciativa para ganarse la lealtad de los clientes a través de una nueva unidad de negocios que apalancaba algunos de los activos básicos de la corporación y suministraba bienes que los consumidores pobres necesitaban con urgencia.

El enriquecimiento de la propuesta de valor resulta esencial para conectar con consumidores que deben cuidar cada centavo. Toda propuesta comercial dirigida a los pobres debe destacarse entre una multitud de usos alternativos para esos centavos. Como todo ejecutivo de marketing sabe, el desafío es aún mayor cuando la propuesta es intangible. En parte, lo que Codensa intentó lograr con el desarrollo de Codensa Hogar fue otorgarle una dimensión tangible (bienes de consumo) al intercambio de valor con los clientes leales y responsables.

Sin embargo, el concepto de "combo de valor", o la incorporación de capas de valor a una propuesta de valor existente, sirve también para analizar iniciativas inclusivas que apuntan a los pobres como productores, como demostraron nuestros capítulos sobre distintas industrias. Un rasgo presente en casi todas esas iniciativas indica que el aumento de ingresos se relaciona con el valor agregado. En este capítulo, se mencionó que la capacidad de agregar valor constituía el factor más importante en todas las iniciativas de reciclaje de residuos de nuestra muestra en cuanto a mejorar los ingresos de los pobres. Lo mismo se aplica a muchas de las iniciativas agrícolas estudiadas. Apaeb logró sacar de la pobreza a sus beneficiarios mediante un proceso denodado de integración hacia delante y enriquecimiento de valor para sus productos, que abarcó un período de más de 20 años. A mediados de la década de 1990, sus beneficiarios vendían fibra sisal no procesada a US$150 la tonelada. En 1996, luego de que Apaeb inaugurara una planta de procesamiento de fibra sisal, sus integrantes comenzaron a vender tapices de esta fibra a US$350 la tonelada y, una década más tarde, a US$450 la tonelada. La apertura de una curtiduría permitió a los beneficiarios triplicar o cuadruplicar sus precios de venta, según el cuero. Como era de esperar, el ingreso per cápita de la zona de influencia de Apaeb subió de US$15 a US$50 en los últimos 20 años. En otros casos, la incorporación de valor no se materializó a través de la integración hacia delante sino al agregar un valor específico que respondía a las necesidades de un nicho de demanda sofisticado. CRES consiguió incrementar los ingresos de los pequeños productores entre 2 y 4 veces (según la temporada) mediante la vinculación con un negocio de exportación que paga un precio superior por capullos de mariposa de alta calidad. Irupana logró incrementar el ingreso de los campesinos pobres de Bolivia en un 50% a través de la conexión con un exportador especializado en productos orgánicos de las altas planicies de ese país.

La búsqueda de combos de valor puede llevar a la redefinición de los contornos de un negocio. Cemex siempre se había considerado a sí misma como un negocio B2B (*business to business*, o proveedor de empresas), pero descubrió que tendría que orientarse al consumidor final para atender con éxito al segmento de bajos ingresos. Históricamente, Cativen se había desempeñado en el comercio minorista, no en el sector agrícola. Todo lo que la empresa necesitaba saber sobre agricultura era cuánto comprar, a ciertos precios y con ciertos estándares de calidad. La integración de los campesinos pobres en su cadena de valor, sin embargo, llevó a Cativen a volcarse al desarrollo agrícola, lo cual, a su vez, requirió capacidades, procesos y estructuras internas nuevas. Gas Natural BAN entendió que el suministro de gas a los pobres implicaría organizar la demanda —en general, en asociaciones— cosa que, hasta ese momento, no formaba parte de su modelo de negocios, concentrado sólo en la oferta de gas.

El nexo entre lealtad del consumidor o incremento de ingresos con valor agregado no es precisamente un concepto revolucionario en el mundo comercial convencional. No obstante, la idea de que el mejoramiento de los ingresos depende de la capacidad de ofrecer mayor valor no siempre ha estado presente en los enfoques tradicionales de combate a la pobreza. De hecho, ha sido puesto en duda por muchos. Javier Hurtado, fundador y CEO de Irupana, comentó que, después de muchos años de trabajo con ONG de desarrollo, los campesinos bolivianos se habían acostumbrado a recibir donaciones —no inversiones— y habían llegado a considerar la ayuda externa como un derecho, más que una recompensa por sus esfuerzos. Hurtado estaba convencido de que esa percepción resultaba perjudicial para los campesinos. Estaba decidido a impulsar un cambio positivo en sus vidas, ya que dar algo sin exigir nada a cambio "solo prolongaría la dependencia".

En los casos en que se integró a los SBI como productores, agregar valor resultó imprescindible para mejorar sus ingresos. Cuando se apuntó a los sectores de bajos ingresos como consumidores, el diseño de combos de valor enriquecido sirvió para acercar el producto a su realidad y sus necesidades. En ambos casos, la incorporación de distintas capas de valor dentro de esas iniciativas comerciales se volvió una herramienta clave para asegurar tanto el éxito económico como el mejoramiento social.

Desarrollo del circuito de aprendizaje

Identificar y entender las barreras económicas, socioculturales, políticas y gerenciales que impiden la realización de los negocios inclusivos, y las relaciones que existen entre ellas, permite delinear los medios efectivos para superarlas. Es vital achicar la brecha de conocimiento, lo cual parece lograrse de manera más efectiva a través de métodos de investigación de mercado no convencionales, a veces participativos. No se trata simplemente de averiguar cómo viven los pobres, o cómo toman decisiones. El aprendizaje tiene que ver con la empatía: identificar y vivenciar las emociones, sentimientos o actitudes de otros para extraer de ellos lecciones válidas. En ocasiones, los ejecutivos convencionales contemplan las actitudes de las personas de bajos ingresos de manera simplista o condescendiente.

Cuando la organización es un "actor externo", el aprendizaje sistemático requiere la capacidad de comprender cabalmente la "economía del barrio": quién prestaba los servicios antes de que la organización apareciera en escena y en qué condiciones lo hacía; qué actores locales tienen influencia en los grupos de SBI a los que se apunta; cómo toman decisiones los grupos en su carácter de actores económicos. Luego, estos conocimientos deben destilarse; el conocimiento informal y tácito que se adquiere por medio de interacciones participativas con los SBI debe traducirse en conocimiento estructurado y explícito, que se puede sistematizar y comunicar a toda la organización a fin de utilizarlo para tomar decisiones apropiadas. La organización no solo debe estar equipada con la capacidad de escuchar lo que los pobres dicen; la información recolectada debe interpretarse y transmitirse a otros niveles dentro de la organización, a fin de que pueda convertirse en especificaciones de producto o servicios de apoyo que respondan a las necesidades del grupo objetivo.

En las iniciativas protagonizadas por los propios SBI, este proceso de aprendizaje resulta esencial para el éxito y la sostenibilidad de las operaciones. Además de recolectar información para operar con mayor eficiencia o ajustar las características de los productos, el proceso de aprendizaje implica introspección para examinar, comprender y desarrollar las propias fortalezas de los emprendedores de bajos ingresos, que suelen estar eclipsadas por una realidad compleja. Este proceso se observa con claridad en las medidas tomadas por varias organizaciones de la muestra de este estudio: cómo

Coopa-Roca creó una estética sofisticada para vender los tejidos al crochet realizados en las favelas a los mercados de diseño de moda del mundo entero, o cómo Recolectores del Bío-Bío logró cumplir las normas de calidad de los consumidores de productos frescos de alto nivel. En resumen, no hay una única receta para realizar un emprendimiento con los SBI; sin embargo, el desarrollo de un circuito de aprendizaje resulta esencial para que el emprendimiento aumente de escala y se transforme en un negocio inclusivo.

Vinculación creativa con el ecosistema

Los capítulos anteriores mostraron cómo y por qué se arman ecosistemas en los negocios inclusivos. Las alianzas y redes que se nutren de esos ecosistemas requieren competencia en la identificación de actores y grupos capaces de influenciar la actividad económica en áreas donde la organización desea operar. Los vínculos adecuados se pueden activar en forma directa o indirecta, en ocasiones de manera inesperada tanto para las personas como para las organizaciones involucradas. Una vez que la organización integra su ecosistema, la fortaleza de las relaciones entre actores desiguales dependerá de la confianza mutua.

Con frecuencia, la implementación de negocios inclusivos supone el desarrollo de una relación de largo plazo con actores inusuales. Explorandes, operador turístico, se aproximó a una comunidad pobre en la costa del lago Titicaca en Perú para proponer una iniciativa de prestación de servicios de hospedaje a turistas internacionales. El primer paso consistió en identificar a los líderes de la comunidad con mentalidad empresaria que pudieran comprender la naturaleza del proyecto, para que actuaran como intermediarios y ayudaran a seleccionar a quienes estuvieran dispuestos y capacitados para brindar servicios a los turistas. A continuación, fue necesario asegurar que el valor obtenido a través de la participación en el emprendimiento resultara atractivo para las familias participantes y la comunidad en general, teniendo en cuenta la expectativa de valor de los turistas extranjeros en cuanto a la calidad del servicio recibido. Este proceso complejo implicó familiarizar a los integrantes de una comunidad pobre, aislada y mayormente analfabeta con los requerimientos mínimos de calidad de los servicios de atención, hospedaje y gastronomía para turistas. Durante ese proceso, se gestó un espíritu de emprendimiento conjunto, en el que la comunidad y el operador turístico trabajaron como socios igualitarios en una empresa en la que ninguna de las dos partes podía fallar.

El desarrollo de vínculos entre actores previamente desconectados requiere ingenio, planificación cuidadosa y paciencia. En contrapartida, las recompensas pueden ser sustanciales. La co-creación de valor genera identidades nuevas y multifacéticas para los integrantes del ecosistema. Los consumidores finales se convierten en distribuidores; grupos de interés pasivos (como las comunidades pobres vecinas) se transforman en proveedores, promotores de venta o, incluso, codirectivos de un foro de gobierno multilateral a cargo de una cadena ad hoc, gestionada por una alianza intersectorial. Estos vínculos facilitan el flujo de ideas, recursos y habilidades, a medida que la indiferencia y el aislamiento se reemplazan por compromiso y comunicación. A medida que aumenta la conectividad se incrementa la productividad, ya que la conectividad estimula la especialización y las economías de escala.

El espíritu emprendedor

El análisis de los casos de la muestra revela una dimensión que no fue destacada en la bibliografía convencional sobre la BOP: la importancia crítica del espíritu emprendedor en el éxito de estos emprendimientos. Si consideramos que la gestión emprendedora consiste en "la búsqueda de oportunidades con independencia de los recursos que se controlan en ese momento"[10], queda claro por qué es importante cultivar esta habilidad. La mayoría de los casos estudiados demostró que es difícil para una organización contar con todos los recursos necesarios para integrar comercialmente a los SBI. Tarde o temprano, y con distintos grados de intensidad, la mayoría de las organizaciones debió salir de sus límites para lograr que sus emprendimientos con SBI fueran viables. Esta necesidad se aplica no solo a los emprendedores sociales o empresas incipientes, sino también a las organizaciones grandes y con abundantes recursos, lo cual resalta la relevancia del emprendedorismo interno y de lo que se ha dado en llamar "emprendedorismo social corporativo"[11].

En la mayoría de los casos, el impulso de la innovación emprendedora provino de agentes externos a las comunidades de bajos ingresos atendidas por las iniciativas, de acuerdo con el "principio de participación externa" planteado por la bibliografía sobre BOP[12]. Las compañías participantes —tanto grandes como pequeñas— no solo aportaron activos nuevos sino que también organizaron recursos preexistentes, externos a ellas, que se encontraban en manos de la comunidad, a fin de utilizarlos con fines innovadores. Los datos sugieren que el éxito de los negocios inclusivos podría depender de la existencia de emprendedores que generen innovaciones a través de un liderazgo audaz, que integre a otros actores para alinear recursos fuera de su ámbito de control, a fin de lograr fines comunes. Una de las tareas clave que realizan estos emprendedores consiste en vincular grupos dispares hasta entonces desconectados, o actores tradicionales y no tradicionales del mercado que operan simultáneamente a nivel local y global, a medida que se desarrolla una nueva cadena de valor.

Históricamente, el emprendedorismo social se diferenció del tradicional por dos características: la centralidad de la creación de valor social y una mayor sensibilidad frente a los grupos de interés[13]. Nuestro análisis revela un hallazgo interesante: el surgimiento de los negocios inclusivos parece desdibujar esta frontera conceptual tajante entre el emprendedorismo social y el comercial. Es cierto que para las empresas que implementan negocios inclusivos, la creación de valor social no resulta primordial para su misión. Sin embargo, nuestro análisis sugiere que para que un negocio inclusivo perdure, la creación de valor social debe formar parte de su estrategia. Como demostraron los capítulos anteriores, los negocios inclusivos solo pueden alcanzar el éxito si aportan beneficios para todos sus integrantes, en especial, para los pobres. Incluso los autores de la BOP han reconocido este hecho al hablar de la necesidad de asegurar la "creación de valor mutuo"[14] o al referirse a las "oportunidades de negocios de beneficio mutuo"[15]. Esta hipótesis tentativa parece interesante y requiere mayor investigación.

Algo similar ocurre con la necesidad de integrar a los grupos de interés. En las empresas sociales tradicionales, la mayor sensibilidad hacia los intereses y necesidades de los grupos de interés (tales como donantes, beneficiarios, socios u otros) confirma la capacidad del emprendimiento para generar valor. Además, la capacidad de conectarse con las expectativas y valores de los grupos de interés le aporta compromiso, talento y recursos a la iniciativa.

Nuestro análisis sugiere que los negocios inclusivos comparten esa característica, en distintos grados según el modelo de negocios, y probablemente por motivos diferentes. Analicemos la experiencia de Colcerámica. Su modelo de negocios innovador se puso a prueba primero en Usme, una zona de la ciudad de Bogotá. Un año y medio más tarde, la compañía trató de reproducir la experiencia en otras regiones, aumentando su escala. En ese momento, dentro de la compañía surgió la idea de prescindir de las alianzas con las comunidades de base a fin de simplificar los procesos, tener mayor control de la iniciativa, captar economías de tiempo y reducir los costos; en resumen, para aplicar la lógica empresaria tradicional al emprendimiento. No obstante, Alberto Sehuanes, gerente de marketing y responsable de la iniciativa "Tu casa hecha nueva, paso a paso", se opuso a esa medida. Para él, dejar de lado a las "organizaciones sociales" (como se denomina a las organizaciones de base dentro de la empresa) resultaría problemático. Para que la iniciativa tenga éxito, explicó:

Realmente hay que integrar a la comunidad. Y eso no se puede hacer solo con incentivos financieros. Hay que asegurarse de que las promotoras [vendedoras de la comunidad] cumplan con sus compromisos y se mantengan fieles a la iniciativa. ¿A quién vamos a recurrir si las cosas salen mal? A las organizaciones sociales; no hay otra alternativa. Allí radica la lealtad de la comunidad. Las organizaciones de base estaban allí antes de que llegáramos nosotros y estarán allí después de que nos vayamos. *Nosotros estamos afuera y ellos están adentro. Realmente se necesita ese tejido social como plataforma para armar la red de distribución.* Si ignoramos eso, el emprendimiento completo se construirá sin cimientos sólidos.

En el contexto de los negocios inclusivos, una mayor sensibilidad hacia los grupos de interés sirve para armar el tejido necesario para que el negocio crezca: canales de distribución, equipos de ventas, cooperativas de trabajo. Estas redes de confianza y reciprocidad compensan la falta de intermediarios y "complementadores" del mercado, así como las dificultades para obtener la sanción legal de los contratos. Sin esta base de apoyo, no queda mucho. En consecuencia, como ocurre con la creación de valor social, prestar atención a las necesidades y perspectivas de los grupos de interés forma parte de la estrategia. En el ámbito de los negocios inclusivos no se trata de una opción, sino de una necesidad.

Para resumir, nuestro análisis sugiere que los negocios inclusivos impulsan la convergencia[16] entre los emprendimientos comerciales tradicionales y los sociales, ya que vemos a organizaciones muy distintas compartiendo algunos patrones de comportamiento, algo que vale la pena explorar y poner a prueba en futuras investigaciones.

Una perspectiva de largo plazo

Muchos observadores han reconocido la urgencia de promover el liderazgo empresarial para resolver los graves problemas sociales del mundo. Lo que no se escucha tan a menudo es que la determinación y la audacia tienen que estar acompañadas de paciencia. Hace poco tiempo, un referente en la materia señaló que el "capital de paciencia es esencial para que las empresas contribuyan verdaderamente a encontrar las soluciones para los problemas actuales"[17]. En las iniciativas analizadas en este estudio, la impaciencia representó una amenaza para el éxito. Los obstáculos hallados fueron multidimensionales y complejos, y las soluciones a menudo implicaron transformaciones radicales que llevaron bastante tiempo de maduración. Como se mencionó anteriormente, la mayoría de las organizaciones tuvo que emprender un proceso de "desaprendizaje y reaprendizaje" para luego invertir en el desarrollo de mercado. Todas esas etapas llevaron tiempo. Toda compañía que espere obtener retornos con una iniciativa para los SBI dentro de los parámetros de tiempo razonables para los mercados convencionales terminará por abandonarla prematuramente, sin siquiera llegar a confirmar si tenía o no potencial. Si una compañía como Cemex no hubiera tenido la paciencia y perseverancia necesarias para inventar un modelo de negocios especial, los beneficios de su emprendimiento jamás se habrían materializado. La confianza y los lazos comerciales, así como el descubrimiento de la manera de congeniar con otras organizaciones, llevan tiempo. Lo mismo se aplica a las organizaciones que intentan armar nuevas cadenas de valor que integren a los SBI como productores. Es posible que se requiera una considerable inversión de tiempo para adquirir los conocimientos, experiencia y tecnologías necesarios para desarrollar el ecosistema correspondiente.

Hacia una nueva imaginación empresarial

Este libro comenzó señalando los limitados logros obtenidos por los enfoques tradicionales en la lucha contra la pobreza. Ni la filantropía ni el sector público pueden erradicar la pobreza por sí solos: toda solución duradera tendrá que contar con la fuerza de los mercados. Nuestro análisis de 33 iniciativas de Iberoamérica confirma esa hipótesis, pero también nos lleva a cerrar el círculo, mostrando la otra cara de la moneda. El altruismo no alcanza, pero la experiencia demuestra que los mercados solos tampoco alcanzan. La nueva agenda de los negocios inclusivos no puede quedar en manos de los departamentos de RSE, pero tampoco se puede dejar la mirada de la RSE completamente afuera.

No es solo una cuestión semántica: las palabras pueden aclarar u opacar nuestra lectura de la realidad, abriendo o bloqueando cursos de acción y transformación. Además, ya se mencionó que el debate sobre el énfasis relativo que debe darse a la mirada de negocio (*business case*) o la dimensión social de los negocios inclusivos no tiene una respuesta concluyente. Poco tiempo atrás, uno de los centros de investigación latinoamericanos más destacados en el campo de la innovación social organizó un taller de trabajo sobre el rol del sector privado en el desarrollo sostenible. El programa de la jornada incluía temas de enorme impacto social, tales como el desarrollo de la cadena de proveedores, o la gestión del capital humano de las empresas. Cuando se le preguntó al director académico a cargo de la organización del evento por qué la sigla RSE no se encontraba en ninguna parte del programa, su respuesta fue categórica:

No queremos atraer a ejecutivos del área de relaciones con la comunidad ni de las fundaciones corporativas. La experiencia indica que, cuando organizamos un evento utilizando esas palabras, la información se reenvía a esos departamentos y nunca llega a la gente que dirige el negocio. Si queremos influenciar el proceso de toma de decisiones, tenemos que ocultar esa dimensión.

La respuesta da mucho que pensar. Como mínimo, resulta paradójico que el uso de conceptos creados para promover la temática de la transformación social en realidad la debilite, que la interpretación del aporte de los negocios a la sociedad en términos puramente altruistas termine limitándola. América Latina tiene la tendencia de generar modelos normativos que resultan *demasiado buenos*, tanto que la mayoría de la gente ha optado por ignorarlos[18]. Se trata de una realidad que debemos aceptar: en este sentido, el argumento de quienes promueven el *business case* de los negocios inclusivos no puede ser fácilmente ignorado. Es importante que las empresas comiencen a pensar en estas iniciativas en términos *de negocio*, no solo como una herramienta para mejorar sus relaciones públicas o para aplacar a los activistas y a los entes reguladores.

Debemos reconocer que nos encontramos frente a un nuevo paradigma. Aprovechar el poder de los mercados resulta esencial, pero los mecanismos tradicionales del sector privado no han alcanzado para establecer una conexión con los pobres. En este libro, hemos analizado la necesidad de reinventar los procesos y estructuras internas y de reconocer el rol de la innovación. Sin embargo, este análisis señala también la necesidad de ir un paso más allá: no son solo las organizaciones las que tienen que cambiar; también debe cambiar nuestra mentalidad. Hemos precisado que hay que invertir "paciencia" y entablar "amistades de negocios" con los pobres. La discusión del peso relativo de la justificación empresaria en comparación con la justificación social no resulta productiva. Lo que realmente hace falta es una nueva perspectiva que integre ambas dimensiones en forma sinérgica.

Como se mencionó anteriormente, los latinoamericanos estamos acostumbrados a convivir con dualidades contrapuestas, difíciles de reconciliar. En el contexto de iniciativas inclusivas de mercado, tanto la teoría como la práctica se beneficiarían con el surgimiento de una nueva imaginación empresarial que integre esa dualidad. Necesitamos una nueva mirada: una que combine el compromiso con seres humanos de carne y hueso con la rendición de cuentas por el uso eficiente de recursos escasos, y la responsabilidad por los resultados concretos alcanzados; que fusione el altruismo que privilegia lo púbico con un egoísmo privado ilustrado, que vaya más allá del corto plazo. Solo a través de un enfoque integrador y multifacético lograremos conjugar la solidaridad y la eficiencia para convertir en realidad la participación de las empresas en la reducción de la pobreza.

Notas

1. Nicholas Sullivan, *You Can Hear me Now: How Microloans and Cell Phones are Connecting the World's Poor to the Global Economy* (San Francisco, CA: Jossey Bass, 2007).

2. Carlos Rufín, "The Role of Government: LIS Market Initiatives and the Public Sector," *ReVista: Harvard Review of Latin America* (otoño de 2006).

3. Niraj Dawar y Amitava Chattopadhyay, "Rethinking Marketing Programs for Emerging Markets," *Long Range Planning* 35, nro. 5 (octubre de 2002).

4. Carlos Rufín y Luis Fernando Arboleda, "Utilities and the Poor: A Story from Colombia" (documento presentado en la Conferencia sobre Pobreza Global de la Harvard Business School, Boston, MA, 1 al 3 de diciembre de 2005).

5. Precio de venta menos precio de compra.

6. Por ejemplo, ACCIÓN International, Calmeadow de Canadá, FUNDES de Suiza y SIDI de Francia crearon, en 1995, Profund, un fondo de inversión latinoamericano con el fin de demostrar que la inversión en microfinanzas podía ser una opción de inversión atractiva desde el punto de vista financiero.

7. C. K. Prahalad, "The Innovation Sandbox," *Strategy + Business* 2005.

8. En Argentina, los consumidores de bajos ingresos gastan, en promedio un 5% más en teléfonos celulares que sus pares del extremo superior de la pirámide. Los consumidores de SBI valoran los accesorios sofisticados, tales como reproductores de MP3 incorporados, cámaras fotográficas y diseños atractivos. Mientras que solo el 6% de los consumidores de ingresos altos considera que es importante que su aparato telefónico esté "de moda", el porcentaje sube al 23% entre los consumidores de bajos ingresos. Según un estudio de mercado realizado por la consultora LatinPanel, la razón radica en que estos últimos no pueden comprar equipos dedicados sólo a reproducir música o tomar fotografías, por lo que adquieren teléfonos celulares que puedan realizar varias funciones. Mercedes García Bartelt, "Los celulares más caros, preferidos por los pobres," *La Nación*, 22 de agosto de 2008.

9. La estrategia genérica de "diferenciación por apoyo" tiene lugar cuando una empresa promueve intencionalmente la profusión de productos complementarios a su propuesta de valor central, para cumplir todas las necesidades de clientes en un segmento dado. Henry Mintzberg, "Generic Strategies: Toward a Comprehensive Framework," *Advances in Strategic Management* 5 (1988).

10. Howard H. Stevenson, "A Perspective on Entrepreneurship" (documento de trabajo, Harvard Business School 1983).

11. James Austin et al., "Corporate Social Entrepreneurship: The New Frontier," en *The Accountable Corporation. Volume 3: Corporate Social Responsibility*, ed. Marc Epstein y Kirk Hanson (Westport, CT: Praeger, 2006); "Social Entrepreneurship: It's For Corporations, Too," en *Social Entrepreneurship: New Paradigms of Sustainable Social Change*, ed. Alex Nicholls (Oxford: Oxford University Press, 2005); James Austin y Ezequiel Reficco, "Eine umfassende Transformation des Unternehmens," *Ökologisches Wirtschaften*, edición especial sobre emprendedorismo social (junio de 2009).

12. Ted London. "The Base-of-the-Pyramid Perspective: A New Approach to Poverty Alleviation." Documento de trabajo, William Davidson Institute/ Stephen M. Ross School of Business, 2008.

13. J. Gregory Dees. "The Meaning of Social Entrepreneurship." Harvard Business School. Boston, MA, 1998.

14. Erik Simanis et al. "Strategic Initiatives at the Base of the Pyramid: A Protocol for Mutual Value Creation." Taller de Protocolo de la BOP, Centro de Conferencias del Grupo Wingspread, Racine, WI, 2005.

15. Erik Simanis y Stuart Hart. "Beyond Selling to the Poor: Building Business Intimacy Through Embedded Innovation." Documento de trabajo, Universidad de Cornell. Ithaca, NY, 2008.

16. James Austin et al., "Capitalizing on Convergence," *Stanford Social Innovation Review* (invierno de 2007).

17. Jacqueline Novogratz, "Meeting Urgent Needs with Patient Capital," *Innovations: Technology | Governance | Globalization* 2, nro. 1/2 (2007), 30.

18. En la época de la colonia, la brecha entre las normas y los hechos, así como la poca factibilidad de hacer respetar los deseos de la corona española, quedaron reflejadas en la famosa frase de los virreyes españoles: "se acata pero no se cumple" Donald J. Mabry, "Government and Law in Spanish Colonial America (Revised)," http://historicaltextarchive.com/print.php?action=section&artid=296.

Apéndice

Argentina

Edenor

Edenor es una empresa privada que nació a mediados de 1992 como resultado del proceso de privatización de la prestación del servicio eléctrico en el norte del área metropolitana de Buenos Aires. A fines de 2006 tenía más de 2.400.000 clientes. Desde 2005 está en manos del Grupo Dolphin, de capitales nacionales, si bien se mantiene la participación de su anterior accionista mayoritario, el grupo francés EDF. La empresa desarrolló un programa piloto para sectores de bajos ingresos, de pago anticipado por el suministro de energía, en las localidades de Merlo (4.200 clientes) y Escobar (100). Las tarjetas prepagas que habilitaban al consumo se compraban en estaciones de servicio, de ferrocarril, o en instalaciones de la empresa. A través de un sistema informático que conectaba máquinas expendedoras y el sistema central, se acreditaban las compras y se habilitaba el suministro de energía en el medidor correspondiente.

Los altos niveles de morosidad y *free-riding* de un número importante de clientes de bajos recursos durante la crisis que vivió el país entre 2001 y 2002 llevaron a Edenor a segmentar operativa y comercialmente a sus consumidores. En pos de retener a estos clientes, y disminuir los costos de transacción de dicha relación, la empresa ideó un plan cuya puesta en marcha implicó profundos cambios, tanto en su cultura organizacional como en su estructura, equipos de trabajo y procesos comerciales y técnicos. Se generó una estructura diferenciada de seguimiento y atención al cliente, y se implementó un mecanismo de captación de clientes potenciales a través de un trabajo de campo llevado a cabo por sociólogos.

El proyecto tenía un período de repago de 27 meses. Desde el momento de su implementación se habían realizado compras por US$800.000, de las cuales más del 60% había sido de menos de un dólar. Este sistema no solo permitió extender el servicio eléctrico y la base de clientes regulares, sino que además logró hacer un uso más eficiente de la energía, al lograr una disminución del consumo de los clientes regularizados en torno al 30%. De todos modos, el proyecto no pudo expandirse debido a elementos del ecosistema que las empresas de servicios públicos privatizadas suelen conocer: el organismo regulador no generó un marco regulatorio claro y favorable, y al momento de escribirse estas líneas solo había autorizado un modelo de medidor prepago de alto costo. No obstante, otros municipios mostraron interés en replicar el proyecto, y Edenor se encontraba explorando la posibilidad de insertarlo dentro de una iniciativa a gran escala de planes de viviendas llevados a cabo por el gobierno nacional o provincial (viviendas populares energéticamente eficientes).

El Ceibo

El Ceibo es una cooperativa que surgió a inicios de la década de 1990 en Palermo, un barrio de Buenos Aires de clase media acomodada, con la misión de recuperar personas para luego recuperar materiales, fundada y liderada por la carismática Cristina Lescano. El Ceibo contaba con alrededor de 40 cartoneros que llevaban adelante una innovadora estrategia de provisión de insumos: primero rastreaban eventuales clientes, luego les enseñaban a separar en origen sus desechos inorgánicos, para posteriormente recogerlos regularmente a domicilio. Una vez realizada la recolección, separaban los residuos inorgánicos, comenzaban a procesarlos y finalmente los vendían a intermediarios o empresas como producto reciclado. En 2006 El Ceibo obtuvo un ingreso anual de casi US$50.000.

El Ceibo se había conformado a partir de una situación compartida por un conjunto de personas: eran ocupantes ilegales de casas abandonadas. Luego, empezaron a considerar otras temáticas, como la salud reproductiva, dada la gran cantidad de madres solteras en la organización. Todos los miembros de este grupo "cartoneaban" para procurarse recursos. Un día, advirtieron que sus ingresos podían aumentar si en vez de trabajar separadamente lo hacían en conjunto. Pero dado que buscar residuos sólidos en la calle era ilegal, les generaba problemas con empresas recolectoras y les granjeaba el desagrado de los vecinos. Así, los integrantes de El Ceibo decidieron cambiar su enfoque para convertirse en "recuperadores urbanos".

El interés de los vecinos de Palermo por la actividad de la cooperativa fue creciendo a inicios de la década, período en el que pasaron de 100 a casi 1.000 clientes. La iniciativa obtuvo entonces el apoyo de Greenpeace, IAF y diversos actores públicos, sociales y privados, nacionales e internacionales. A través de Lescano El Ceibo logró articular una pragmática política de alianzas, no siempre exenta de discontinuidades, con distintos actores y grupos. Como resultado, la iniciativa logró generar sosteniblemente ingresos para sectores excluidos, a la vez que consiguió un impacto ambiental positivo y la promoción de valores ecológicos. Por último, El Ceibo mantuvo una actitud activista para impulsar cambios en el marco regulatorio local que favorecieran a las cooperativas de recolectores, asignándoles en cada una de las zonas de recolección de residuos de la ciudad la operación de uno de los llamados "centros verdes" de reciclado de residuos inorgánicos.

Escudo Rojo

Escudo Rojo es un emprendimiento comercial del Ejército de Salvación de Argentina, institución religiosa de origen inglés. Escudo Rojo fue creado hace más de 75 años, aunque con otra denominación. En 2007 contaba con 40 empleados y ventas anuales superiores a US$1 millón. Atiende a 1.200 clientes diarios, principalmente de bajos recursos de Buenos Aires y alrededores, vende productos usados como ropa, muebles, electrodomésticos y libros donados por el Ejército de Salvación, al que le gira un porcentaje de lo recaudado.

En Buenos Aires, el mercado de la reventa no había sido desarrollado por empresas privadas. Operaban en ese segmento unas pocas organizaciones de la sociedad civil —religiosas en su mayoría— que también se nutrían de donaciones y que mostraban un bajo desempeño, resultado de una administración amateur. A esto se agregaba la acción de los revendedores, que actuaban como intermediarios entre estas instituciones y los clientes finales, generando costos que se trasladaban al consumidor final. Hasta inicios de la década de 1990 Escudo Rojo se encontraba en una situación similar. Pero esto cambió al llegar una nueva conducción que inició distintos ajustes: bajar los precios para llegar al consumidor final, invertir en infraestructura, optimizar algunos procesos internos (selección de ropa, recolección de donaciones), fijar precios de venta en forma más clara, y separar la gestión social de la comercial, interrumpiendo la contratación de beneficiarios de la institución.

Escudo Rojo se convirtió en un referente en el mercado del usado en Buenos Aires, logrando duplicar sus ventas entre 2004 y 2007. Como resultado, al ofrecer bienes a bajos precios, incluyó como consumidores a sectores pobres, facilitando el acceso a indumentaria, muebles y equipamiento básico para el hogar, e inclusive fomentando emprendimientos comerciales de algunos clientes que compraban en Escudo Rojo y vendían dicha mercadería en sus barriadas pobres.

Gas Natural BAN

Gas Natural BAN es una empresa de capitales españoles, que presta desde fines de 1992 el servicio de gas corriente en el norte y oeste del Conurbano bonaerense. A fines de 2006 llegaba a más de 1.300.000 clientes. La iniciativa analizada consistió en la extensión de redes para proveer el servicio de gas natural en barrios de bajos recursos. Los altos costos de la instalación de la conexión al servicio de gas en red eran la principal barrera de entrada al servicio, por lo que los sectores pobres se proveían de gas a través de garrafas, a pesar de que estas tenían un precio unitario considerablemente más alto.

El primer antecedente de la empresa para proveer a este sector se puso en marcha a fines de la década de 1990, y se denominó Gas para Todos. La comercialización de esta iniciativa estuvo en manos de instaladores gasistas matriculados, quienes generaron una gran cantidad de altas, pero que no resultaron sostenibles y provocaron algunos problemas de mora y desconexión.

Gas Natural BAN buscó alternativas para poner en marcha un nuevo modelo de captación de clientes de bajos ingresos. El caso más exitoso de este nuevo modelo se dio en Cuartel V, en donde la empresa, gracias al trabajo conjunto con la Fundación Pro Vivienda Social como socio local, desarrolló un esquema de fideicomiso que descansaba en el capital social a nivel "micro", y en un importante trabajo con la comunidad, identificando líderes barriales como fuerza para motorizar adhesiones al proyecto. Así, junto con un proceso de educación en consumo responsable en pos de la sostenibilidad del proyecto, logró más de 2.000 altas. Posteriormente, con otros esquemas de financiamiento, trabajaron en otras barriadas con diversos socios locales (organizaciones sociales de base como La Juanita, o municipales, como atestiguan cuatro proyectos de gasificación en Tigre).

Como resultado, el proyecto de gasificación de sectores de escasos recursos no solo implicó que la empresa avanzara sobre —y entendiera las características de— un nicho de mercado poco permeado, incorporando a su cartera a más de 3.000 clientes, sino que además generara en los hogares pobres ahorros de US$100 por vivienda al año, dado que el gas en garrafa era siete veces más caro que el corriente, que a su vez es una fuente de energía más eficiente. Además, el proyecto produjo un aumento de los niveles de seguridad en la provisión de gas, una revalorización de la cotización de las viviendas y la inclusión de los beneficiarios en la economía formal, ya que la factura de servicios resultó útil para gestionar créditos. Para la economía de la zona esto trajo aparejados un ahorro global para financiar nuevos emprendimientos, la creación de nuevos puestos de trabajo y un impulso a los microemprendimientos productivos y comerciales. La empresa evaluaba con buenas perspectivas la posibilidad de darle una mayor escala al proyecto, en base a su articulación en programas de desarrollo de infraestructura proyectados por el gobierno nacional y provincial e instituciones multilaterales de crédito.

Bolivia

Irupana

En 2007 la compañía de alimentos orgánicos andinos Irupana cumplió 20 años produciendo alimentos basados en los cultivos de agricultores indígenas en las regiones andina, de la Amazonía y del Chaco boliviano. La empresa fue creada para que los agricultores pobres de Bolivia accedieran a mercados, recibieran apoyo técnico y financiero, y obtuvieran precios justos para sus cosechas. Desde el primer café tostado 100% orgánico en el mercado nacional, la compañía se diversificó rápidamente hasta alcanzar casi 150 productos. Además, en 2002 Irupana comenzó a exportar granos andinos, especialmente quinua y amaranto.

Irupana trabaja con pequeños agricultores indígenas que viven con menos de US$700 por año. El éxito económico de la empresa ha sido clave para que este negocio ambiental y socialmente responsable sea posible en Bolivia, un país con potencial inmenso de biodiversidad pero también castigado por la pobreza extrema en sus áreas rurales.

Brasil

Coopa-Roca

La Cooperativa de Trabalho Artesanal e de Costura da Rocinha (Coopa-Roca) maneja y coordina el trabajo de mujeres que producen tejidos artesanales de diseño en la favela de Rocinha, en Rio de Janeiro. La iniciativa fue lanzada a comienzos de la década de 1980, para que sus integrantes pudiesen trabajar desde su casa y aumentar los ingresos familiares mientras cuidaban de sus niños y hacían las tareas domésticas.

La cooperativa empezó a operar con un sencillo esquema de producción centrado en artesanías de decoración, que preservaba técnicas brasileñas tradicionales. En la década de 1990, se benefició del crecimiento significativo experimentado por la industria de moda en São Paulo y Rio de Janeiro. Los modistos comenzaron a apreciar los tejidos artesanales, lo cual generó un nuevo nicho de demanda que permitió a Coopa-Roca trabajar con fabricantes de prendas de vestir y participar de desfiles. En 2006 aproximadamente 100 miembros de la cooperativa trabajaron en diseños exclusivos para socios renombrados de las industrias de la moda, el arte y la decoración interior. La calidad y singularidad de los productos de Coopa-Roca le permitieron acceder a ferias de Brasil, el Reino Unido, Alemania y Francia.

El trabajo de Coopa-Roca ha mejorado las condiciones de vida de sus artesanos y sus familias. Además de permitir a sus integrantes femeninos trabajar desde su casa y mejorar sus ingresos, ha optimizado su perfil profesional, su autoestima y las dinámicas de aprendizaje colectivo de la comunidad.

Apaeb

La Associação de Desenvolvimento Sustentável e Solidário da Região Sisaleira (Apaeb) es una asociación civil sin fines de lucro, creada en 1980 por productores de fibra de cáñamo (también conocido como sisal, o yute) para garantizar oportunidades de comercio en productos de agricultura familiar. Su objetivo inicial fue asegurar precios justos para la fibra de cáñamo utilizada como insumo por la industria textil, minimizando la intervención de intermediarios que tomaban una porción importante del margen de ganancia de los productores. Gracias al trabajo de Apaeb, los agricultores comenzaron a operar en forma organizada con una voz única frente a la industria y a procesar la fibra de cáñamo y a manejase directamente con la industria, sin pasar por los intermediarios. Posteriormente Apaeb logró construir su propia fábrica, lo cual agregó más valor a los productos de los agricultores y aumentó el ingreso y el empleo local.

La fábrica de alfombras y tapices de Apaeb está ubicada en Valente, un pueblo del noreste de Brasil, a unos 240 kilómetros de Salvador, capital del estado de Bahía. En 2005 la fábrica generó dos tercios de los beneficios de Apaeb, con ventas consolidadas de US$5,5 millones. Produjo casi 650.000 metros cuadrados de alfombras y creó 630 trabajos directos. Casi el 60% de su producción es exportada a Estados Unidos y Europa, y es el segundo mayor exportador de ese país de productos derivados del sisal. Sumando todas sus unidades de negocio y emprendimientos, Apaeb es el segundo mayor empleador de Valente. Con casi US$8,4 millones en beneficios brutos anuales, Apaeb creó 904 nuevos trabajos en 2005, beneficiando a más de 4.500 familias en comunidades vecinas. Además, Apaeb procura promover el desarrollo económico y social de la región a través de emprendimientos complementarios que impulsan la adopción de tecnologías adecuadas al entorno, la capacitación de los productores para mejorar el ingreso de las familias rurales, el acceso al crédito de pequeños productores y la adopción de procesos que agregan valor a los productos de pequeños granjeros. En paralelo, complementa sus iniciativas económicas con proyectos educativos que buscan construir una nueva relación de sus asociados con el medio ambiente, así como ayudarlos a mejorar la calidad de la gestión de sus negocios familiares.

Asmare

La Associação dos Catadores de Papel, Papelão e Material Reaproveitável (Asmare) fue creada en 1990 por un pequeño grupo de recolectores de residuos que trabajaban en las calles de Belo Horizonte, capital del estado de Minas Gerais. El negocio principal de Asmare consistía en la recolección, la clasificación, el prensado y la comercialización de material reciclable hallado en las calles o donado por compañías o agencias del gobierno local. También ofrecía capacitación en reciclado, carpintería y costura a sus beneficiarios, al tiempo que celebraba eventos públicos para generar consciencia sobre la importancia del trabajo de los recicladores.

Asmare organizó el trabajo de sus integrantes recaudadores, aumentando su capacidad para vender material reciclable. La población de la ciudad llegó a aceptarlos como trabajadores y proveedores de un servicio social y ambientalmente importante. Los ingresos mensuales de los miembros de Asmare llegan a US$360, una cantidad significativa para trabajadores que vivían inmersos en la pobreza y la exclusión social. Gracias a sus mayores ingresos, los integrantes de Asmare accedieron a alimentos, medicinas, ropa y electrodomésticos. En la actualidad trabajan en mejores condiciones y han optimizado su calidad de vida, con hogares más higiénicos y seguros; los hijos de los trabajadores han ingresado al sistema público de educación. La participación en Asmare también ha reforzado la autoestima, ciudadanía y vida familiar de sus miembros.

Esta iniciativa ha llegado a ser la asociación de los recolectores más grande de Belo Horizonte, y su trabajo es reconocido por su contribución a la sostenibilidad social y ambiental de la ciudad, así como por la inclusión social y laboral de los recicladores. En 2005 Asmare procesó 390 toneladas de material reciclable, con ingresos de US$26.361,17. Con 250 miembros, ese año Asmare procesó el 35% de todos los residuos reciclables de la ciudad.

Agropalma

El Grupo Agropalma ha operado en la industria agropecuaria desde 1982. Incluye seis compañías que producen, refinan y comercializan aceite y frutos de palma. Este grupo se ha convertido en el complejo empresarial dedicado al aceite de palma más grande y moderno de Brasil, responsable del 80% de la producción nacional y de la creación de 2.800 empleos directos. El grupo es considerado el principal productor latinoamericano de aceite de palma, con 5,5 millones de palmeras y 120.000 toneladas de producción anual de aceite. Sus ingresos anuales ascienden a US$184 millones, y sus operaciones abarcan el ciclo entero de la producción de aceite de palma. Con base en el norte de Brasil, sus áreas de plantación se expanden a través de 32.000 hectáreas en Tailandia, Acará y la región de Moju, a 150 kilómetros de la capital del estado de Pará. La empresa promueve acciones sociales y económicas de desarrollo para pequeños productores locales, entre ellos el Proyecto de Agricultura Familiar del Dendê. Este proyecto integra a familias de pequeños agricultores en Moju y Tailandia como proveedores de palmas. Agropalma proporciona ayuda técnica y se compromete a comprar su producción entera a precios justos. La iniciativa fue lanzada en julio de 2001, y cuenta con el apoyo de organismos de gobierno, entre ellos el Banco da Amazônia. La estrategia oficial para el desarrollo agrícola inclusivo, ya aplicado en Malasia y Tailandia, depende de la existencia de compradores corporativos en gran escala que adquieran la producción de pequeños granjeros.

Para 2005 el Proyecto de Agricultura Familiar del Dendê había plantado exitosamente palmeras en 1.500 hectáreas, con una producción mensual promedio de 228 toneladas de ramo de palma, y una productividad anual de 15 toneladas por hectárea. El proyecto generó ingresos para 150 familias, con un aumento mensual de ingresos de más de 1.000% para el 80% de las familias implicadas.

Chile

Activo Humano

Activo Humano es una empresa privada creada en Chile en 2005 dedicada a la inserción laboral de personal con escasa capacitación en todo tipo de compañías. La iniciativa está dirigida a personas desempleadas de nivel socioeconómico bajo que viven en Santiago. Hasta que surgió Activo Humano, quienes oficiaban de intermediarios entre los posibles empleados de baja calificación y los contratantes eran las Oficinas Municipales de Intermediación Laboral. Aunque gratuito, el servicio que prestaban era insatisfactorio para sus usuarios. En general, los empleadores no confiaban en ellas y quienes recurrían a sus servicios ofrecían trabajos precarios, muchos de ellos temporales y sin contrato de trabajo.

Activo Humano puso en contacto a los oferentes con los contratantes. Las empresas clientes están dispuestas a pagar una módica tarifa por contratación exitosa, definida esta como la permanencia del trabajador en el empleo por tres meses. La captación de personas idóneas para las compañías se realiza a través de una red de reclutadores o relacionadores laborales, que son líderes comunitarios —profesores, líderes de comunidades religiosas u otros— que viven en los barrios donde se encuentran los desempleados. Los reclutadores están en una posición privilegiada para encontrar a los candidatos adecuados.

Para 2007 las altas tasas de retención que había logrado alcanzar Activo Humano (con aproximadamente el 90% de los empleados colocados que se mantenían en el trabajo por tres o más meses) eran una muestra de su efectividad.

Inacap

El Instituto Nacional de Capacitación Profesional (Inacap) fue creado en Chile en 1966 como organización sin fines de lucro con financiamiento estatal, con el objeto de proveer educación de calidad para el trabajo. A fines de la década de 1980, en medio de una crisis económica nacional, el Estado dejó de financiar la institución, por lo cual esta debió empezar a generar recursos para ser sostenible. Cuatro décadas después de su creación, Inacap es la institución de educación superior más grande del país, con poco más de 54.000 alumnos, 26 sedes físicas y una virtual, a través de las cuales se imparten más de 170 carreras de nivel técnico y profesional. En su directorio participan destacados empresarios, quienes transmiten las necesidades de la industria, información que es muy útil al momento de desarrollar o actualizar programas de estudios en consonancia con los requerimientos del mercado laboral, lo cual garantiza la empleabilidad de los egresados.

Desde sus inicios, los clientes de Inacap fueron trabajadores sin capacitación y graduados de la enseñanza secundaria, principalmente de colegios públicos. La organización ofrece programas diurnos y vespertinos, lo que permite a sus alumnos trabajar y estudiar simultáneamente para costear sus estudios. Una de las características de Inacap es que a pesar de ser una institución de reconocido prestigio y excelencia académica, no exige las pruebas nacionales de selección de la mayoría de las organizaciones de educación superior. En su misión se define como una institución inclusiva, abierta a todos quienes quieran ingresar, que no selecciona por criterios académicos, razón por la cual su metodología de enseñanza se basa en el principio de "aprender haciendo", es decir que se orienta al aprendizaje práctico.

Inacap cuenta en la actualidad con un centro de formación técnica, un instituto profesional y una universidad recientemente adquirida, lo que le permite tener una estructura modular de carreras para atender las necesidades de formación de sus alumnos. Así, los estudiantes pueden fraccionar su educación superior de manera de compatibilizar sus necesidades de capacitación y especialización para el trabajo con las exigencias laborales. En consecuencia, un alumno puede ingresar al centro de formación técnica Inacap, donde obtiene una capacitación básica, para luego continuar estudiando en el instituto profesional Inacap y obtener su título profesional. Eventualmente, puede continuar estudios en la universidad Inacap para acceder al grado académico de licenciado.

Recolectores del Bío-Bío

La Coordinadora regional de recolectores y recolectoras de frutos silvestres de la región del Bío-Bío, tal su nombre completo, es una organización creada en marzo de 2004 que agrupa a recolectores de frutos silvestres de ocho comunidades del sur de Chile. Las comunidades se ubican en la

Región del Bío-Bío —la segunda más pobre del país, con uno de los índices más altos de desocupación— y se han organizado para trabajar mancomunadamente con el fin de comercializar frutos silvestres en forma más efectiva y rentable.

La iniciativa no surge en forma espontánea sino que es el resultado de la intervención de una ONG, Taller de Acción Cultural, que congrega a los recolectores de la región y los apoya para que se organicen de manera de negociar directamente con las empresas distribuidoras. Hasta antes del surgimiento de la iniciativa, la actividad de recolección era aislada y solitaria, por la dispersión geográfica en que habitan los recolectores; una labor poco estimada socialmente que reportaba ingresos exiguos, ya que las ganancias quedaban para los intermediarios, quienes tenían los contactos con las empresas comercializadoras y exportadoras. Hasta entonces las grandes compañías forestales no permitían el ingreso de los recolectores a sus predios por temor a incendios y daños, por lo que muchos terrenos en los cuales crecían apreciadas variedades de hongos silvestres y otros frutos estaban vedados a los recolectores. Apoyada por el Taller de Acción Cultural, la Coordinadora logró superar estas barreras, consiguiendo un mejor retorno económico y rescatando la dignidad del trabajo de recolección.

En la actualidad, producto de una red de colaboración que incluye instituciones públicas y universitarias, los miembros de Recolectores del Bío-Bío han ampliado sus actividades: ya no solo recolectan productos silvestres, sino que los procesan y comercializan. Cosechan frutos, hongos, hierbas medicinales y los deshidratan y envasan en plantas propias para posteriormente venderlos en el mercado nacional e internacional.

Colombia

Codensa

Codensa, empresa de distribución eléctrica de Bogotá y Cundinamarca, es controlada por la multinacional española Endesa desde 1997. En los cuatro años siguientes, Codensa abrió 13 centros de atención al cliente, dio facilidades para el pago de las facturas de energía, creó un sistema de incentivos y castigos para sus clientes, y estableció una comunicación directa con los usuarios a través de programas con las comunidades. En la parte técnica, introdujo en los sistemas mejoras para impedir el robo de electricidad y aumentó el alumbrado público. Las mejoras en la calidad del servicio, el desarrollo de una cultura de pago y las intervenciones técnicas consiguieron disminuir a la mitad las pérdidas de energía producida y a menos de una cuarta parte la morosidad en la facturación mensual.

A partir de 2002, Codensa implementó nuevas estrategias de acercamiento al cliente para enriquecer su oferta de valor. Así nació el programa Codensa Hogar, que aprovecha la plataforma de facturación de la empresa y la convierte en el articulador de una cadena en la que se involucran grandes superficies y marcas de electrodomésticos bajo la premisa de mejorar la calidad de vida en el hogar. Ante la dificultad de encontrar un socio en el sector financiero que asumiera el riesgo de otorgar créditos de consumo para los estratos socioeconómicos bajos, la dirección de Codensa financió directamente los créditos mediante los excedentes de liquidez de la empresa. Al finalizar 2007, Codensa Hogar había prestado cerca de US$600 millones para la compra de 730.000 electrodomésticos; dos tercios de estos habían sido para personas que nunca antes habían tenido un préstamo formal. Codensa pasó a ser percibida, internamente y por sus clientes, como una empresa con dos unidades de negocio fuertes: la distribución de electricidad y el crédito de consumo.

Colcerámica

La Compañía Colombiana de Cerámica se fundó en 1935 con el interés de conformar una cadena de productos cerámicos verticalmente integrada. Durante la década de 1990, Colcerámica no fue ajena a las consecuencias de la política de apertura económica del gobierno colombiano y en 2004, ante la disminución en sus ventas, decidió ingresar al mercado de los consumidores con bajos ingresos. En 2007 Colcerámica tuvo ventas totales por US$353 millones, con producción en Colombia y Estados Unidos y exportaciones a varios países de América del Sur, Centroamérica, el Caribe, Europa y Medio Oriente. Durante ese año, el negocio para el segmento de bajos ingresos alcanzó ventas cercanas a US$300.000 mientras se proyectaba que, en el mediano plazo, sus ventas en este mercado superarían los US$24 millones anuales.

Introducir y luego expandir la actividad comercial de Colcerámica en el mercado de consumidores con bajos ingresos planteó para la empresa distintos retos, para los que se acompañó de una líder social que conocía y trabajaba con los sectores populares. Con ella iniciaron un proyecto denominado "Tu casa como nueva, paso a paso", del cual participó activamente la comunidad. Las organizaciones comunitarias existentes en Usme —municipio anexo a Bogotá— fueron las encargadas de convocar y coordinar a promotoras de ventas entre los habitantes de la zona. Tras dos años en Usme, Colcerámica expandió la experiencia a otras zonas de Bogotá y a otras ciudades del país; así la iniciativa pasó de ser un proyecto piloto a convertirse en un canal de venta para los productos de la empresa. Para cumplir con las proyecciones, Colcerámica contaba con su cadena integrada verticalmente, pero enfrentó varios dilemas al definir el esquema de distribución más apropiado para llegar al mercado de los ciudadanos de bajos ingresos. Además, Colcerámica ha enfrentado la falta de información, los riesgos asociados a las zonas marginadas, los bajos niveles de educación y capacitación de las comunidades, su bajo poder adquisitivo y nivel de bancarización, la desconfianza hacia la empresa privada y la informalidad como norma en las transacciones.

Cooperativa de Recicladores Porvenir

En Colombia, la industria del cartón se abastece en un 40% de cartón reciclado, uno de los productos que recoge y acopia la Cooperativa de Recicladores Porvenir, fundada en 1990, que cuenta en la actualidad con 40 asociados, 9 que trabajan en la bodega y 20 en "fuentes". Trabajar en una fuente significa hacerlo por varios meses en un sitio fijo, con un volumen de materiales estable que permite ingresos económicos predecibles. No tener fuente fija hace el trabajo mucho más difícil porque los recicladores deben salir a buscar entre las bolsas o cubos de basura que encuentren en la calle antes del paso de los camiones recolectores.

Ante el nacimiento de varias cooperativas de recicladores, los bodegueros-intermediarios intervinieron para desincentivar la afiliación a ellas y su fortalecimiento. Además de la falta de experiencia organizativa y de recursos financieros para adquirir bodegas en donde acopiar material, las cooperativas de recicladores enfrentaron la necesidad de cumplir con los términos exigidos por la normativa comercial para negociar con empresas. No fue sencillo acortar la distancia entre dos mundos, uno informal, sin organizaciones, y otro formal, que no conoce las dificultades de los recicladores y exige confianza, volúmenes y profesionalismo. Sin embargo, desde la década de 1990 algunas cadenas de valor pudieron reconfigurarse sin los bodegueros-intermediarios y con mejores precios para las cooperativas de recicladores.

Dado que hasta ahora el sector público colombiano ha respondido en el tema del reciclaje a los intereses económicos de grandes grupos empresariales y ha desconocido los aportes de los recicladores, estos se han organizado y luchan por mejorar sus condiciones de vida y por participar en la definición de las políticas públicas. La Asociación de Recicladores de Bogotá ha buscado que las cooperativas se involucren con otras organizaciones y que generen los liderazgos y la motivación suficientes en las casi 2.000 familias asociadas. En casi dos décadas de trabajo, el nivel de violencia contra los recicladores ha disminuido; 3.000 recicladores han recibido capacitación en cooperativismo, manejo de bodega, contabilidad y política pública, y ha habido grandes avances en la consolidación de una identidad del reciclador. El 65% de los asociados a Porvenir ha mejorado sus condiciones de vida.

Corporación Oro Verde

En el departamento colombiano del Chocó —la segunda zona con mayor biodiversidad del planeta— vive parte de la población más pobre del mundo. La mayoría pertenece a comunidades afrocolombianas y combina actividades de producción agropecuaria de subsistencia con actividades extractivas (minería de oro y platino) en las cuales predomina la fuerza de trabajo familiar. A finales de la década de 1990, para crear la Corporación Oro Verde (COV), la Fundación Amigos del Chocó (Amichocó) hizo una alianza con la Fundación Las Mojarras y los consejos comunitarios de los municipios de Tadó y Condoto, órganos surgidos a partir de la Ley 70 de 1993 para administrar los territorios colectivos de las comunidades afrocolombianas. El objetivo de la COV ha sido fortalecer el acceso de las comunidades mineras a medios de vida dignos mediante el uso sostenible de sus recursos naturales, la certificación y generación de ingresos, la producción de alimentos y el fortalecimiento étnico-organizativo.

En el seno de la COV nació la iniciativa Oro Verde para darle viabilidad comercial a la minería artesanal y mitigar la devastación del ecosistema causada por la minería a gran escala. La iniciativa articula la red de extracción artesanal del oro (es decir, sin el empleo de insumos contaminantes y velando por la recuperación de los suelos intervenidos) con los mercados "justos" o ambientalmente responsables, tanto nacionales como internacionales. Los clientes de esos mercados pagan un sobreprecio por el oro que extraen las familias mineras certificadas y los excedentes de la comercialización se reinvierten en un fondo destinado a garantizar la sostenibilidad del modelo. La expectativa de Amichocó, como organización eje de la iniciativa, es transferir el modelo a los consejos comunitarios para su implementación en otras comunidades.

Dentro de los múltiples desafíos que ha enfrentado la iniciativa, uno de los de mayor alcance ha sido el de la certificación internacional. La estructuración de los criterios y procedimientos para la certificación de mineros ambientalmente responsables, validados directamente con comunidades productoras y clientes potenciales, estuvo a cargo del Instituto de Investigaciones Ambientales del Pacífico, una entidad vinculada al Ministerio del Medio Ambiente. Luego, para estandarizar el proceso de certificación, la COV promovió la conformación de la Association for Responsible Mining como un organismo multisectorial compuesto por 66 organizaciones de diferentes regiones del mundo.

Costa Rica

Palí

Palí es una cadena de supermercados de descuento para sectores de bajos ingresos. Pertenece al grupo CSU-CCA, uno de los conglomerados de negocios líderes de Costa Rica. Los supermercados de Palí operan tanto en Costa Rica como en Nicaragua, con un modelo de negocio que se apoya en márgenes relativamente bajos y volúmenes grandes de ventas, lo cual permite vender a precios accesibles para los sectores de bajos ingresos.

El esquema de Palí ha evolucionado a medida que la compañía ha ido aprendiendo más acerca de las necesidades de su mercado objetivo. Por ejemplo, aumentó un poco su limitado surtido de productos y expandió sus puntos de venta hacia áreas rurales. Los supermercados de Palí se caracterizan por tener operaciones sencillas, eficientes y de bajo costo, con un surtido limitado que incluye marcas nacionales líderes así como marcas privadas que satisfacen las necesidades básicas de las familias, en un entorno agradable pero austero, que va de acuerdo a su filosofía de bajo costo.

Actualmente, Palí ha captado la tercera parte del mercado costarricense (casi 1,5 millones de personas) y representa el 50% de las ventas consolidadas de supermercado de CSU-CCA. En Nicaragua, Palí atiende una población de aproximadamente 1,25 millones de personas, que equivale al 69,4% de las ventas totales de CSU Nicaragua.

CRES

Las mariposas costarricenses son una fuente de riqueza para aproximadamente 100 familias de bajos ingresos. En 1983 Costa Rica Entomological Supplies (CRES) fue creada para criar, empacar y exportar capullos a expositores de mariposas en Estados Unidos y Europa. CRES fue fundada por Joris Brinckerhoff, un ex voluntario del Peace Corp de Estados Unidos, que aprendió de un científico inglés acerca de esta oportunidad de negocio. Sin embargo, los objetivos de la empresa no solo fueron orientados al negocio sino también al área social. Su fundador buscó que la iniciativa contribuyera al desarrollo de Costa Rica sin perjudicar su medio ambiente.

Desde 1986 las exportaciones de CRES incluyen, además de la producción propia, capullos de productores independientes. Inicialmente, CRES reclutó a ex empleados de la compañía que habían comenzado a criar mariposas por cuenta propia, pero pronto su red de proveedores se expandió a todo el país, inclusive a habitantes rurales de bajos ingresos, proporcionando una oportunidad de empleo para casi 100 familias. La actividad creció rápidamente y, en la década de 1990, su volumen de producción excedió la demanda de clientes en el exterior. Nuevos exportadores ingresaron al mercado, y ofrecieron comprar la sobreproducción a precios más bajos para venderla en los mercados internacionales, también a precios más bajos. En 2006 el fundador de CRES se preguntaba cómo mantener la política de precios justos de la compañía, tanto para salvaguardar los ingresos de los productores como para asegurar la sostenibilidad económica del negocio.

Tierra Fértil

En 1973, con solo cinco puntos de venta, la cadena de supermercados CSU-CCA identificó que su oferta de productos agrícolas no respondía a las exigencias de sus consumidores. Como resultado, la compañía comenzó a organizar agricultores para establecer criterios del negocio, márgenes de beneficio, estándares de calidad e higiene, y calendarios de producción basados en la demanda del mercado. Así nació el programa Tierra Fértil, que evolucionó en los años siguientes.

El trabajo de Tierra Fértil también promovió esquemas más eficientes y más seguros de entrega del producto: por ejemplo, cajones y métodos de empaque más seguros y más higiénicos. En 1985 se lanzó una campaña en todo el país para entrenar a los agricultores en la utilización racional y eficiente de productos químicos. El éxito del programa de Tierra Fértil estimuló a la compañía a repetirlo en otros países de Centroamérica (en Nicaragua comenzó en 1998 y en Honduras, en 2001).

España

Andròmines

Andròmines desarrolla tareas de inserción sociolaboral de colectivos en riesgo de exclusión mediante proyectos favorables al medio ambiente y al desarrollo sostenible, como la recolección y la reutilización de ropa, muebles y componentes informáticos. Los sectores de bajos ingresos con los que trabaja son principalmente personas de etnia gitana (28%), mujeres con cargas familiares (18%), desempleados de larga duración (12%) e inmigrantes (12%).

El Programa Ropa Amiga de Andròmines es un proyecto de inserción laboral basado en la reutilización de ropa en buen estado a partir de procesos de recolección, recuperación, reciclaje y venta llevados a cabo por 17 organizaciones dedicadas a la inserción de colectivos con dificultades. Se trata de una iniciativa conjunta de la Fundación Un Sol Món —vinculada a la obra social de Caixa Catalunya—, la Asociación Intersectorial de Recuperadores y Empresas Sociales de Cataluña (AIRES), que aglutina a 32 empresas de inserción, y Cáritas Cataluña, entidad de beneficencia de la Iglesia católica.

El programa Ropa Amiga nació a partir de la constatación de la existencia de un grupo importante de entidades que, con la integración laboral como objetivo, trabajan en el ámbito de la gestión del residuo textil. El programa nace pues del convencimiento de que la colaboración entre estas entidades puede generar sinergias importantes, ampliar el mercado y consolidar a las entidades participantes. El programa pretende potenciar el trabajo que las entidades realizan a través de la creación de un espacio de colaboración que se vaya definiendo de forma progresiva y conforme a las necesidades.

Futur

Futur es una pequeña organización sin ánimo de lucro, fundada en 1996 en Barcelona con la intención de reinsertar social y laboralmente a personas que se encuentran en situación de exclusión. Normalmente se trata de personas que han terminado sus condenas en prisiones, madres solteras o separadas sin ingresos y a cargo de niños, personas que han pasado largos períodos sin hogar, personas con problemas de toxicomanías y alcoholismo, e inmigrantes con dificultades, que han llegado recientemente a Barcelona sobre todo de América Latina y el norte de África.

La actividad laboral que Futur ofrece a estas personas ha ido cambiando con el tiempo. Empezó en el sector textil, para entrar luego en la gastronomía, en la cual se ha focalizado en ofrecer productos ecológicos y de comercio justo con tres restaurantes y un servicio de catering. Más recientemente ha ampliado con gran éxito sus actividades en el ámbito de los comedores escolares: empezó con cuatro, pasó a ocho, y prevé tener doce para el próximo curso. A estas iniciativas se suma un último proyecto en fase de estudio: la venta ambulante en bicicleta de productos ecológicos y de comercio justo. Para 2007 el volumen de ventas fue de €1.457.890 (prácticamente tres veces superior al de 2005) y el número de empleados ascendía a 52, de los cuales 18 provenían de colectivos socialmente excluidos.

Al momento de estudiar el caso, la organización tenía la necesidad de buscar un nuevo local con cocina, puesto que no podía continuar en el sitio que alquilaba a un precio simbólico. La cocina era necesaria para el servicio de catering y los restaurantes. Este reto presentaba una ocasión para repensar la estrategia de Futur, dado que no todas las líneas de negocio son igualmente exitosas desde el punto de vista económico. Tampoco desde el punto de vista social ofrecían todas las mismas oportunidades de reinserción. Se planteaba también si era mejor o factible continuar o ampliar la diversificación, o concentrarse en una sola actividad. En definitiva, se planteaba qué estrategia sería más eficaz para llevar a cabo la misión social de la organización.

La Fageda

La Fageda ("bosque de hayas" en catalán) es una cooperativa sin ánimo de lucro que había conseguido integrar laboralmente desde su creación en 1982 a más de 100 personas de la comarca con discapacidades psíquicas. La cooperativa estaba enclavada en un entorno privilegiado, una finca agrícola de 15 hectáreas de extensión asentada en pleno parque natural de la zona volcánica de la Fageda d'en Jordà, considerada un hayedo excepcional por crecer en un terreno llano de baja altitud y con un alto valor paisajístico.

La introducción de La Fageda en la producción y distribución de yogures había sido relativamente casual aunque era el resultado de la voluntad de su fundador, Cristóbal Colón, de demostrar que se podían llevar a cabo proyectos empresariales económicamente viables con personal discapacitado. La búsqueda de proyectos terapéuticos para los discapacitados y que a la vez respondieran a una necesidad de mercado llevó a Colón a introducirse primero en la jardinería y el mantenimiento forestal, luego en la explotación lechera y más adelante en la producción de lácteos.

El equipo de La Fageda y su fundador se podían congratular 25 años después de haber conseguido que los yogures producidos en una pequeña localidad lejos del área de influencia de Barcelona se exhibieran en los supermercados e hipermercados tanto como los productos de Danone, líder indiscutible del sector. Un lugar ganado a fuerza de realizar un yogur de calidad, que el consumidor identifica como un producto casero y natural.

México

Amanco

Ashoka, una organización de la sociedad civil que apoya a los empresarios sociales, desarrolló su programa de cadena de valor híbrida para llevar productos y servicios a comunidades de bajos ingresos a precios justos. Así, se llevó a cabo un proyecto piloto en México con Amanco, empresa líder, para proveer sistemas avanzados de riego a pequeños agricultores mediante la combinación de las capacidades de la empresa con las de los emprendedores sociales.

Esta iniciativa se basó en una red estratégica construida por Amanco, Ashoka y pequeños productores de limón en los estados de Guerrero y Oaxaca. El objetivo de la cadena es proporcionar soluciones agrícolas a los productores de bajos ingresos, construyendo un puente entre la empresa y los agricultores. El programa se condecía con el objetivo corporativo, donde se establecía que Amanco debía obtener el 10% de sus ventas del sector de bajos ingresos. De esa forma la compañía aceptó la invitación de Ashoka para construir una cadena de valor híbrida.

Una vez que la compañía decidió poner en marcha este proyecto, se dio cuenta de que los pequeños agricultores carecían de competitividad como consecuencia de su ubicación y la imposibilidad de acceder a recursos. Adicionalmente, sus plantaciones eran viejas y no explotaban adecuadamente el subsuelo, en parte porque no tenían acceso a préstamos y ningún conocimiento de tecnologías de cultivo. Por lo tanto, Amanco se propuso crear para esta iniciativa un área de servicio que aportara soluciones integrales, sin fallas, a los agricultores, incluidos incentivos para que usen el servicio en conjunto y apoyo técnico para la utilización de sistemas de riego.

Construmex (Cemex)

Construmex es una iniciativa lanzada por Cemex, una empresa mexicana líder en la fabricación de cemento, para proporcionar apoyo a la vivienda en México (construcción de viviendas, remodelación o compra) para los emigrantes mexicanos en Estados Unidos. Construmex dejó en manos de los distribuidores locales el suministro de los materiales utilizados para construir o remodelar casas en las ciudades de origen de los emigrantes mexicanos.

Esta iniciativa intentaba posicionar a Cemex en un nuevo nicho de mercado. La idea era capitalizar una oportunidad de negocio y proveer una nueva propuesta de valor para los distribuidores certificados de México. En línea con la misión de Cemex, Construmex buscó ofrecer servicios que satisficieran las necesidades de construcción. Algunos de los desafíos que enfrentó esta iniciativa fue la desconfianza de los inmigrantes para este tipo de servicios como resultado de decepciones anteriores con otros proveedores. Además, Cemex tuvo que ajustar su modelo de negocio y aprender más acerca de este mercado particular.

Empresario Azteca

Empresario Azteca, del Grupo Salinas, brinda apoyo y servicios financieros para el sector de bajos ingresos interesado en iniciar una microempresa en México. Con esta iniciativa, el Grupo Salinas satisface la necesidad de crédito (a través de su unidad de negocio de Banco Azteca) y la de suministros (a través de su cadena de tiendas Elektra) para impulsar a las pequeñas empresas. Empresario Azteca sigue una estrategia de fidelización, ofreciendo a los clientes, además de los préstamos y los productos, una red de servicios complementarios, incluidos descuentos en servicios médicos, asesoría legal, capacitación empresarial y promoción. Este esquema es puesto en marcha cuando el Banco Azteca da un préstamo a un cliente; Elektra ofrece sus productos a través de un catálogo electrónico, y la Asociación Empresario Azteca proporciona membresía al cliente para que pueda acceder a todos los servicios del programa.

Perú

Palmas del Espino

Durante más de 25 años Palmas del Espino —localizada en el valle del Alto Huallaga, en medio de la Amazonía peruana— ha sido una empresa verticalmente integrada dedicada al cultivo de palma aceitera, a la extracción de aceite de palma y, más recientemente, a la elaboración de productos derivados (aceite, manteca, jabón, entre otros). Su área de operaciones, una de las regiones más pobres del país, ha sido el escenario de los más significativos conflictos de la historia peruana reciente asociados al tráfico de drogas y las actividades terroristas. En este incierto contexto, Palmas del Espino ha logrado ser una empresa eficiente y rentable que ha contribuido, mediante iniciativas de mercado y esquemas de otorgamiento de títulos de propiedad de la tierra, al desarrollo local y de las comunidades que forman parte de su entorno y que antes no tenían otra alternativa que dedicarse al cultivo de la hoja de coca.

Palmas del Espino emplea a más de 1.500 personas, incluidos ejecutivos, empleados y obreros. En 2005 obtuvo ingresos consolidados de US$37,1 millones y beneficios netos de US$4,9 millones. Las operaciones de la empresa, que se extienden desde la producción de materia prima hasta la producción de manufacturas, se concentran casi exclusivamente en la plantación de 22.000 acres y en la fábrica que tienen en la selva, pero sus productos son vendidos en todo el territorio nacional, e incluso se exporta manteca a Chile.

La empresa involucra a los sectores de bajos ingresos mediante dos mecanismos: emplea temporalmente a trabajadores migrantes en la plantación, y compra a productores independientes, que se han convertido en proveedores regulares del fruto fresco de la palma.

Consorcio Titikayak

El Consorcio Titikayak es una iniciativa de turismo comunitario y de aventura promovida por Explorandes, agencia de turismo que ha operado en Perú durante los últimos 30 años. El Consorcio Titikayak es el resultado de una alianza estratégica con Llachón Tours —empresa cuyo propietario es el líder comunitario, Valentín Quispe— para desarrollar los circuitos de kayak en el lago Titicaca. Esta operación turística involucra a los miembros de la comunidad de Llachón como proveedores de transporte en el lago y de servicios de alimentación y alojamiento.

Llachón está ubicado en la península de Capachica, sobre la costa del lago Titicaca, cerca de 10.000 pies sobre el nivel del mar. Se trata de un área básicamente rural que mantiene actividades agrícolas y pecuarias de subsistencia. Más de 80 familias campesinas viven en esta área y participan en las actividades turísticas a través de asociaciones basadas en la provisión de servicios de comida, transporte y alojamiento. Estas familias son proveedoras directas de Llachón Tours, de manera que complementan los ingresos del hogar sin descuidar sus otras actividades.

Explorandes ofrece tanto los servicios de Titikayak como de Llachón Tours a las grandes agencias de turismo de Estados Unidos, Reino Unido y otros países europeos. Actualmente, las ofertas de Titikayak están incluidas en los paquetes internacionales que ofrecen viajes a Perú.

CIAP

El Centro Interregional de Artesanos del Perú (CIAP) es una organización sin fines de lucro creada en 1992 por artesanos peruanos pertenecientes a diversas regiones. Estos artesanos han orientado su producción hacia el mercado de exportación que promueve los valores del movimiento de comercio justo. Los miembros de CIAP conciben esta iniciativa basada en la autogestión como una experiencia que fortalece y desarrolla su trabajo individual y colectivo. Encuentran en esta actividad un modo de expresión artística a través del cual preservan el valor de la cultura local y fortalecen su capital social. Si bien la actividad artesanal aún no ha conseguido que algunos miembros de CIAP logren salir de su situación de pobreza, ha contribuido con la cobertura de necesidades básicas insatisfechas de un segmento de bajos ingresos en Perú.

Los miembros de CIAP han fundado cuatro empresas para optimizar sus negocios conjuntos. Estas compañías incluyen a Intercrafts Perú como empresa principal de la asociación, creada en 2003 para llevar a cabo la exportación de artesanías; una agencia de turismo alternativo, fundada en 2001 para promover la venta de productos orientados hacia el turismo responsable, con la participación y el compromiso de la comunidad local; una cooperativa de ahorro y crédito, constituida en 2002 para facilitar a los miembros de CIAP el acceso a servicios financieros, y PRO-Ecosol, un centro comercial creado en 2006, que alberga una cafetería de comercio justo y una tienda de artesanías que ofrece los productos de CIAP.

Con estas iniciativas empresariales, CIAP ha facilitado el camino para que, de manera gradual, los miembros de la organización mejoren sus condiciones de vida. De este modo, el Centro logra probar que los esquemas propuestos por el movimiento de comercio justo, basados relaciones de respeto entre productores y consumidores, pueden ser competitivos en el mercado internacional.

Aguaytía

Aguaytía es una empresa que produce y distribuye gas natural y productos derivados en la región de Ucayali, ubicada en la selva central. Forma parte del primer proyecto de desarrollo conjunto para la explotación del gas natural en Perú. Comenzó a operar en 1998, y desde 2002 ha desarrollado un programa para expandir el uso del gas licuado de petróleo en su área de operaciones. Esta iniciativa tiene un propósito tanto social como de negocios: transformar la matriz de energía local para promover el uso del gas licuado de petróleo en las cocinas de los hogares y en el transporte público, con el fin de crear un mercado local para su producción, de manera de mejorar las condiciones de vida de la comunidad y reducir los impactos ambientales de los combustibles más contaminantes.

Aguaytía cubre los costos de la conversión de pequeños motores de gasolina, recuperando su inversión en dos o tres años, según el tipo de vehículo y su consumo de gas licuado de petróleo. Los márgenes de la empresa son más altos en las ventas locales, como resultado de los altos costos de transporte que supone sacar su producto fuera de su área de operaciones. Los propietarios o aquellos que rentan vehículos de transporte público pertenecen a sectores de bajos ingresos que no tienen los medios para enfrentar la conversión de sus motores. De manera similar, las familias locales —que acostumbran cocinar con madera o querosene— reciben balones de gas gratuitos, así como también descuentos por la compra de sus primeros balones de gas licuado de petróleo, lo cual forma parte de la estrategia de la empresa para expandir su mercado local. Mientras que Aguaytía tiene como objetivo convertir el 50% de todos los vehículos locales, solo ha conseguido convertir un 7% a gas natural, y ha distribuido cerca de 50.000 balones de gas a las familias de la comunidad local.

Venezuela

AES-Electricidad de Caracas

Electricidad de Caracas (EDC) fue fundada en 1895 y llegó a ser una de las empresas privadas más grandes de Venezuela y una de las pocas que cotizaban en la bolsa de valores de Caracas. En el año 2000 la empresa fue adquirida por AES mediante una compra hostil. AES-EDC era la proveedora exclusiva de electricidad del área metropolitana de Caracas, cuya población superaba los 5 millones de habitantes. Para 2006 atendía 1.062.300 clientes, de los cuales 888.035 eran residenciales. De estas viviendas, 591.933 pertenecían a segmentos calificados de bajos ingresos.

AES-EDC emprendió su acercamiento a los sectores de bajos ingresos en 2003, con el propósito de reducir las pérdidas de energía. El primer intento se implementó mediante un proyecto piloto en el barrio La Morán, en el cual se instalaron unos medidores especiales para el servicio de electricidad a ser prepagado con tarjeta. Sin embargo, esta iniciativa no prosperó ante la falta de respuesta y eventual negativa al uso de un sistema prepago por parte del ente regulatorio. Un segundo proyecto fue dirigido al pago de centenares de facturas que llevaban años de atraso, correspondientes a un conjunto de viviendas sociales. Otro proyecto consistió en remover las marañas de cables que se formaban a través de conexiones ilegales, invitando a los consumidores a convertirse en clientes de la empresa. Estas iniciativas se escudaron bajo el nombre de Barrio Eléctrico.

En el primer trimestre de 2007 el Presidente Hugo Chávez decretó la nacionalización de la empresa.

Cativen

Cativen es una empresa de comercio minorista, subsidiaria del Grupo Casino, de Francia, que llegó a Venezuela en 2001 mediante la adquisición de la cadena de supermercados Cada. Luego de realizar inversiones por unos US$200 millones entre 2001 y 2004, para el período 2005-09, la empresa previó una inversión cercana a los US$400 millones destinada a convertir a Cativen en la empresa minorista más grande de Venezuela.

La iniciativa de Cativen con SBI consiste en saltarse a los distribuidores o intermediarios de hortalizas y comprarles directamente a los agricultores, muchos de los cuales son productores de bajos ingresos. Esta acción se realiza en el marco de una estrategia denominada integración comercial directa, que en el caso de los agricultores se lleva a cabo mediante la instalación de "plataformas de proximidad" en las zonas de producción de interés para Cativen. Estas plataformas son centros de compra, acopio y distribución desde los cuales también se realizan actividades de promoción social que facilitan y apoyan el desarrollo de los pequeños productores.

Cativen negocia directamente con pequeños productores relaciones de largo plazo en las que la empresa garantiza la compra y los productores acatan determinados planes de cosecha y estándares de calidad. A fin de establecer una relación más costo-efectiva con esos productores, los compradores de Cativen promueven la organización de los pequeños productores en cooperativas o asociaciones y los asesoran. La empresa también apoya a las cooperativas para que abran cuentas bancarias y obtengan facturas reconocidas por las autoridades tributarias. Además, las cooperativas reciben asesoría técnica en el área agronómica y son incorporadas a un plan de cosecha que tiene por principal fin asegurar que los productores no sobreproduzcan o subproduzcan (lo que asegura mayor estabilidad en los precios) y se ajusten mejor a la demanda de los clientes de Cativen. Finalmente, la empresa premia con mayores precios a las cooperativas que agregan valor (por ejemplo, lavan y empaquetan de las hortalizas).

Comunanza

Comunanza es una fundación privada sin fines de lucro, calificada en enero de 2005 por el Fondo de Desarrollo Microfinanciero como ente de ejecución del sistema microfinanciero venezolano, y dedicada a la actividad de prestación de servicios financieros al segmento de empresarios de subsistencia. En 2006 tuvo una facturación de US\$165.000, generada por operaciones de créditos e intereses devengados por la colocación de excedentes temporales de efectivo. A noviembre de 2006, Comunanza contaba con 720 clientes activos y alrededor de 200 en proceso de reactivar líneas de crédito utilizadas en el pasado reciente.

La organización cuenta con dos sedes, una administrativa en un centro comercial dentro del distrito financiero de la ciudad de Caracas, y una operativa en Petare, sector donde habita el 30% de la población de la ciudad (dos millones de habitantes) y que cuenta con alta concentración de microempresarios de subsistencia. Para noviembre de 2006 empleaba a 16 personas.

Comunanza trabaja con los estratos D y E de la población. Para el momento de constitución de la fundación en 2004, el estrato D representaba el 22% de la población atendida financieramente en el país. El estrato E representaba el 58% de la población y comprende principalmente a los microempresarios de subsistencia, cuya informalidad los vuelve un sector no bancarizado o incluso difícil de bancarizar. En este sector, la economía personal y la del negocio se encuentran amalgamadas. En consecuencia, tanto las contingencias personales como las del negocio afectan la capacidad de pago de compromisos financieros.

Comunanza aspira a crear valor social a través de la inclusión de los sectores de bajos ingresos dentro del circuito financiero de la economía formal. En una primera fase, bancarizándolos y dándoles acceso al crédito, para luego, cuando la segunda generación de productos financieros de la fundación comience a comercializarse, separar las finanzas personales de los emprendedores de las finanzas de sus negocios. La evidencia anecdótica muestra que las crisis de las familias de bajos ingresos le restan liquidez al negocio y viceversa. De allí que promoviendo planes de ahorro a largo plazo y la afiliación a servicios de salud se creen fondos de reservas que servirán para atender las necesidades de las familias, sin poner en peligro la salud financiera del negocio del cual viven.

Cruzsalud

Cruzsalud es una empresa mediana, fundada en noviembre de 2004, que proporciona soluciones de salud a la población de los sectores populares del este de la ciudad de Caracas. Su misión es "ser una organización con crecimiento sostenido, impulsada por su gente, para dar soluciones innovadoras en salud de una manera eficiente, rentable y al alcance de todos".

A finales de 2006 Cruzsalud tenía unos 70 empleados. También contaba con 70 médicos asociados en distintas especialidades y 15 instituciones relacionadas (clínicas, laboratorios), que prestaban servicios a sus asociados. Para esa fecha tenía unos 10.000 afiliados y proyectaba crecer hasta unos 100.000 en 2010.

Su modelo de negocios está basado en el concepto de medicina prepagada a través del cual los suscriptores reciben un conjunto de servicios de salud con base en la cancelación de un monto fijo mensual. Ofrecen cuatro planes de salud: Familia, Kit, Cuídame y Total, cuyo precio oscila entre 9.000 y 40.000 bolívares (US$4,2 y US$18,6) mensuales. Los cuatro planes ofrecen una base de servicios comunes que incluyen: un centro de atención integral vía telefónica las 24 horas, atención médica domiciliaria y ambulancias para emergencias médicas vitales. Los planes Kit, Cuídame y Total comprenden otros servicios complementarios, como un kit de insumos para atención médica, emergencias odontológicas, exámenes médicos y consultas especializadas.

Cruzsalud se dirige al segmento E de la población, que en Venezuela es atendido por los hospitales y ambulatorios públicos y la Misión Barrio Adentro. La empresa está convencida de que dentro del segmento E existe una subestratificación que va desde la población que apenas puede subsistir y necesariamente debe ser asistida por el Estado, hasta un subsegmento que tiene cierto poder adquisitivo, necesidades de salud insatisfechas y, por lo tanto, disposición a pagar por algunos servicios. La meta de Cruzsalud es ofrecer servicios de salud a ese subsegmento (E+) con productos adecuados a su capacidad de pago.

Bibliografía

Acs, Zoltan J., Pia Arenius, Michael Hay y Maria Minniti. "Global Entrepreneurship Monitor. 2004 Executive Report." Babson Park, MA y Londres: Babson College y London Business School, 2005.

AIDIS. "Gestão integrada de resíduos sólidos." Asociación Interamericana de Ingeniería Sanitaria y Ambiental, http://www.aidis.org.br/eng/ftp/polis_aidis.pdf.

Anderson, Beth Battle, Gregory Dees y Jed Emerson. "Developing Viable Earned Income Strategies." En *Strategic Tools for Social Entrepreneurs: Enhancing the Performance of Your Enterprising Nonprofit*, editado por J.Gregory Dees, Jed Emerson y Peter Economy, 191–234. Nueva York: Wiley, 2002.

Anupindi, Ravi y S. Sivakumar. "A Platform Strategy for Rural Transformation." En *Business Solutions for the Global Poor: Creating Economic and Social Value*, editado por Kasturi Rangan, John Quelch, Gustavo Herrero y Brooke Barton, 193–206. San Francisco, CA: Jossey-Bass, 2007.

Austin, James E. *Agroindustrial Project Analysis: Critical Design Factors*. 2ª ed. Baltimore, MD: Johns Hopkins University Press, 1992.

Austin, James E. y Michael Chu. "Business and Low-Income Sectors: Finding a New Weapon to Attack Poverty." *ReVista: Harvard Review of Latin America* (2006).

Austin, James, Roberto Gutiérrez, Enrique Ogliastri y Ezequiel Reficco. "Capitalizing on Convergence." *Stanford Social Innovation Review* (invierno de 2007): 24–31.

Austin, James, Herman Leonard, Ezequiel Reficco y Jane Wei-Skillern. "Corporate Social Entrepreneurship: The New Frontier." En *The Accountable Corporation. Volume 3: Corporate Social Responsibility*, editado por Marc Epstein y Kirk Hanson. Westport, CT: Praeger, 2006.

———. "Social Entrepreneurship: It's for Corporations, Too." En *Social Entrepreneurship: New Paradigms of Sustainable Social Change*, editado por Alex Nicholls. Oxford: Oxford University Press, 2005.

Austin, James, Patricia Márquez, Ezequiel Reficco, Gabriel Berger, et al. "Building New Business Value Chains with Low Income Sectors in Latin America." En *Business Solutions for the Global Poor: Creating Economic and Social Value*, editado por Kasturi Rangan, John Quelch, Gustavo Herrero y Brooke Barton. San Francisco, CA: Jossey-Bass, 2007.

Austin, James y Ezequiel Reficco. "Eine umfassende Transformation des Unter nehmens." *Ökologisches Wirtschaften, edición especial sobre emprendimientos sociales* (junio de 2009).

Austin, James, Ezequiel Reficco, Gabriel Berger, Rosa María Fischer, et al. *Social Partnering in Latin America: Lessons Drawn from Collaborations of Businesses and Civil Society Organizations*. Cambridge, MA: Universidad de Harvard,

David Rockefeller Center for Latin American Studies, distribuido por Harvard University Press, 2004.

Ayyagari, Meghana, Asli Demirguç-Kunt y Thorsten Beck. *Small and Medium Enterprises across the Globe: A New Database*. SSRN, 2003.

Banco de la República de Colombia. "Salario mínimo legal diario (Col $)." Banco de la República de Colombia, http://www.banrep.gov.co/estad/dsbb/srea_020.xls.

Bloom, Paul N. y Gregory Dees. "Cultivate Your Ecosystem." *Stanford Social Innovation Review* 6, nro. 1 (invierno de 2008): 47–53.

Brandes, Dieter. *Bare Essentials: The Aldi Way to Retail Success*. Fráncfort: Cyan-Campus, 2004.

Brown, L. David. "Bridging Organizations and Sustainable Development." *Human Relations* 44, nro. 8 (1991): 807–31.

Burnside, Craig y David Dollar. "Aid, Policies and Growth."*American Economic Review* 90, (2000): 847–68.

Carroll, Glenn R. "Organizational Ecology." *Annual Review of Sociology* 10, (1984): 71–93.

Castells, Manuel y Alejandro Portes. "World Underneath: The Origins, Dynamics, and Effects of the Informal Economy." En *The Informal Economy: Studies in Advanced and Less Developed Countries*, editado por Alejandro Portes, Manuel Castells y Lauren A. Benton, 11–37. Baltimore, MD: Johns Hopkins University Press, 1989.

CEPAL (Comisión Económica para América Latina y el Caribe). "La pequeña y mediana empresa. Algunos aspectos". En *LC/R. 1330*: CEPAL, 1993.

———. *Cohesión social: inclusión y sentido de pertenencia en América Latina y el Caribe*. Santiago de Chile: CEPAL, 2007.

———. "Panorama social de América Latina 2007". CEPAL, 2007. http://www.eclac.org/publicaciones/xml/5/30305/PSE2007_Sintesis_Lanzamiento.pdf.

———. "Anuario estadístico de América Latina y el Caribe". Santiago de Chile: Naciones Unidas, División de Estadísticas y Proyecciones Económicas, 2007.

———. "Indicadores de concentración del ingreso, total nacional, 1990–2006 (cuadro 14)". CEPAL, http://www.eclac.org/publicaciones/xml/5/30305/PSE2007_AnexoEstadistico.xls.

Chesbrough, Henry. "Business Model Innovation: It's Not Just about Technology Anymore." *Strategy & Leadership* 35, nro. 6 (2007): 12–17.

Chiriboga, Rimisp Manuel. "Mecanismos de articulación de pequeños productores rurales con empresas privadas, síntesis regional." 80. Quito: Mesa de Trabajo en Desarrollo Económico de RURALTER, 2007.

Christensen, Clayton, Thomas Craig y Stuart Hart. "The Great Disruption." *Foreign Affairs* 80, nro. 2 (2001).

Chu, Michael. "Commercial Returns and Social Value: The Case of Microfinance." Documento presentado en la conferencia sobre pobreza mundial organizada por la Harvard Business School, Boston, MA, 1 al 3 de diciembre de 2005.

————. "Commercial Returns at the Base of the Pyramid." *Innovations* (invierno-primavera de 2007): 115-46.

————. "Microfinance: Business, Profitability and the Creation of Social Value." En *Business Solutions for the Global Poor: Creating Economic and Social Value*, editado por Kasturi Rangan, John Quelch, Gustavo Herrero y Brooke Barton, 309-20. San Francisco, CA: Jossey-Bass, 2007.

Combariza, Franklin Luis y Roberto Gutiérrez. "Apropiación de valor en la cadena de reciclaje del cartón". *Responsabilidad & Sostenibilidad*, 2008.

CONAVI. "Consejo Nacional de la Vivienda. Programa II: Habilitación física de zonas de barrios." CONAVI, http://www.conavi.gov.ve.

D'Andrea, Guillermo y Gustavo Herrero. "Understanding Consumers and Retailers at the Base of the Pyramid in Latin America." Documento presentado en la conferencia sobre pobreza mundial organizada por la Harvard Business School, Boston, MA, 1 al 3 de diciembre de 2005.

Dawar, Niraj y Amitava Chattopadhyay. "Rethinking Marketing Programs for Emerging Markets." *Long Range Planning* 35, nro. 5 (octubre de 2002): 457-74.

de Medina, Heloisa V. "Reciclagem de materiais: Tendências tecnológicas de um novo setor". CETEM–Centro de Tecnologia Mineral, Ministério da Ciência e Tecnologia, http://www.cetem.gov.br/tendencias/agenda/parte_III/Reciclagem%20de%20materiais.pdf.

Dees, J. Gregory. "Enterprising Nonprofits." *Harvard Business Review*, enero de 1998.

————. "The Meaning of Social Entrepreneurship." Boston, MA: Harvard Business School, 1998.

Demirgüç-Kunt, Asli, Thorsten Beck y Ross Levine. *Small and Medium Enterprises, Growth, and Poverty: Cross-Country Evidence.* SSRN, 2003.

DIEESE. "Salário mínimo nominal e necessário". Departamento Intersindical de Estatística e Estudos Socioeconômicos, http://www.dieese.org.br/rel/rac/salmindez07.xml.

Drazer, Maricel. "O poder dos coletores informais". Tierramérica, http://www.tierramerica.info/nota.php?lang=port&idnews=170.

Drucker, Peter F. *Innovation and Entrepreneurship: Practice and Principles.* 1ª ed. Nueva York: Harper & Row, 1985.

Easterly, William Russell. *The Elusive Quest for Growth: Economists' Adventures and Misadventures in the Tropics.* Cambridge, MA: MIT Press, 2001.

Easton, Tom. "The Hidden Wealth of the Poor." *The Economist*, 5 de noviembre de 2005.

Eliasson, Gunnar. "The Role of Knowledge in Economic Growth." Estocolmo: Instituto Real de Tecnología, Estocolmo, TRITA-IEO-R, 2000.

Elsner, Wolfram. "The 'New' Economy: Complexity, Coordination and a Hybrid Governance Approach." *International Journal of Social Economics* 31, nro. 11 (2004): 1029–49.

Emerson, Jed y Sheila Bonini. "The Blended Value Map: Tracking the Intersects and Opportunities of Economic, Social and Environmental Value Creation," http://www.blendedvalue.org/media/pdf-bv-map.pdf.

Emery, F. E. y E. L. Trist. "The Causal Texture of Organizational Environments." *Human Relations* 18 (1965): 21–32.

Epstein, Marc J. y Christopher A. Crane. "Alleviating Global Poverty through Microfinance: Factors and Measures of Financial, Economic, and Social Performance." Documento presentado en la conferencia sobre pobreza mundial organizada por la Harvard Business School, Boston, MA, 1 al 3 de diciembre de 2005.

Fagerberg, Jan, David C. Mowery y Richard R. Nelson. *The Oxford Handbook on Innovation.* Oxford: Oxford University Press, 2004.

FMI (Fondo Monetario Internacional). "World Economic Outlook Database." Fondo Monetario Internacional, http://www.imf.org/external/pubs/ft/weo/2008/01/weodata/index.aspx.

Foro Económico Mundial. "Latin America @ Risk. A Global Risk Network Briefing." www.weforum.org/pdf/grn/LatinAmericaRisk.pdf.

Förster, Michael y Marco Mira d'Ercole. "Income Distribution and Poverty in OECD Countries in the Second Half of the 1990s." París: OECD Social, Employment and Migration Working Papers, 2005.

Foster, William y Jeffrey Bradach. "Should Nonprofits Seek Profits?" *Harvard Business Review* (febrero de 2005).

Freeman, R. Edward. *Strategic Management: A Stakeholder Approach.* Boston, MA: Pitman, 1984.

García Bartelt, Mercedes. "Los celulares más caros, preferidos por los pobres". *La Nación*, Buenos Aires, 22 de agosto de 2008.

Gasparini, Leonardo y Leopoldo Tornarolli. "Labor Informality in Latin America and the Caribbean: Patterns and Trends from Household Survey Microdata." En *Documento de Trabajo Nro. 0.* La Plata: Centro de Estudios Distributivos, Laborales y Sociales, Universidad Nacional de La Plata, 2007.

Gawer, Annabelle y Michael A. Cusumano. "How Companies Become Platform Leaders." *MIT/Sloan Management Review* 49, nro. 2 (invierno de 2008).

Gittell, Ross y Avis Vidal. *Community Organization: Building Social Capital as a Development Strategy.* Londres: Sage, 1998.

Goldberg, Ray A. y Kerry Herman. "Nestle's Milk District Model: Economic Development for a Value-Added Food Chain and Improved Nutrition." En *Business Solutions for the Global Poor: Creating Economic and Social Value*, editado por Kasturi Rangan, John Quelch, Gustavo Herrero y Brooke Barton. San Francisco, CA: Jossey-Bass, 2007.

Goldberg, Ray Allan. *Agribusiness Coordination; A Systems Approach to the Wheat, Soybean, and Florida Orange Economies.* Boston, MA: Division of Research, Graduate School of Business Administration, Universidad de Harvard, 1968.

Gómez, Henry, Patricia Márquez y Michael Penfold. "Cómo AES-EDC generó relaciones rentables en los barrios pobres de Caracas." *Harvard Business Review América Latina* (diciembre de 2006): 68–75.

Gonçalves, Pólita. "A reciclagem integradora dos aspectos ambientais, sociais e econômicos." Rio de Janeiro: DP&A / PHASE, 2003.

Grootaert, Christiaan y Thierry van Bastelaer. "Understanding and Measuring Social Capital: A Synthesis of Findings and Recommendations from the Social Capital Initiative." Washington DC: Banco Mundial, 2001.

Grupo Técnico Nacional de Ciudadanía Ambiental. "Estrategia nacional de promoción de la ciudadanía ambiental." CONAM, http://www.conam.gob.pe/documentos/ciudadania/index.asp.

Guimarães, Thiago. "Coleta seletiva de lixo cresce 38% no país." Folha Online, http://www1.folha.uol.com.br/folha/cotidiano/ult95u124738.shtml.

Gulati, Ranjay, Sarah Huffman y Gary Neilson. "The Barista Principle: Starbucks and the Rise of Relational Capital." *Strategy & Competition*, 3º trimestre (2002).

Hagel, John, John Seely Brown y Lang Davison. "Shaping Strategy in a World of Constant Disruption." *Harvard Business Review* (octubre de 2008).

Hammond, Allen L., William J. Kramer, Robert S. Katz, Julia T. Tran y Courtland Walker. *The Next 4 Billion: Market Size and Business Strategy at the Base of the Pyramid.* Washington, DC: World Resources Institute y Corporación Financiera Internacional, 2007.

Hannan, Michael T. y John Freeman. *Organizational Ecology.* Cambridge, MA: Harvard University Press, 1989.

Hart, Stuart y Clayton Christensen. "The Great Leap: Driving Innovation from the Base of the Pyramid." *MIT/Sloan Management Review* 44, nro. 1 (2002).

Hart, Stuart y Ted London. "Developing Native Capability: What Multinational Corporations Can Learn from the Base of the Pyramid." *Stanford Social Innovation Review* (2005): 28–33.

Hirschman, Albert. *Enfoques alternativos sobre la sociedad de mercado y otros ensayos recientes.* México, DF: Fondo de Cultura Económica, 1989.

Holliday, Charles, Stephan Schmidheiney y Philip Watts. *Walking the Talk: The Business Case for Sustainable Development.* Sheffield: Greenleaf Publishing, 2002.

Iansiti, Marco y Roy Levien. *The Keystone Advantage.* Boston, MA: Harvard Business School Publishing, 2004.

———. "Strategy as Ecology." *Harvard Business Review* (marzo de 2004).

ICA. "What Is a Cooperative?" International Cooperative Alliance, http://www.ica.coop/coop/index.html.

IIDH y CEPAL. *La igualdad de los modernos. Reflexiones acerca de la realización de los derechos económicos, sociales y culturales en América Latina.* San José: IIDH, CEPAL, 1997.

INSEA. "Termos de referência para monitoramento em direitos humanos." Instituto Nenuca de Desenvolvimento Sustentável (INSEA), diciembre de 2005.

Intersectorial Relations Studies Group. "Movimento Nacional dos Catadores de Materiais Recicláveis (MNCR). Database of the record for sampling of the survey on the Workstation." Salvador: GERI-Pangea/UFBa (Universidad Federal de Bahía), 2005.

Jarillo, Carlos. "On Strategic Networks." *Strategic Management Journal* 9, nro. 1 (1988): 31–41.

Jelin, Elizabeth. "Igualdad y diferencia: dilemas de la ciudadanía de las mujeres en América Latina". *Ágora. Cuadernos de estudios políticos* 3, nro. 7 (1997): 189–214.

Karnani, Aneel. "The Mirage of Marketing at the Bottom of the Pyramid." *California Management Review* 49, nro. 4 (verano de 2007).

———. "Fortune at the Bottom of the Pyramid: A Mirage." Documento de trabajo nro. 1035, Universidad de Michigan, Stephen M. Ross School of Business, 2006.

Kerlin, Janelle A. "Social Enterprise in the United States and Europe: Understanding and Learning from the Differences." *Voluntas* 17, (2006): 247–63.

Klein, Michael. En *Creating Opportunities for Small Business.* Washington, DC: Corporación Financiera Internacional, Grupo del Banco Mundial, 2007.

"La pobresa a Catalunya. Informe 2003." Fundació Un Sol Món de l'Obra Social de Caixa Catalunya, http://obrasocial.caixacatalunya.es/CDA/ObraSocial/OS_Plantilla3/0,3417,1x3y355,00.html.

Landrum, Nancy E. "Advancing the 'Base of the Pyramid' Debate." *Strategic Management Review* 1, nro. 1 (2007).

Leguizamón, Francisco y Julio Guzmán. "Caso Ingenios Pantaleón. El argumento empresarial de la responsabilidad social." INCAE/BID, 2007.

Lenoir, René. *Les exclus.* París: Seuil, 1974.

Leonard, Herman B. "When Is Doing Business with the Poor Good – for the Poor? A Household and National Income Accounting Approach." En *Business Solutions for the Global Poor: Creating Economic and Social Value*, editado por Kasturi Rangan, John Quelch, Gustavo Herrero y Brooke Barton. San Francisco, CA: Jossey-Bass, 2007.

Lodge, George C. "The Corporate Key: Using Big Business to Fight Global Poverty." *Foreign Affairs* 81 nro. 4 (2002): 13–18.

London, Ted. "The Base-of-the-Pyramid Perspective: A New Approach to Poverty Alleviation." Documento de trabajo, William Davidson Institute/Stephen M. Ross School of Business, 2008.

————. "Beyond 'Stepping Stone' Growth: Exploring New Market Entry at the Base of the Pyramid." Documento de trabajo, William Davidson Institute/ Stephen M. Ross School of Business, 2006.

London, Ted y Stuart L. Hart. "Reinventing Strategies for Emerging Markets: Beyond the Transnational Model." *Journal of International Business Studies* 35 (2004): 350–70.

López, Ramón y Alberto Valdés. *Rural Poverty in Latin America*. Nueva York: St. Martin's Press, 2000.

Mabry, Donald J. "Government and Law in Spanish Colonial America (revised)." http://historicaltextarchive.com/print.php?action=section&artid=296.

Márquez, Gustavo, Alberto Chong, Suzanne Duryea, Jacqueline Mazza y Hugo Ñopo. *¿Los de afuera? Patrones cambiantes de exclusión en América Latina y el Caribe*. Washington, DC y Cambridge, MA: Banco Interamericano de Desarrollo y David Rockefeller Center for Latin American Studies, Universidad de Harvard, 2007.

Márquez, Patricia y Ezequiel Reficco. "The Unsuspected Player: Small Firms in Business with Low Income Sectors." En *Small Firms, Global Markets: Competitive Challenges in the New Economy*, editado por Jerry Haar y Jörg Meyer-Stamer. Londres y Nueva York: Palgrave Macmillan, 2007.

————. "SMEs and Low-income Sectors." En *Small Firms, Global Markets: Competitive Challenges in the New Economy*, editado por Jerry Haar y Jörg Meyer-Stamer. Londres y Nueva York: Palgrave Macmillan, 2008.

Márquez, Patricia y Henry Gómez. *Microempresas: alianzas para el éxito*. Caracas: Ediciones IESA, 2001.

————. *Alianzas con microempresas*. Caracas: Ediciones IESA, 2001.

Marwaha, Kapil, A. Kulkarni, J. Mukophadyay y S. Sivakumar. "IBENEX: Business Effectiveness—the Next Level: Being Served by the Poor, as Partners." Documento presentado en la conferencia sobre pobreza mundial organizada por la Harvard Business School, Boston, MA, 1 al 3 de diciembre de 2005.

————. "Creating Strong Businesses by Developing and Leveraging the Productive Capacity of the Poor." En *Business Solutions for the Global Poor: Creating Economic and Social Value*, editado por Kasturi Rangan, John Quelch, Gustavo Herrero y Brooke Barton. San Francisco, CA: Jossey-Bass, 2007.

Medina, Martín. "Ocho mitos sobre el reciclaje informal en América Latina." BIDAmérica, http://www.iadb.org/idbamerica/index.cfm?thisid=3074.

Mellor, John W. "Faster, More Equitable Growth—The Relation Between Growth in Agriculture and Poverty Reduction Agricultural Policy." En *Development Project Research Report*. Cambridge, MA: Abt Associates Inc., octubre de 1999.

Milstein, M. B., Ted London y Stuart Hart. "Revolutionary Routines: Capturing the Opportunity for Creating a More Inclusive Capitalism." En *Handbook of Cooperative Colaboration: New Designs and Dynamics*, editado por S. K. Piderit, R. E. Fry y D. L. Cooperrider. Stanford, CA: Stanford University Press, 2007.

Ministerio de Trabajo y Empleo, Brasil. "Atlas da economia solidária no Brasil". http://www.mte.gov.br/Empregador/EconomiaSolidaria/conteudo/atlas.asp.

Mintzberg, Henry. "Generic Strategies: Toward a Comprehensive Framework." *Advances in Strategic Management* 5 (1988): 1-67.

Mintzberg, Henry y James Brian Quinn. *The Strategy Process: Concepts, Contexts, Cases*. 2ª ed. Englewood Cliffs, NJ: Prentice Hall, 1991.

Moore, James F. *The Death of Competition: Leadership & Strategy in the Age of Business Ecosystems*. Nueva York: HarperBusiness, 1996.

———. "Predators and Prey: A New Ecology of Competition." *Harvard Business Review* (mayo de 1993).

Novogratz, Jacqueline. "Meeting Urgent Needs with Patient Capital." *Innovations: Technology | Governance | Globalization* 2, nro. 1-2 (2007).

ONU-Hábitat. *El estado de las ciudades en el mundo 2006/2007*. Nueva York: Programa de las Naciones Unidas sobre Asentamientos Urbanos, 2007.

Osterwalder, Alexander, Yves Pigneur y Christopher Tucci. "Clarifying Business Models: Origins, Present, and Future of the Concept." *Communications of the Association of Information Systems* 16 (2005).

Porter, Michael E. *The Competitive Advantage of Nations*. Nueva York: The Free Press, 1990.

———. *Competitive Advantage: Creating and Sustaining Superior Performance*. Nueva York: Free Press, 1985.

———. *Competitive Strategy: Techniques for Analyzing Industries and Competitors*. Nueva York: Free Press, 1980.

Portocarrero, Felipe, Armando Millán, James Loveday, Bruno Tarazona y Andrea Portugal. *Capital social y democracia. Explorando normas, valores y redes sociales en el Perú*. Lima: Universidad del Pacífico, Centro de Investigación, 2006.

Prahalad, C. K. *The Fortune at the Bottom of the Pyramid: Eradicating Poverty through Profits*. Upper Saddle River, NJ: Wharton School Publishing, 2005.

———. "The Innovation Sandbox." *Strategy + Business*, 2005, 1-10.

———. "Why Selling to the Poor Makes for Good Business." *Fortune*, 15 de noviembre de 2004, 70-72.

Prahalad, C. K. y Allen Hammond. "Serving the World's Poor, Profitably." *Harvard Business Review* (2002).

Prahalad, C. K. y Stuart Hart. "The Fortune at the Bottom of the Pyramid." *Strategy + Business* 1, nro. 26 (2002).

Puente, Raquel. "Mercadeo para las mayorías". En *Compromiso social: gerencia para el siglo XXI*, editado por Antonio Francés. Caracas: Ediciones IESA, 2008.

Putnam, Robert D. *Making Democracy Work: Civic Traditions in Modern Italy*. Princeton, NJ: Princeton University Press, 1993.

Quinti, Gabrielle. "Exclusión social: el debate teórico y los modelos de medición y evaluación". En *De igual a igual. El desafío del Estado ante los nuevos problemas sociales*, editado por Jorge Carpio e Irene Novacovsky. Buenos Aires: Fondo de Cultura Económica de Argentina y Secretaría de Desarrollo Social de la Nación, 1999.

Rangan, Kasturi. "The Complex Business of Serving the Poor." En *Business Solutions for the Global Poor: Creating Economic and Social Value*, editado por Kasturi Rangan, John Quelch, Gustavo Herrero y Brooke Barton, 309–20. San Francisco, CA: Jossey-Bass, 2007.

Reficco, Ezequiel, Roberto Gutiérrez y Diana Trujillo. "Empresas sociales: ¿una especie en busca de reconocimiento?" *Revista de Administração da Universidade de São Paulo* 41, nro. 4 (octubre–diciembre de 2006): 404–18.

Reficco, Ezequiel y Patricia Márquez. "Socially Inclusive Networks for Building BOP Markets." Documento de trabajo, School of Business Administration, Universidad de San Diego, octubre de 2007.

———. "Inclusive Networks for Building BOP Markets." *Business & Society* (de próxima publicación).

Richardson, George B. "The Organization of Industry." *Economic Journal* 82, (1972): 883–96.

Rodríguez, César. "À procura de alternativas econômicas em tempos de globalização: o caso das cooperativas de recicladores de lixo na Colômbia". Centro de Estudios Sociales, Facultad de Economía de la Universidad de Coimbra, http://www.ces.uc.pt/emancipa/research/pt/ft/rescatar.html.

Rufín, Carlos. "The Role of Government: LIS Market Initiatives and the Public Sector." *ReVista: Harvard Review of Latin America* (otoño de 2006): 45–46.

Rufín, Carlos y Luis Fernando Arboleda. "Utilities and the Poor: A Story from Colombia." En *Business Solutions for the Global Poor: Creating Economic and Social Value*, editado por Kasturi Rangan, John Quelch, Gustavo Herrero y Brooke Barton. San Francisco, CA: Jossey-Bass, 2007.

Rufín, Carlos y Miguel Rivera-Santos. "Global Village vs. Small Town: Understanding Networks at the Base of the Pyramid." Documento inédito, 2008.

Salamon, Lester M. "The Rise of the Nonprofit Sector." *Foreign Affairs* 73, nro. 4 (1994): 109–22.

Salamon, Lester M. y Helmut K. Anheier. *The Emerging Nonprofit Sector: An Overview*. Manchester: Manchester University Press, 1996.

Salamon, Lester M. y Dennis Young. "Commercialization, Social Ventures, and For-profit Competition." En *The State of Nonprofit America*, editado por Lester M. Salamon. Washington, DC: Brookings Institution Press, 2003.

Sathe, Vijay. "¿Qué es cultura." INCAE, 1981.

Schamber, Pablo. "No se presta atención a los cartoneros como engranaje de un sistema económico." Página 12, http://www.pagina12.com.ar/diario/sociedad/3-87058-2007-06-24.html.

Scherer, A. G. y G. Palazzo."Toward a Political Conception of Corporate Responsibility: Business and Society Seen from a Habermasian Perspective." *Academy of Management Review* 32, nro. 4 (2007): 1096–120.

Seelos, Christian y Johanna Mair. "Profitable Business Models and Market Creation in the Context of Deep Poverty: A Strategic View." *The Academy of Management Perspectives* 21, nro. 4 (2007).

———. "Social Entrepreneurship: Creating New Business Models to Serve the Poor." *Business Horizons* 48, nro. 3 (2005): 241–46.

SEKN (Red de Conocimientos sobre Emprendimientos Sociales). *Gestión efectiva de emprendimientos sociales: Lecciones extraídas de empresas y organizaciones de la sociedad civil en Iberoamérica.* Cambridge, MA: Harvard University Press con el David Rockefeller Center for Latin American Studies, 2006.

Sen, Amartya Kumar. *Development as Freedom.* Nueva York: Oxford University Press, 1999.

Sharma, Sanjay y Frances Westley. "Strategic Bridging: A Role for the Multinational Corporation in Third World Development." *Journal of Applied Behavioral Sciences* 30, nro. 4 (1994): 458–76.

Simanis, Erik y Stuart Hart. "The Base of the Pyramid Protocol: Toward Next Generation BOP Strategy" (2008), http://www.johnson.cornell.edu/sge/docs/BoP_Protocol_2nd_ed.pdf.

———. "Beyond Selling to the Poor: Building Business Intimacy through Embedded Innovation." Ithaca: documento de trabajo, Universidad de Cornell, 2008.

Simanis, Erik, Stuart Hart, Gordon Enk, Duncan Duke, et al. "Strategic Initiatives at the Base of the Pyramid: A Protocol for Mutual Value Creation." Base of the Pyramid Protocol Workshop Group, Wingspread Conference Center. Racine, WI, 2005.

Singer, Paul. *Introdução à economia solidária.* São Paulo: Perseu Abramo, 2002.

"Sistema gerenciador de series temporales." Banco Central do Brasil, https://www3.bcb.gov.br/sgspub/localizarseries/localizarSeries.do?method=preparar TelaLocalizarSeries.

SNV. "A Firm-Level Approach to Majority Market Business: Private Sector Mapping (PSM) Project Final Report." Washington, DC: SNV (Organización de desarrollo internacional de los Países Bajos) y Banco Interamericano de Desarrollo, 2008.

SNV & World Business Council for Sustainable Development. "Inclusive Business: Profitable Business for Successful Development" (2008), http://wbcsd.typepad.com/wbcsdsnv/wbcsd_snv_alliance_brochure_march_08_web.pdf.

Stevenson, Howard H. "A Perspective on Entrepreneurship." Documento de trabajo, Harvard Business School, 1983.

Stronza, Amanda. "Because It Is Ours: Community-Based Ecotourism in the Peruvian Amazon." Disertación de doctorado, Universidad de Florida, 2000.

Sullivan, Nicholas. *You Can Hear Me Now: How Microloans and Cell Phones Are Connecting the World's Poor to the Global Economy.* San Francisco, CA: Jossey Bass, 2007.

Tencati, Antonio y Laszlo Zsolnai. "The Collaborative Enterprise." *Journal of Business Ethics* (2009): 367–76.

The Economist. "The End of Cheap Food." *The Economist,* 8 de diciembre de 2007.

Todorov, Tzvetan. *La vida en común. Ensayo de antropología general.* Madrid: Taurus, 1995.

Trujillo Cárdenas, Diana y Roberto Gutiérrez. "The Base of the Pyramid, Citizenship above Consumerism: Colombia's Colcerámica." *ReVista: Harvard Review of Latin America* (otoño de 2006).

USAID. "Innovative Approaches to Slum Electrification." Washington, DC: Bureau for Economic Growth, Agriculture and Trade, diciembre de 2004.

Weiser, John, Michele Kahane, Steve Rochlin y Jessica Landis. *Untapped: Creating Value in Underserved Markets.* San Francisco, CA: Berrett-Koehler Publishers, 2006.

Westley, Frances y Harrie Vredenburg. "Strategic Bridging: The Collaboration between Environmentalists and Business in the Marketing of Green Products." *Journal of Applied Behavioral Sciences* 27, nro. 1 (1991): 65–90.

Wheeler, David, Kevin McKague, Jane Thompson, Rachel Davies, et al. "Creating Sustainable Local Enterprise Networks." *MIT/Sloan Review* 47, nro. 1 (2005): 33–40.

Young, Dennis R. "Nonprofit Finance Theory." National Center for Nonprofit Enterprise, http://www.nationalcne.org/index.cfm?fuseaction=feature.display &feature_id=27.

———. "Social Enterprise in the United States: Alternate Identities and Forms." Documento presentado en la conferencia L'Impresa Sociale In Prospettiva Comparata, Trento, Italia; Istituto Studi Sviluppo Aziende Nonprofit, Universidad de Trento, 13 al 15 de diciembre de 2001.

Zevallos, Emilio. "Micro, pequeñas y medianas empresas en América Latina." *Revista de la CEPAL* 29 (2003): 53–70.

Sobre los autores

Gabriel **Berger** es profesor asociado del Departamento de Administración de la Universidad de San Andrés (Buenos Aires), donde dirige el Centro de Innovación Social de la Universidad (que coordina investigación, docencia y capacitación sobre organizaciones sin fines de lucro, empresas comprometidas con la responsabilidad social e inversores sociales privados), y el posgrado en Organizaciones sin Fines de Lucro. Desde 2001 integra la red académica SEKN (*Social Entreprise Knowledge Network*) y sirve como uno de sus co-coordinadores generales. Sus áreas de investigación y docencia son gobierno y dirección de emprendimientos sociales, responsabilidad social corporativa y filantropía. Se ha desempeñado como asesor de emprendimientos sociales de organizaciones no gubernamentales, empresas y fundaciones en varios países de la región y en Estados Unidos. Cuenta con un doctorado en Política Social y una maestría en Administración de Servicios Sociales (Heller School of Social Policy and Management, Brandeis University, Estados Unidos).

Leopoldo **Blugerman** cuenta con una licenciatura en Ciencia Política (Universidad de Buenos Aires) y una maestría en Relaciones Internacionales (Universitá degli Studi di Bologna, Italia). Es docente del Departamento de Administración de la Universidad de San Andrés desde 2009, y ha participado como investigador asociado del equipo SEKN-Argentina desde 2005.

Mônica **Bose** es licenciada en Psicología, tiene una maestría en Administración y está terminando su doctorado en la Escuela de Economía, Administración y Contabilidad de la Universidade de São Paulo. Es coordinadora de proyectos e investigadora en el Centro de Empreendedorismo Social e Administração em Terceiro Setor (CEATS), donde dicta cursos para graduados. Sus principales áreas de investigación son emprendimientos sociales, organizaciones sin fines de lucro, desarrollo sostenible y gestión humana. Ha publicado artículos en Brasil y en otros países.

Josefina **Bruni Celli** es doctora en Administración Pública (2001) por la Universidad de Nueva York y magíster en Administración con mención en Servicios Públicos y Empresas del Estado (1988) del Instituto de Estudios Superiores de Administración (IESA). Como profesora asociada del Centro de Políticas Públicas del IESA, dicta las materias Herramientas para el Análisis de la Información, Análisis y Diseño de Políticas Públicas,

Empresa, Estado y Sociedad, y Responsabilidad Social Empresarial en América Latina. Junto con otros profesores del IESA, es miembro activo de SEKN. Muchos de sus escritos sobre responsabilidad social de la empresa han sido publicados por instituciones extranjeras, entre ellas la Harvard Business School.

Graziella Maria **Comini** es economista, con una maestría y un doctorado de la Escuela de Economía, Administración y Contabilidad de la Universidade de São Paulo. Es vicecoordinadora del CEATS. Su trabajo como consultora e investigadora se focaliza en temas de emprendimientos sociales, sostenibilidad, gestión organizacional, tercer sector y gestión humana. Ha publicado artículos en Brasil y en otros países.

Álvaro J. **Delgado Ayca** tiene formación en Ciencias Sociales con especialización en Sociología en la Pontificia Universidad Católica del Perú y en Economía en la Universidad del Pacífico, Lima. Actualmente se dedica a la gestión de intereses y representación de empresas industriales peruanas del sector de alimentos en la Sociedad Nacional de Industrias. Ha sido miembro de SEKN cuando se desempañaba como investigador asistente en el Centro de Investigación de la Universidad del Pacífico, donde colaboró con la elaboración de casos de estudio de organizaciones que practican o promueven la responsabilidad social y los negocios inclusivos en los sectores de agroindustria, minería, energía, así como también de organizaciones de la sociedad civil. Es coautor de un artículo publicado en la revista del David Rockefeller Center for Latin American Studies (DRCLAS), de la Universidad de Harvard.

Verónica **Durana Ángel** es asistente de investigación de la Facultad de Administración de la Universidad de los Andes, Bogotá. Tiene un título de grado en Psicología con opción en Filosofía de la misma universidad.

Rosa Maria **Fischer**, socióloga, con una maestría y un doctorado de la Escuela de Ciencias Sociales de la Universidade de São Paulo (USP), es profesora designada por concurso en la Escuela de Economía, Administración y Contabilidad de la USP, donde imparte cursos de grado y posgrado. Es fundadora y coordinadora del CEATS y representante de la USP ante SEKN. Coordina investigaciones y proyectos de consultoría en emprendimientos sociales, sostenibilidad, gobernanza corporativa, y gerencia del tercer sector, además de asesorar a empresas privadas, públicas y sin fines de lucro. Ha publicado numerosos libros y artículos, tanto en Brasil como a nivel internacional.

Juliano **Flores**, MBA del Instituto Centroamericano de Administración de Empresas (INCAE), es investigador del Centro Latinoamericano para la Competitividad y el Desarrollo Sostenible de la misma institución y coordinador de SEKN. Desde hace varios años ha estado involucrado en investigaciones sobre responsabilidad social de la empresa y temas afines, y ha sido coautor de varias publicaciones que incluyen capítulos para libros publicados por Harvard University Press y por el Banco Interamericano de Desarrollo. Participó en la definición del marco conceptual y de los indicadores de responsabilidad social empresarial para Costa Rica. Su principal área de interés en investigación es la responsabilidad social de la empresa y temas vinculados a esta, como los emprendimientos sociales, los negocios con los sectores de bajos ingresos, la inversión ética y la competitividad responsable.

Natalia **Franco** es profesora en la Facultad de Administración de la Universidad de los Andes, en las áreas de Gestión Pública y Emprendimiento Social. Obtuvo un título de grado en Ciencia Política de la Universidad de los Andes (1998) y un título de posgrado como Especialista en Gestión de Recursos Internacionales de la Universidad Jorge Tadeo Lozano, de Bogotá (2001). Actualmente cursa estudios de doctorado en Administración, con especialización en Comportamiento Organizacional, en la Universidad de Tulane en Nueva Orleans. Tiene experiencia laboral y de investigación en organizaciones del tercer sector, con foco en temas como la gestión de lo público en organizaciones no lucrativas y el fortalecimiento de habilidades estratégicas y de gestión en las organizaciones sociales.

Henry **Gómez-Samper** es profesor emérito del IESA y profesor visitante de la Facultad de Administración de la Universidad de los Andes. Obtuvo los títulos de doctor (1965) y MBA (1954) en la Universidad de Nueva York. Fue profesor fundador y presidente (1981-1991) del IESA, presidente (1982-1986) del Consejo Latinoamericano de Escuelas de Administración, y presidente fundador (1989-1998) de la *Global Network for Management Development*.

Rosa Amelia **González de Pacheco** es doctora en Ciencias Políticas por la Universidad Simón Bolívar, de Caracas (2002), MBA con especialización en

Empresas y Servicios del Estado del IESA (1988), y urbanista. Se desempeña como profesora asociada del Centro de Políticas Públicas del IESA, donde dicta cursos en las maestrías de Administración de Negocios y de Gerencia Pública. Forma parte de SEKN y coordina las actividades del proyecto en Venezuela. Como resultado de sus investigaciones, ha publicado fuera de Venezuela varios artículos en revistas, capítulos en libros y casos de enseñanza en temas de responsabilidad social empresarial y emprendimientos sociales.

Roberto **Gutiérrez** es doctor en Sociología por la Universidad Johns Hopkins y profesor asociado de la Facultad de Administración de la Universidad de los Andes desde 1995. Ha publicado artículos sobre emprendimientos sociales, alianzas, educación y desarrollo sostenible en medios de divulgación masiva y en revistas académicas, entre otras *American Sociological Review*, *Review of Educational Research*, *Journal of Management Education*, *Stanford Social Innovation Review* y *Harvard Business Review América Latina*. Fue coeditor del segundo libro de SEKN *Gestión efectiva de emprendimientos sociales* (Banco Interamericano de Desarrollo [BID] y David Rockefeller Center for Latin American Studies, 2006).

John C. **Ickis** (DBA y MBA por la Universidad de Harvard) ha sido decano y es actualmente profesor de Administración de Empresas en INCAE Business School en Alajuela, Costa Rica, donde enseña en las áreas de Organización y Estrategia. Su interés principal se centra en la ejecución de estrategias de inclusión social en empresas privadas y organizaciones sin fines de lucro. Su tesis doctoral versó sobre estrategia y estructura en el desarrollo rural; además ha sido coautor de artículos sobre este y otros temas relacionados en publicaciones como *Harvard Business Review*, *Journal of Business Research* y *World Development*. Ha trabajado con el Centro de Competitividad y Desarrollo Sostenible de INCAE en varias iniciativas, entre ellas el mejoramiento de la competitividad de los agronegocios en Centroamérica mediante la inclusión de los sectores de bajos ingresos. Ha dirigido programas de educación gerencial en América Latina, Europa central y Asia, y ha servido como consultor en planeamiento estratégico a empresas, universidades y organizaciones sin fines de lucro. Es miembro de la Academy of Management y ciudadano honorífico de Soweto, Sudáfrica. Su nombre aparece en *Who's Who in the World* y *Who's Who in Finance and Industry*.

Mladen **Koljatic** es profesor titular en la Escuela de Administración de Empresas de la Pontificia Universidad Católica de Chile. Tiene un MBA de la Universidad de Michigan y un doctorado en Educación de la Universidad de Indiana. Ha impartido cursos de investigación en marketing y publicidad y, más recientemente, de responsabilidad social de la empresa y gestión de organizaciones sin fines de lucro. Ha escrito artículos para *Journal of Business Research, British Journal of Educational Technology* y *Psychological Reports*, así como también para varias revistas latinoamericanas.

Francisco **Leguizamón** obtuvo su doctorado en Administración de Empresas en el Instituto de Estudios Superiores de la Empresa de la Universidad de Navarra y es profesor titular en INCAE, donde también ha ocupado los cargos de decano y de director académico. Imparte cursos en programas de posgrado y en seminarios ejecutivos sobre comportamiento organizacional, estrategia empresarial, negociación y administración de pequeñas empresas. Es autor de dos libros sobre programas de apoyo para la pequeña y mediana empresa. También ha escrito una serie de artículos y numerosos estudios de casos que abordan los problemas que se suelen enfrentar en la administración de empresas.

Iván Darío **Lobo** es profesor en la Facultad de Administración de la Universidad de los Andes, en las áreas de Gestión y Emprendimiento. Obtuvo una maestría en Ciencia Política de la Universidad de los Andes (2008), y realizó estudios de especialización en Economía en la misma universidad, donde también obtuvo su título de ingeniero industrial (2000). Su experiencia en docencia e investigación ha estado concentrada en las áreas de emprendimiento social, pensamiento estratégico para organizaciones sin fines de lucro, fundamentos de administración y negocios inclusivos. Ha participado como coautor en algunos de los capítulos de los libros publicados por SEKN.

Gerardo **Lozano** posee un doctorado en Administración de Empresas con especialización en Marketing y Comercio Internacional. Es profesor en la Escuela de Graduados en Administración y Dirección de Empresas (Tecnológico de Monterrey), donde dirige la sección mexicana de SEKN. Desde 2001 ha impartido clases en el programa Líderes Sociales, iniciativa emprendida por la Universidad Virtual de Monterrey, The Nature Conservancy, el Banco Mundial y el Centro Mexicano de Filantropía.

Patricia **Márquez** es profesora asociada de la Universidad de San Diego, California, y profesora visitante del IESA en Caracas. En el año académico 2005-2006 recibió el fondo Cisneros para investigadores visitantes del David Rockefeller Center for Latin American Studies. En ese período también fue profesora visitante de la Harvard Business School. Ha realizado investigaciones en los campos de la responsabilidad social empresarial, los emprendimientos sociales y las iniciativas de mercado para las mayorías. Obtuvo un BA en Matemáticas en Bowdoin College y tiene un doctorado en Antropología Sociocultural de la Universidad de California en Berkeley.

Michael **Metzger** es profesor de la INCAE Business School en Costa Rica, donde enseña Marketing, Marketing de Servicios, y Emprendimentos Sociales. Ha trabajado en la Escuela de Negocios de la Universidad de Michigan, donde dictó cursos de posgrado en Marketing y Marketing Internacional. Sus investigaciones en campos interdisciplinarios incluyen temas de emprendimientos sociales, marketing social y responsabilidad social empresarial. Dirige la sección costarricense de SEKN. Obtuvo su doctorado y maestría de la Universidad de Michigan, y un MBA de la Universidad de Toledo.

Felipe **Portocarrero Suárez** es doctor en Sociología del St. Antony's College de la Universidad de Oxford y magíster en Sociología con mención en Población de la Pontificia Universidad Católica del Perú. Actualmente es rector de la Universidad del Pacífico, y antes ha sido director de su centro de investigación, jefe del Departamento Académico de Ciencias Sociales y Políticas, y presidente de su fondo editorial desde 1992. Dirige el equipo peruano de SEKN y es miembro del Consejo Asesor de Avina, investigador visitante de la Universidad de Harvard y becario visitante *(visiting fellow)* en el St. Antony's College, Universidad de Oxford. Es autor, coautor y editor de 18 libros, así como también de artículos académicos sobre historia económica, responsabilidad social empresarial, corrupción, políticas sociales, tercer sector, filantropía, voluntariado, capital social y democracia.

Ezequiel **Reficco** es profesor de Estrategia en la Escuela de Administración de la Universidad de los Andes. Fue becario posdoctoral *(post-doctoral fellow)* (2002-2004) e investigador superior (2004-2008) en la Harvard Business School. Es coautor de *Alianzas sociales en América Latina* (BID y DRCLAS, 2005) y coeditor de *Gestión efectiva de emprendimientos sociales* (BID y DRCLAS, 2006). Su trabajo ha aparecido en diversas publicaciones académicas internacionales, entre ellas *Stanford Social Innovation Review*, *Business & Society* y *Harvard Business Review América Latina*. Es miembro del Consejo Social de Inditex, del Consejo Asesor del Fondo Multilateral de Inversiones del Banco Interamericano de Desarrollo, y asesor del Comité de Contribuciones de Latinoamérica de Johnson & Johnson.

Paulo da **Rocha Ferreira** tiene una licenciatura y una maestría de la Escuela de Economía, Administración y Contabilidad de la Universidade de São Paulo, y actualmente está terminando su doctorado en la misma institución. Es investigador del CEATS. Tiene amplia experiencia como consultor e investigador en las disciplinas de adminsitración de empresas, en particular finanzas, responsabilidad social, estrategia y gestión de organizaciones sin fines de lucro.

Mónica **Silva** es investigadora asociada de la Escuela de Administración de Empresas de la Pontificia Universidad Católica de Chile. Sus estudios de grado se enfocaron en Psicología Educacional y Clínica, y tiene una maestría y un doctorado de la Universidad de Indiana. Su especialización cubre las áreas de evaluación educacional y métodos de investigación en las ciencias sociales. Sus artículos han aparecido en *Evaluation and Program Planning, Journal of Business Research, Journal of Cross-Cultural Psychology, British Journal of Educational Technology* y *Psychological Reports*, así como también en revistas latinoamericanas.

Diana **Trujillo** es profesora en la Facultad de Administración de la Universidad de los Andes. Obtuvo una maestría en Educación de la Universidad de los Andes (2006) y actualmente cursa estudios de doctorado en Administración Pública en la Universidad de Nueva York. Su investigación en las áreas de gestión y política pública explora la interacción entre empresas privadas y el sector público en América Latina. Participó como coautora en capítulos de *Gestión efectiva de emprendimientos sociales* (BID y DRCLAS, 2006) y *Alianzas sociales en Amércia Latina* (BID y DRCLAS, 2005).

Alfred **Vernis Domènech**, doctor por la Robert F. Wagner School of Public Service (Universidad de Nueva York), es profesor titular del Departamento de Política de Empresa de la Escuela Superior de Administración y Dirección de Empresas (ESADE, Universidad Ramón Llull), donde dicta el curso de Emprendimientos Sociales y codirige los cursos para directivos de organizaciones de la sociedad civil. En ESADE, dirige también la sección española de SEKN. Es coautor de *La gestión de las organizaciones no lucrativas* (Deusto, 1998), *Los retos en la gestión de las organizaciones no lucrativas* (Granica, 2004), *Nonprofit Organizations: Challenges and Collaboration* (Palgrave, 2006), y *Gestión efectiva de emprendimientos sociales* (BID y DRCLAS, 2006*)*. Es miembro del Consejo Social de Inditex y del patronato de la Fundación ROSE-Caja de Ahorros del Mediterráneo.

9 781597 821261